Brit Großmann

Medienrezeption

Brit Großmann

Medienrezeption

*Bestehende Ansätze
und eine konstruktivistische Alternative*

Westdeutscher Verlag

www.westdeutschervlg.de

Höchste inhaltliche und technische Qualität unserer Produkte ist unser Ziel. Bei der Produktion und Verbreitung unserer Bücher wollen wir die Umwelt schonen: Dieses Buch ist auf säurefreiem und chlorfrei gebleichtem Papier gedruckt. Die Einschweißfolie besteht aus Polyäthylen und damit aus organischen Grundstoffen, die weder bei der Herstellung noch bei der Verbrennung Schadstoffe freisetzen.

Umschlaggestaltung: Horst Dieter Bürkle, Darmstadt
Druck und buchbinderische Verarbeitung: Rosch-Buch, Scheßlitz
Printed in Germany

ISBN 3-531-13377-2

Inhalt

Danksagung 9

1 Einleitung 11

2 Bestehende Ansätze zur individuellen Rezeption
massenmedialer Kommunikationsangebote 14
2.1 Das Auswahlverfahren 15
2.2 Grundannahmen 19
2.3 Vorstellung der Ansätze 25
   2.3.1 Dynamisch-transaktionales Modell 26
      2.3.1.1 Konkrete Konzeption 27
      2.3.1.2 Grundkonzepte 30
      2.3.1.3 Allgemeine theoretische Annahmen 32
      2.3.1.4 Probleme 35
   2.3.2 Referenzmodell der Mediennutzung 38
      2.3.2.1 Konkrete Konzeption 38
      2.3.2.2 Grundkonzepte 44
      2.3.2.3 Allgemeine theoretische Annahmen 45
      2.3.2.4 Probleme 47
   2.3.3 Das Struktur- und Prozeßmodell des Medienrezeptionshandelns 48
      2.3.3.1 Konkrete Konzeption 49
      2.3.3.2 Grundkonzepte 54
      2.3.3.3 Allgemeine theoretische Annahmen 57
      2.3.3.4 Probleme 60
   2.3.4 Verstehen von Mediendiskursen 62
      2.3.4.1 Konkrete Konzeption 62
      2.3.4.2 Grundkonzepte 67
      2.3.4.3 Allgemeine theoretische Annahmen 68
      2.3.4.4 Probleme 70
   2.3.5 Media System Dependency Theory 72
      2.3.5.1 Konkrete Konzeption 72
      2.3.5.2 Grundkonzepte 76
      2.3.5.3 Allgemeine theoretische Annahmen 77
      2.3.5.4 Probleme 80

2.3.6 Making Sense of Television.. 82
    2.3.6.1 Konkrete Konzeption... 82
    2.3.6.2 Grundkonzepte 85
    2.3.6.3 Allgemeine theoretische Annahmen............................... 86
    2.3.6.4 Probleme 88
2.3.7 Sozio-kognitiver Ansatz der Medienrezeption 90
    2.3.7.1 Konkrete Konzeption... 91
    2.3.7.2 Grundkonzepte 95
    2.3.7.3 Allgemeine theoretische Annahmen............................... 97
    2.3.7.4 Probleme 99

3 Zwischenresümee 102

3.1 Problematische Aspekte und Defizite 102

3.2 Anforderungen an eine Alternative 106

4 Versuch einer alternativen Konzeption.. 111

4.1 Begründung der Entscheidung für eine konstruktivistische Basis 112

4.2 Allgemeine theoretische Annahmen.. 114
    4.2.1 Grundannahmen... 115
        4.2.1.1 Kognition und individuelle Wirklichkeitskonstruktion 116
        4.2.1.2 Kommunikation und Kultur.. 120
    4.2.2 Individuum... 126
    4.2.3 Bedeutung 129
    4.2.4 Verstehen... 131
    4.2.5 Anschlußmöglichkeiten 135
        4.2.5.1 Andere theoretische Positionen 136
        4.2.5.2 Individuenkonzepte... 138
        4.2.5.3 Bedeutungskonzepte 139
        4.2.5.4 Verstehenskonzepte 140

4.3 Grundkonzepte 141
    4.3.1 (Massen-) Medien 141
        4.3.1.1 Das Massenmediensystem.. 143
        4.3.1.2 Massenmedien und Gesellschaft 150
    4.3.2 Massenmediale Kommunikation.. 154
        4.3.2.1 Allgemeine Aspekte... 156
            4.3.2.1.1 Kognitive Aspekte 158
            4.3.2.1.2 Kommunikative Aspekte...................................... 162
            4.3.2.1.3 Kulturelle Aspekte 165
        4.3.2.2 Besondere Aspekte... 168
            4.3.2.2.1 Massenmediale Kommunikationsangebote 169
            4.3.2.2.2 Rezipientenrolle.. 177
            4.3.2.2.3 Virtuelle Strukturen 179

4.3.3 Anschlußmöglichkeiten an andere Positionen.............................. 184

    4.3.3.1 Verbindungen zu bestehenden Rezeptionsansätzen 184

    4.3.3.2 Verbindungen zu anderen Arbeiten................................ 198

4.4 Eine alternative Konzeption
individueller Rezeption massenmedialer Kommunikationsangebote......... 207

5 Ausblick... 213

6 Literatur... 215

Index 258

Danksagung

Dieses Buch wurde als Abschlußarbeit am Institut für Kommunikationswissenschaft in Münster unter dem Titel „Zur individuellen Rezeption massenmedialer Kommunikationsangebote. Ein Überblick über bestehende Ansätze und der Versuch einer konstruktivistischen Alternative" im Juli 1998 eingereicht. Wie alle Arbeiten von diesem Ausmaß, so hat auch diese verschiedene Stadien durchlaufen und der Entstehungsprozeß war zuweilen aus diversen Gründen recht schmerzhaft. Deshalb möchte ich an dieser Stelle all denjenigen danken, die mir immer wieder dazu verholfen haben, den Mut nicht zu verlieren, die Hindernisse zu überwinden und letztlich doch immer wieder den Spaß an der Arbeit wiederzufinden.

Ohne die Betreuung von *Prof. Dr. Siegfried J. Schmidt* wäre diese Arbeit nicht das geworden, was sie ist. Ihm gilt mein Dank für seine konstruktive Kritik und moralische Unterstützung; gleiches gilt für die Mitglieder des LUMIS an der Universität-Gesamthochschule Siegen, insbesondere für *PD Dr. Gebhard Rusch, PD Dr. Achim Barsch* und *Dipl.-Soz. Raimund Klauser.*

Außerdem geht mein Dank an die treuen Gefährten meiner Studienzeit:

Sandra Caviola und *Marion Krobb,* die mir mit Rat, Tat und Zeit trotz eigener Projekte immer zur Seite standen und vor allem unzählige Male verschiedene Versionen Korrektur gelesen haben, *Tamara Winograd* und *Vera Bajic* geb. *Drazic,* deren Gespräche mir so manchen dunklen Punkt erhellten und die mit mir immer wieder ausgleichende Arbeits-lose gemeinsame Stunden verbracht haben, *Claudia Knoblauch,* die sich mit untrüglichem Auge durch die Endfassung gelesen hat, und *Sandra Katzorke,* die mir ebenfalls zahlreiche hilfreiche Anmerkungen zukommen ließ.

Schließlich gilt mein Dank denjenigen, die mir immer wieder etwas von ihrem Glauben an mich abgegeben haben:

meiner ganzen Familie, *Uwe Rutenfranz, Friederike Uhr* und *Petra Gansen, Anke Derieth* und *Cornelia Eisenstein, Karin Lehmann, Katja* und *Markus Bomholt,* der Familie *Hillebrandt,*

und den beiden, denen diese Arbeit gewidmet ist:

Martin Hillebrandt und *Karen Großmann.*

Münster, Dezember 1998   Brit Großmann

1 Einleitung

Im Mittelpunkt der vorliegenden Arbeit stehen Prozesse der individuellen Rezeption massenmedialer Kommunikationsangebote. Trotz zahlreicher Publikationen zu diesem Themenbereich in verschiedenen wissenschaftlichen Disziplinen hat dieses Thema nicht an Attraktivität verloren, sondern birgt auch weiterhin trotz - oder vielleicht gerade wegen - seiner Komplexität eine erhebliche Faszination. Die Heterogenität bestehender Ansätze belegt dies eindrucksvoll. Einen Gesamtüberblick zu geben über alle Forschungsbemühungen, die sich mit diesem Themenkomplex auseinander gesetzt haben, käme der Aufgabe eines Sisyphus gleich und ist auch nicht Ziel der folgenden Ausführungen.

Statt dessen soll unter der Prämisse, daß individuelle Rezeption massenmedialer Kommunikationsangebote als Prozeß zu verstehen ist, bei dem kognitive, soziale und medienangebotsbezogene Aspekte zu berücksichtigen sind, der Frage nachgegangen werden, wie eben diese Prozesse aus kommunikationswissenschaftlicher Sicht zu konzipieren sind. Die Prämissen resultieren aus der Kritik an bestehenden Kommunikationsmodellen, in denen Kommunikation als Austausch von Zeichen konzipiert wurde und Rezeption als Reaktion auf einen bestimmten Reiz, und stellen eine Art Minimalkonsens kommunikationswissenschaftlichen Forschens dar.[1] Der Fokus auf theoretische Konzeptionen dieser Rezeptionsprozesse begründet sich wiederum durch den Vorwurf der „Theorielosigkeit" kommunikationswissenschaftlichen Forschens, der immer wieder in die wissenschaftliche Diskussion eingebracht wird.[2] Insofern gilt es zunächst in einem ersten Schritt zu klären, inwieweit dieser Vorwurf für die aktuelle Rezeptionsforschung der 90er Jahre zutrifft.

Der erste Teil dieser Arbeit beschäftigt sich deshalb mit bestehenden Ansätzen zur individuellen Rezeption massenmedialer Kommunikationsangebote. Zur Besprechung ausgewählt wurden dabei alle Ansätze, die den Prämissen dieser Arbeit genügten und die in der deutsch- und englischsprachigen kommunikationswissenschaftlichen Diskussion von 1986 bis 1996 präsent waren. Zur Systematisierung und differenzierten Erfassung theoretischer Elemente wurden zudem die Ansätze

---

[1] Diese Annahmen stützen sich auf die Ergebnisse der neueren Forschung, die sich explizit gegen einfache, linearkausal strukturierte Hypothesen bzw. individuenzentrierte Modelle der Wirkungsforschung aussprechen (vgl. Schenk 1987: 433ff.; Noelle-Neumann/Schulz/Wilke 1989: 399f.; Charlton/Neumann-Braun 1989: 9f.; Kaase/Schulz 1989a: 9f.; Merten 1991; Merten/Giegler/Uhr 1992: 20ff.; McQuail [3]1994: 333f.; Merten 1994a: 326ff.; Holzer 1994: 13f.; Burkart [2]1995: 182ff.; Charlton 1997: 16f.)

[2] Vgl. Halloran 1982: 166; Katz 1978: 140; Roberts/Bachen 1981: 308f.; Weaver 1988: 23f.; Sharp 1988: 66ff.; Riedel 1990: 293, 383; Merten/Giegler/Uhr 1992: 37, 47; Neumann-Braun 1993: 185ff.; Rühl 1993: 83; McQuail [3]1994: 375f.; Güdler 1996: 38.

auf drei verschiedenen Ebenen betrachtet: auf der Ebene der konkreten Konzeption, auf der Ebene der Grundkonzepte und auf der Ebene der allgemeinen theoretischen Annahmen. Ausgangspunkt dieser Dreiteilung ist die Annahme, daß sich theoretische Konzeptionen massenmedialer Rezeption sowohl in ihren konkreten Konzeptionen als auch in den zugrundeliegenden Vorstellungen von massenmedialer Kommunikation resp. Kommunikation allgemein und ihren allgemeinen theoretischen Annahmen in bezug auf die Konzepte Individuum, Bedeutung und Verstehen unterscheiden können. Zur Erfassung der Gemeinsamkeiten und Differenzen der verschiedenen Ansätze erscheint diese Dreiteilung deshalb sinnvoll. Um außerdem auf der Ebene der Grundkonzepte eine bessere Vergleichbarkeit der einzelnen Betrachtungen zu gewährleisten, wurde ein Beobachtungsraster erarbeitet, das auf allgemeinen Aussagen zum Themenkomplex massenmediale Rezeption in der einführenden und synoptischen kommunikationswissenschaftlichen Literatur basiert. Dieses Beobachtungsraster erlaubt eine systematische Betrachtung bei gleichzeitiger Berücksichtigung der ansatzspezifischen Differenzen.

Die systematische Betrachtung der Ansätze auf den verschiedenen Ebenen führte zu folgender Erkenntnis: Angesichts der, verglichen mit dem Gesamtvolumen der durchgesehenen Literatur geringen Anzahl an Ansätzen, die den Prämissen genügten, und angesichts der z.T. fast vollständig fehlenden Reflektion der eigenen theoretischen Voraussetzungen kann das Argument der Theorielosigkeit für den Forschungsbereich zur individuellen Rezeption massenmedialer Kommunikationsangebote nicht überzeugend entkräftet werden. Basierend auf der Betrachtung der Ansätze können jedoch die Anforderungen an eine alternative theoretisch fundierte Konzeption spezifiziert werden. Neben den Voraussetzungen, die sich aus den Prämissen dieser Arbeit und aus dem Beobachtungsraster ergeben, sollte eine derartige Alternative insbesondere auf theoretisch fundierten Begriffen basieren und Anschlußmöglichkeiten an andere Forschungsrichtungen bereitstellen.

Der zweite Teil dieser Arbeit widmet sich einer alternativen Konzeption individueller Rezeption massenmedialer Kommunikationsangebote, die diesen Ansprüchen genügt und insofern der „Theorielosigkeit" einen Schritt weit entgegentritt.

Theoretische Ausgangsposition stellen dabei die konstruktivistischen Siegener Überlegungen dar, die aus folgenden Gründen für dieses Vorhaben geeignet erscheinen: Die Siegener Überlegungen nehmen die individuelle Kognition als Ausgangspunkt. Dies erscheint angesichts der Prämissen als sinnvoll. Außerdem unterstreichen sie die Verknüpfung kognitiver, kommunikativer und sozialer Aspekte bei gleichzeitiger Betonung der Nicht-Reduzierbarkeit auf einen einzelnen Aspekt. Auch diese Annahme lassen die Siegener Überlegungen aus Sicht der Prämissen dieser Arbeit als geeignet erscheinen. Schließlich erlauben sie - wie die Ausführungen zeigen werden - die Integration bestehender Erkenntnisse und eine Reihe von Anknüpfungspunkten an andere Forschungsbereiche, so daß auch dieses Argument für die Siegener Überlegungen spricht.

An die Begründung der Entscheidung, die Siegener Überlegungen als Ausgangspunkt für eine in dieser Arbeit zu entwickelnde alternative Konzeption zu wählen, schließt sich die Darstellung der allgemeinen theoretischen Annahmen und der Grundkonzepte an. Dabei wird versucht, den zuvor formulierten Ansprüchen an eine alternative Konzeption gerecht zu werden und die verschiedenen Abschnitte aufeinander zu beziehen. Die Ausführungen münden in einer konstruktivistischen Konzeption der individuellen Rezeption massenmedialer Kommunikationsangebote.

Die im zweiten Teil dieser Arbeit formulierten Überlegungen sind dabei als eine von mehreren möglichen Alternativen zu verstehen und nicht als alleiniger Ausweg aus der Misere. Insofern soll diese Arbeit vor allem auch zur Diskussion und zu weiteren Forschungsarbeiten anregen, so daß die anstehende Jahrtausendwende auch als Abschied von der Theorielosigkeit kommunikationswissenschaftlicher Forschung gefeiert werden kann.

2 Bestehende Ansätze zur individuellen Rezeption massenmedialer Kommunikationsangebote

Im Rahmen dieses Kapitels geht es darum, Ansätze[3], die sich mit der Frage nach den Prozessen der individuellen Rezeption massenmedialer Kommunikationsangebote beschäftigen, vorzustellen und zu analysieren. Der Überblick soll dazu dienen, Stärken und Schwächen der Ansätze aufzuzeigen und diese auf theoretische Grundlagen zurückzuführen, so daß in einem anschließenden Schritt der Versuch unternommen werden kann, Lösungen für die eruierten Probleme zu finden.

Um die allgemeinen theoretischen Grundlagen aufdecken und einander gegenüberstellen zu können, wird im Anschluß an die Darstellung der einzelnen Konzepte versucht, das jeweilige Verständnis der Grundkonzepte zu skizzieren. Als *Grundkonzepte* werden dabei die Konzeptionen aufgefaßt, die als Basis für einen Ansatz der individuellen Rezeption massenmedialer Angebote gelten können: die jeweiligen Konzeptionen von ‚massenmedialer Kommunikation' und von ‚Massenmedien'.[4] Diese Grundkonzepte verweisen ihrerseits auf unterschiedliche Vorstellungen vom Individuum, von Bedeutung und Verstehen, so daß in einem weiteren Schritt die jeweiligen Grundkonzepte auf diese *allgemeinen theoretischen Annahmen* zurückgeführt werden. Die abschließende Evaluation der bestehenden Ansätze bezieht sich somit auf die konkreten Konzeptionen sowie auf die Differenzen im Verständnis der Grundkonzepte und den angesprochenen zugrundeliegenden theoretischen Annahmen.

Um die Darstellung der einzelnen Ansätze bzw. der Grundkonzepte und allgemeinen theoretischen Annahmen zu strukturieren, erscheint es angebracht, zunächst ein allgemeines Verständnis der Grundbegriffe zu skizzieren und dieses als Raster für die Ausführungen zu den einzelnen Ansätze zu verwenden.

Außerdem erscheint es sinnvoll, eine Auswahl aus der heterogenen Grundgesamtheit aller Ansätze zur individuellen Rezeption massenmedialer Kommunikationsangebote zu treffen. So liegt z.B. der Fragestellung dieser Arbeit die Vorannahme zugrunde, daß die individuelle Rezeption massenmedialer Kommunikationsangebote als komplexes Verhalten aufzufassen ist, das in einem soziokulturellen Umfeld stattfindet, in dem insbesondere die massenmedialen Kommunikationsangebote zu berücksichtigen sind. Da nicht alle Ansätze die Kriterien dieser Annahme erfül-

---

[3] Im folgenden werden die Begriffe ‚Ansatz' und ‚Konzept' synonym gebraucht. Sie bezeichnen die konkreten Überlegungen der einzelnen Autoren.

[4] Bei den Ansätzen, bei denen diese Grundkonzepte nicht explizit angesprochen werden, wird der Versuch unternommen, sie aus der konkreten Konzeption abzuleiten.

len, erscheint eine Auswahl gemäß dieser Kriterien angebracht. Hinzu kommen eine Reihe von forschungsökonomischen Aspekten, die ebenfalls eine Auswahl ratsam erscheinen lassen.

Im folgenden Abschnitt geht es deshalb zunächst einmal darum, die Selektion der Ansätze transparent zu machen, bevor im Anschluß das allgemeine Verständnis der Grundbegriffe vorgestellt wird.

2.1 Das Auswahlverfahren

Bevor einzelne Ansätze für die Besprechung ausgewählt werden können, stellt sich die Frage, wie die Grundgesamtheit aller diskutierten kommunikationswissenschaftlichen Ansätze ermittelt werden kann. Unter „diskutierten kommunikationswissenschaftlichen Ansätzen" werden dabei theoretische Konzepte verstanden, die sich auf kommunikationswissenschaftliche Fragestellungen beziehen, dokumentiert und öffentlich zugänglich sind und von den Vertretern des Faches als relevant eingestuft werden. Als „relevant eingestuft" wurden solche Konzepte erachtet, die in kommunikationswissenschaftlichen Handbüchern[5], Einführungen und resümierenden Artikeln in kommunikationswissenschaftlichen Fachzeitschriften berücksichtigt wurden.[6]

Um die derart definierte Grundgesamtheit der diskutierten kommunikationswissenschaftlichen Ansätze zu berücksichtigen, wurden alle erreichbaren[7] Handbücher und Einführungen der letzten zehn Jahre (von 1986 bis 1996) zu den Themenbereichen „Kommunikationswissenschaft", „Massenkommunikationsforschung", „Theorien der Massenkommunikation", „Wirkungsforschung" und „Medienpsychologie" bzw. „communication research", „mass communication research", „mass communication theory", „media effects" und „psychology of media" durchgesehen sowie die letzten zehn Jahrgänge der wissenschaftlichen Fachzeitschriften Publizistik, Rundfunk und Fernsehen, Media Perspektiven, Medienpsychologie[8], Journal of Commu-

---

5   Unter Handbüchern werden alle Monographien und Sammelbände subsumiert, die sich aufgrund ihres Titels bzw. Untertitels als Überblick über einen Forschungsbereich bzw. ein Themengebiet identifizieren lassen.

6   Unter resümierenden Artikeln werden Aufsätze verstanden, die einen Überblick über einen Forschungsbereich bzw. eine Themengebiet geben.

7   Als erreichbar galten alle Werke, die zum Zeitpunkt der Durchführung des Auswahlverfahrens in der Universitätsbibliothek oder einer der Institutsbibliotheken der Westfälischen Wilhelms-Universität Münster vorhanden waren oder in der Datenbank des Hochschulbibliothekenzentrums des Landes Nordrhein-Westfalen verzeichnet und somit über die Fernleihe der Universitätsbibliothek Münster zu beschaffen waren. Ermittelt wurden die Handbücher und Einführungen durch die Recherche nach den obigen Stichworten in dem Schlagwortkatalog der Institutsbibliothek des Instituts für Publizistik- und Kommunikationswissenschaft der Westfälischen Wilhelms-Universität Münster und den Datenbanken der Deutschen Nationalbibliographie, des Online Public Access Catalogue der britischen Bibliotheken und der nordamerikanischen Library of Congress. Die genauen Angaben der berücksichtigten Handbücher, Einführungen und Aufsätze finden sich im Literaturverzeichnis, S. 215ff.

8   Die Zeitschrift Medienpsychologie erscheint erst seit dem Jahr 1989.

nication, European Journal of Communication, Communication Research und Communications.

Aus der so erfaßten Stichprobe wurden alle diskutierten Ansätze ausgewählt, die die folgenden, auf der Fragestellung basierenden Selektionskriterien erfüllten: Die Ansätze mußten sich auf die individuelle Rezeption massenmedialer Kommunikationsangebote beziehen, wobei für die empirische Überprüfung Einschränkungen zugelassen wurden, nicht jedoch für die theoretischen Konzepte.[9] Außerdem sollten die zu selegierenden Ansätze individuelle und soziokulturelle Variablen sowie Merkmale der massenmedialen Kommunikationsangebote berücksichtigen, und schließlich sollte der Rezeptionsprozeß als dynamisch konzipiert werden.[10]

Die Häufigkeit der Nennung eines Ansatzes in den durchgesehenen Handbüchern, Einführungen und Aufsätzen stellt hingegen kein Selektionskriterium dar, d.h. um in die Besprechung aufgenommen zu werden, reichte eine Besprechung in einem der durchgesehenen Texte aus. Dieser Verzicht auf den quantitativen Aspekt als Auswahlkriterium erscheint unter mehreren Gesichtspunkten sinnvoll. So werden z.B. in den englischsprachigen Texten deutsche Ansätze kaum berücksichtigt. Theoretisch wäre also die Möglichkeit gegeben, daß ein in der deutschsprachigen Kommunikationswissenschaft durchaus beachteter Ansatz hier nicht berücksichtigt wird, weil er ein quantitatives Kriterium nicht erfüllt. Gleiches gilt für neuere Ansätze, die bisher nur in Aufsätzen besprochen wurden und noch keinen Eingang in Handbücher oder Einführungen gefunden haben. Außerdem geht es im Rahmen dieser Arbeit nicht um eine sicherlich interessante Skizze der verschiedenen Diskussionsforen, d.h. beispielsweise darum darzustellen, welche Ansätze wie häufig in den verschiedenen Publikationen besprochen werden und ob sich sprach- oder auch länderspezifische Schwerpunkte erkennen lassen.[11] Vielmehr geht es an dieser Stelle allein um die Frage, welche kommunikationswissenschaftlichen Ansätze unter den gegebenen Gesichtspunkten für eine Konzeption der individuellen Rezeption massenmedialer Kommunikationsangebote geeignet scheinen. Um diese Frage beant-

---

9   Die Einschränkungen für empirische Analysen können sich dabei sowohl auf den Bereich der untersuchten Rezipientengruppe - z.B. Kinder - als auch auf den Bereich der berücksichtigten Kommunikationsangebote - z.B. gewalthaltige Programme - beziehen. Ein Beispiel für ein theoretisches Konzept, das ohne Beschränkung angelegt ist, sich in der empirischen Analyse jedoch auf eine Rezipientengruppe konzentriert, ist das Struktur- und Prozeßmodell des Medienrezeptionshandelns von Charlton/Neumann (vgl. S. 48ff.); ein Beispiel für auch theoretisch beschränkte und u.a. deshalb nicht berücksichtigte Modelle sind die Modelle zur Erklärung der Wirkung medialer Gewaltdarstellungen (vgl. Schenk 1987: 167ff.).

10   Aufgrund dieser Selektionskriterien blieben z.B. alle Konzepte, die sich direkt auf das klassische S-R-Modell oder eine Variante davon beziehen, unberücksichtigt. Dieser Ausschluß eines großen Teils der kommunikationswissenschaftlichen Wirkungsforschung scheint aufgrund der Mängel und Defizite, die immer wieder in Zusammenhang mit diesen Ansätzen aufgeführt werden, durchaus gerechtfertigt (vgl. Fußnote 1).

11   Einen Versuch, die Dynamik der Medienforschung in Deutschland von 1989 bis 1994 nachzuzeichnen, stellt z.B. die szientrometrische Analyse Güdlers dar (vgl. Güdler 1996). Einen Überblick über Entwicklungen in der englischsprachigen Kommunikationswissenschaft geben die Arbeiten von Beniger (1988; 1990).

worten zu können, scheint das entwickelte Verfahren zur Selektion der Ansätze ausreichend.

Da nicht im einzelnen erläutert werden kann, warum ein Ansatz nicht berücksichtigt wurde, sollen im folgenden kurz die häufigsten Gründe, die zu einem Ausschluß aus der Gruppe der zu berücksichtigenden Ansätze geführt haben, aufgezeigt werden.

Einzelne Hypothesen und empirische Ergebnisdokumentationen

Eine ganze Reihe von kommunikationswissenschaftlichen Arbeiten beschäftigen sich weniger mit der theoretischen Konzeption von Kommunikationsprozessen als vielmehr mit der empirischen Analyse verschiedener kommunikativer Prozesse. Ausgangspunkt der Analysen sind häufig einzelne Hypothesen, die jedoch nicht in ein theoretisches Konzept eingebunden sind.[12] Da im folgenden die theoretischen Konzepte der Rezeption massenmedialer Kommunikationsangebote im Mittelpunkt stehen und weniger die Ergebnisse der empirischen Forschung, wurden die Arbeiten, die an kein theoretisches Konzept anknüpfen, nicht berücksichtigt.

Teilmodelle

Bei der Auswahl der zu besprechenden Ansätze wurden darüber hinaus Konzepte ausgeschlossen, die sich nur auf einen kommunikationswissenschaftlichen Teilbereich beziehen. Aufgrund der unterschiedlichen Schwerpunktsetzungen kommunikationswissenschaftlicher Arbeiten gibt es dabei mehrere Möglichkeiten zur weiteren Differenzierung von Teilbereichen. So können die Ansätze z.B. anhand des Blickwinkels, von dem aus die *Rezipienten* beobachtet werden, unterschieden werden (psychologisch und soziologisch orientierte Ansätze) oder anhand der berücksichtigten *Rezipientengruppen, Inhalte* oder *Medien*. Diese Differenzierungen sind nicht als sich ausschließende Spezifizierungen zu verstehen, sondern werden - gerade auch wenn es um eine empirische Analyse theoretischer Konzepte geht - oft miteinander kombiniert. Die Differenzierungen markieren auch keinen kommunikationswissenschaftlichen Konsens zur Einteilung verschiedener Teilbereiche, sondern resultieren aus der Durchsicht der Literatur. Insofern sind sie als heuristische Kriterien zu verstehen, die nicht theoretisch fundiert sind.

Dem ersten Teilbereich sind Konzeptionen zuzuordnen, die sich mit Rezipienten als Individuen auseinandersetzen, ohne soziologische Aspekte zu berücksichtigen[13]

---

[12]   Diese Beobachtung stützt das Argument der Theorielosigkeit oder auch der Trivialität der kommunikationswissenschaftlichen Forschung (vgl. Fußnote 2).

[13]   Als Beispiel können hier Ansätze aus dem Bereich der Informationsverarbeitung angeführt werden, wie etwa die konsistenztheoretischen Modelle (vgl. Schenk 1987: 117ff.), die Arbeiten zum Framing (vgl. Entman 1993; Shah/Domke/Wackman 1996), die Erweiterungen der Cultivation Analysis (vgl. Shrum 1995; Shrum/O'Guinn 1993; Hawkins/Pingree 1986), das Gros der kognitiv orientierten Persuasionsforschung (vgl. Stewart/Ward 1994; Thorson 1989; Chaffee/Roser 1986) oder auch eine Vielzahl der Arbeiten, die aus der Tradition der Uses and Gratifications-Forschung her-

sowie ihr Gegenstück, ausschließlich soziologisch orientierte Ansätze[14]. Während erstere sich eher mit psychologischen Aspekten des Umgangs mit Medien auseinandersetzen, wird im Rahmen der soziologisch orientierten Forschung eher nach gesellschaftlichen oder auch kulturellen Aspekten der Medien bzw. der Mediennutzung gefragt. Aus der Fragestellung dieser Arbeit geht jedoch hervor, daß sowohl individuelle als auch soziokulturelle Aspekte bei der individuellen Rezeption massenmedialer Angebote zu berücksichtigen sind. Ansätze, die sich nur auf einen Bereich konzentrieren, werden somit der Fragestellung nicht gerecht.

Neben Unterschieden im Blickwinkel auf die Rezipienten können zudem verschiedene Rezipientengruppen im Mittelpunkt stehen. Dabei wird u.a. differenziert nach individuellen Merkmalen, wie z.b. nach dem Alter[15] oder aber auch nach Nutzungsgewohnheiten[16]. Da im Rahmen dieser Arbeit keine Einschränkungen hinsichtlich bestimmter Rezipientengruppen gemacht werden, bleiben diese Ansätze ebenfalls unberücksichtigt.

Gleiches gilt für Ansätze, die sich auf ausgewählte Medieninhalte beziehen. So können u.a. Teilbereiche der Massenkommunikationsforschung für Nachrichten[17], gewalthaltige Medienangebote[18], Werbung[19] und Soap Operas[20] ausgemacht werden. Da jedoch die Fragestellung dieser Arbeit keine Einschränkung hinsichtlich der Inhalte massenmedialer Angebote zuläßt, werden also auch diese Ansätze bei der anschließenden Besprechung nicht berücksichtigt.

Schließlich lassen sich die verschiedenen Ansätze noch nach den Medien, auf die sie sich beziehen, gruppieren. Dabei nimmt das Fernsehen als Massenmedium par excellence eine Sonderstellung ein, d.h. daß sich fast alle Ansätze mit diesem Medium auseinandersetzen.[21] Obwohl die Fragestellung dieser Arbeit auch an dieser

---

vorgegangen sind (vgl. Rosengren 1974: 272f.; Windahl 1981: 175; Ronge 1984: 79f.; Merten 1984: 67; Schenk 1987: 387).

[14]   Zu diesen Ansätzen gehören u.a. die Arbeiten im Bereich der Kritischen Medientheorie und im Bereich der soziologisch orientierten Systemtheorie (vgl. Holzer 1994: 89ff.; Joußen 1990: 135ff.; Kunczik 1984: 82ff.).

[15]   Im Mittelpunkt zahlreicher Untersuchungen stehen vor allem Kinder (vgl. Charlton/Neumann-Braun 1992a; Bryant/Anderson 1983). Aber auch Jugendliche (vgl. Baacke/Sander/Vollbrecht 1988; McLeod/Brown 1979) und Senioren (vgl. Bosch 1986) sind spezielle analysierte Rezipientengruppen.

[16]   Zu nennen sind in diesem Zusammenhang z.B. die Analysen im Bereich der Vielseherforschung (vgl. Schenk 1987: 189ff., 344ff.; Buß 1985; Charlton/Rapp/Siegrist 1986) oder die Arbeiten zum Zappen (vgl. Jäckel 1993; Winkler 1991; Seemann 1990; Heeter/Greenberg 1985; Kaplan 1985; Yorke/Kitchen 1985).

[17]   Vgl. Früh 1992; Ruhrmann 1989; Graber 1988.

[18]   Vgl. Bandura 1994; Gunter 1994; Schenk 1987: 167ff.

[19]   Vgl. Donnerstag 1996; Stewart/Ward 1994; Kim/Hunter 1993; 1993a; Windahl/Signitzer 1992; Schenk/Donnerstag/Höflich 1990.

[20]   Vgl. Liebes/Katz 1993; Livingstone 1990; Schrøder 1988; Modleski 1982.

[21]   Eine Ausnahme in dieser Hinsicht stellen die Ansätze dar, die sich auf „Literatur" beziehen. Für die durchgesehenen Monographien, Sammelbände und Aufsätze gilt jedoch, daß nur in wenigen Aus-

Stelle keine Einschränkung vorsieht, sondern sich auf alle Medien, die die Kriterien der Definition „Massenmedium" erfüllen[22], bezieht, erscheint es aufgrund der Sonderstellung des Fernsehens angebracht, auch Ansätze zu berücksichtigen, die sich ausschließlich auf das Fernsehen beziehen. Diese Ansätze sollten jedoch die spezifischen Merkmale von Fernsehangeboten bei ihrer Konzeption der individuellen Rezeption mit in Betracht ziehen.

Zum Abschluß der Vorstellung der Selektionskriterien ist darauf hinzuweisen, daß die Auswahl sich nur auf die Frage bezieht, welche Ansätze im Rahmen dieser Arbeit ausführlich besprochen werden sollen. Dies schließt jedoch nicht aus, daß zur Klärung von einzelnen, speziellen Problemen andere Ansätze aus den verschiedenen Teilbereichen zu Rate gezogen werden können.

2.2   Grundannahmen

Ebenfalls zur Vorbereitung der anschließenden Darstellung und Gegenüberstellung der verschiedenen Ansätze soll im folgenden kurz ein allgemeines Verständnis der Grundkonzepte skizziert werden. Auf diese Skizze wird im weiteren Verlauf als strukturierendes Raster zur Darstellung und zum Vergleich der einzelnen Ansätze zurückgegriffen.

Da keine allgemein anerkannten Definitionen der Grundkonzepte zugrundegelegt werden können, werden verschiedene Aspekte von Definitionen anderer Autoren mit Blick auf die Relevanz für die Fragestellung dieser Arbeit miteinander verbunden. Ziel ist es, die verschiedenen kommunikativen Phänomene zum einen gegeneinander abzugrenzen und zum anderen zueinander in Beziehung zu setzen, so daß eine Arbeitsgrundlage für die Strukturierung der folgenden Kapitel entsteht. Es ist jedoch zu betonen, daß es sich dabei nur um eine Skizze der als relevant erachteten Merkmale und Zusammenhänge handelt und nicht um eine erschöpfende Definition der einzelnen Begriffe.[23]

Da es im Rahmen dieser Arbeit um die individuelle Rezeption massenmedialer Kommunikationsangebote geht, erscheint es sinnvoll zu klären, was unter Kommunikation verstanden werden soll bzw. was die besondere Art der massenmedialen Kommunikation ausmacht.

---

nahmen direkt auf Arbeiten aus dem Bereich der Literatur- bzw. Textwissenschaft verwiesen wird. Diese Ausnahmen sind Lorimer 1994 und Jensen/Rosengren 1990, wobei Lorimer (1994: 190) die Literaturwissenschaft unter die Medieninhaltsforschung subsumiert, also nicht auf rezeptionsbezogene Ansätze eingeht, und Jensen/Rosengren (1990: 212, 222) allgemein auf Rezeptionsästhetik, Empirische Literaturwissenschaft und Reader-Response Theory verweisen, ohne jedoch einzelne Ansätze genauer zu diskutieren.

[22]   Vgl. zur Definition von „Massenmedien" S. 21.

[23]   Es handelt sich somit also jeweils um eine Nominaldefinitionen (vgl. Burkart [2]1995: 121).

Als allgemeiner Konsens wird angenommen, daß Kommunikation als Interaktion mit Hilfe von Zeichen aufzufassen ist.[24] Insofern gibt es immer Kommunikationsteilnehmer, die Zeichen produzieren und Teilnehmer, die diese Zeichen rezipieren, wobei alle Teilnehmer ein gewisses Interesse an der Teilnahme haben.[25] Die Zeichen selbst können sowohl sprachlicher als auch nicht sprachlicher Natur sein, sie können unvermittelt sein oder vermittelt werden.[26] Zusammengestellte Zeichen ergeben in ihrer Gesamtheit ein Kommunikationsangebot, das i.d.R. erkennbare Grenzen aufweist.[27] Kommunikation kann dabei durchaus aus mehreren aufeinander bezogenen Kommunikationsangeboten bestehen, die von unterschiedlichen Teilnehmern produziert wurden. Hinsichtlich der Medialität der Zeichen bzw. Kommunikationsangebote lassen sich primäre, sekundäre und tertiäre Medien unterscheiden.[28] Sekundäre und tertiäre Medien dienen dabei insbesondere zur Aufhebung von räumlichen und zeitlichen Grenzen.[29]

Die Zeichensysteme, aus denen sich die Kommunikationsangebote zusammensetzen, sind geprägt von der soziokulturellen Umgebung, wobei die formkorrekte und funktionsgerechte Verwendung der Zeichensysteme der einzelnen Kommunikationsteilnehmer im Rahmen von Sozialisationsprozessen erlernt wird.[30] Jede Kom-

---

[24] Vgl. Maletzke 1963: 15ff.; Silbermann 1982: 227f.; Gerbner/Schramm 1989: 358; Burkart/Hömberg 1992: 11; Noelle-Neumann/Schulz/Wilke 1994: 140, 173; Burkart [2]1995: 54ff.

[25] Vgl. Burkart [2]1995: 25ff.; Noelle-Neumann/Schulz/Wilke 1994: 160. Speziell zu Kommunikationsbedürfnissen und massenmedialer Kommunikation siehe außerdem Westerbarkey 1991.

[26] Unvermittelte Kommunikation, bei der Produzenten und Rezipienten sich gegenseitig wahrnehmen, wird auch als face-to-face-Kommunikation bezeichnet, vermittelte als mediale (vgl. Noelle-Neumann/Schulz/Wilke 1994: 141f.) Merten (1977: 145) kommt zudem zu dem Schluß, daß mediale bzw. vermittelte Kommunikation nicht als Kommunikation im Sinne eines sozialen Systems bezeichnet werden kann, da Kommunikator und Rezipient nicht füreinander anwesend sind, der Kommunikator anonym bleibt, ergo letztlich kein dialogischer Austausch stattfindet. Diese Charakterisierung von Kommunikation als dialogischem Austausch wird hier jedoch nicht übernommen.

[27] Der hier verwendete Begriff des Kommunikationsangebotes bezieht sich allein auf den materiellen Zeichenkomplex, der von einem Kommunikationsproduzenten erzeugt worden ist. Bedeutung oder Sinn sind einem Kommunikationsangebot somit nicht inhärent, sondern werden erst durch die soziale Interaktion hervorgebracht. Diese Annahme lehnt sich an den Symbolischen Interaktionismus an, dessen Grundannahme besagt, „daß die Bedeutungen von Umweltobjekten (Personen, Gegenstände, Zustände etc.) ‚soziale Produkte' [...] sind, d.h. aus den sozialen Interaktionen abgeleitet werden, die man mit seinen Mitmenschen eingeht"(Burkart [2]1995: 85 mit dem Verweis auf Blumer 1973: 83).

[28] Diese Unterscheidung stammt von Pross (vgl. Burkart [2]1995: 36f.), der unter primären Medien Medien versteht, die keine Geräte erfordern (z.B. Sprache, Mimik, Gestik), unter sekundären Medien Medien, bei denen allein bei der Produktion Geräte erforderlich sind (z.B. Rauchzeichen oder der gesamte Printbereich) und unter tertiären Medien Medien, bei denen sowohl bei der Produktion als auch bei der Rezeption Geräte eingesetzt werden (z.B. Telefon, Funk, Radio, Fernsehen)(siehe zu dieser Dreiteilung auch Silbermann 1982: 228f.; Faßler 1997: 117). Allgemein ist jedoch festzustellen, daß im Rahmen von Kommunikationstheorien Medien zunächst nicht als Item relevant waren. Später dann wurde ihnen allein die Rolle des technischen Kanals zugedacht (vgl. Faulstich 1991: 96).

[29] Vgl. Maletzke 1963: 23; Silbermann 1982: 227f.; Merten 1994: 150.

[30] Vgl. in bezug auf den Erwerb und Gebrauch sprachlicher Zeichen Feilke 1994.

munikation findet zudem in einem aktuellen soziokulturellen Umfeld und einer spezifischen raum-zeitlichen und sozialen Situation statt. Demnach können individuelle kognitive und emotionale Aspekte der Teilnehmer, soziale Aspekte, konkrete raum-zeitliche Situationsaspekte und sozio-kulturelle Aspekte Kommunikation beeinflussen.[31]

Massenmedien können somit definiert werden als tertiäre Medien, die sich gegenüber anderen Medien durch ihre institutionelle Produktion und Distribution mit Hilfe von Technik und ihrer allgemeinen Zugänglichkeit auszeichnen.[32] Letztere kann z.B. durch maschinelle Vervielfältigung und Distribution der einzelnen Kommunikationsangebote oder durch die potentielle Empfangsmöglichkeit eines gesendeten Kommunikationsangebotes durch alle Gesellschaftsmitglieder ermöglicht werden.

Aufgrund dieser Voraussetzungen ergeben sich für massenmediale Kommunikationen folgende Besonderheiten, die sie von anderen Kommunikationsformen abgrenzen:

Die Produktion der Kommunikationsangebote erfolgt durch Institutionen, die i.d.R. auch für die Distribution verantwortlich sind.[33] Dabei ist die Herstellung von massenmedialen Kommunikationsangeboten ein Geschäft, d.h. die Institutionen sind zugleich Wirtschaftsorganisationen, die sich ökonomischen Regeln beugen müs- sen.[34] Die verschiedenen Prozesse zur Herstellung von Kommunikationsangeboten sind arbeitsteilig organisiert. Somit sind bei der Herstellung eines Kommunikationsangebotes verschiedene Produzenten beteiligt, die unterschiedliche Rollen inne haben.[35] Arbeitsroutinen und institutionelle Zwänge nehmen so neben anderen soziokulturellen Aspekten Einfluß auf die Gestaltung massenmedialer Kommunikationsangebote.[36] Rezipienten sind als Kommunikationspartner i.d.R. nicht präsent.[37] Vielmehr beziehen sich die Produzenten von massenmedialen Kommunika-

---

[31]   Vgl. Burkart/Hömberg 1992: 11; Noelle-Neumann/Schulz/Wilke 1994: 175. Speziell zu sozialen und soziokulturellen Einflüssen siehe Teichert 1973: 382; Neumann/Charlton 1988: 13ff.

[32]   Vgl. Silbermann 1982: 295; Deutsches Institut für Fernstudien 1990: Einführungsbrief: 76; Lorimer 1994: 25; Burkart [2]1995: 164f. Die International Encyclopedia of Communications (1989) verweist unter dem Stichwort Mass Media vor allem auf differenziertere Einträge zu Einzelmedien (Cable Television, Magazine, Motion Pictures, Newspaper: History, Newspaper: Trends, Radio, Television History). Im Fischerlexikon Publizistik Massenkommunikation (Noelle-Neumann/ Schulz/Wilke 1994) findet sich kein Eintrag zum Stichwort Massenmedien. Zur historischen Entwicklung dieses Begriffs siehe auch Faßler 1997: 111ff.

[33]   Vgl. Ronneberger 1971: 40; Weischenberg 1992a: 237ff. Merten (1977: 151) bezeichnet massenmediale Kommunikatoren auch als „organisierte Aufmerksamkeitsfänger".

[34]   Vgl. Weischenberg 1992a: 237ff.; Prott 1994. In gewissem Maß eine Ausnahme stellen in dieser Hinsicht öffentlich-rechtliche oder gemeinnützige Institutionen dar, die sich nur z.T. auf dem wirtschaftlichen Medienmarkt behaupten müssen.

[35]   Vgl. Ronneberger 1971: 59f.; Weischenberg 1992a: 275ff.

[36]   Vgl. Maletzke 1963: 132; Ronneberger 1971: 41; Weischenberg 1995a: 111ff., 152ff.

[37]   Ausnahmen stellen in dieser Hinsicht interaktive massenmediale Kommunikationsangebote dar, die (Re-) Aktionen der Rezipienten als Elemente beinhalten, oder auch Leserbriefe bzw. Anrufe in Redaktionen (vgl. zum Feedback und massenmedialer Kommunikation Burkart [2]1995: 66ff.).

tionsangeboten auf „virtuelle Rezipienten", d.h. sie haben bestimmte Vorstellungen und Erwartungen im Hinblick auf das Publikum, das das jeweilige Kommunikationsangebot rezipiert.[38] Für die Evaluation ihrer eigenen Arbeit spielen jedoch insbesondere andere Produzenten eine wichtige Rolle.[39]

Die entstehenden massenmedialen Kommunikationsangebote sind prinzipiell allen Rezipienten zugänglich. Diese allgemeine Zugänglichkeit und das geteilte Wissen um diese Zugänglichkeit machen einen Aspekt des öffentlichen Charakters von massenmedialen Kommunikationsangeboten aus.[40] Außerdem ist die Gestaltung massenmedialer Kommunikationsangebote begrenzt durch eine Vielzahl von Faktoren wie z.B. technische, finanzielle und zeitliche Möglichkeiten, allgemeine Konventionen der genutzten Zeichensysteme, spezifische Konventionen im Hinblick auf produzierende Institution, Gattung, der das Kommunikationsangebot zugeordnet wird, vorausgegangene Kommunikationsangebote, an die angeschlossen werden soll, strategische Ziele, die mit Hilfe des Kommunikationsangebotes erreicht werden sollen etc. Durch die Möglichkeiten der Gestaltung massenmedialer Kommunikationsangebote haben sich zudem für einzelne Massenmedien spezifische Zeichensysteme entwickelt, die ebenfalls bei der Produktion der Angebote berücksichtigt werden können.[41]

Die Rezeption massenmedialer Kommunikationsangebote hebt sich von der Teilnahme an unvermittelter Kommunikation insbesondere durch eine gewisse Distanz zu anderen Kommunikationsteilnehmern, insbesondere zu den Produzenten der Kommunikationsangebote, ab.[42] Hinzu kommt i.d.R. eine Gefangenheit in der Rezipientenrolle, d.h. die meisten Rezipienten haben nicht die Möglichkeit, massenmediale Kommunikationsangebote zu erstellen. Der für unvermittelte Kommunikation weitgehend selbstverständliche Rollenwechsel findet somit i.d.R. nicht statt.[43]

---

[38]   Maletzke (1963: 99) geht zudem davon aus, daß jedes Medium sein in psychologischer und soziologischer Hinsicht spezifisches Publikum hat, das auch bei der Herstellung von Kommunikationsangeboten berücksichtigt wird. Zu spezifischen Publikumsvorstellungen von Produzenten verschiedener Kommunikationsangebote siehe Weischenberg 1995a.

[39]   Vgl. Weischenberg 1995a: 253f.

[40]   Vgl. Maletzke 1963: 24; Faßler 1997: 101. Für den Inhalt des Begriffs Öffentlichkeit ist bisher in der Kommunikationswissenschaft noch kein Konsens gefunden worden. Zu unterschiedlichen Vorstellungen von Öffentlichkeit siehe z.B. Faulstich 1992: 29ff, Szyska 1993: 195. In der neueren Diskussion wird darauf verwiesen, daß Öffentlichkeit selbst eine Fiktion darstellt, die konsentierende Bindewirkungen entfaltet (Merten 1992: 37f.). Außerdem wird auf die tragende Rolle der Medien für die Entfaltung von Öffentlichkeit hingewiesen (vgl. Faulstich 1992: 49; Marcinkowski 1993).

[41]   Als Beispiel für diese medienspezifischen Zeichensysteme können Kameraperspektiven und Filmmusik für Film und Fernsehen oder Jingels für den Hörfunk genannt werden. Ergänzend zu diesem Punkt siehe auch das theoretische Konzept der massenmedial generalisierten Kommunikationsqualitäten von Spangenberg (1993; 1995).

[42]   Vgl. Merten 1977: 145; Schenk 1987: 18; Burkart ²1995: 163.

[43]   Vgl. Noelle-Neumann/Schulz/Wilke 1994: 147f.; Burkart ²1995: 163.

Die Distanz zwischen Rezipienten und anderen Kommunikationsteilnehmern wird zudem durch die Anonymität des Gros der Kommunikationsteilnehmer zusätzlich verstärkt.[44] Diese Anonymität wird jedoch z.T. durch die Vorstellungen aufgefangen, die sich die Rezipienten vor allem von anderen Rezipienten ma-chen:[45] An die Stelle von konkreten Erfahrungen tritt hier Virtualität.

Darüber hinaus entheben Distanz und Anonymität zwischen den einzelnen Teilnehmern am massenmedialen Kommunikationsprozeß die Rezipienten von der Demonstration ihrer Teilnahme an der Kommunikation anderen Teilnehmern gegenüber. Das heißt, der Rezipient ist nicht gezwungen, durch Produktion von Kommunikationsangeboten anderen Teilnehmern seine Teilnahme zu bestätigen und so den Bestand der Kommunikation zu sichern.[46] Distanz der Kommunikationsteilnehmer, Gefangenheit in der Rezipientenrolle, Anonymität der Teilnehmer, Vorstellungen von anderen und die Freiheit von der Bestätigung der Teilnahme an Kommunikation können somit als Besonderheiten massenmedialer Rezeption verstanden werden.

Da die zu selektierenden Ansätze sich mit der individuellen Rezeption massenmedialer Kommunikationsangebote beschäftigen, erscheint es gerechtfertigt davon auszugehen, daß folgende Aspekte der Grundkonzepte in den Ansätzen angesprochen werden sollten:

- *Wie werden Massenmedien definiert bzw. was zeichnet sie gegenüber anderen Kommunikationsmedien aus?*
  Im einzelnen ist zu klären, ob
  - die institutionelle und industrielle Produktion der massenmedialen Angebote und
  - die potentielle Zugänglichkeit für alle Gesellschaftsmitglieder angesprochen werden.

- *Was sind die Besonderheiten massenmedialer Kommunikation?*
  Im einzelnen ist zu klären, ob
  - allgemeine Aspekte von Kommunikation wie
    - Interesse an der Kommunikation,
    - soziokulturelle Umwelt,
    - raum-zeitliche und
    - soziale Bedingungen der konkreten Rezeptionssituation,
    - individuelle kognitive und emotionale Aspekte der Rezeption, sowie

---

[44]   Vgl. Merten 1977: 145; Schenk 1987: 18f.; Burkart [2]1995: 161; Noelle-Neumann/Schulz/Wilke 1994: 141.

[45]   Siehe zur Reflexivität des Wissens und Meinens Merten 1977: 147ff. Kob (1978: 394f.) spricht im Zusammenhang mit diesen Phänomenen von der „Attraktion der Publizität".

[46]   Vgl. Teichert 1973: 367; Neumann/Charlton 1988: 11f.; Spangenberg 1993: 82. Allgemein zu den Besonderheiten des Zuschauens als soziale Interaktion siehe Teichert 1973: 373f., zu den Zwängen des Mediums auf die Rezeption Maletzke 1963: 171ff.

- besondere Aspekte wie
  - die Einflüsse der institutionellen und industriellen Produktion auf die massenmedialen Kommunikationsangebote,
  - die genutzten Zeichensysteme und ihre Besonderheiten,
  - die Distanz zwischen den Kommunikationsteilnehmern,
  - die Gefangenheit in der Rezipientenrolle,
  - die Anonymität der Kommunikationsteilnehmer,
  - die virtuellen Aspekte (Vorstellungen von anderen Rezipienten und Kommunikatoren) und
  - die Loslösung von der Bestätigungspflicht der Teilnahme an der Kommunikation berücksichtigt werden.

Die vorgestellten Charakteristika des allgemeinen Verständnisses der Grundkonzepte dienen im weiteren Verlauf dazu, die Darstellung und den Vergleich der verschiedenen kommunikationswissenschaftlichen Ansätze zu strukturieren. Da aufgrund des Auswahlverfahrens sichergestellt ist, daß sich alle Ansätze mit der Rezeption massenmedialer Kommunikationsangebote beschäftigen und daß das Verständnis der Grundbegriffe auf einer relativ allgemeinen Ebene angesiedelt ist, erscheint es zulässig, die aufgeführten Charakteristika als Raster für Darstellung und Vergleich zu verwenden. Damit sollen jedoch andere Möglichkeiten der Darstellung und des Vergleichs im Rahmen von anderen Arbeiten nicht ausgeschlossen werden.

Den jeweiligen Konkretisierungen der Grundkonzepte liegen zudem allgemeine theoretische Annahmen zugrunde, die ebenfalls bei der Darstellung der Ansätze berücksichtigt werden sollen. Im Rahmen dieser Arbeit sind von den allgemeinen theoretischen Annahmen dabei vor allem die Vorstellungen vom Individuum und der Entstehung von Bedeutung bzw. vom Verstehen der Kommunikationsangebote von Interesse. Anders als für die Grundkonzepte lassen sich jedoch für die allgemeinen theoretischen Annahmen aufgrund der unterschiedlichen theoretischen Ausgangspositionen keine aus der Literatur exzerpierten Arbeitshypothesen ableiten, die auf alle Ansätze bezogen werden können.[47] Es können jedoch Leitfragen formuliert werden, die die Ausführungen zu den allgemeinen theoretischen Grundlagen der einzelnen Ansätze strukturieren.
Diese Leitfragen lauten:

---

[47]　So kann z.B. der Individuenbegriff ausschließlich psychologisch, ausschließlich soziologisch oder auch sowohl psychologisch als auch soziologisch definiert werden (vgl. Anderson/Meyer 1988: 311ff.; Hillmann [4]1994: 360); die Bedeutung eines Kommunikationsangebotes bzw. von Handlungen wird sowohl als dem Kommunikationsangebot/den Handlungen inhärent als auch als Konstruktion der Kommunikations-/Handlungsteilnehmer verstanden (vgl. Anderson/Meyer 1988: 311ff.; Corner 1991: 271ff.; Burkhart [2]1995: 71).

- *Welche Vorstellungen vom Indivuum liegen den Ansätzen zugrunde?*
- *Welche Vorstellungen von Bedeutungen der massenmedialen Kommuni-*
  kationsangebote liegen den Ansätzen zugrunde?
- *Wie wird das Verstehen der Kommunikationsangebote konzipiert?*

Diese Leitfragen scheinen geeignet, die Darstellungen der allgemeinen theoretischen Grundlagen der einzelnen Ansätze strukturiert zu erfassen ohne im vorhinein eine Beschränkung auf bestimmte Theorien aufzuerlegen.

2.3   Vorstellung der Ansätze

Nachdem das Auswahlverfahren und das Verständnis der Grundbegriffe dargestellt und begründet wurden, werden im folgenden die ausgewählten Ansätze vorgestellt und analysiert. Ziel dieser Präsentation ist es, einen Überblick über bestehende kommunikationswissenschaftliche Konzepte zur individuellen Rezeption massenmedialer Kommunikationsangebote zu gewinnen und zu erkennende Probleme so weit wie möglich auf theoretische Grundlagen zurückzuführen. Diese Rückführung auf die jeweilige theoretische Basis erscheint dabei aus folgenden Gründen sinnvoll: Sie erlaubt einen detaillierten Überblick über die Ansätze der Rezeptionsforschung. Außerdem wird eine Verortung der Problemquellen möglich. So können Probleme auf Schwächen in der Konstruktion eines Ansatzes hinweisen (Konstruktionsprobleme), auf Schwächen in der Bestimmung der Grundkonzepte (Grundkonzeptprobleme) oder auf Schwächen in den zugrundegelegten allgemeinen theoretischen Annahmen (Theorieprobleme). Schließlich können aufgrund der Analyse aller Ansätze nach denselben Kriterien die jeweiligen Stärken und Schwächen auf den verschiedenen Ebenen einander gegenübergestellt werden. Der Vergleich der Ansätze ist somit ungleich elaborierter als ein Vergleich, der allein auf der Darstellung der konkreten Konzepte beruht.

Im Rahmen dieses Kapitels geht es zunächst um die Vorstellung und Analyse der einzelnen Ansätze. Im anschließenden Zwischenresümee wird dann auf der Grundlage der Ergebnisse der Vergleich zwischen den einzelnen Konzeptionen und ihren Problemen vorgenommen. Sollten keine expliziten Angaben zu Grundkonzepten oder allgemeinen theoretischen Annahmen in den jeweiligen Ausführungen zu finden sein, wird versucht, aus den Konzeptionen Grundkonzepte und allgemeine theoretische Annahmen abzuleiten.

Nach Abschluß des Auswahlverfahrens[48] sind folgende Ansätze zur Besprechung ausgewählt worden:

---

[48]   Siehe dazu die Erläuterungen in Kapitel 2.1, S. 15.

Ansätze in deutscher Sprache

- das *Dynamisch-transaktionale Modell* von Klaus Schönbach und Werner Früh,
- das *Referenzmodell der Mediennutzung* von Karsten Renckstorf,
- das *Struktur- und Prozeßmodell des Medienrezeptionshandelns* von Michael Charlton und Klaus Neumann(-Braun);

Ansätze in englischer Sprache

- der Ansatz zum *Verstehen von Mediendiskursen* von Teun van Dijk,
- die *Media System Dependency Theory* von Melvin DeFleur und Sandra Ball-Rokeach,
- das Konzept des *Making Sense of Television* von Sonia M. Livingstone,
- der *Sozio-kognitive Ansatz der Medienrezeption* von Birgitta Höijer.[49]

2.3.1 Dynamisch-transaktionales Modell

Mit ihrem Dynamisch-transaktionalen Modell[50] haben sich Klaus Schönbach und Werner Früh das Ziel gesetzt, kommunikator- und rezipientenorientierte Forschungsaspekte miteinander zu verbinden. Sie selbst bezeichnen ihren Standpunkt dabei nicht als kommunikator- oder rezipienten-, sondern als prozeßorientiert.[51] Außerdem möchten sie ihre Konzeption ausdrücklich als Ansatz verstanden wissen, der theorieleitenden Charakter haben kann, jedoch nicht selbst Theorie ist.[52]

Basierend auf dem allgemeineren Dynamisch-transaktionalen Ansatz wurde für den Bereich der massenmedialen Kommunikation ein Dynamisch-transaktionales Modell entwickelt.[53] Da es im Rahmen dieser Arbeit eben um einen Teilbereich der massenmedialen Kommunikation geht, liegt im folgenden der Schwerpunkt der Darstellung auf diesem Modell und weniger auf dem allgemeineren Ansatz.

---

[49]   Zu ergänzen ist, daß die Reihenfolge der Darstellungen der Ansätze sich allein aus pragmatischen Gründen an der Sprache der Originalliteratur und an dem Jahr der Erstvorstellung der Ansätze orientiert und daß Grundlage für die Darstellung der Ansätze die in der durchgesehenen Literatur genannten Texte der Autoren sind.

[50]   Fundstellen in der durchgesehenen Literatur: Maletzke 1988: 31; Renckstorf 1989: 323f.; Früh 1992; Schönbach 1992; Noelle-Neumann/Schulz/Wilke 1994: 168; Merten 1994b: 324; Burkart ²1995: 230ff., 477f.; Renckstorf/McQuail 1996: 15.

[51]   Vgl. Früh/Schönbach 1982: 85.

[52]   Vgl. Schönbach/Früh 1984: 316.

[53]   Vgl. Früh 1991: 85.

2.3.1.1 Konkrete Konzeption

Medien und Rezipienten werden als zugleich aktive und passive Elemente verstanden, die sich gegenseitig in ihrer Autonomie und ihrem Handlungsspielraum beschränken.[54] Der bei der Themenauswahl und -aufbereitung aktive Kommunikator kann nur im Rahmen der Grenzen agieren, die durch Rezipientenvorstellungen, redaktionelle Arbeitsweisen und Situation sowie mediale Bedingungen (Technik, Format etc.) abgesteckt sind. Der Rezipient wiederum wählt aktiv aus, jedoch nur aus dem Angebot, das ihm durch die Kommunikatoren in den Medien bereitgestellt wird. Informationen über die jeweils andere Seite der Kommunikation werden dabei nicht über direkte Feedback-Schleifen weitergeleitet. Es finden vielmehr sogenannte Para-Feedback-Prozesse statt, die sich auf die Vorstellungen, Erwartungen, Vorurteile und Vorannahmen der Beteiligten in bezug auf die Kommunikationsprozesse - und damit auch auf die Vorstellungen, Erwartungen etc. der anderen Teilnehmer der Kommunikation - beziehen. Die Basis für die Rezeptionsprozesse stellen spezifische Interaktionen dar, die Früh/Schönbach in Anlehnung an Bauer als „Transaktionen" bezeichnen.[55] Diese Transaktionen zeichnen sich insbesondere dadurch aus, daß sie nicht nur Einfluß auf Rezeptionsprozesse nehmen, sondern sich im Laufe der Prozesse auch selbst verändern.[56]

Neben der Konzentration auf die verschiedenen Transaktionen des Kommunikationsprozesses betonen die Autoren die Bedeutung der Zeitdimension im Verlauf der Kommunikation. Ein aussagekräftiges Modell muß ihrer Meinung nach erklären können, warum kommunikative Prozesse anfangen bzw. enden und welche qualitativen und quantitativen Veränderungen während der Kommunikation zu be-

---

[54] Der Begriff Medium wird dabei wie folgt definiert: „*Medium* ist ebenso eine technisch-materiale wie eine gesellschaftliche Größe: Der technisch-materiale Aspekt wird durch die Art der Fixierung, Speicherung, Vervielfältigung und Distribution von Mitteilungen gekennzeichnet, also einer elektronischen, drucktechnischen usw. Verfahrensweise. Der gesellschaftliche Aspekt betrifft das verwendete Zeichensystem, das nur dadurch zur Informationsvermittlung taugt, daß sein Bedeutungsgehalt durch gesellschaftliche Konventionen festgelegt und gelernt ist." (Früh 1991: 62, Hervorhebungen im Original)

[55] Vgl. Früh/Schönbach 1982: 80; Bauer 1964: 326f. Eine Transaktion wird dabei definiert als „simultane Wechselwirkung zwischen A und B, bei der die beiden transitiven Wirkungsaspekte A → B und B → A sich gegenseitig erst durch den jeweils komplementären Wirkungsaspekt definieren: Indem A → B entsteht, ist B → A darin bereits berücksichtigt, d.h. jede der beiden nur analytisch isolierbaren Teilbeziehungen existiert nicht ohne die ‚selbstreflexive Koorientierung'"(Früh 1991: 123). Diese transaktionale Sicht basiert auf einem allgemeinen Denkmuster, das in verschiedenen Wissenschaftsbereichen verwendet wird (vgl. Früh 1991: 97ff.). Insofern ist diese Sichtweise keine spezifisch kommunikationswissenschaftliche. Siehe ergänzend zu verschiedenen Transaktionsvarianten Früh 1991: 141ff., zur Problematik der Abgrenzung von Transaktionen zu anderen Beziehungstypen Früh 1991: 155ff. und zu Transaktionsbegriffen anderer Autoren wie z.B. Bauer, McLeod/Becker oder Dewey/Netley Früh 1991: 165ff.

[56] Vgl. Früh/Schönbach 1982: 79f.; Schönbach/Früh 1984: 315. Im folgenden stehen aufgrund der Fragestellung dieser Arbeit die Rezeptionsprozesse im Vordergrund. Zu einer Verwendung des Dynamisch-transaktionalen Ansatzes mit Blick auf kommunikatorbezogene Fragestellungen siehe u.a. Weischenberg 1995a: 325ff.

obachten sind. Es gilt also die Dynamik kommunikativer Prozesse mitzuberücksichtigen.[57]

Kernstück der verschiedenen Phasen medialer Kommunikation ist demnach das Zusammenspiel unterschiedlicher Transaktionen.[58]

Abb. 1: Grundmuster des Dynamisch-transaktionalen Modells (Früh/Schönbach 1982: 78)

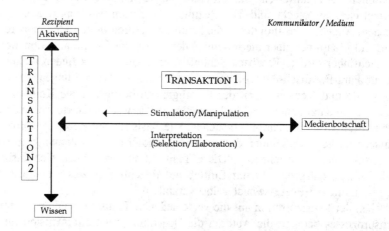

So findet z.B. eine Transaktion zwischen Medienbotschaft[59] einerseits und aktiver Bedeutungszuweisung der Rezipienten andererseits statt. Dabei geben die Medienangebote den Rahmen für die Interpretationen der Rezipienten vor, so daß eine wie auch immer geartete Wirkung der massenmedialen Kommunikationsangebote nur als Zusammenspiel von beiden Komponenten (Medienbotschaft und Interpretation der Rezipienten) zu erklären ist. Des weiteren ist eine Transaktion bei der Bedeutungszuweisung durch die Rezipienten festzustellen. Es wird Information aufgenommen und zugleich das Aktivationsniveau des Rezipienten stimuliert.[60] Weitere

---

57   „Um die oben »Transaktion« genannten Interaktionen und den zuletzt dargestellten Prozeßcharakter von Medienwirkungen angemessen hervorzuheben, wollen wir das hier vorgestellte Wirkungsmodell der Massenkommunikation »*dynamisch-transaktionaler Ansatz*« nennen." (Früh/Schönbach 1982: 80f., Hervorhebungen im Original) Die Dynamik wird dabei als ein elementares, allem innewohnendes Prinzip verstanden, das es bei jeder Beobachtung zu berücksichtigen gilt (vgl. Früh 1991: 131ff.).

58   Eine Illustration des Zusammenspiels verschiedener Transaktionen gibt die Abbildung der erweiterten Fassung des Dynamisch-transaktionalen Modells (Früh 1991: 77ff.). Auf eine Reproduktion dieser Abbildung wurde im Rahmen dieser Arbeit aus Gründen der Übersichtlichkeit verzichtet.

59   Die Medienbotschaft läßt sich dabei weiter differenzieren in die Komponenten Medium und Mitteilung/Aussage (vgl. Früh 1991: 62f.). Siehe dazu auch die Ausführungen auf S. 30.

60   Letzteres setzt sich aus allgemeinen affektiven Prädispositionen und Interesse zusammen (vgl. Früh/Schönbach 1982: 87).

Informationen zu einem Thema stoßen dann auf günstigere Voraussetzungen im Rahmen der Bedeutungszuweisung: Es besteht die Bereitschaft mehr Aufmerksamkeit zu investieren, aufgrund des Vorwissens ist ein besseres bzw. komplexeres Verständnis der Information wahrscheinlicher und nicht zuletzt wirkt sich der Wissenszuwachs selbst motivierend auf eine Bearbeitung von Anschlußinformationen aus. Zwischen Wissen und Aktivation entsteht also ebenso ein oszillierendes Spannungsverhältnis wie zwischen Medienbotschaft und Bedeutungszuweisung.[61]

Weitere Transaktionen sind zwischen Rezipienten und gesellschaftlichen Subsystemen zu erkennen. Für den Rezipienten spielen dabei insbesondere die Transaktionen mit dem System des dispersen Publikums[62] eine Rolle. Allein die Annahme, daß viele andere die gleichen Medieninhalte rezipieren, reicht aus, um die eigene Rezeption zu beeinträchtigen.[63] Das Besondere bei diesen Transaktionen ist, daß sie zwischen zwei unterschiedlichen analytischen Ebenen desselben Systems stattfinden. Einzelne Komponenten des Systems (Rezipienten) handeln auf bestimmte Art und Weise, weil sie sich Vorstellungen vom Verhalten des Gesamtsystems (disperses Publikum) machen. Aufgrund dieser Beziehung zwischen den verschiedenen Ebenen eines Systems nennt Früh diese Transaktionen auch „vertikale Transaktionen".[64]

Das Grundmodell der Transaktionen (vgl. Abbildung 1) läßt sich nach Früh/ Schönbach in verschiedenen Phasen des massenmedialen Kommunikationsprozesses wiederfinden.[65] Sogenannte „initial cues" stoßen den Kommunikationsprozeß

---

[61]   Vgl. Früh/Schönbach 1982: 78f. In den weiteren Ausarbeitungen werden Transaktionen zwischen Botschaft und Individuum (TRANSAKTION 1) als Inter-Transaktionen bezeichnet und Transaktionen innerhalb der Kognition des Rezipienten, zwischen Aktivationspotential und Wissen (TRANSAKTION 2) als Intra-Transaktionen (vgl. Schönbach/Früh 1984: 315).

[62]   In Anlehnung an Maletzke (1963: 32) wird das System des dispersen Publikums als informelles System charakterisiert, dem die Rezipienten angehören, das keine formalen Institutionen oder klare Rollenvorstellungen besitzt, das manchmal nur als Fiktion existiert und das weitergefaßt auch als Öffentlichkeit verstanden werden kann (vgl. Früh 1991: 68).

[63]   Vgl. Früh 1991: 182. Früh unterscheidet dabei zwischen dem Aspekt zu wissen, daß viele andere dieselbe Information wahrnehmen, und dem Aspekt, bei Kontakten mit anderen zu berücksichtigen, daß eben die anderen dieselben Informationen erhalten haben wie man selbst.

[64]   Vgl. Früh 1991: 70f. Auch für den Kommunikator sind innerhalb des Systems Journalismus vertikale Transaktionen auszumachen. Zusätzlich zu den Transaktionen sieht sich der Kommunikator jedoch auch noch einem einseitigen, nicht von ihm beeinflußbaren Einfluß ausgesetzt: dem Publikums-Feedback (vgl. Früh 1991: 71ff.).

[65]   Vgl. Früh/Schönbach 1982: 83. Allgemeiner formuliert heißt es bei Früh (1991: 81): „Das dynamisch-transaktionale Modell soll bei den unterschiedlichsten Forschungsinteressen flexible Orientierungen anbieten, indem es die Focusverschiebungen systematisch in größere Wirkungszusammenhänge einordnet." Mögliche Schwerpunkte der Betrachtung können dabei z.B. die gesellschaftliche Kommunikation, einzelne Medien, Akteure, Interessengruppen oder Teilpublika darstellen (vgl. Früh 1991: 154). Basis dieser Betrachtung ist u.a. eine molare bzw. ökologische Sichtweise, die davon ausgeht, daß die Identität und Existenz eines Objektes von der jeweiligen Messung abhängig ist und daß Ereignisse bzw. das Verhalten von Objekten von komplexen, nicht völlig zu kontrollierenden Randbedingungen abhängt (vgl. Früh 1991: 127.). Diese Aspekte, die nach Heisenberg als „pragmatische Unschärfe" bezeichnet werden können, können durch die Berücksichtigung der sinn-

an, das Aktivationsniveau und der Wissensstand wachsen. Wird die subjektiv empfundene Diskrepanz zwischen vorhandenem und als ausreichend eingestuftem Wissen toleriert, findet keine Fortsetzung der Kommunikation statt. Wird sie jedoch als zu groß eingestuft, wird nach mehr Information gesucht; der Kommunikationsprozeß erreicht die sich an die Initialisierung anschließende Phase. Dabei findet in jeder Phase der Kommunikation eine Überprüfung des Verhältnisses von vorhandenem und ausreichendem Wissen sowie eine Kosten-Nutzen-Kalkulation statt. Überprüfung und Kalkulation werden wiederum ihrerseits von verschiedenen Faktoren beeinflußt, wie zum Beispiel von persönlicher Betroffenheit, sozialem Druck, Mitreden zu können, oder einfachen Mittel-zum-Zweck-Überlegungen. Den Kommunikationsteilnehmern steht es somit jederzeit frei, aufgrund ihrer Überprüfungen und Kalkulationen die Kommunikation zu beenden bzw. nicht fortzusetzen.

Wirkungen von einzelnen Medienbotschaften zu verfolgen oder gar vorherzusagen ist somit kaum noch möglich. Die Komplexität des kommunikativen Prozesses und die unterschiedlichen beteiligten Faktoren, die die Wahrscheinlichkeit von bestimmten Abläufen beeinträchtigen können, spielen dafür eine zu gewichtige Rolle. Aufgrund dieser Überlegungen stellen Früh/Schönbach die Frage, inwieweit bei den Rezeptionsprozessen massenmedialer Kommunikation überhaupt noch von eindeutiger Ursache und Wirkung die Rede sein kann.[66]

2.3.1.2 Grundkonzepte

Im Hinblick auf die Grundkonzepte des Dynamisch-transaktionalen Modells ist festzuhalten, daß keine expliziten Definitionen zu den Begriffen ‚Massenmedien' oder ‚massenmediale Kommunikation' resp. ‚Rezeption' vorliegen. Die ausführlichen Ausführungen lassen jedoch genügend Interpretationen in bezug auf die verschiedenen Aspekte zu.

So wird z.B. die zunächst als Einheit verstandene Medienbotschaft im Laufe der Darstellung des Dynamisch-transaktionalen Modells in die beiden Bereiche *Medium* und Aussage differenziert. Das Medium wird dabei als eine technische und zugleich gesellschaftliche Größe verstanden, wobei sich die technischen Aspekte auf die Herstellung und Distribution der Kommunikationsmaterialien beziehen und die gesellschaftlichen Aspekte auf die verwendeten Zeichensysteme.[67] Die Kompo-

---

haften „und damit potentiell erklärungskräftige[n] Strukturierung der Welt z.B. in Form von Themen und Ereignissen" reduziert werden (vgl. Früh 1991: 130).

[66] Vgl. Früh/Schönbach 1982: 86. Es geht Früh/Schönbach wohlgemerkt nicht um eine Negierung von Kausalzusammenhängen, sondern um deren Einbettung in komplexere, multikausale Zusammenhänge (vgl. Schönbach/Früh 1984: 315f.).

[67] Vgl. Fußnote 54, S. 27. Der Bereich der institutionellen und arbeitsteiligen Herstellung von Kommunikationsangeboten wird nicht der Komponente Medium zugeordnet, sondern als „System Journalismus" dem Kommunikator (vgl. Früh 1991: 71ff.).

nente Aussage wird nicht explizit definiert, sondern synonym zu den Begriffen ‚Inhalt' und ‚Bedeutung' verwendet.

Die verschiedenen Beziehungen zwischen Medium und Aussage werden parallel zu den Beziehungen der anderen Komponenten des Dynamisch-transaktionalen Modells ebenfalls als Transaktionen bezeichnet.

> „Man könnte hier von einem ‚Zwang der Aussage auf das Medium' sprechen, denn es werden Inhalte und Themen nicht ‚passiv' mit Hilfe eines bestimmtes Zeichensystems dargestellt, sondern sie verlangen - wenn dieser Ausdruck hier erlaubt ist - sozusagen aktiv nach der Darstellung in einem bestimmten Zeichensystem. Dies läßt sich seinerseits nur oder zumindest bevorzugt mittels eines speziellen technischen Mediums produzieren und transportieren."
>
> (Früh 1991: 62)

Außerdem gehen „die Informationsanteile eines Mediums"[68] und die Aussagen eine symbiotische Beziehung ein, so daß nicht nur die Aussage Einfluß auf das Medium hat, sondern auch das Medium auf die Aussage. Hinzu kommt, daß sowohl Medium als auch Aussage an das ökonomische und politische Subsystem gekoppelt sind[69] und daß allein die Existenz eines Publikums Einfluß auf die Entstehung einer Aussage nimmt.[70] Ausgestaltet werden die Beziehungen zwischen Aussage und Medium von den Kommunikatoren, die die von den Transaktionen zwischen Medium und Aussage gesteckten Grenzen berücksichtigen müssen.[71]

In bezug auf das Grundkonzept der *massenmedialen Kommunikation* resp. Rezeption ist festzuhalten, daß die Aussagen zu diesem Themenkomplex bei Früh und Schönbach in den Kontext der Darstellung massenmedialer Wirkungen eingebunden sind. So werden neben Aussagen zur Rezeption, die hier interessieren, auch Prozesse der Herstellung von massenmedialen Kommunikationsangeboten angesprochen.

Neben dem Interesse der Akteure als einer Komponente des Kommunikationsprozesses[72] gilt es, eine ganze Reihe von Aspekten bei der Erklärung von Medienwirkungen resp. Rezeptionsprozessen zu berücksichtigen. So etwa Inhalt und Sprachstruktur der Aussage, optischer Kontrast und physikalische Lautstärke der Aussage, Wirtschaftskraft des Medienunternehmens, Motive und Kenntnisse der Rezipienten, Freizeitverhalten, Familienbeziehungen und räumliche Verhältnisse in der Wohnung.[73]

Ergänzend dazu ist u.a. zu bemerken, daß die Rezipienten im Laufe ihrer Entwicklung und Sozialisation ein subjektives Realitätsmodell aufbauen, das der Infor-

---

[68] Früh 1991: 63.

[69] Vgl. Früh 1991: 74f.

[70] Vgl. Früh 1991: 126.

[71] Vgl. Früh 1991: 63.

[72] Vgl. Früh/Schönbach 1982: 78; Früh 1991: 59.

[73] Vgl. Früh 1991: 94.

mationssuche, -aufnahme und -verarbeitung zugrunde liegt.[74] Einfluß auf dieses subjektive Realitätsmodell nimmt dabei insbesondere die soziale Umgebung. Die Rezipienten werden als in diverse gesellschaftliche Subsysteme eingebettet verstanden, in denen sie bestimmte Rollen einnehmen. Diese Rollen setzen sich wiederum zusammen aus gesellschaftlichen Normen und Werten und aus individuellen, situationsbezogenen Interpretationen dieser Normen und Werte. Insofern kann das Rollenverhalten allgemein auch als Transaktion zwischen Individuum und Gesellschaft aufgefaßt werden.[75] Ein besonderes System stellt - wie bereits angesprochen - das System des dispersen Publikums dar.[76]

Ergänzend zu diesen individuell-kognitiven und sozialen Aspekten der Rezeption von massenmedialen Kommunikationsangeboten ist zudem der Einfluß der Habitualisierung des individuellen Medienverhaltens auf die Rezeptionsprozesse festzuhalten.[77]

Die Ausführungen verdeutlichen, daß bei den Erläuterungen des Begriffs ‚Massenmedien' die potentielle Zugänglichkeit der Massenmedien für alle Gesellschaftsmitglieder und bei den Besonderheiten der massenmedialen Rezeption die Gefangenheit in der Rezipientenrolle, die Anonymität der Kommunikationsteilnehmer und die Loslösung der Bestätigungspflicht nicht thematisiert werden.

2.3.1.3 Allgemeine theoretische Annahmen

Bevor auf das Individuenbild und die Konzeptionen von Bedeutung und Verstehen eingegangen wird, sollen ein paar allgemeine Prämissen des Dynamisch-transaktionalen Modells vorangestellt werden.

Früh und Schönbach befürworten ganzheitliche, nicht-deterministische Denkstrukturen, wie sie sich im Anschluß an die Quantenphysik oder Chaostheorie etabliert haben.[78] Aus dieser Grundhaltung heraus erklärt sich der zentrale Stellenwert, der den Aspekten Transaktion, Dynamik und molare bzw. ökologische Sichtweise eingeräumt wird.[79] Aufgrund der molaren Sichtweise ergibt sich zudem die Situation, daß das Dynamisch-transaktionale Modell nur eine von vielen gleichwertigen und -berechtigten Möglichkeiten darstellt, die sich aus dem Denkansatz entwickeln lassen. In bezug auf die Betrachtung massenmedialer Kommunikation bedeutet dies, daß sich selbstverständlich mit dem Ausschnitt des Gesamtkomplex-

---

[74]   Vgl. Früh/Schönbach 1982: 81 und die Ausführungen zu den allgemeinen theoretischen Aspekten.

[75]   Vgl. Früh 1991: 67.

[76]   Vgl. Fußnote 62, S. 29.

[77]   Vgl. Früh 1991: 66f.

[78]   Vgl. Früh 1991: 97ff.

[79]   Zur Definition von Transaktionen siehe Fußnote 55, S. 27, zum Stellenwert der Dynamik Fußnote 57, S. 28 und zur molaren bzw. ökologischen Sichtweise Fußnote 65, S. 29.

es, der im Mittelpunkt des Forschungsinteresses steht, auch das dahinterstehende Modell verändert.[80]

Wie aus den bisherigen Ausführungen dieser Arbeit hervorgeht, lassen sich jedoch trotz der Möglichkeit der flexiblen Modellgestaltung im Hinblick auf Konzeptionen massenmedialer Kommunikation durchaus Aspekte erkennen, die die Basis für jede Überlegung in diesem Themenkreis darstellen. Insofern erscheint es trotz der molaren Sichtweise von Früh und Schönbach gerechtfertigt, auch aus den Ausführungen zum Dynamisch-transaktionalen Modell Aussagen zum dahinterstehenden Individuenbild und den Konzeptionen von Bedeutung und Verstehen zu extrahieren. Dabei ist vorauszuschicken, daß für keine der hier vorgestellten allgemeinen theoretischen Annahmen eine explizite Definition aufzufinden war.

Das *Individuenbild* im Dynamisch-transaktionalen Modell ist offensichtlich geprägt von diversen intra- und inter-transaktionalen Beziehungen. Die beiden Transaktionen, die von den Autoren dabei am deutlichsten hervorgehoben werden, sind die Inter-Transaktion von Kognition und Aktivation, auf die in Zusammenhang mit dem Bedeutungskonzept noch näher eingegangen wird, und die Transaktionen zwischen individuellem Rollenverhalten und gesellschaftlichen Subsystemen.[81] Zusammenfassend kann somit für das Individuenbild des Dynamisch-transaktionalen Modells festgehalten werden, daß die Individuen sich im Spielraum, der sich aufgrund der verschiedenen gesellschaftlichen Rollenerwartungen eröffnet, frei bewegen, wobei ihnen ihr subjektives Realitätsmodell Strategien zur Problemlösung bereitstellt bzw. entwickeln hilft.

Die Vorstellung von *Bedeutung*, die dem Dynamisch-transaktionalen Modell zugrunde liegt, ist ähnlich wie das Individuenbild von den Elementen soziale Prägung und individuelle Ausgestaltung geprägt. Aufgrund der Auffassung von Medien als Zeichensystemen, deren Bedeutungsgehalt durch gesellschaftliche Konventionen festgelegt und gelernt ist[82], ist davon auszugehen, daß Rezipienten mit denselben Aussagen ähnlich umgehen bzw. ihnen ähnliche Bedeutungen zuweisen.[83] Diese Bedeutungszuweisung wird dabei von zwei verschiedenen Komponenten - Kognition und Aktivation - beeinflußt, wobei unter Kognition verschiedene Arten des Wissens verstanden werden[84] und unter Aktivation Aspekte wie physiologische Erregung, affektive und emotionale Faktoren, Interesse, Bewertung, Betroffenheit,

---

80 Vgl. Früh 1991: 81f.

81 Siehe ergänzend dazu die Ausführungen auf S. 32.

82 Vgl. Früh 1991: 62.

83 Früh/Schönbach betonen, daß eine Wechselwirkung zwischen Medienbotschaft und individueller Bedeutungszuweisung stattfindet (vgl. Früh/Schönbach 1982: 78f.). Insofern ist die Bedeutungszuweisung also trotz aller Subjektivität an ihr Objekt gebunden, ohne daß von einer „festen Identität" eines Stimulus ausgegangen werden kann (vgl. Früh 1991: 125).

84 Aufgeführt werden z.B. Faktenwissen, Strukturwissen und Hintergrundwissen; semantisches Wissen, deklaratives Wissen und prozedurales bzw. operatives Wissen sowie themenspezifisches Wissen und themenunabhängiges Allgemeinwissen (vgl. Früh 1991: 64).

Bedürfnisse etc.[85] Das Verhältnis von Kognition und Aktivation ist jedoch kein ausschließendes „Entweder oder", sondern ein gemeinsames „Sowohl als auch". Insofern sind bei der Bedeutungszuweisung beide Faktoren beteiligt, wobei es jedoch graduelle Unterschiede in der Stärke des Einflusses gibt. Bei den als „Information" bezeichneten Aussagen überwiegt der Anteil der kognitiven Faktoren, während bei den als „Unterhaltung" bezeichneten Aussagen der Anteil der Aktivation stärker vertreten ist. Besonders deutlich wird der gemeinsame Einfluß beider Komponenten zudem bei Aspekten wie Einstellungen, Motivationen oder Gewohnheiten.[86]

Die zunächst erkannten Teilinformationen setzen die Rezipienten zu einem sinnvollen Ganzen zusammen.[87] Dabei wird auf bestehende Bezugsrahmen zurückgegriffen und die im weiteren Verlauf der Rezeption erkannten Informationen werden in diesen Bezugsrahmen eingepaßt.[88] Dieser Bezugsrahmen garantiert jedoch keine stabile bzw. statische Bedeutung der erkannten Aussagen.

> „Werden die rezipierten Informationen nicht mehr benutzt, so zerfällt deren Bedeutung; findet jedoch eine erneute Nutzung statt, so geschieht das erstens auf der Basis der noch verfügbaren Informationen, zweitens vor dem Hintergrund eines vielleicht deutlich veränderten allgemeinen Wissenstandes und einer anderen Interessenlage sowie drittens anläßlich einer konkreten Situation, die in aller Regel die alte Information mit neuer, ähnlicher Information konfrontiert. Deshalb wird jede Verwendung der einmal rezipierten Textinformation dieser eine neue Identität verleihen."
>
> (Früh 1991: 133f.)

Insofern ist die Bedeutung einer Aussage immer das Produkt der aktuellen Situation, in der sich die Rezipienten befinden, also eine dynamische Komponente im Kommunikationsprozeß. Diese Dynamik der Bedeutungen bezieht sich jedoch nicht nur auf Interpretationen von aktuellen Aussagen. Auch bereits bestehende Interpretationen von vorangegangenen Rezeptionsprozessen können etwa durch nachträgliche Einordnungen in andere Bezugsrahmen andere bzw. neue Bedeutungen erhalten.[89] Zusammenfassend läßt sich somit festhalten, daß das Bedeutungskonzept des Dynamisch-transaktionalen Ansatzes nicht von statischen, den Aussagen inhärenten Bedeutungen ausgeht, sondern von aktiven Bedeutungszuweisungen der Rezipienten, die aufgrund der im Laufe ihrer Sozialisation und im Umgang mit gesellschaftlich akzeptierten Zeichensystemen erworbenen Kompetenz geleistet werden können. Die Ergebnisse dieser Bedeutungszuweisungen sind ebenfalls nicht statisch, sondern dynamisch, d.h. sie verändern sich mit Kontext und Zeit.

---

[85]   Vgl. Früh 1991: 64. Früh verweist zudem darauf, daß die hier zur Beschreibung der beiden Komponenten verwendeten Begriffe nicht logisch voneinander abgegrenzt sind, sondern allein der Beschreibung dienen.

[86]   Vgl. Früh 1991: 66.

[87]   Vgl. Früh/Schönbach 1982: 79.

[88]   Vgl. Früh/Schönbach 1982: 84.

[89]   Vgl. Früh/Schönbach 1982: 83f.; Schönbach/Früh 1984: 322; Früh 1991: 123.

Wie beim Individuenbild und bei der Konzeption von Bedeutung so spielen auch beim *Verstehen* sowohl subjektive als auch soziale Aspekte eine Rolle. Angeborene intellektuelle und erworbene bzw. sozialisierte Fähigkeiten ermöglichen Verstehen und versetzen das Individuum in die Lage, ein subjektives Realitätsmodell aufzubauen. Dieses Modell enthält neben der Vorstellung des einzelnen von seiner Umwelt ebenfalls Such- und Verarbeitungsstrategien in bezug auf Informationen, sogenannte kognitive Stile.[90] Neben den individuellen Aspekten dieses Realitätsmodells nimmt über die Sozialisation - wie erwähnt - auch die jeweilige soziale Umwelt der Rezipienten Einfluß auf das Realitätsmodell und damit u.a. auf die Interpretationen von Kommunikationsangeboten. Insofern lassen sich ähnliche Interpretationen von Rezipienten mit einer ähnlichen sozialen Umgebung auf ähnliche Realitätsmodelle zurückführen.[91] Das Realitätsmodell umfaßt zudem auch die Bezugs- oder Interpretationsrahmen, die die Bedeutungszuweisung erleichtern.[92] Ähnlich wie für die Dynamik der Bedeutungen gilt zudem auch für das dem Verstehen zugrundeliegende Wissen, daß die aktuelle Verwendung zugleich konstituierender Bestandteil ist.[93]

Zusammenfassend bleibt somit für das Verstehenskonzept des Dynamisch-transaktionalen Modells festzuhalten, daß insbesondere die Dynamik der Prozesse und die der entstehenden Realitätsmodelle sowie der Einfluß von individuellen und sozialen Aspekten hervorgehoben werden.

2.3.1.4 Probleme

Das Dynamisch-transaktionale Modell läßt trotz seiner Elaboriertheit einige Fragen offen.

Im Bereich der *Konzeption* werden z.B. einige Begriffe nicht näher spezifiziert, obwohl es keine allgemein anerkannte kommunikationswissenschaftliche Definition oder Begriffsauffassung gibt. Dies trifft z.B. für die Begriffe ,Information', ,Öffentlichkeit' und ,System' zu. Da zudem auf Verknüpfungsmöglichkeiten von z.B. Dynamisch-transaktionalen Voraussetzungen und systemtheoretischen Überlegungen verwiesen wird[94], wäre angesichts der verschiedenen Verständnisvarianten z.B. des Systembegriffs im Rahmen systemtheoretischer Überlegungen eine Spezifizierung der genutzten Begriffe wünschenswert. Dies würde nicht nur die eigene

---

[90]   Vgl. Früh/Schönbach 1982: 81.

[91]   Vgl. Schönbach/Früh 1984: 322.

[92]   Vgl. Früh 1991: 125.

[93]   Vgl. Früh 1991: 127. In einem anderen Zusammenhang verweist Früh zudem darauf, daß der Verstehensprozeß diskontinuierlich verläuft, wobei ebenfalls dynamische Aspekte wie z.B. Banalitäts- oder Komplexitätsschwellen eine entscheidende Rolle spielen (vgl. Früh 1991: 138).

[94]   Vgl. Früh 1991: 185.

Konzeption differenzieren, sondern auch die Anschlußmöglichkeit an andere theoretische Ausführungen erleichtern.

Angesprochen wird, daß Systeme öffentlicher Kommunikation verschiedene Funktionen zu erfüllen haben.[95] Diese Systemfunktionen werden jedoch im Rahmen des Dynamisch-transaktionalen Modells nicht weiter angesprochen, obwohl explizit auf die Einbindung von Gruppen- und Gesellschaftsprozessen hingewiesen wird.[96] Dies erscheint insofern problematisch, als mögliche Funktionen des Mediensystems oder des Systems des dispersen Publikums als soziokulturelle Größen Einfluß auf die Rezeptionsprozesse nehmen können. Auch der Verweis, daß „eine systematische Klassifikation der wirklich relevanten ,Verlaufsgestalten' [von Wirkungen auf der Gruppen- und Gesellschaftsebene, B.G.] beim bisherigen Stand der Forschung noch nicht möglich erscheint",[97] ist keine ausreichende Begründung für eine Vernachlässigung der Systemfunktionen. Zu vermuten ist vielmehr, daß aufgrund des gewählten Ausschnitts des Wirkungsprozesses derartige Aspekte vernachlässigt wurden.[98]

In Zusammenhang mit den *Grundkonzepten* ist insbesondere auf den mehrdeutigen Medienbegriff und die fehlende Differenzierung des Begriffs der Massenmedien hinzuweisen. Auch hier würde eine Begriffsklärung nicht nur die eigene Konzeption vertiefen und konkretisieren, sondern auch Anschlußmöglichkeiten erleichtern. Im Hinblick auf die institutionelle Produktion von massenmedialen Kommunikationsangeboten bleibt zudem offen, inwieweit sich das System Journalismus auch auf die Erzeugung von z.B. fiktionalen Angeboten bezieht bzw. ob es getrennte Systeme für die Herstellung und Distribution von verschiedenen Medienaussagen gibt. Da davon ausgegangen wird, daß die Produktionsbedingungen Einfluß auf die Gestaltung der massenmedialenKommunikationsangebote und dadurch auch auf die Rezeptionsprozesse nehmen, wäre eineKlärung bzw. Differenzierung der Produktionsbedingungen durchaus wünschenswert. Ebenfalls unklar bleibt, inwieweit die Zeichensysteme nicht nur medien-, sondern auch genrespezifisch genutzt werden. Da neuere Forschungsarbeiten auf die Relevanz von Genres für die individuelle Rezeption massenmedialer Kommunikationsangebote hinweisen[99], erscheint die Forderung nach einer differenzierten Betrachtung von Zeichensystemen bzw. den Konventionen ihres Gebrauchs angebracht.

Schließlich läßt der Überblick über die Grundkonzepte einige Lücken bei den besonderen Aspekten massenmedialer Kommunikation erkennen, deren Auffüllen ebenfalls zur Spezifizierung der individuellen Rezeptionsprozesse beitragen würde.

---

[95]   Vgl. Früh 1991: 134.

[96]   Vgl. Früh 1991: 154.

[97]   Früh 1991: 154.

[98]   Der gewählte Ausschnitt, der durch das Dynamisch-transaktionale Modell dargestellt werden soll, ist auf einem mittleren Abstraktionsniveau zwischen Mikro- und Makroebene angesiedelt (vgl. Schönbach/Früh 1984: 316f.; Früh 1991: 80). Zur Problematik der Auswahl der Forschungsperspektive siehe auch den Abschnitt zu den Theorieproblemen, S. 37.

[99]   Vgl. Attallah 1984; Barwise/Ehrenberg 1988; Corner 1991; Höijer 1989; 1996.

Im Rahmen der Erläuterungen zu den *allgemeinen theoretischen Annahmen* bleibt zunächst festzuhalten, daß Transaktionen als allgemeine Beziehungen aufgefaßt werden, für die nicht zwischen verschiedenen Arten von Komponenten differenziert wird.[100] So wird z.b. nicht unterschieden, ob es sich bei den Transagierenden etwa um Akteure, Materie oder Vorstellungen handelt. Es erscheint jedoch durchaus sinnvoll, trotz der Gemeinsamkeiten aller Transaktionen aufgrund der Typen der Transagierenden auch Unterschiede in den Transaktionen anzunehmen, die ihrerseits die Prozesse massenmedialer Kommunikation weiter spezifizieren. So ist z.b. anzunehmen, daß bei der Transaktion zwischen Medium (Materie) und Aussage resp. Kommunikationsangebot (Materie) Akteure hinzutreten, die diese Transaktion zwischen den materiellen Objekten umsetzen bzw. wahrnehmen. Von einem akteursbezogenen Standpunkt aus ist die Transaktion zwischen Medium und Aussage als erlernte und von anderen erwartete Handhabungen mit Aussagen zu verstehen, wobei der Umgang mit den Aussagen z.T. auf im Rahmen sozialer Systeme geltenden Normen, Werten und Regeln beruht.[101]

Da Früh zudem auf die Relativität bzw. Perspektivität jeder Beziehungsdefinition hinweist[102], rückt auch hier wieder die Frage nach der Begründung des gewählten Standpunkts, von dem aus Medienwirkungen bzw. die Rezeption massenmedialer Kommunikationsangebote dargestellt werden soll, in den Vordergrund.

Die Auswahl eines Fokus ist nach Früh/Schönbach zur Reduktion der sich aufgrund der ökologischen Sichtweise und aus der „pragmatischen Unschärfe" ergebenden Komplexität der Zusammenhänge erforderlich.[103] Diese Reduktion wird durch eine sinnhafte Strukturierung der Welt erreicht, die „potentiell erklärungskräftig" ist.[104] Eine differenziertere Darstellung dieser sinnhaften Strukturierung resp. ihrer potentiellen Erklärungskraft oder eine Erläuterung des Sinnbegriffs unter Bezugnahme auf das Verständnis von Bedeutung oder Verstehen ist jedoch in den Ausführungen zum Dynamisch-transaktionalen Modell oder Ansatz nicht zu finden. Diesem Kritikpunkt läßt sich entgegenhalten, daß derartige Fragestellungen bei Erläuterungen zu einem Modell massenmedialer Wirkungen nicht im Mittelpunkt stehen. Angesichts der zentralen Rolle, die der Standpunkt des Forschers jedoch z.B. im Hinblick auf die Definition der Elemente und Prozesse der massenmedialen Kommunikation ausmacht und die von den Autoren immer wieder hervorgehoben wird, wären differenziertere Erläuterungen zur Begründung eines Standpunktes durchaus angebracht.

---

100   Vgl. Früh 1991: 122f.

101   Früh trennt eindeutig zwischen den Transaktionen Medium ↔ Aussage und Medium ↔ Kommunikator bzw. Aussage ↔ Kommunikator ohne ein Verhältnis anzudeuten, wie es oben skizziert wird (vgl. Früh 1991: 61ff.).

102   Vgl. Früh 1991: 158.

103   Siehe dazu auch Fußnote 65, S. 29.

104   Vgl. Früh 1991: 128. Verwiesen wird dabei auf die Sinnbezirke von Berger/Luckmann (vgl. Berger/Luckmann 1989).

Zusammenfassend läßt sich somit für das Dynamisch-transaktionale Modell fest-halten, daß die Einbettung des auf massenmediale Kommunikation fokussierten Modells in einen übergreifenden theoretischen Ansatz, der insbesondere die Dyna-mik der Prozesse betont, vielversprechend erscheint. Gerade mit Blick auf die Be-sonderheiten der Prozesse massenmedialer Kommunikation bleiben jedoch eine Reihe von Anschlußfragen offen, zu denen theoretische Unklarheiten hinzu kom-men. Insofern genügt das Dynamisch-transaktionale Modell nicht den im Rahmen dieser Arbeit geforderten Ansprüchen an ein Konzept der individuellen Rezeption massenmedialer Kommunikationsangebote.

2.3.2 Referenzmodell der Mediennutzung

Ähnlich wie der Dynamisch-transaktionale Ansatz ist auch das Referenzmodell der Mediennutzung aus der Kritik an bisherigen Modellen in der Wirkungsforschung hervorgegangen.[105] Basis für das im folgenden vorzustellende Modell stellt dabei der von Will Teichert und Karsten Renckstorf erarbeitete Nutzenansatz dar[106], der nicht als eine Übertragung des Uses and Gratifications-Approach von Katz/Blum-ler/Gurevitch[107] ins Deutsche zu verstehen ist, sondern als Versuch, die Überlegun-gen der Uses and Gratifications-Forschung mit Überlegungen des Symbolischen In-teraktionismus zu verknüpfen.[108]

Ausgehend von der Beobachtung, daß die Modelle der traditionellen Wirkungs-forschung den tatsächlichen Rezeptionsabläufen nicht gerecht werden, wollen beide Autoren das Ungleichgewicht zugunsten der Kommunikatorseite aufheben. Ihre Ausführungen beziehen sich dabei auf die Rezeption massenmedialer Kommunika-tionsangebote am Beispiel des Fernsehens. Im folgenden sollen sowohl die Basis (der Nutzenansatz) als auch das daran anschließende „Referenzmodell der Medien-nutzung" vorgestellt werden.

2.3.2.1 Konkrete Konzeption

Teichert betont in seinen Ausführungen zum Nutzenansatz die Relevanz des Ein-bezugs der „subjektiven Wirklichkeit" der Rezipienten. Dabei wird unter der sub-

---

[105]   Fundstellen in der durchgesehenen Literatur: Kunczik 1984: 72ff.; Neumann/Charlton 1988; Kaase/
        Schulz 1989: 314ff.; Renckstorf/Wester 1992; Holzer 1994: 23ff.; Burkart ²1995: 210ff.

[106]   Siehe dazu Renckstorf 1973; 1977; 1989; Renckstorf/Teichert 1984; Renckstorf/Wester 1992; Tei-
        chert 1972; 1973.

[107]   Vgl. Katz/Blumler/Gurevitch 1974; Schenk 1987: 379ff.

[108]   Vgl. Renckstorf 1977: 11f.; 1989: 326; Burkart ²1995: 212. Inzwischen bezeichnet Renckstorf
        die Perspektive, auf der das Referenzmodell der Mediennutzung basiert, auch als „Media Use As
        Social Action"-Perspektive (vgl. für eine Übersicht Renckstorf/McQuail 1996; Renckstorf 1996).

jektiven Wirklichkeit u.a. das Ergebnis der Rezeption als soziales Handeln verstanden.[109]

> „Dieser Vorgang, mit dem sich der Zuschauer die Angebote des Massenmediums ‚Fernsehen' für sein alltägliches Leben verfügbar macht, dieses Erstellen einer bestimmten Ordnung, nach der der Zuschauer seine Beziehung zum Inhalt der Sendung, zu den ‚Aktionsrollen' der Sendung, zum ‚Fernsehen' als Institution und zu sich selbst definiert, dieses soziale Handeln soll als die subjektive wirklichkeitserstellende Aktivität des Zuschauers verstanden [...] werden."
>
> (Teichert 1973: 357)

Unter der Prämisse der Berücksichtigung der subjektiven Wirklichkeit der Rezipienten formuliert Teichert die Zielsetzung seiner eigenen Ausführungen: Es solle eine Modellvorstellung entwickelt werden, die verschiedene Elemente, die zur Messung von unterschiedlichen Rezeptionsvariablen nötig sind, umfaßt. Dabei sollen ebendiese Elemente nicht als unveränderliche Gegebenheiten verstanden werden, sondern als veränderbare Bedingungen. Zudem sollte sich in der Modellvorstellung die Auffassung von massenmedialer Rezeption als einem persönlichkeitsbildenden Interaktionsvorgang wiederfinden und es sollte sowohl der Frage nach den Konsequenzen der beobachteten Rezeptionsmuster nachgegangen werden als auch der Frage, welche Bedingungen dazu führen, daß diese Rezeptionsmuster von den Rezipienten funktional eingesetzt werden.[110]

Die theoretische Basis für die von Teichert/Renckstorf entwickelten Vorstellungen stellt der Symbolische Interaktionismus dar.[111] Dabei wird im Nutzenansatz die Rollenkonzeption des Symbolischen Interaktionismus verknüpft mit Vorstellungen von der Rezeption massenmedialer Kommunikationsangebote als para-soziale Interaktion. Beide Konzepte - das der Rolle und das der para-sozialen Interaktion - sollen zunächst kurz vorgestellt werden.

Ausgangspunkt des Symbolischen Interaktionismus ist die Vorstellung, daß sich Menschen nicht nur in ihrer natürlichen Umgebung bewegen, sondern auch in einer „symbolischen", die die Deutung und Bewertung von Objekten umfaßt. Diese symbolische Umwelt ist ein Produkt des menschlichen Handelns und der einzelne lernt in den Prozessen der Sozialisation, sich in ihr zurechtzufinden.[112] Aufgrund

---

[109]   Renckstorf verweist explizit auf eine Phase der „Konstruktion von Realität", die der Phase der „Konstruktion sozialen Handelns" vorausgeht (vgl. Renckstorf 1973: 189).

[110]   Vgl. Teichert 1972: 438f. Renckstorf weist zudem deutlich darauf hin, daß das Modell der Realitäts- bzw. Handlungskonstruktion im Unterschied zu den traditionellen Wirkungsmodellen sich weniger an dem Prinzip der linearen Kausalität als vielmehr an dem der Interdependenz bzw. Wechselwirkung orientiert (vgl. Renckstorf 1973: 190f.).

[111]   Teichert weist auf die Heterogenität der unter dem Etikett „Symbolischer Interaktionismus" zusammengefaßten Ansätze hin. Er beruft sich vor allem auf die Ausführungen von Blumer (1972), der der sogenannten Chicago-School zugeordnet wird (vgl. Teichert 1973: 374). Auch bei Renckstorf findet sich der Verweis auf den Symbolischen Interaktionismus nach der Interpretation von Blumer (vgl. Renckstorf 1973: 188; 1977: 25ff.). In seinen Ausführungen orientiert sich Renckstorf zudem am „symbolic interactionistic model of human communication" von Hulett (vgl. Renckstorf 1973: 191f.; Hulett 1966; 1966a).

[112]   Vgl. Renckstorf 1977: 28ff. und die Ausführungen zum Verständnis von Bedeutung S. 46.

der Aneignung der symbolischen Umwelt wird zudem u.a. ein sozialer Konsens hinsichtlich der Rollenvorstellungen erzielt, der es dem einzelnen ermöglicht, die jeweilige Rolle des Interaktionspartners zu übernehmen (role-taking), und ihm hilft, die Situation, in der er sich befindet, zu definieren.[113] Unter einer „Rolle" wird dabei die von der Gesellschaft mit Sinn versehene Vorgehensweise bei der Einschätzung und Einordnung sowohl der Interaktionspartner als auch ihrer Handlungen verstanden.[114]

Das Konzept der para-sozialen Interaktion bezieht sich auf die Prozesse der massenmedialen Rezeption und hebt die Bedeutung der Medien im Kommunikationsprozeß hervor.[115] Neben der Identifizierung von und der Identifikation mit in den massenmedialen Kommunikationsangeboten präsentierten Handlungsrollen erlaubt die besondere Situation der massenmedialen Rezeption den Rezipienten, sich ihre eigenen Handlungsentwürfe zu vergegenwärtigen. Es läuft ein oszillierender Prozeß zwischen Teilhabe und Distanz ab, der das Verstehen der präsentierten Handlungsrollen und die Reflektion über die eigenen Entwürfe beinhaltet. Im Vergleich mit anderen sozialen Handlungsprozessen fällt dabei die relative Freiheit von Selbstdarstellung und -typisierung ins Gewicht. Während beim Handeln mit anderen Personen die eigene Rolle fortwährend „aktualisiert" werden muß, liegt bei der Rezeption massenmedialer Kommunikationsangebote der Schwerpunkt auf der Wahrnehmung und Beurteilung von präsentierten Rollen.[116]

Werden die beiden theoretischen Annahmen (Rollenkonzept und para-soziale Interaktion) unter Bezugnahme auf die massenmediale Kommunikation miteinander verknüpft, so ergibt sich folgendes Bild:[117] Die Rezeption massenmedialer

---

[113]   Durch den Prozeß des „role-taking" entstehen nicht nur die Vorstellungen von anderen; auch das Selbstbildnis wird durch die Zuordnung der eigenen Person und Handlungen zu vorhandenen Rollen entwickelt (vgl. Teichert 1973: 375f.).

[114]   Zunächst einmal findet eine Handlung statt. Dieser wird nicht nur vom Handelnden, sondern auch von der ihn umgebenden Gesellschaft ein Sinn zugeordnet, d.h. sie wird objektiviert und typisiert. Durch Reflektion über seine Handlung ist dann der Handelnde selbst in der Lage, Abstand zu nehmen und seine Rolle zu erkennen. Teichert orientiert sich bei dieser Konzeption an den Ausführungen zur sozialen Konstruktion von Wirklichkeit nach Berger/Luckmann (vgl. Teichert 1973: 372f.; Berger/Luckmann 1989). Renckstorf verweist zudem darauf, daß der gesellschaftliche Konsens hinsichtlich der Rollenvorstellungen notwendigerweise allgemeiner Natur ist und vom einzelnen jeweils mit Blick auf die konkrete Situation interpretiert werden muß (vgl. Renckstorf 1977: 22).

[115]   Siehe zu den Grundlagen des Konzepts der para-sozialen Interaktion auch Horton/Wohl 1956; Neumann/Charlton 1988: 9ff.; Wulff 1996. Renckstorf betont, daß die Medien Angebote bereitstellen, die der einzelne im Rahmen seiner Situationsinterpretation zu Objekten machen *kann*, aber nicht zwingend machen muß (Renckstorf 1977: 30).

[116]   Von der Perspektive der Produzenten aus gesehen sind die Rezipienten damit diejenigen, auf die es das in den Medien dargestellte Handeln auszurichten gilt (vgl. Teichert 1973: 373f.). Renckstorf konzipiert die Phasen des kommunikativen Handelns zunächst unabhängig von der Rolle, d.h. sowohl Kommunikatoren als auch Rezipienten durchlaufen die gleichen Stadien. Unterschiede sind erst in der Zusammensetzung und der Abfolge der einzelnen Stadien auszumachen (vgl. Renckstorf 1973: 192ff.).

[117]   Vgl. Teichert 1973: 377ff.

Kommunikation als soziales Handeln beinhaltet sowohl das Verstehen von präsentierten als auch die Reflektion über die eigenen Handlungsrollen. Als para-soziale Interaktion ist die Rezeption jedoch relativ frei von der Notwendigkeit der Selbsteinschätzung und -darstellung als Kommunikationspartner. Die Rezeption wird vielmehr geprägt durch die Wahrnehmung und Evaluation von Rollen, die präsentiert werden. Die übermittelten Handlungsrollen sind dabei nicht als interaktiv auszugestaltende Rollen, sondern eher als repräsentative Muster zu verstehen, die die Rezipienten auf ihre eigene Situation beziehen können. Insofern wird durch die Identifikation von Handlungsrollen und deren Evaluation soziale Wirklichkeit konstruiert und die Rezipienten lernen durch die Rezeption massenmedialer Kommunikationsangebote unterschiedliche gesellschaftlich akzeptierte Rollen kennen.[118]

Die Rezeption massenmedialer Kommunikationsangebote ist zudem als soziales Handeln eingebettet in die jeweilige Rezeptionssituation und somit an bestimmte soziale Regeln des Umgangs mit Massenmedien bzw. mit massenmedialen Kommunikationsangeboten gebunden. Es gibt Normen, die Handlungsmuster für bestimmte Rezeptionssituationen festlegen (konstitutive Regeln) und es gibt bestimmte Sanktionsmaßnahmen bei Verletzung dieser Normen (regulative Regeln).[119]

Die Konzeptionalisierung der Rezeption als soziales Handeln berücksichtigt demnach die passive, die aktive, die reflektive und die situationsspezifische Perspektive der Rezeption und beschreibt so nach Teichert hinreichend die Rolle des Rezipienten im Prozeß der Massenkommunikation, ohne seine soziale Umgebung zu vernachlässigen.[120]

Renckstorf bemüht sich im Anschluß an die Ausführungen Teicherts um eine Konkretisierung des Nutzenansatzes, wobei er die im Rahmen der Uses and Gratifications-Forschung gewonnenen Erkenntnisse miteinbezieht. Seine Überlegungen münden in einem handlungstheoretisch fundierten Referenzmodell zur Ermittlung von Folgen und Konsequenzen massenmedialer Kommunikationsprozesse.[121] Die wichtigste Funktion dieses Modells liegt für Renckstorf dabei in der Initiierung und Steuerung konkreter Forschungsvorhaben bzw. in der Inspiration bei der Erhebung und Analyse von Daten.[122]

---

[118] Trotz dieser Betonung der Rezipientenseite und der Verknüpfung mit Medieninhalten kann bei der Beschreibung der Rezeption massenmedialer Kommunikationsangebote als para-soziale Interaktion immer noch deutlich zwischen massenmedialen Kommunikationsangeboten einerseits und Ergebnissen der Rezeptionsprozesse andererseits unterschieden werden (vgl. Teichert 1973: 379). Teichert und Renckstorf widmen sich jedoch nahezu ausschließlich den Rezipienten und lassen Aspekte der massenmedialen Kommunikationsangebote außen vor.

[119] Vgl. Teichert 1973: 379ff.

[120] Vgl. Teichert 1973: 382. Dabei bezieht sich die passive Perspektive auf den Aspekt der Ohnmacht gegenüber dem Medienapparat, die aktive auf das role-taking, die reflektive auf die Reflektion über die eigenen Handlungsrollen und die situationsspezifische auf die konstitutiven und regulativen Regeln.

[121] Vgl. Renckstorf 1989: 331ff.

[122] Vgl. Renckstorf 1989: 332f.; 1996: 29.

Abb. 2: Referenzmodell der Mediennutzung (Renckstorf 1989: 332)

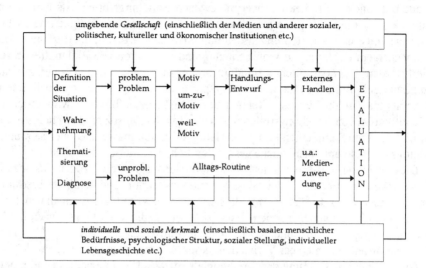

Dieses Referenzmodell der Mediennutzung bindet die Rezeption massenmedialer Kommunikationsangebote in ein allgemeines Modell des sozialen Handelns ein.[123] Beeinflußt von soziokulturellen und individuellen Merkmalen finden zunächst Prozesse der Definition einer konkreten Situation statt. Dabei werden die wahrgenommenen Merkmale der Situation mit bereits bekannten Konstellationen von Situationsmerkmalen verglichen und zu einem Problem, d.h. einem möglichen Handlungsentwurf verdichtet. Können die wahrgenommenen Situationsmerkmale der konkreten Situation mit bereits bekannten Situationsbeschreibungen verknüpft werden, so werden die Probleme als unproblematisch eingestuft und es kann auf bereits entwickelte Routinen des Handelns zurückgegriffen werden. Diese Prozesse der Situationsdefinition, der Problemidentifikation und der Zuordnung von Handlungsroutinen laufen unbewußt ab und steuern das Gros der sozialen Handlungen.[124] Ins Bewußtsein treten die Prozesse des sozialen Handelns erst, wenn ein „echtes Problem"[125] identifiziert wird, d.h. wenn die Merkmale einer aktuellen Situation nicht an bereits entwickelte Routinen gebunden werden können. Im Fall eines solchen problematischen Problems werden verschiedene Handlungsalternativen entwickelt, die das Erreichen des Handlungsziels in Aussicht stellen, und miteinander vergli-

---

[123]   Vgl. Renckstorf/McQuail 1996a: 15 und zum folgenden Renckstorf 1989: 328ff.; McQuail/Windahl [2]1993: 143f.; Renckstorf 1996: 24ff.

[124]   Renckstorf hebt an anderer Stelle nochmals hervor, daß die oft als Gegensatz verstandene Differenzierung von instrumentellem und habitualisiertem Umgang mit Medien gleichermaßen in diesem Modell repräsentiert ist und je nach individueller Situationsdefinition bei verschiedenen Individuen parallel anzutreffen ist (vgl. Renckstorf 1989: 332).

[125]   Renckstorf 1989: 329.

chen.[126] Die aussichtsreichste Variante wird dann in konkretes, externes Handeln umgesetzt. In jedem Fall der Problembewältigung folgt zudem abschließend auf das externe Handeln eine Evaluation der Handlungsergebnisse in Form eines Soll/Ist-Abgleichs mit den Handlungszielen.

Die bisher genannten verschiedenen Stadien - Definition der Situation, Identifikation eines Problems, unbewußte Auswahl einer Alltagsroutine bzw. bewußte Konzeption einer Handlung - sind interne Reflektionen des Individuums, die zu einer externen Handlung führen, die ihrerseits dann für alle Anwesenden als Ereignis zu einer neuen Situation führt. Insofern ist das Referenzmodell der Mediennutzung trotz seiner Anbindung an verschiedene soziologische Theorien[127] ein Modell des individuellen sozialen Handelns, zu dem auch die Rezeption massenmedialer Kommunikationsangebote zu zählen ist.

Mit Bezug auf massenmediale Rezeption lassen sich in diesem Modell in den unterschiedlichen Phasen des sozialen Handelns verschiedene Aspekte ausmachen.

> „Im Rahmen der Prozesse der (subjektiven) Situationsdefinition [...] wäre ‚Mediennutzung' als das Einbeziehen-von, das Bezug-nehmen-auf (massen-) medial vermittelte einzelne Informationen oder ganze ‚cluster' solcher Informationen [...] zu konzipieren. In den anschließenden Phasen eines solchen - idealtypischen - Handlungsprozeßverlaufs, den Vorbereitungen einer Problemlösung, wäre ‚Mediennutzung' gleichfalls - vorzugsweise - als internes Bezug-nehmen-auf, als Referenz auf medial vermittelte Informationen zu konzipieren, während in der Phase des ‚externen' Handelns [...] ‚Mediennutzung' neben der Zuwendung zu den Medien und jeweils bestimmten ihrer Informationen, auch einschlösse: die Übernahme von Modellen sozialen Handelns im Rahmen von Problemlösungen."
>
> (Renckstorf 1989: 331)

Direkt zu beobachten wäre somit nur der letzte Aspekt der Mediennutzung bzw. Rezeption massenmedialer Kommunikationsangebote, da die anderen, vorhergehenden Aspekte Prozesse der internen Reflektion sind bzw. z.T. unbewußt ablaufen.

Zusammenfassend lassen sich die Vorteile des handlungstheoretisch orientierten Referenzmodells der Mediennutzung wie folgt formulieren: Die auf den Rezipienten von Medienangeboten ausgerichtete Perspektive ist eingebettet in eine Verknüpfung der theoretischen Voraussetzungen des Symbolischen Interaktionismus mit den Annahmen der Nutzen-/Belohnungsansätze. Ausgangspunkt ist die subjektive Wirklichkeit der Rezipienten, die aus den Prozessen sozialen Handelns hervorgeht. Die Rezeption von Medienangeboten stellt in diesem Zusammenhang eine spezifische Form sozialen Handelns dar, die - wie jedes soziale Handeln - von individuellen, sozialen und soziokulturellen Aspekten beeinflußt wird. In der Regel läuft dabei die Problembewältigung im Rahmen sozialen Handelns - und damit auch im Rahmen der Rezeption massenmedialer Kommunikationsangebote - nach

---

126   Dieses Entwickeln und miteinander Vergleichen von Handlungsalternativen wird nach Hulett auch als „covert rehearsal" bezeichnet (vgl. Renckstorf 1977: 192ff.).

127   Zu nennen sind hier exemplarisch die Verweise auf Schütz und auf Berger/Luckmann (vgl. Renckstorf 1973: 188ff.; 1977: 30; 1989: 329f.; 1996: 25ff.; Renckstorf/Wester 1992: 182ff.).

unbewußten Routinen ab, die im Laufe der Sozialisation erworben wurden. Erst wenn ein Problem ausgemacht wird, das nicht durch bestehende Routinen gelöst werden kann, werden bewußt Handlungsalternativen entwickelt, von denen die aussichtsreichste in konkretes externes Handeln umgesetzt wird. Insofern erlaubt das Referenzmodell der Mediennutzung sowohl die Berücksichtigung und Konzeption habitualisierter als auch bewußt gesteuerter Mediennutzung unter Einbezug individueller und gesellschaftlicher Aspekte.

2.3.2.2 Grundkonzepte

Im Hinblick auf die Grundkonzepte Massenmedien und massenmediale Kommunikation ist zunächst festzuhalten, daß Massenmedien als solche nicht angesprochen resp. konzipiert werden.

Anders sieht die Situation für die *massenmediale Kommunikation* aus. Als spezifische Form sozialen Handelns wird massenmediale Kommunikation bzw. Rezeption als sowohl von individuellen Faktoren als auch von soziokulturellen und sozialen Aspekten beeinflußt konzipiert. So ist jede Form sozialen Handelns in einen individuellen Motivationskontext eingebunden[128], der sich auch in den Strukturen der subjektiven Wirklichkeit widerspiegelt. Diese subjektive Wirklichkeit ist ihrerseits geprägt vom objektiven Wissensbestand der umgebenden Gesellschaft bzw. von der symbolischen Umwelt[129] und ermöglicht so die Interpretation der aktuellen Situation u.a. anhand von gesellschaftlich akzeptierten Rollenvorstellungen. Außerdem gilt es bei einer Analyse der Rezeption massenmedialer Kommunikationsangebote neben der Rezipientenrolle immer auch die sozialen Bedingungen der konkreten Rezeptionssituation mitzuberücksichtigen.[130]

Die Nutzung von massenmedialen Kommunikationsangeboten selbst verläuft dabei i.d.R. unbewußt nach bestehenden Handlungsroutinen. Erst wenn wahrgenommene und definierte Probleme nicht durch derartige Handlungsroutinen gelöst werden können, wird durch bewußtes Entwickeln und Durchspielen verschiedener Handlungsalternativen eine Lösung gefunden und in externes Handeln umgesetzt.[131]

Die Besonderheiten der Rezipientenrolle gegenüber anderen Rollen des sozialen Handelns liegen in der räumlichen Distanz zum Gros der anderen Rezipienten[132],

---

[128]   Vgl. Teichert 1973: 370; Renckstorf 1973: 189.

[129]   Vgl. Teichert 1973: 377; Renckstorf 1973: 190; 1977: 28; 1989: 330; Renckstorf/McQuail 1996a: 15. Siehe dazu auch die Ausführungen zu den allgemeinen theoretischen Annahmen der Bedeutung, S. 46.

[130]   Vgl. Teichert 1973: 379ff.; Renckstorf 1973: 194; 1989: 331.

[131]   Vgl. Renckstorf 1973: 192ff.; 1989: 329f.; 1996: 28f.; McQuail/Windahl ²1993: 144. Zu den verschiedenen Ebenen der Mediennutzung siehe Renckstorf 1989: 331; 1996: 29.

[132]   Vgl. Renckstorf 1977: 54.

in der Gefangenheit in der Rezipientenrolle[133], in der Befreiung von der Pflicht der Bestätigung der Teilnahme an Kommunikation anderer Kommunikationsteilnehmern gegenüber[134] und im eigentümlichen Wechselspiel zwischen Anteilnahme am dargestellten Geschehen bzw. den präsentierten Rollen und der Distanzierung und Reflektion über die dargestellten Rollen.[135]

Dieser Überblick verdeutlich jedoch auch die unterschiedlichen Schwerpunkte des Referenzmodells der Mediennutzung und des Nutzenansatzes. Während ersteres als allgemeines Modell sozialer Handlungen für kommunikationswissenschaftliche Fragestellungen präsentiert wird[136] und Anstöße für weitere Forschungsvorhaben geben soll[137], ist der Nutzenansatz konkret in bezug auf die Rezeption massenmedialer Kommunikationsangebote formuliert worden. Insofern verwundert es nicht, daß Besonderheiten der massenmedialen Kommunikation resp. Rezeption fast ausschließlich in Zusammenhang mit dem Nutzenansatz angesprochen werden, während allgemeine Aspekte von Kommunikation eher im Rahmen des handlungstheoretisch orientierten Referenzmodells thematisiert werden.

2.3.2.3 Allgemeine theoretische Annahmen

Der theoretische Hintergrund, vor dem das Referenzmodell der Mediennutzung bzw. der Nutzenansatz formuliert wurden, macht sich auch in dem Verständnis der allgemeinen theoretischen Annahmen bemerkbar. So ist insbesondere das Bedeutungskonzept von den Annahmen des Symbolischen Interaktionismus geprägt; es ist zudem auch der einzige unter den hier besprochenen Aspekten, der explizit definiert wird.

In bezug auf das *Individuenbild* ist festzuhalten, daß insbesondere auf die soziologischen Aspekte der handlungstheoretischen Ausgangsposition hingewiesen wird, während psychologische Aspekte eher in den Hintergrund treten. Individuen werden als handlungsfähige Subjekte verstanden, die die Gesellschaft um sich herum durch ihr Handeln erzeugen.[138] Dabei wird jedoch deutlich zwischen der Individualität der beteiligten Personen, die sich aus psychologischen Faktoren, sozialen Status-, Rollen- und Interaktionsaspekten sowie individueller Lebensgeschichte zusammensetzt, und Gesellschaft, die als Sediment geteilter Bedeutungen und sozialer Handlungen verstanden wird, unterschieden.[139]

---

133   Vgl. Teichert 1973: 377.

134   Vgl. Teichert 1973: 367.

135   Vgl. Teichert 1973: 371.

136   Vgl. Renckstorf/McQuail 1996a: 15.

137   Vgl. Renckstorf 1989: 332; 1996: 29.

138   Vgl. Teichert 1973: 374.

139   Vgl. Renckstorf 1989: 319; 1996: 25.

„People, as is postulated here, engage in activities on the basis of their own objectives, intentions and interests; they are linked via a diversity of interactions with each other, and are capable of reflecting on their own actions and interactions with others. They are aware of existing social-cultural goals and at least sufficiently self-aware of subjective aims and personal interest; thus they are not only capable of reflecting on (own) roles and (other's) expectations, they are also able to interact in a sense-making, meaningful way within social contexts."

(Renckstorf/McQuail 1996a: 14)

Das Individuenbild, das dem Referenzmodell der Mediennutzung zugrunde liegt, stellt somit das Individuum als Handelnden in den Mittelpunkt und hebt die soziokulturellen Einflüsse hervor, die die subjektiven Entwicklungs- und Handlungsmöglichkeiten eingrenzen, ohne sie zu determinieren.[140]

Anders als das Individuenkonzept, das nur am Rande thematisiert wird, spielt das *Bedeutungskonzept*, das im Symbolischen Interaktionismus eine prominente Stellung einnimmt, beim Referenzmodell der Mediennutzung eine zentrale Rolle. So konstruieren sich die Individuen ihre Umwelt durch das Zuweisen von Bedeutungen und Wertungen zu Objekten.[141] Durch diese Bedeutungszuweisung entstehen Symbole, denen nicht nur „lexikalische Definitionen"[142] zugewiesen werden, sondern die auch beurteilt werden oder als Indikatoren dienen können.[143] Diese individuellen Bedeutungszuweisungen sind weder bestimmt von „einem ‚natürlichen' noch einem ‚kultürlichen' Determinismus"[144], sondern bewegen sich im Spannungsfeld von subjektiven Entscheidungen und soziokulturellen Vorgaben und Toleranzen.[145] Dabei kann der „soziale Wissensvorrat"[146] jedoch nur ein allgemeines Muster zur Situationsdefinition bereitstellen, das von den Individuen erst auf die konkrete Situation bezogen werden muß. Insofern unterliegen die soziokulturellen Bedeutungen einer ständigen Re-Definition und Re-Interpretation.[147] Hinzu kommt, daß für die Bedeutungszuweisungen oder auch Situationsdefinitionen auf bereits gemachte Erfahrungen in Form von Routinen zurückgegriffen werden kann. Der Großteil der Bedeutungszuweisungen und der sich anschließenden Handlungsplanung und -umsetzung kann somit selbstverständlich und unbewußt erfolgen.[148]

---

[140] Vgl. Renckstorf 1977: 28f.

[141] Vgl. Teichert 1973: 375; Renckstorf 1977: 29. Objekte werden nach Blumer wie folgt definiert: „The object is a product of the individual's disposition to act instead of being an antecedent stimulus which evokes the act." (Blumer 1962, zitiert nach Renckstorf 1977: 30)

[142] Renckstorf 1977: 28.

[143] Vgl. Renckstorf 1977: 28. Der Symbolbegriff geht in diesem Zusammenhang über ein auf sprachliches Handeln beschränktes Verständnis hinaus, da nicht nur Worte und Wortkombinationen Symbole darstellen, sondern auch Gesten, Bewegungen oder Gegenstände.

[144] Renckstorf 1977: 29.

[145] Vgl. Renckstorf 1977: 29.

[146] Schütz/Luckmann 1979, zitiert nach Renckstorf 1989: 330.

[147] Vgl. Teichert 1973: 375; Renckstorf 1989: 330; 1996: 27. Dies gilt auch für die soziokulturellen Rollenvorstellungen als Teil des sozialen Wissens (vgl. Renckstorf 1977: 22).

[148] Vgl. Renckstorf 1989: 329; 1996: 25.

Mit Bezug auf die Mediennutzung bzw. die Rezeption massenmedialer Kommunikationsangebote ergibt sich aus den auf dem Symbolischen Interaktionismus basierenden Annahmen, daß massenmediale Kommunikationsangebote als Objekte der
Situation zunächst wahrgenommen werden müssen, bevor ihnen der einzelne subjektive Bedeutungen zuweist. Wirkungsforschung, die sich auf inhaltsanalytische
Untersuchungen von Medienangeboten beschränkt, muß von dieser Perspektive aus
gesehen ihr Ziel verfehlen.[149]

An diese relativ differenzierten Vorstellungen vom Zusammenhang von individuellen und soziokulturellen Prozessen der Bedeutungszuweisung zu Objekten
schließt sich jedoch keine Darstellung oder Skizze des Verständnisses von Verstehensprozessen an.[150] Selbst für eine Ableitung des Verstehenskonzeptes liegen
nicht genügend Aussagen vor, die zu interpretieren wären.

2.3.2.4 Probleme

Aus der Konzeption des Referenzmodells der Mediennutzung ergeben sich eine
Reihe von Problemen auf den verschiedenen Beobachtungsebenen.

Für die *Konstruktion* des Modells bleibt z.B. festzuhalten, daß medienspezifische
Aspekte insbesondere mit Blick auf die medialen Kommunikationsangebote nicht
angesprochen werden. Insofern sind der Einbettung des Modells in einen allgemeinen handlungstheoretischen Rahmen und der Perspektive des „aktiven Rezipienten" eine Reihe von Differenzierungen zum Opfer gefallen, die insbesondere die
(massenmediale) Kommunikation als soziales Handeln weiter spezifizieren würden.[151] Hinzu kommen außerdem eine Reihe von Fragen, die durch das Modell
nicht beantwortet werden. So bleibt z.B. offen, ob sich der soziale Wissensvorrat
nur auf konsensualisierte Rollenkonzepte bezieht oder ob er auch andere Aspekte
gesellschaftlichen Wissens umfaßt. Außerdem bleiben die Einflüsse vorangegangener Medienerfahrungen ebenso ungeklärt wie die Folgen der Evaluation des externen Handelns für zukünftige Handlungsentwürfe. Schließlich wäre eine Klärung

---

[149] Vgl. Renckstorf 1973: 197; 1977: 46; 1996: 29. Zu den sich daraus ergebenden methodischen Implikationen siehe Renckstorf/Wester 1992: 187ff.

[150] Ausnahmen stellen die Verweise dar, daß „Verstehen [...] als Identifikationshandlung gesehen werden [soll], die sowohl das von Horton/Wohl beschriebene ‚Einschleichen in Handlungsvollzüge' als
auch die Intention umfaßt, per Rollenübernahme eigene Handlungsentwürfe zu reflektieren."
(Teichert 1973: 377f.), daß die definierten Bestandteile einer Situation zu einem internalisierten
Plan bzw. Modell in Beziehung gesetzt werden (vgl. Renckstorf 1973: 194f.) und daß die Mediennutzung in verschiedene Ebenen unterteilt werden kann, zu denen u.a. das Bezug-nehmen-auf und
die interne Referenz auf massenmedial vermittelte Informationen gehört (vgl. Renckstorf 1989: 331;
1996: 29).

[151] Renckstorf selbst verweist darauf, daß die massenmedialen Kommunikationsangebote und die subjektiven Bedeutungszuweisungen in einem Zusammenhang stehen, auch wenn dieser nicht als li-
near-kausal aufzufassen ist (vgl. Renckstorf 1977: 45).

grundlegender Begriffe wie beispielsweise ‚Information' und ‚Unterhaltung' auf der Basis der vorgestellten handlungstheoretischen Annahmen wünschenswert.

In bezug auf die im Rahmen dieser Arbeit thematisierten *Grundkonzepte* bleibt neben der fehlenden Thematisierung massenmedialer Spezifika eine Vernachlässigung der Besonderheiten massenmedialer Rezeption für das Referenzmodell der Mediennutzung festzuhalten. Dies erstaunt insofern, als im Rahmen des Nutzenansatzes eine Reihe von Besonderheiten angesprochen wurden (oszillierendes Spannungsverhältnis zwischen Anteilnahme und Distanz, Gefangenheit in der Rezipientenrolle, Loslösung aus der Bestätigungspflicht der Teilnahme an der Kommunikation) und in einigen Punkten wie z.B. der Trennung zwischen habitualisiertem und bewußtem Handeln und den verschiedenen Ebenen der Mediennutzung durchaus relevante Differenzierungen vorgenommen werden. Die gegebenen Möglichkeiten zur weiteren Spezifizierung des Referenzmodells der Mediennutzung wurden somit nicht genutzt.

Im Bereich der *allgemeinen theoretischen Annahmen* fokussieren die kritischen Anmerkungen notwendigerweise das Bedeutungskonzept, da die Aussagen zu den anderen beiden Aspekten keine Kritik zulassen. Für das Bedeutungskonzept ist festzuhalten, daß im Rahmen des Referenzmodells der Mediennutzung zwar thematisiert wird, *daß* den Objekten in einer Situation die Bedeutungen von den Individuen auf der Grundlage von soziokulturellem Wissen zugewiesen werden; es wird jedoch keine Aussage darüber gemacht, *wie* diese Prozesse der Bedeutungszuweisung zu konzipieren sind. Ebenfalls unklar bleibt, wie die Grenzen einer Situation zu bestimmen sind und ob diese Grenzen von allen Beteiligten gleich gezogen werden. Da das Erkennen bzw. Definieren einer Situation jedoch vermutlich auch Einfluß auf die Bedeutungszuweisung hat, wäre an dieser Stelle eine Differenzierung durchaus wünschenswert.

Zusammenfassend läßt sich festhalten, daß das Referenzmodell, abgesehen von einigen theoretischen Unklarheiten, sicherlich als Ausgangspunkt und Inspiration für kommunikationswissenschaftliche Fragestellungen dienen kann. In bezug auf den Fokus dieser Arbeit - wie kann die individuelle Rezeption massenmedialer Kommunikationsangebote konzipiert werden - erweist sich das Referenzmodell der Mediennutzung insbesondere mit Blick auf die Besonderheiten massenmedialer Kommunikation und Verstehensprozesse jedoch als zu allgemein bzw. als zu unspezifisch und undifferenziert für eine Klärung.

2.3.3 *Das Struktur- und Prozeßmodell des Medienrezeptionshandelns*

Ähnlich wie das Referenzmodell der Mediennutzung ist auch das von Michael Charlton und Klaus Neumann(-Braun) formulierte Struktur- und Prozeßmodell des Medienrezeptionshandelns in den Bereich der handlungs- bzw. interaktionsorientierten Rezeptionsforschung einzuordnen.[152] Im Mittelpunkt steht die Medienrezeption als eine alltägliche Handlung, als ein Element der Lebensbewältigung der Rezipienten. Aufgrund dieser Betrachtungsweise interessieren auch weniger Fragen nach konkreten kognitiven Prozessen im Zuge der Rezeption als vielmehr Fragen nach der Rolle der Rezeptionshandlungen für den Alltag der Rezipienten.[153]

Die theoretische Basis, auf der das Modell aufbaut, wird als strukturanalytische Rezeptionsforschung bezeichnet. Diese strukturanalytische Rezeptionsforschung hat die Integration von Struktur- und Prozeßelementen von Medienrezeptionshandlungen zum Ziel[154] und wird als Differenzierung einer handlungs- und interaktionstheoretischen Medientheorie verstanden.[155] Ein zentraler Aspekt stellt dabei das Konzept des handlungsleitenden Themas dar, das die Rezeption massenmedialer Kommunikationsangebote beeinflußt.[156]

Da ohne eine Erläuterung der theoretischen Voraussetzungen eine Darstellung des Modells problematisch erscheint, werden im Rahmen der konkreten Konzeption an den entsprechenden Stellen immer wieder Erklärungen zu diesen theoretischen Voraussetzungen eingeschoben.

2.3.3.1 Konkrete Konzeption

Ausgangspunkt der strukturanalytischen Rezeptionsforschung ist ein aktives Handlungssubjekt, das sein Leben in einem von materiellen, sozialen und persönlichen Voraussetzungen begrenzten Rahmen eigenverantwortlich gestaltet.[157] Im Zuge dieser aktiven Lebensführung ist das Subjekt gezwungen, sich mit Elementen auf

---

152   Vgl. Neumann/Charlton 1988: 8; Charlton 1997: 22f. Fundstellen in der durchgesehenen Literatur: Neumann/Charlton 1988; Charlton/Neumann-Braun 1992a; Holzer 1994: 23ff.

153   Vgl. Charlton/Neumann 1986: 10; Neumann/Charlton 1988: 29; Charlton 1997: 22ff.

154   Vgl. Charlton/Neumann 1986: 10ff.; Neumann/Charlton 1988: 21.

155   Vgl. Neumann/Charlton 1989: 366f.; Charlton 1997: 23f. Ebenfalls als strukturanalytische Rezeptionsforschung wird zudem die Forschungsmethode bezeichnet (vgl. Charlton/Neumann 1990: 30, siehe erläuternd zur Methode Charlton/Neumann 1986: 54ff.), die sich an der rekonstruktiven Methode der objektiven Hermeneutik orientiert (vgl. Oevermann/Allert/Konau/Krambeck 1979; Oevermann 1986). Das bisher größte empirische Projekt, das im Rahmen der strukturanalytischen Rezeptionsforschung durchgeführt wurde, ist die „Freiburger Längsschnittuntersuchung der Medienrezeption durch Vorschulkinder im familialen Kontext", bei der der Schwerpunkt des Interesses auf Teilprozesse des Rezeptionsverlaufs und sozialisationstheoretische Überlegungen liegt (vgl. Charlton/Neumann 1986; Neumann/Charlton 1989: 368ff.; Charlton/Neumann 1990: 36ff.; Charlton/Neumann-Braun 1992: 89ff.). Im Rahmen neuerer Arbeiten werden insbesondere Anschlußmöglichkeiten an die empirische Literaturwissenschaft und die Cultural Studies gesehen (vgl. Charlton 1997: 26f.).

156   Vgl. Neumann/Charlton 1989: 366f.

157   Vgl. Charlton/Neumann 1986: 11; Neumann/Charlton 1988: 9; Charlton/Neumann 1990: 33f.; Charlton 1997: 23.

der Sach-, Sozial- und Selbstebene auseinanderzusetzen.[158] Es wird also davon ausgegangen, daß das sozialhandlungsfähige und mit sich selbst identische Subjekt über eine Autonomie im Umgang mit Gegenständen, im sozialen Verständnis von kommunikativen Subjekten und gesellschaftlichen Normen und Werten und im Umgang mit der eigenen inneren Natur verfügt.[159]

Dieses Konzept eines aktiven Handlungssubjektes wird um Überlegungen bestehender handlungstheoretischer Ansätze zur Rezeption massenmedialer Kommunikationsangebote ergänzt. So wird das Konzept der Massenkommunikation als parasoziale Interaktion[160] ebenso adaptiert wie Überlegungen zur aktiven Rolle des Medienrezipienten im Rahmen des Nutzenansatzes[161], das Konzept des Doppelcharakters des Zuschauerhandelns[162], die Konzeption der Rezeption als Vermittlung[163] und Überlegungen zur Rolle des Mediums Fernsehen im Alltag von Familien.[164] Insofern kann das Struktur- und Prozeßmodell des Medienrezeptionshandelns als Verknüpfung und Erweiterung bestehender Ansätze verstanden werden.

> „Zusammenfassend expliziert das Struktur- und Prozeßmodell des Medienrezeptionshandelns aus der Sicht der strukturanalytischen Rezeptionsforschung eine handlungstheoretisch orientierte Rezeptionstheorie, die auf den Annahmen basiert, daß Rezeption von Massenmedien
> - ein regelgeleitetes Geschehen ist,
> - einen aktiven intentionalen Prozeß der Auseinandersetzung mit sinnhaften Botschaften darstellt,
> - an kontextuelle Bedingungen gebunden ist,
> - und schließlich in einem Vermittlungsprozeß zwischen der eigenen Lage des Rezipienten (Subjektivität) und derjenigen Situation, über die in den Medien berichtet wird (Intersubjektivität), münden kann. Dieser Vermittlungsprozeß ist für die Lebensbewältigungsbemühungen des Individuums von großer Bedeutung.“
>
> (Charlton/Neumann-Braun 1992: 88)

---

[158] Die Autoren schließen an dieser Stelle an den Weltbezug der Theorie kommunikativen Handelns von Habermas an (vgl. Neumann/Charlton 1989: 367; Charlton/Neumann 1990: 37). Allgemein zu den Prozessen der Subjektkonstitution siehe Sutter 1994, der sich insbesondere auf den genetischen Strukturalismus Piagets bezieht.

[159] Vgl. Neumann/Charlton 1988: 23.

[160] Vgl. Charlton/Neumann 1986: 21; 1990: 28f.; Neumann/Charlton 1988: 9; Horton/Wohl 1956.

[161] Vgl. Charlton/Neumann 1986: 22; Neumann/Charlton 1988: 11; Teichert 1972; 1973. Siehe zu den Ausführungen Teicherts zum Nutzenansatz auch S. 38ff.

[162] Vgl. Charlton/Neumann 1986: 21f.; Neumann/Charlton 1988: 11f.; Rapp 1973. In neueren Arbeiten sind die Annahmen von Rapp in ein Involvement-Konzept eingebunden worden, das neben den Aspekten der Illusion und Inlusion die Ebenen der Identifikation und Projektion und der Situations- bzw. Personenorientierung umfaßt (vgl. Charlton/Borcsa 1997: 255ff.).

[163] Vgl. Neumann/Charlton 1988: 12f.; Kohli 1977.

[164] Vgl. Neumann/Charlton 1988: 13f.; Hunziker/Kohli/Lüscher 1973; Hunziker/Lüscher/Fauser 1975. Im Rahmen der kritischen Würdigung bestehender Ansätze kommen Neumann/Charlton 1988 zudem zu dem Schluß, daß das Erklärungspotential einer interaktionistischen Medientheorie bei weitem noch nicht ausgeschöpft sei und daß häufig auch in handlungstheoretischen Ansätzen kausalistische und mechanistische Argumentationen entwickelt würden, sobald Fragen der Medienwirkungen angesprochen werden (vgl. Neumann/Charlton 1988: 20).

Wie die Bezeichnung des Modells andeutet, stehen bei dieser Konzeption vor allem verschiedene Struktur- und Prozeßelemente der Rezeption im Vordergrund. Im folgenden wird zunächst auf die strukturellen Aspekte eingegangen (sozialer Kontext, Rahmenbedingungen, die durch Ich-Prozesse und Bedürfnisstrukturen gesetzt werden, Struktur des Medienangebots), bei denen insbesondere dem Konzept des handlungsleitenden Themas eine zentrale Rolle zukommt.[165]

Der soziale Kontext der Rezeption massenmedialer Kommunikationsangebote ist geprägt vom Umfeld, also den individuellen und familiären Prozessen der Lebensbewältigung.[166] Dabei sind organisationssoziologische Gesichtspunkte, also die Beschaffenheit des Interaktionssystems, in dem massenmediale Rezeption stattfindet, inklusive der jeweiligen Rollenverteilungen, sowie soziokulturelle Aspekte, wie z.B. die Prozesse, die zur Fokussierung auf ein Thema führen, oder Prozesse der Entwicklung von Familienthemen, zu berücksichtigen. Schließlich gehören die Einflüsse der jeweils aktuellen Rezeptionssituation auf die Rezeptionsprozesse ebenfalls mit zum sozialen Kontext.

Neben dem sozialen Kontext spielen sogenannte Ich-Prozesse und Bedürfnisstrukturen für die Rezeption massenmedialer Kommunikationsangebote eine Rolle. Sie bestimmen den Rahmen, in dem die Rezeptionsprozesse stattfinden.

Als soziales Handeln ist die Rezeption massenmedialer Kommunikationsangebote in Prozesse der Identitätsbehauptung eingebunden[167], motiviert und an der Befriedigung von Bedürfnissen orientiert.[168] Diese Bedürfnisse lassen sich in Form von sogenannten „Themen" nachweisen, die sich aufgrund der jeweiligen individuellen Lebenslage entwickeln.[169] Dabei findet die Auseinandersetzung mit solchen auf Bedürfnissen basierenden Themen nicht nur auf einer rein rationalen Ebene statt, sondern schließt affektive Ich-Prozesse mit ein. Dies wiederum bedeutet, daß die Wahrnehmung, Interpretation und Verarbeitung von äußeren Realitäten und innerer Bedürfnislage mit dem Ziel einer balancierten Affektorganisation erfolgt. Wird diese Aufgabe bewältigt, so ist das Subjekt in der Lage, seine Bedürfnisse und Gefühle sowie seine Umwelt unverzerrt und bewußt wahrzunehmen. Wird diese Aufgabe nicht bewältigt, so kann es zu Täuschungen über Handlungsmotive und

---

[165] Vgl. Neumann/Charlton 1988: 21; Charlton/Neumann-Braun 1992: 85. Während sozialer Kontext sowie Ich-Prozesse und Bedürfnisstruktur ausführlicher besprochen werden, lassen sich zum Aspekt der Struktur von Medienangeboten nahezu keine Hinweise finden. An einigen Stellen wird jedoch explizit auf ein Forschungsdefizit in diesem Bereich hingewiesen (vgl. Neumann/Charlton 1988: 30; Charlton/Neumann-Braun 1992: 87, 94).

[166] Vgl. Neumann/Charlton 1988: 25; Neumann/Charlton 1989: 365; Charlton/Neumann-Braun 1992: 87f.

[167] Siehe dazu auch die Ausführungen zur Entwicklung von Identität in modernen Gesellschaften, S. 57ff.

[168] Vgl. Neumann/Charlton 1988: 23f. Charlton/Neumann-Braun 1922: 88. Zur Darstellung des Verständnisses der Begriffe ‚Bedürfnis' und ‚Motivation' im Rahmen der strukturanalytischen Rezeptionsforschung siehe Charlton/Neumann 1986: 28f.

[169] Zum Konzept des handlungsleitenden Themas siehe S. 52ff.

Gefühle, zu verzerrten Wahrnehmungen von Situationen und Interaktionsgesche-
hen oder zu idiosynkratischen Umdeutungen kommen.[170] Die Entwicklung von
und der Umgang mit Themen wird somit sowohl von rationalen als auch von emotionalen Aspekten beeinflußt.

Die strukturellen Elemente des sozialen Kontextes und der durch Ich-Prozesse
und Themen bestimmten Rahmenbedingungen vereinen sich im sogenannten
„handlungsleitenden Thema".

> „Das Thema ist als Orientierungshilfe zur aktiven Handlungsplanung des Subjekts zu verstehen.
> „Themen" sind also als szenische Handlungsentwürfe zu definieren, die am Übergang von Wunsch
> und Wirklichkeit, Handlungsidee und -vollzug anzutreffen sind. Im „Thema" drückt sich die Be-
> dürfnislage und die Lebenssituation der Person aus. Es entsteht eine dynamische Szene, in der sich
> eine Bedürfnisbefriedigung andeutet oder in der die Unerfüllbarkeit des Wunsches widergespiegelt
> wird."
>
> (Neumann/Charlton 1988: 23f.)

Im Rahmen der Rezeption von Massenkommunikation als eine Art von Handlungen spielen nach Aussage der Autoren insbesondere situationsübergreifende, län-
gerfristige Themen eine Rolle[171], so daß „Thema" in diesem Zusammenhang auch
als immer wiederkehrende, bewußte oder unbewußte Szene verstanden werden
kann, die sich auf eine bestimmte Lebenssituation eines Rezipienten bezieht. In
diesem weiter gefaßten Sinn können Themen auch als „Bedürfnishorizonte" bezeichnet werden, als Phantasien, die ein Subjekt längerfristig begleiten.[172]

Handlungsleitende Themen führen zu einer thematischen Voreingenommenheit,[173] die u.a. selektive Wahrnehmung von Medieninhalten, unterschiedliche
Steuerungsmechanismen während der eigentlichen Rezeption und eine Spannung
zwischen Teilhabe und Distanz am bzw. zum Mediengeschehen zur Folge hat.[174]
Die strukturellen Aspekte, die sich im handlungsleitenden Thema manifestieren,
nehmen somit in Form der thematischen Voreingenommenheit Einfluß auf die eigentlichen Rezeptionsprozesse.

Den Vorteil dieses themenbezogenen Ansatzes zur Erklärung der Strukturen und
Prozesse des Medienrezeptionshandelns sehen die Autoren u.a. in der Berücksich-

---

170   Vgl. Neumann/Charlton 1988: 26.

171   Vgl. Neumann/Charlton 1988: 24.

172   Vgl. Charlton/Neumann 1986: 29ff.; 1990a: 103ff. Die Begriffe „Thema" und „Bedürfnishorizont"
       gehen auf die motivationspsychologischen Ausführungen von Thomae (1968) zurück. Derartige
       übergreifende Themen lassen sich aus den bisherigen Erkenntnissen im Bereich der Sozialisations-
       theorie (z.B. Geschlechterrollenerwerb) oder der Soziologie und Psychologie des Lebenslaufs (z.B.
       Elternrolle, Altwerden, Kranksein) ableiten (vgl. Neumann/Charlton 1988: 24). Zu Beispielen von
       Themen, die bei der Rezeption massenmedialer Kommunikationsangebote eine Rolle spielen, siehe
       auch Neumann-Braun 1993: 194ff.

173   Vgl. Neumann/Charlton 1988: 25; Charlton/Neumann-Braun 1992: 85.

174   Vgl. Neumann/Charlton 1988: 26f.

tigung der sozialen Verortung und Bedürfnisstruktur des Rezipienten, die das Aufstellen eines beliebigen Bedürfniskatalogs vermeiden hilft.[175]

Außerdem kann mit dem zentralen Konzept des handlungsleitenden Themas der langfristigen und an persönlichen Interessen und Bedürfnissen orientierten Vermittlung und Verarbeitung von massenmedialen Angeboten Rechnung getragen werden, d.h. der Gebrauch von Massenmedien wird nicht isoliert betrachtet, sondern eingebettet in die individuellen Lebenssituationen der Rezipienten.[176]

Wie bereits erwähnt, findet im Rahmen der strukturellen Bedingungen, die durch das handlungsleitende Thema greifbar werden, der eigentliche Rezeptionsprozeß statt. Er setzt sich zusammen aus dem thematisch voreingenommenen Sinnverstehen der Medienbotschaften, den Steuerungsprozessen der Rezeption[177] und der Spiegelung. Der letzte Aspekt bezieht sich dabei auf die Teilhabe am Mediengeschehen, bei der das Mitleben und Übernehmen medial dargestellter Rollen im Mittelpunkt steht. Durch diese Teilhabe bekommt der Rezipient Vorstellungen über das soziale Handeln anderer und Anregungen, das eigene Handeln zu reflektieren: „Der Rezipient reflektiert sich selbst im Spiegel des para-sozialen Anderen."[178]

Darüber hinaus entsteht aufgrund der Spiegelung eine Spannung zwischen Prozessen der Teilhabe am Mediengeschehen (Identifikation) und Prozessen der reflexiven Distanzierung dazu.[179] Diese Spannung wird zusätzlich durch die Entlastung von kommunikativen Pflichten, wie z.B. der Bestätigung der Teilnahme an der Kommunikation, gefördert und stellt eine Besonderheit massenmedialer Rezeption dar. An das Ende der aktiven Rezeptionsphase schließt sich schließlich eine Phase der Aneignung der rezipierten Medienbotschaften in Form einer Anbindung an die eigene Lebenssituation an.[180]

Zusammenfassend können die verschiedenen Merkmale des Struktur- und Prozeßmodells des Medienrezeptionshandelns wie folgt schematisch dargestellt werden.[181]

---

175 „Die konstruktivistisch-strukturtheoretische Konzeption des thematisch orientierten Medienhandelns sieht ihren Analyseausgangspunkt also in einem Begriff, der subjektive (Persönlichkeit) *und* objektive (sozialer Kontext, Gesellschaft) *sowie* biographische (individuell-einzigartige Bewertungen eines bestimmten Individuums) Elemente gleichermaßen zu vereinen vermag." (Neumann/Charlton 1988: 29, Hervorhebungen im Original)

176 In diesem Zusammenhang erscheint es auch unzulässig, von „den" Wirkungen der Massenmedien zu sprechen. Massenmedien wirken vielmehr an längerfristigen, vermittelten Prozessen der Identitätserhaltung und Lebensbewältigung mit (vgl. Neumann/Charlton 1988: 29f.).

177 Zu nennen wäre hier die Auswahl, selektive Zuwendung und thematisch voreingenommene Auffassung der Medienangebote vor, während und nach der eigentlichen Rezeption (vgl. Charlton/Neumann-Braun 1922: 85, siehe allgemein zu den Strategien der Rezeptionssteuerung Charlton/Neumann 1990a: 131ff.).

178 Charlton/Neumann-Braun 1992: 99.

179 Vgl. Neumann/Charlton 1988: 21; Charlton/Neumann-Braun 1992: 89.

180 Vgl. Charlton/Neumann-Braun 1992: 99.

181 In neueren Arbeiten wird auch vom Phasenmodell des Rezeptionshandelns gesprochen, das sich aus der Phase der Gestaltung der sozialen Ausgangssituation, der Phase der thematischen Selektion, der

Abb. 3: Struktur- und Prozeßmerkmale des Medienrezeptionshandelns
(Charlton/Neumann-Braun 1992: 90)

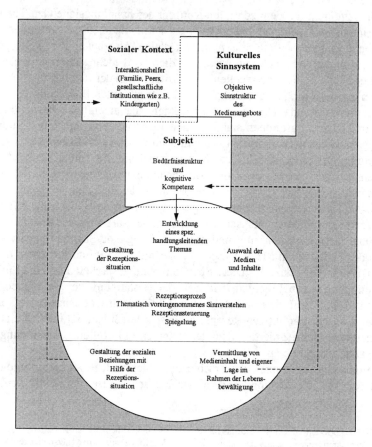

2.3.3.2 Grundkonzepte

Die handlungs- bzw. interaktionstheoretische Ausrichtung des Struktur- und Prozeßmodells des Medienrezeptionshandelns und der Bezug auf andere Konzeptionen aus diesem Bereich spiegelt sich auch in den angesprochenen Grundkonzepten wieder. Eindeutig stehen die sozialen Aspekte des Medienhandelns bei der Konzeption massenmedialer Kommunikation resp. Rezeption im Mittelpunkt, während insbesondere kognitive Aspekte in den Hintergrund rücken.

In bezug auf das Konzept der *Massenmedien* lassen sich an verschiedenen Stellen Aussagen zum Medienbegriff finden. In Zusammenhang mit Erläuterungen zu Medi-

Phase der eigentlichen Rezeption und der Phase der Medienaneignung zusammensetzt (vgl. Charlton 1997: 24).

enverbundsystemen wird z.B. darauf hingewiesen, daß der Begriff ‚Medium' sowohl technische als auch semiotische Aspekte umfaßt.[182] Zu den technischen Aspekten gehören die Empfangs- und Wiedergabegeräte der Rezipienten sowie die technischen Geräte und die Infrastruktur zur Herstellung und Distribution der Medienangebote im Produktionsbereich. Die semiotischen Aspekte beziehen sich hingegen auf das Kommunikat, die „Medienbotschaft", die produziert und rezipiert wird, sowie auf die Zeichensysteme, über die Gesellschaftsmitglieder Bedeutung und Sinn austauschen. Der Medienbegriff umfaßt dabei nicht nur diese Zeichensysteme, sondern auch Deutungsschemata und Skripts, „die die Welt sinnhaft verfassen".[183] Aufgrund der Einbettung der Medienrezeptionshandlungen in den Alltag der Rezipienten wird außerdem davon ausgegangen, daß Medien wie andere Gegenstände auch zur Lebensbewältigung genutzt werden.[184] Massenmedien haben zudem die Qualität sozialer Gestaltungsmittel für interpersonale Kommunikationsprozesse[185] und können als eine „Agentur der Sinnproduktion" bezeichnet werden.[186] Diese aus der berücksichtigten Literatur zusammengestellten Aspekte von Medien bzw. Massenmedien verdeutlichen, daß die Autoren sich der Vielschichtigkeit und Ambiguität des Medienbegriffs durchaus bewußt sind[187], ohne daß sich an diese Erkenntnis eine theoretische Konkretisierung des Begriffs ‚Medien' bzw. ‚Massenmedien' in bezug auf ihre eigenen Ausführungen anschließt.

Anders sieht dies für das Konzept der *massenmedialen Kommunikation* resp. Rezeption aus. Die Ausführungen zum Struktur- und Prozeßmodell des Medienrezeptionshandelns sind in einen differenzierten theoretischen Rahmen eingebettet, in dem eine Reihe von Aspekten der hier berücksichtigten Grundkonzepte angesprochen werden. Der Schwerpunkt des Interesses liegt nach Aussage der Autoren vor allem auf den konstruktiven Qualitäten der Prozesse der Massenkommunikation, also der Verarbeitung der in den Medien angebotenen Sinnentwürfe oder auch allgemeinen sozialen Deutungsmuster resp. dem Mediengebrauch als Instrument der Lebensbewältigung.[188]

---

[182] Vgl. Charlton/Neumann-Braun 1992: 101. In Zusammenhang mit einer Auseinandersetzung systemtheoretischer Medientheorien wird zudem die Unterscheidung zwischen Massenmedien als Kommunikationstechnologien und Massenmedien als soziales System, das „den Stellenwert eines symbolisch generalisierten Mediums an[nimmt]", angesprochen (vgl. Neumann-Braun 1993: 206ff.).

[183] Vgl. Charlton/Neumann-Braun 1992: 101f.

[184] Vgl. Charlton/Neumann 1990: 27f.

[185] Vgl. Neumann/Charlton 1989: 372f.

[186] Vgl. Charlton/Neumann-Braun 1992: 110; Neumann-Braun 1993: 205f. Als andere Agenturen der Sinnproduktion werden exemplarisch der Therapiebetrieb oder Sektenzirkel angeführt.

[187] Vgl. Neumann-Braun 1993: 206f.

[188] Vgl. Neumann/Charlton 1988: 9. Dabei vollzieht sich die Auseinandersetzung mit den Medien „in der *Spannweite von individualisierter Verarbeitungsperspektive und universell-standardisiertem Sinnangebot*". (Charlton/Neumann-Braun 1992: 113, Hervorhebungen im Original)

„Natürlich verkennen wir nicht, daß man den Massenmedien auch Informationen über nicht-soziale Sachverhalte entnehmen kann und daß sich dieses Wissen auch ganz individualistisch nutzen läßt. Dennoch vermuten wir, daß der Anreiz zur Beschäftigung mit symbolischer Kultur gerade darin besteht, daß hier sozial vorinterpretierte Erfahrungen vermittelt werden und nicht nur ein technisches Handlungswissen, wie es auch schon vom vorsprachlichen Kind in der nicht-symbolischen Interaktion mit der Sachwelt erworben werden kann."

(Charlton/Neumann 1990: 51)

Medienthemen finden im Zuge der Prozesse der Lebensbewältigung zum einen Eingang in interpersonale Dialoge und sind damit ein wichtiger Bestandteil der Alltagskommunikation. Zum anderen regen sie jedoch auch zu intrapersonalen Dialogen an, zur Auseinandersetzung mit sich selbst.[189]

Medienrezeption ist somit als aktives Handlungsgeschehen in sozialer Umgebung aufzufassen, wobei die im Handeln verfolgten Ziele und Lösungsstrategien dem handelnden Subjekt nicht unbedingt bewußt sein müssen.[190] Als beteiligte individuelle kognitive und affektive Prozesse werden u.a. Ich-Prozesse, die aus den Bedürfnissen des Individuums hervorgehende Themenkonstitution, die Spannung zwischen Teilhabe und Distanz sowie die Adaption der medial präsentierten Sinnangebote angesprochen. Keiner dieser Aspekte wird jedoch, etwa mit Blick auf kognitive Prozesse, weiter expliziert. Im Zentrum der Auseinandersetzung mit massenmedialer Rezeption stehen vielmehr im Rahmen der strukturanalytischen Rezeptionsforschung offensichtlich soziale Aspekte.[191]

Neben der Betonung der konstitutiven Verknüpfung von massenmedialer und interpersonaler Kommunikation[192] verweisen die Autoren ausdrücklich auf die besonderen Eigenschaften massenmedialer Kommunikation.[193] So bleibt der Rezipient in seiner Rolle gefangen und ist zugleich von seinen kommunikativen Verpflichtungen entlastet.[194] Diese besondere Situation erlaubt dem Rezipienten eine weitgehend selbstbestimmte Stellungnahme zu den Sinnangeboten der Massenmedien und, im Zuge der Spannung zwischen Teilhabe und Distanz, eine Reflektion über seine Identität im Spiegel der Medienaussagen.[195]

Im Unterschied zu anderen Kommunikationsformen zeichnet sich massenmediale Kommunikation zudem durch die raum-zeitliche Distanz resp. die Anonymität

---

189   Vgl. Neumann/Charlton 1988: 28; Neumann-Braun 1993: 214ff.

190   Vgl. Neumann/Charlton 1988: 9; Neumann-Braun 1993: 189. Die Nutzungsmotive bzw. -routinen können allerdings durch wissenschaftliche Analysen, wie sie etwa im Rahmen der strukturanalytischen Medienrezeptionsforschung durchgeführt worden sind, erfaßt werden.

191   Vgl. Charlton/Neumann 1986: 52. Das Umfeld der Rezeption hinsichtlich raum-zeitlicher Bedingungen wird an keiner Stelle thematisiert.

192   Vgl. Neumann/Charlton 1989: 364.

193   Vgl. Charlton/Neumann 1990a: 131ff., 190ff.

194   Vgl. Neumann/Charlton 1988: 25; Charlton/Neumann 1986: 22; 1990: 51f.; 1990a: 196; Neumann-Braun 1993: 215.

195   Vgl. Charlton/Neumann 1990: 52; 1990a: 184ff.

zwischen Produzenten und Rezipienten massenmedialer Kommunikationsangebote aus.[196] Dabei tritt an die Stelle des identitätskonstituierenden Dialogs, wie z.B. im Rahmen der face-to-face-Kommunikation, der sogenannte virtuelle Dialog mit fiktiven Gesprächspartnern.[197] Dieser virtuelle Dialog knüpft an die präsentierten Kommunikationsangebote an, in denen soziokulturell geprägte Symbolsysteme zur Gestaltung verwendet werden[198], wobei sich die Verwendung der Symbolsysteme an für bestimmte soziokulturelle Bedingungen typischen, konventionellen Gebrauchsmustern orientiert.[199]

Wenngleich auch nicht alle hier berücksichtigten allgemeinen und besonderen Aspekte massenmedialer Kommunikation im Rahmen des Struktur- und Prozeßmodells des Medienrezeptionshandelns resp. der strukturanalytischen Rezeptionsforschung ausführlich diskutiert und zueinander in Beziehung gesetzt werden, so werden doch mit Ausnahme der raum-zeitlichen Bedingungen der konkreten Rezeptionssituation und dem Einfluß der Produktionsbedingungen auf die massenmedialen Kommunikationsangebote alle allgemeinen und besonderen Aspekte der Grundkonzepte thematisiert.

2.3.3.3 Allgemeine theoretische Annahmen

Auch bei den allgemeinen theoretischen Annahmen ist der handlungs- bzw. interaktionstheoretische Hintergrund der strukturanalytischen Rezeptionsforschung deutlich zu erkennen. Im Rahmen der Erläuterungen zur theoretischen Basis wird der Entwicklung der eigenen Identität des handelnden Subjekts starke Beachtung geschenkt. Insofern lassen sich auch eine Reihe von Aussagen zu den Vorstellungen vom *Individuum* zusammenstellen. Aspekte, die die Bedeutung der Medienangebote oder Verstehensprozesse betreffen, werden hingegen nur am Rande thematisiert.

Die Ich-Prozesse, die während der Medienrezeption stattfinden oder durch sie angeregt werden, sind ein zentraler Aspekt des Struktur- und Prozeßmodells des Medienrezeptionshandelns, denn durch die Prozesse der Spiegelung kann der Rezi-

---

[196]   Vgl. Charlton/Neumann 1990a: 132, 194.

[197]   „Medienrezeption ist mehr als das Spiel eines einsamen Zuschauers mit dem Medium i.S. von Stephensons Spieltheorie der Massenkommunikation (1967), denn der konkrete Andere im Mediengeschehen gewinnt für den Zuschauer die Qualität eines gesellschaftlichen allgemeinen Anderen." (Charlton/Neumann 1986: 22) Der virtuelle Dialog läßt sich beschreiben als ein Dialog der Rezipienten mit fiktiven Platzhaltern, in dem die Rezipienten in Zwiesprache mit dem Autor treten oder sie die Handlungsträger einer Geschichte stellvertretend für sich selbst agieren lassen (vgl. Charlton/ Neumann 1990a: 195f.).

[198]   Vgl. Charlton/Neumann 1990a: 65. Obgleich sich durchaus formale Unterschiede zwischen den verschiedenen Zeichensystemen erkennen lassen, betonen die Autoren vor allem, das *alle* Zeichensysteme auf eine sozial konstruierte Wirklichkeitsauffassung verweisen (vgl. Charlton/Neumann 1990a: 65).

[199]   Vgl. Charlton/Neumann 1990a: 66.

pient sich u.a. besser in seinem sozialen Kontext verorten. Generell wird auch in soziologischen Zusammenhängen diesen Prozessen der Identitätsfindung eine gewichtige Rolle zugeschrieben. Sie sind in modernen Gesellschaften, in denen die Entwicklung der eigenen Identität an das Subjekt zurückverwiesen wird, von besonderer Bedeutung.[200]

> „Der die Moderne begleitende soziale Wandel, aufgefaßt als Individualisierungsprozeß, darf nicht in der Weise mißverstanden werden, daß soziale Strukturen ihre moralische und normative Geltung und Verbindlichkeit verloren hätten, oder daß sich das Individuum vereinzeln würde im Sinne einer sozialen Atomisierung und Isolierung. Vielmehr steht diese Entwicklung für eine *Ersetzung eines Vergesellschaftungsmodus durch einen anderen: Das Individuum als neue soziale Einheit wird geschaffen und gesellschaftlich institutionalisiert.* Das Individuum wird zum grundlegenden Träger des sozialen Lebens. Ihm wird gesellschaftlich eine individuell eigenständige Lebensorientierung gleichermaßen ermöglicht bzw. abverlangt. Die Planung, Gestaltung und Kontrolle des eigenen Handelns geht in die Verantwortlichkeit des jeweiligen Indiviuums über: aus Fremdzwang wird Selbstzwang."
>
> (Charlton/Neumann-Braun 1992: 109, Hervorhebungen im Original)

Insofern sehen sich die Gesellschaftsmitglieder immer wieder vor die Herausforderung gestellt, gesellschaftlich Vorgegebenes resp. Handlungseinschränkungen und ihre eigene Lebensgestaltung resp. Handlungserweiterungen miteinander zu vereinen.[201] Dem eigenen Lebenslauf und der eigenen Biographie kommt für die Bestimmung der eigenen Identität eine erhöhte Relevanz zu, da historische Sozialformen aufgelöst werden bzw. worden sind und in bezug auf soziale Orientierung und Identitätsentwicklung keine Sicherheit mehr bieten können. Medien gewinnen im Zuge dieser Entwicklungen als Vermittler von Sinnangeboten resp. sozialen Deutungsmustern neben anderen Agenturen der Sinnproduktion für die individuelle Identitätsentwicklung und Verortung in der Gesellschaft immer mehr an Bedeutung.[202] Das Individuenbild der strukturanalytischen Rezeptionsforschung ist somit geprägt von Prozessen der Identitätsfindung und der eigenen Positionierung in sozialen Kontexten, die in verstärktem Maß auch durch die Sinnangebote der Massenmedien angeregt und beeinflußt werden.

In bezug auf das *Bedeutungskonzept* lassen sich einige Aussagen zusammenstellen, die die Interpretation nahelegen, daß den Medienangeboten eine objektive Bedeutung zukommt.[203] So ist den Medienangeboten eine „objektive Sinnstruktur" inhärent[204], die es durchaus auch bei der Betrachtung der Rezeptionsprozesse zu berücksichtigen gilt. Dabei wird offensichtlich davon ausgegangen, daß die Indivi-

---

[200]   Vgl. Neumann-Braun 1993: 214ff.

[201]   Vgl. Charlton/Neumann-Braun 1992: 109; Neumann-Braun 1993: 202ff. Höijer verweist im Rahmen ihrer Ausführungen auf denselben Aspekt (vgl. Fußnote 346, S. 97).

[202]   Vgl. Neumann/Charlton 1988: 8; Charlton/Neumann-Braun 1922: 110.

[203]   In neueren Arbeiten wird explizit auf Anschlußmöglichkeiten zu den Ausführungen Ecos (1990; 1994) hingewiesen (vgl. Charlton 1997: 25f.).

[204]   Neumann/Charlton 1988: 22, siehe dazu auch Charlton/Neumann 1990a: 71.

duen während der Rezeption diese objektive Sinnstruktur rekonstruieren und daß diese individuelle Rekonstruktion des objektiven Sinnangebotes die anschließenden Rezeptionsprozesse beeinflußt.[205] Dabei ist es durchaus möglich, daß die sogenannte subjektive Textauffassung von der objektiven Bedeutung völlig abweicht.[206]

In Zusammenhang mit der Anwendung von Verfahren der objektiven Hermeneutik wird zudem davon ausgegangen, daß auch Medienhandlungen eine objektive Bedeutung zukommt, die durch entsprechende wissenschaftliche Analysen zu erkennen ist.[207] Aus diesen Aussagen kann parallel zur Bedeutung von massenmedialen Aussagen geschlossen werden, daß die Bedeutung von Medienhandlungen wissenschaftlichen Analysen durchaus zugänglich ist und daß Differenzen in den individuellen Interpretationen u.a. auf die thematische Voreingenommenheit der Rezipienten zurückzuführen sind.[208]

Im Rahmen der strukturanalytischen Rezeptionsforschung weist der Bedeutungsbegriff somit eine Reihe von unterschiedlichen Facetten auf: Er wird in Zusammenhang mit einer objektiven Bedeutung eines Textes resp. eines massenmedialen Kommunikationsangebotes verwendet, in Zusammenhang mit der subjektiven Textauffassung der Rezipienten und in Zusammenhang mit einer objektiven Bedeutung des individuellen Medienrezeptionshandelns. Wie diese verschiedenen Facetten zueinander in Beziehung stehen, wird jedoch nicht geklärt.

Vermutlich aufgrund des handlungstheoretischen Fokus lassen sich schließlich kaum Aussagen zum *Verstehenskonzept* finden. Aufgrund der Konzeption des Struktur- und Prozeßmodells ist jedoch anzunehmen, daß das Verstehen eines Medienangebots als Einbindung der thematisch gefilterten massenmedialen Sinnstrukturen in eigene Erfahrungskontexte aufzufassen ist.[209] Offensichtlich spielen dabei Skripts und Deutungsschemata, die eine semiotische Dimension der Medien ausmachen, eine Rolle.[210] Weitere Interpretationen hinsichtlich des Verstehenskonzeptes lassen die Ausführungen zur Struktur- und Prozeßmodell des Medienrezeptionshandelns jedoch nicht zu.

---

[205]   Vgl. Charlton/Borcsa 1997: 254.

[206]   Vgl. Charlton/Neumann 1990a: 71.

[207]   Vgl. Neumann/Charlton 1989: 370.

[208]   Produktanalysen, also die Ermittlung der objektiven Bedeutung eines massenmedialen Kommunikationsangebots, sind daraufhin vor allem als Vorarbeiten zu Untersuchungen von Medienverwendungen in konkreten Rezeptionssituationen sinnvoll (vgl. Charlton/Neumann 1990a: 72).

[209]   Ein Indiz für diese Interpretation ist der Hinweis, daß in Zusammenhang mit der emotionalen Verarbeitung von Medienangeboten von der „Wiederbelebung" eigener Interaktionserfahrungen gesprochen wird (vgl. Neumann/Charlton 1988: 27). Ein weiteres Indiz ist zudem die Integration des Gedankens der Rezeption als Vermittlung, der zunächst von Kohli entwickelt wurde (vgl. Neumann/Charlton 1988: 12f.; Kohli 1977).

[210]   Vgl. Charlton/Neumann-Braun 1992: 101f.

2.3.3.4 Probleme

Trotz der Einbettung in einen theoretischen Zusammenhang und trotz der detaillierten Erläuterungen zu den einzelnen Elementen des Struktur- und Prozeßmodells
des Medienrezeptionshandelns treten eine Reihe von Fragen in Zusammenhang mit
diesem Modell auf.

In bezug auf die konkrete *Konstruktion* ist festzuhalten, daß langfristigen Themen beim Gebrauch von Medien ohne weitere Diskussion der verschiedenen Möglichkeiten thematischer Voreingenommenheit besondere Relevanz zugestanden
wird. Es wird z.B. nicht thematisiert, ob verschiedene Themen zueinander in Kon-
kurrenz stehen und wenn ja, aufgrund welcher Mechanismen sich Themen durch-
setzen oder ob mehrere Themen zugleich die Medienrezeptionshandlungen beeinflussen können. Ebenfalls nicht angesprochen wird, ob und wenn ja, wie das Medienangebot die Themenkonstitution beeinflußt.[211] Schließlich werden nachträgliche
Verwendungen von Sinnstrukturen massenmedialer Kommunikationsangebote in
anderen Themenzusammenhängen nicht diskutiert. All diese Probleme verweisen
darauf, daß im Rahmen des Struktur- und Prozeßmodells des Medienrezeptionshandelns nicht hinreichend geklärt ist, wie die einzelnen Rezipienten konkret zu
ihren handlungsleitenden Themen kommen. Um diese Frage klären zu können,
wäre eine Erweiterung des Modells um kognitionspsychologische Überlegungen
wünschenswert und sinnvoll. Dieses Manko macht sich auch bei den Grundkonzepten und den allgemeinen theoretischen Annahmen bemerkbar.

So wird im Bereich der *Grundkonzepte* zwar die Berücksichtigung der objektiven
Sinnstrukturen der Medienprodukte gefordert[212], aber Ausführungen zu den Zusammenhängen zwischen Medienstrukturen und bestimmten Medienrezeptionshandlungen sind kaum zu finden. Offensichtlich stellen die objektiven Sinnstrukturen der Medien Angebote für die Rezipienten dar, Verbindungen zu ihren individuellen Themen herzustellen. Bisher fehlen jedoch Ausführungen dazu, wie diese,
auch als Vermittlungen bezeichneten Prozesse[213] konkret zu konzipieren sind. Des
weiteren wird das Konzept der Massenmedien zwar kurz skizziert, aber dessen
Differenzierungen werden nur ansatzweise in Zusammenhang mit dem Medienrezeptionshandeln gebracht.[214] So werden z.B. Skripts und Deutungsmuster als semiotische Aspekte des Medienbegriffs verstanden, ohne daß Beziehungen zu bestehenden kognitionspsychologischen Auffassungen dieser Begriffe hergestellt würden, die wiederum eine Differenzierung der Beziehung zwischen Rezeptionshandeln und individuellen kognitiven Prozesse erlauben würden. Gleiches gilt für die
Aspekte der Strukturen massenmedialer Kommunikationsangebote, die im Rahmen

---

[211]   Interessant wäre in diesem Zusammenhang z.B., ob es eine Art „ästhetischer" Rezeption gibt, wie
        z.B. das Vergnügen an gut fotografierten Bildern.

[212]   Vgl. Neumann/Charlton 1988: 30; Charlton/Neumann-Braun 1992: 87, 94.

[213]   Vgl. Neumann/Charlton 1988: 12.

[214]   Vgl. Neumann-Braun 1993: 211ff.

der strukturanalytischen Rezeptionsforschung thematisiert werden, ohne daß diese
Überlegungen in Zusammenhang mit den Ausführungen zum Struktur- und Prozeßmodell des Medienrezeptionshandelns wieder aufgegriffen werden.

Im Bereich der *allgemeinen theoretischen Annahmen* stellt sich schließlich die
Frage, wie eine Erfassung der objektiven Sinnangebote der Massenmedien tatsächlich zu leisten ist. Da jedes Handeln themengeleitet ist, die Handelnden sich jedoch
z.T. ihrer Themen nicht bewußt sind, müßten auch die wissenschaftlichen Analysen der objektiven Sinnstrukturen durch Metaanalysen beobachtet werden, um die
durch die handlungsleitenden Themen hervorgerufenen selektiven Wahrnehmungen etc. feststellen zu können. Da jedoch auch dies als eine Handlung zu begreifen
ist, würde sich ein unendlicher Regreß der Bestimmung des Einflusses handlungs-
leitender Themen auftun. Insofern erscheint eine Bestimmung objektiver Sinnstrukturen problematisch, da sie sich zwangsläufig immer auf individuelle Rekonstruk-
tionen im Rahmen von Rezeptionsprozessen stützen muß. Dieses Argument deutet
ebenfalls auf die Schwierigkeit hin, objektive Bedeutungen von subjektiven Text-
auffassungen zu unterscheiden. Da letztlich jeder Bestimmung von Bedeutung eine
individuelle rezeptive Handlung zugrunde liegt, stellt sich die Frage, wie zwischen
den beiden Bedeutungsebenen unterschieden werden kann bzw. wer die Autorität
hat, diese Grenze zu setzen.

Generell stellt sich zudem die Frage, ob sich eine handlungs- resp. interaktionstheoretische Position auf soziologische Aspekte beschränken kann, oder ob es nicht
notwendig ist, auch kognitionspsychologische Aspekte zur Erklärung bestimmter
Handlungs- und Interaktionsweisen zu berücksichtigen. Die Frage, wie Individuen
zu ihren (Medien-) Handlungen kommen, stellt sich insbesondere dann, wenn dem
Individuum in der Entwicklung moderner Gesellschaften eine bedeutende Stellung
eingeräumt wird und die Ausgangsposition von der Vorstellung eines handlungs-
autonomen Subjekts geprägt ist. Daran schließt sich die Frage an, inwieweit der
Umgang mit Medien, also das Medienrezeptionshandeln, von kognitiven Prozessen
der Rezeption getrennt werden kann.[215]

Zusammenfassend bleibt festzuhalten, daß das Struktur- und Prozeßmodell des
Medienrezeptionshandelns eine Reihe von zu berücksichtigenden Aspekten der Rezeption massenmedialer Kommunikationsangebote thematisiert und theoretisch
fundiert hat. Ebenfalls festzuhalten bleibt jedoch auch, daß sich bereits in der Konzeption Fragen hinsichtlich kognitionspsychologischer Aspekte ergeben, die bisher
nicht geklärt wurden. Hinzu treten eine Reihe von begrifflichen und theoretischen
Unklarheiten. Insofern müßte das Modell zunächst eine kognitionspsychologische
Erweiterung und begriffliche und theoretische Konsolidierung erfahren, bevor es

---

[215] Charlton selbst weist darauf hin, „daß die Festlegung auf strukturale Theorien, die dem Ansatz ihren
Namen gegeben haben, künftig nicht zu einer Einengung des Blickwinkels führen dürfen." Anschlußmöglichkeiten sieht er dabei insbesondere bei der kognitiven Textverstehensforschung und
den sozialkonstruktivistischen Emotionstheorien. „Insgesamt scheint jetzt die Zeit reif zu sein für
eine interdisziplinäre und multitheoretische Erforschung des Rezeptionsprozesses, wobei wirkungs-,
kognitions- und handlungstheoretische Ansätze jeweils eigenständige Beiträge zu liefern hätten."
(Charlton 1997: 33)

als die Rezeption massenmedialer Kommunikationsangebote hinreichend konzipierend eingestuft werden könnte.

2.3.4 Verstehen von Mediendiskursen

Neben Ansätzen, die sich aus der Kommunikationswissenschaft heraus entwickelt haben, sind auch in benachbarten Disziplinen Konzepte zu finden, die sich mit der individuellen Rezeption massenmedialer Kommunikationsangebote auseinandersetzen. Einer von diesen Ansätzen ist im Rahmen der linguistischen „Discourseanalysis" von Teun van Dijk entwickelt worden.[216] Obwohl sich die empirischen Arbeiten und Teile der Ausführungen ausschließlich auf Nachrichten in der Presse beziehen, können die entwickelten allgemeinen Grundlagen als Basis für einen Ansatz verstanden werden, der sich auf alle Arten von Mediendiskursen bezieht.[217] Im folgenden werden deshalb weniger die spezifischen Ausführungen zu Nachrichten in der Presse im Mittelpunkt stehen als vielmehr die allgemeineren Ausführungen zum Verstehen von Mediendiskursen.

2.3.4.1 Konkrete Konzeption

Um den Ansatz des Verstehens von Mediendiskursen zu erläutern, sind einige Bemerkungen zur (Medien-) Diskursanalyse vorauszuschicken.

Die von van Dijk vorgestellte Variante der Diskursanalyse beschäftigt sich mit Sprache und ihrem Gebrauch. Dabei sind van Dijk die Kommunikationsangebote, auf die sich die Diskursanalyse bezieht, und die Prozesse der Produktion und Rezeption dieser Kommunikationsangebote gleich wichtig. Nur durch die Berücksichtigung aller Komponenten kann das Ziel der Diskursanalyse, einen theoretischen und methodologischen Ansatz der Sprache und des Sprachgebrauchs zu entwickeln[218], verwirklicht werden.[219]

Analyseobjekt sind Diskurse[220], die als Einheiten des Sprachgebrauchs definiert werden. Sie weisen sowohl allgemeine, abstrakte und kontextfreie Eigenschaften

---

[216] Fundstellen in der durchgesehenen Literatur: Hewes/Planalp 1987: 159ff.; Wolf 1988; Harris 1994: 14; Lorimer 1994: 193ff.; Jensen/Rosengren 1990: 229, 231.

[217] Van Dijk selbst steht einer Verbindung von Medienforschung und Diskursanalyse positiv gegenüber (vgl. van Dijk 1985f) und spricht sich eindeutig für sie aus: „I submit that this field [Mediendiskursanalysen, B.G.] could be one of the richest and most rewarding areas of discourse analysis in the near future, if only because of the vast and still increasing influence of the media in our everyday lives." (van Dijk 1990: 152f.).

[218] Vgl. van Dijk 1988: 24.

[219] Vgl. van Dijk 1985f: 5; 1988: 176; 1990: 152.

[220] „In earlier work [...] we proposed to distinguish systematically between the formal object text, on the one hand, and actually occuring discourse(s), on the other hand [...]. Here, we won't make this

auf als auch Eigenschaften, die über die verschiedenen Kontexte einer Kultur differieren können. Im aktuellen Sprachgebrauch treten jedoch nicht die Diskurse als
solche in Erscheinung. Vielmehr werden aufgrund von individuellen, kognitiven
Repräsentationen von Diskursregeln und der Strategien der Anwendung dieser Regeln einzelne Interpretationen der Kommunikationsangebote erzeugt, die einem
Diskurs zugeordnet werden können. Ein Diskurs ist somit nicht auf einzelne Kommunikationsangebote zu reduzieren, sondern kann nur durch die Analyse mehrerer
Kommunikationsangebote sowie ihrer Produktion und Rezeption erfaßt werden. Bei
der Analyse von Diskursen müssen zudem zwei Dimensionen berücksichtigt werden: die textuelle, die sich auf die Strukturen des Diskurses bezieht[221], und die
kontextuelle, die sich mit den Beziehungen der Strukturen zu unterschiedlichen Eigenschaften und Merkmalen des Kontextes auseinandersetzt. Der Kontext umfaßt
dabei sowohl kognitive Aspekte der Sprachnutzer bzw. Diskursanwender als auch
soziokulturelle Aspekte der Situation, in der der Diskurs aktualisiert wird.

> „In other words, a full scale analysis of discourse involves an integration of text and context in the
> sense that the use of a discourse in a social situation is at the same time a social act. Similarly, the
> interpretation and production of a text involves the mental processes of interpretation and formula-
> tion, the retrieval and use of knowledge, and other strategies of the cognitive dimension of discourse.
> Meanings of discourse, therefore, are merely an abstraction from these cognitive interpretation pro-
> cess, much in the same way that utterances and speech acts are only abstractions of real social ac-
> tions in social situations."
>
> (van Dijk 1988: 29f.)

Um diesen Ansprüchen der Diskursanalyse gerecht zu werden, sollte die Medien-
diskursanalyse eingebettet werden in eine Theorie der sozialen Kognition und in
eine Theorie der sozialen Kontexte der Mediendiskursrezeption, der -repräsentation
und des -gebrauchs. Van Dijk beschränkt sich jedoch zunächst auf die Skizze kognitiver Aspekte einer Theorie des Mediendiskursverstehens.[222]

Diskurse werden von Sprachnutzern erzeugt, aktualisiert und weiterentwickelt. Es
stellt sich somit die Frage, wie diese Diskursproduktion und -rezeption zu konzipieren ist. Van Dijk favorisiert einen soziokognitiven Ansatz, der sowohl die individuelle als auch die soziokulturelle Ebene berücksichtigt. Dieser Ansatz des „Cognitive
Processing of Discourse" bezieht sich zudem gleichermaßen auf Produktion und
Rezeption der Kommunikationsangebote, wobei jedoch im Rahmen dieser Arbeit
die Ausführungen primär auf Prozesse der Rezeption bezogen werden sollen.
    Van Dijk geht davon aus, daß kognitive Schemata dem Verständnis von Kom-
munikationsangeboten resp. Diskursen zugrundeliegen. Die Prozesse der Anwen-

---

distinction, but simply use text and discourse interchangeably." (van Dijk 1988: 24) Siehe zum folgenden van Dijk 1988: 24f.

[221] Diese Strukturen können auf verschiedenen Beschreibungsebenen erfaßt werden, wie z.B. auf der
Ebene der Grammatik, der Pragmatik, des Stils oder der Rhetorik (vgl. van Dijk 1988: 25ff.)

[222] Vgl. van Dijk 1988: 140.

dung der kognitiven Schemata sind dabei strategischer Natur[223] und die Schemata können bei Bedarf auch nur teilweise aktiviert werden.[224] Bei der Verarbeitung der Diskurse durch kognitive Prozesse finden die meisten Prozesse gleichzeitig statt und unterstützen sich gegenseitig, um schnell und effizient eine erste Interpretation der Kommunikationsangebote zu erreichen.[225] Diese Interpretationen sind hypothetisch und bestehen solange, wie sie durch anschließende Interpretationen bestätigt werden. Im Laufe der Rezeption festigt sich die Interpretation insbesondere durch die Anbindung an bestehende kognitive Schemata, so daß am Ende der Rezeption eine ganze Reihe von kognitiven Schemata aktiviert sind und die Interpretation stützen.[226] Im einzelnen lassen sich folgende Prozesse ausmachen.[227]

Zunächst muß das aktuelle Kommunikationsangebot „dekodiert"[228], d.h. Formen und Strukturen als solche erkannt werden. Daran schließen sich strategische Interpretationsprozesse an, die dem Kommunikationsangebot auf verschiedenen Ebenen Bedeutung zuweisen.[229] Durch strukturierende Prozesse werden anschließend Bedeutungen geordnet und Propositionen zugeordnet bevor zur Speicherung im Episodischen Gedächtnis (Teil des Langzeitgedächtnisses) die als relevant eingeschätzten Informationen selegiert werden. Parallel zur Interpretation der aktuellen Kommunikationsangebote werden Makro- und Superstrukturen aktiviert bzw. abgeleitet, die ihrerseits die weiteren Prozesse im Kurzzeitgedächtnis und die Übergabe in das Langzeitgedächtnis kontrollieren. Makrostrukturen wie z.B. Themen gehen einerseits aus dem Text hervor und knüpfen andererseits an bestehende kognitive Schemata an. Superstrukturen beziehen sich auf eher allgemeinere Aspekte wie z.B. narrative Strukturen eines Diskurses und sind ebenfalls durch kognitive Schemata repräsentiert.

---

[223] Unter einer Strategie wird basierend auf handlungstheoretischen Überlegungen „a global representation of the means of reaching [a] goal" verstanden (van Dijk/Kintsch 1983: 65). An anderer Stelle verweist van Dijk zudem darauf, daß nicht nur die Anwendung kognitiver Schemata strategischer Natur ist, sondern auch die Teilnahme an Kommunikation von Interessen geleitet ist (vgl. van Dijk 1988: 141f.).

[224] Vgl. van Dijk 1988: 102.

[225] Vgl. van Dijk 1988: 147.

[226] Es ist zu betonen, daß dem Rezipienten jederzeit die Entscheidung offen steht, die Rezeption abzubrechen. Als Entscheidungshilfe dienen dem Rezipienten dabei die aktivierten Schemata, die Erwartungen in bezug auf den weiteren Inhalt des Kommunikationsangebotes erzeugen. Für das Verständnis des Diskurses können jedoch „Teilrezeptionen" durchaus ausreichen. In speziellen Diskursen wie z.B. den Nachrichten im Printbereich sind die Kommunikationsangebote sogar formal darauf ausgerichtet, daß sie nur teilweise rezipiert werden (vgl. dazu die explorative Analyse in van Dijk 1988: 159ff.).

[227] Vgl. zum folgenden van Dijk 1988: 103ff.

[228] Van Dijk 1988: 103.

[229] Vgl. van Dijk 1988: 103. Siehe dazu auch die Ausführungen zum Bedeutungskonzept von van Dijk, S. 69.

Neben den direkt auf das Kommunikationsangebot bezogenen Rezeptionsprozessen wird zusätzlich ein Situationsmodell im Episodischen Gedächtnis aktiviert.[230] Durch dieses Situationsmodell wird zum einen das repräsentiert, „what the language user thinks the text is about"[231], und zum anderen werden die Repräsentationen über angelagerte kognitive Schemata mit vorangegangenen Erfahrungen verbunden. Durch den Bezug auf bereits gemachte Erfahrungen sind die Rezipienten somit in der Lage, nicht im Text enthaltene Informationen zu ergänzen. Da die Situationsmodelle im Langzeitgedächtnis gespeichert werden, können sie zudem durch ein aktuelles Medienangebot aktiviert und modifiziert werden. Es führt somit nicht jede Rezeption von Kommunikationsangeboten zur Ausbildung eines neuen Situationsmodells.[232] Teile dieser Situationsmodelle sind z.B. Personenschemata, die auch bei der Wahrnehmung, Evaluation und Interaktion mit anderen Individuen verwendet werden. Wie bereits erwähnt, enthalten sie Informationen, die nicht aus dem aktuellen Kommunikationsangebot abgeleitet werden können, jedoch die Interpretation desselben erleichtern. Ebenfalls zu nennen wären individuelle Meinungen, Einstellungen und Ideologien[233], die an das Situationsmodell angelagert werden und so etwa in bezug zu anderen Situationsmodellen eine Evaluation ermöglichen. Aufgrund dieser Beschreibungen wird deutlich, daß Situationsmodelle notwendigerweise episodisch und zugleich persönlich resp. subjektiv sind.

Der individuelle Sprachgebrauch, auf dem die Situationsmodelle letztlich beruhen, ist zudem eingebettet in eine soziokulturelle Umgebung, so daß bei der Analyse kognitiver Prozesse des Diskursverstehens auch soziale Aspekte berücksichtigt werden müssen.

Die sozialen Dimensionen der Diskurse zeigen sich in einer ganzen Reihe von Zusammenhängen.[234] So werden z.B. die kognitiven Prinzipien des Diskursverstehens von allen Sprachnutzern geteilt. Dies garantiert die Möglichkeit zur Verständigung auf einer elementaren Ebene. Außerdem gleichen sich die Erfahrungen der Wahrnehmung und Interaktion in einer gemeinsamen soziokulturellen Umwelt, so daß davon ausgegangen werden kann, daß sich auch die entstehenden kognitiven Modelle gleichen. Aufgrund der Ähnlichkeit der kognitiven Modelle ist weiterhin zu vermuten, daß die Erinnerungen und die Kommunikation über die repräsentierten Erfahrungen ebenfalls ähnlich sind und daß die Modelle in zukünftigen Handlungen und Interaktionen ähnlich verwendet werden. Da jedoch nicht nur die aktu-

---

[230] Ein Situationsmodell wird definiert als „cognitive representation of the events, actions, persons, and in general the situation, a text is about" (van Dijk/Kintsch 1983: 11f.). Situationsmodelle basieren somit nicht nur auf vorangegangenen Diskurserfahrungen, sondern auf allen Erfahrungen mit der soziokulturellen Umgebung in einer Situation.

[231] Van Dijk 1988: 105.

[232] Aufgrund seiner Ergebnisse zur Rezeption von Zeitungsnachrichten kommt van Dijk zu dem Schluß, daß Rezipienten eher bestehende Situationsmodelle aktualisieren als neue kreieren (vgl. van Dijk 1988: 181).

[233] Zur Unterscheidung von Meinungen und Einstellungen siehe van Dijk 1988: 108.

[234] Vgl. zum folgenden van Dijk 1988: 107ff.

ellen Kommunikationsangebote interpretiert werden, sondern auch die sie umgebenden sozialen Kontexte, gilt die Ähnlichkeit der Modelle auch für die Repräsentationen der sozialen Kontexte, in denen die Diskurse stattfinden. Mit anderen Worten: Die Interpretationen von aktuellen Kommunikationsangeboten und von Situationen, in denen diese Kommunikationsangebote präsentiert werden, sind sich bei Mitgliedern einer sozialen Gruppe relativ ähnlich. Diese Sozialisierungsfunktion trifft insbesondere für öffentliche Diskursformen zu, wie sie etwa durch Massenmedien verbreitet werden, denn durch massenmediale Diskurse kann eine große Anzahl von Personen ähnliche Situationsmodelle entwickeln und die Modelle für nachfolgende Kommunikation verwenden.[235] Weitere Aspekte, die auf soziale Dimensionen des Diskursverstehens hinweisen, sind die Dekontextualisierungs- und Abstraktionsprozesse des Lernens. Sie führen zur Ausbildung von konventionellem oder stereotypem Wissen oder Überzeugungen, das bzw. die aufgrund der Repräsentationen in kognitiven Schemata für nachfolgenden Gebrauch in sozialen Kontexten zur Verfügung stehen. Somit haben nicht nur die allgemeinen kognitiven Schemata Einfluß auf die Verstehensprozesse von Diskursen, sondern das Diskursverständnis kann auch allgemeines Wissen bzw. Überzeugungen beeinflussen.

„We may conclude, therefore, that, apart from a few universal principles of human information processing, cognition is essentially social."

(van Dijk 1988: 107)

Die bereits genannten Aspekte beziehen sich jedoch nur auf die Gesellschaftsmitglieder bzw. die Mitglieder einer sozialen Gruppe als kommunizierende Individuen. Die sozialen Aspekte, die für die Analyse des Diskursverstehens zu berücksichtigen sind, gehen jedoch darüber hinaus. So müßten z.B. Handlungs- und Interaktionsziele, besondere Formen sozialer Beziehungen wie Freundschaft oder Macht, die Eigenheiten sozialer Gruppen oder auch institutionelle Zwänge mit in Betracht gezogen werden. Da aus forschungsökonomischen Gründen nicht alle diese Aspekte berücksichtigt werden können, betont van Dijk die Relevanz von Meinungen, Einstellungen und Ideologien für die Analyse der Diskursverstehensprozesse.[236] Meinungen, Einstellungen und Ideologien stellen besondere Formen der sozialen Kognition dar, die nicht nur individuelles Wissen und individuelle Überzeugungen voraussetzen, sondern auch Normen und Werte, die von sozialen Gruppen, Gesellschaften oder auch Kulturen geteilt werden. Die Diskurse bzw. das Verständnis von Diskursen wird somit einerseits von Einstellungen, Meinungen und Ideologien beeinflußt, kann jedoch auch andererseits zu Veränderungen von Einstellungen, Meinungen und Ideologien führen, also soziale Konventionen verändern.

Diskursverstehen ist somit zugleich individuell und in einen soziokulturellen Kontext eingebunden, der die beteiligten kognitiven Schemata mitgeprägt hat. Da

---

235   Vgl. van Dijk 1988: 107.

236   Vgl. van Dijk 1988: 108.

neben spezifisch diskurs- bzw. medienbezogenen Schemata auch allgemeine kognitive Repräsentationen aktiviert werden, ist das Diskursverstehen nicht nur von
vorausgegangenen Medienerfahrungen, sondern auch von anderen sozialen Erfahrungen beeinflußt. Ebenso kann Diskursverstehen nicht nur zur Veränderung von
diskurs- bzw. medienbezogenen Schemata führen, sondern auch Einfluß auf allgemeine Schemata z.B. in bezug auf Handeln und Interaktionen oder Meinungen,
Einstellungen und Ideologien nehmen.

2.3.4.2 Grundkonzepte

Da sich van Dijk nicht explizit zur (massenmedialen) Kommunikation als zugrun-
deliegendem Konzept der (Medien-) Diskursproduktion und -rezeption geäußert
hat, können an dieser Stelle nur Vermutungen aus seinen Darstellungen abgeleitet
werden. Gleiches gilt für das Konzept der Massenmedien.

In bezug auf ein zugrundeliegendes Konzept von *Massenmedien* ist festzustellen,
daß van Dijk in einigen Randbemerkungen indirekt den besonderen Charakter von
Massenmedien anspricht. Dies betrifft z.B. den Verweis darauf, daß soziale Aspekte
wie institutionelle Zwänge Einfluß auf die Produktion bzw. Gestaltung massenmedialer Kommunikationsangebote haben.[237] Außerdem verweist er im Zusammenhang
mit massenmedialen Diskursen auf die allgemeine Zugänglichkeit von Massenmedi-
en, die eine gewisse Konventionalität der individuellen Situationsmodelle ermöglicht.
Es ist jedoch festzuhalten, daß im Rahmen der Diskursanalyse die massenmedialen
Produkte auf sprachliche Charakteristika reduziert werden. Nichtsprachliche audio-
visuelle Aspekte werden in der Diskursanalyse kaum berücksichtigt.[238]

Massenmediale Kommunikation kann als Teilnahme an massenmedialen Diskursen verstanden werden. Da sich der Diskursbegriff zudem über Sprache bzw.
Sprachgebrauch definiert, kann massenmediale Kommunikation auch als Sprachgebrauch in Massenmedien definiert werden, der von Rezipienten verfolgt wird.[239]
Die Analyse von massenmedialen Diskursen sollte van Dijk zufolge dabei nicht nur
die Kommunikationsangebote und ihre Mikro-, Makro- und Superstrukturen berücksichtigen, sondern auch die kognitiven und sozialen Kontexte von Produktion

---

237   Vgl. van Dijk 1988: 76, 98, 110ff.

238   Im Zusammenhang mit der Analyse von Nachrichten in der Presse heißt es: „TV news discourse on
       the one hand is less complex than press news: Spoken news items are usually much shorter and in
       many ways have simpler organization. On the other hand, visual information such as news film,
       photographs, and stills of various forms plays only a secondary role in press news." (van Dijk 1988:
       140f.)

239   Van Dijk verweist explizit darauf, daß nicht nur Kommunikation *in* den Medien, sondern auch
       durch Medien *ausgelöste* Kommunikation analysiert werden sollte (van Dijk 1985f: 7f.). Da er
       letztere jedoch nicht explizit dem massenmedialen Diskurs zuordnet, sondern dem sozialen Kontext,
       wird im folgenden unter massenmedialem Diskurs nur der Sprachgebrauch in Massenmedien ver-
       standen, der von Rezipienten verfolgt wird.

und Rezeption. Mit Blick auf den gegenwärtigen Forschungsstand ist jedoch festzustellen, daß zwar für den kognitiven Kontext bereits Arbeiten vorliegen, bisher der Brückenschlag von diesen kognitiven Ansätzen zu eher soziologisch orientierten Arbeiten fehlt.

Die sozialen Aspekte massenmedialer Diskurse sind verknüpft mit den Ausführungen zu soziokognitiven Aspekten der Schemata und spiegeln sich in ähnlichen Interpretationen der Texte und der darauf basierenden Möglichkeit zu Anschlußkommunikation wider. So sind die bei der Rezeption entstehenden Situationsmodelle beeinflußt von vorangegangenen Erfahrungen in einer Gruppe bzw. Gesellschaft. Diese Anbindung der Entwicklung von Situationsmodellen an die soziale Umgebung erlaubt es, von ähnlichen Situationsmodellen bei der Rezeption massenmedialer Kommunikationsangebote auszugehen, also von ähnlichen Interpretationen desselben Kommunikationsangebotes. In Verbindung mit der offenen Zugänglichkeit der massenmedialen Kommunikationsangebote führen die ähnlichen Situationsmodelle bzw. Interpretationen zudem zu einer Art gesellschaftlich akzeptierter Verständigungsbasis, die über die Grenzen massenmedialer Kommunikation hinaus Anschlußkommunikation ermöglicht. Insofern prägt die Rezeption massenmedialer Kommunikationsangebote die soziokognitiven Strukturen, die wiederum für die Interpretation der massenmedialen Kommunikationsangebote verwendet werden, auf mehreren Wegen.

Zusammenfassend bleibt somit für die Grundkonzepte des Ansatzes des Verstehens von Mediendiskursen festzuhalten, daß zwar die Aspekte des Grundkonzepts der Massenmedien Berücksichtigung finden, individuelle emotionale Aspekte und nahezu alle besonderen Aspekte massenmedialer Kommunikation hingegen außer acht gelassen werden.

2.3.4.3 Allgemeine theoretische Annahmen

Trotz der expliziten Einschränkung van Dijks, sich in seinen Ausführungen auf die kognitive Basis einer Theorie des Mediendiskursverstehens zu konzentrieren, sind durch die Einbettung des Ansatzes in die Tradition der Diskursanalyse und durch die Anbindung an die psychologischen Zweige der Schematheorie und des Ansatzes der Social Cognition Aussagen über die allgemeinen theoretischen Grundlagen (Individuenbild, Bedeutung und Verstehen) möglich. Es ist jedoch darauf hinzuweisen, daß auch das Folgende eine aus der Darstellung des Ansatzes hervorgegange Interpretation ist und kein Referat expliziter Aussagen van Dijks.

Das *Individuenbild* ist geprägt durch die zentrale Rolle der kognitiven Schemata für die Organisation und Strukturierung von Wahrgenommenem und die soziokulturelle Prägung dieser Schemata. Insofern führt van Dijk psychologische und soziologische Aspekte in seiner Vorstellung vom Individuum zusammen.

Mit Hilfe der unterschiedlichsten kognitiven Schemata erzeugen die Individuen subjektive Situationsmodelle, die sich jedoch aufgrund der Sozialisationserfahrungen und des gemeinsamen soziokulturellen Kontextes ähnlich sind. Repräsentationen von Diskursen sind dabei einerseits genauso von allgemeinen Schemata beeinflußt wie sie andererseits diese Schemata auch wieder verändern können. Ähnlich sieht es für soziale Beziehungen aus. Auch sie können sowohl das Verstehen von Diskursen beeinflussen als auch selbst wiederum durch das Verstehen von Diskursen beeinflußt werden. Dabei ähneln sich die Situationsmodelle der Mitglieder einer sozialen Gruppe aufgrund der gemeinsamen Erfahrungen.[240] Im Zusammenhang mit dem Verhältnis von individuellen kognitiven Schemata, Diskursen und sozialen Aspekten wird zudem darauf hingewiesen, daß die gemeinsam geteilten Prinzipien des Diskursverstehens Verständigung auf einer allgemeinen Ebene erlauben.[241] Mit anderen Worten: (Massenmediale) Diskurse fördern Kommunikation bzw. soziales Handeln und damit die Entwicklung von Gesellschaft.

Der Begriff der ‚Bedeutung' wird im Ansatz des Verstehens von Mediendiskursen im linguistischen Sinn auf Zeichenketten bezogen und macht einen Aspekt der Interpretation eines Textes aus.

> „Interpretation not only involves the assignment of meanings to texts but also the assignment of pragmatic functions (speech acts) or other context functions to surface forms, e.g., in the interpretation of stylistic markers signaling context type, social relationships, gender, or group membership."
>
> (van Dijk 1988: 103)

Insofern sind die Bedeutungen der sprachlichen Zeichen ein Element der individuellen Interpretationen eines Textes. Da diese Interpretationen als kognitive Konstrukte basierend auf Schemata verstanden werden, ist anzunehmen, daß auch die Bedeutungen der sprachlichen Zeichen als individuelle kognitive Repräsentationen aufgefaßt werden, die im Laufe des Spracherwerbs ausgebildet und bei Bedarf aktualisiert werden. Mit dieser Konzeption von Bedeutung bzw. Interpretation verwirft van Dijk die Vorstellung von textinhärenten Bedeutungen, die vom Rezipienten im Idealfall „richtig" entschlüsselt werden können. Er steht mit seiner Konzeption vielmehr den Annahmen des Symbolischen Interaktionismus nahe, der davon ausgeht, daß Bedeutungen jeglicher Art soziale Produkte sind.[242]

Das *Verstehen* eines Textes knüpft van Dijk an die Entwicklung eines Situationsmodells.[243] Somit ist davon auszugehen, daß eine Interpretation eines Textes noch nicht zum Verstehen eines Diskurses ausreicht, sondern erst die Einbindung in allgemeinere Schemata, die u.a. dann auch die Ausbildung eines Situationsmodells nach

---

[240]   Eine weitere Differenzierung des Verhältnisses von Diskursen und sozialen Prozessen bzw. Strukturen wird jedoch bei van Dijk nicht vorgenommen. Ebenfalls nicht angesprochen werden Differenzen und Gemeinsamkeiten in den Prinzipien des Diskursverstehens in verschiedenen Gesellschaften oder Kulturen.

[241]   Vgl. van Dijk 1988: 107.

[242]   Vgl. Burkart ²1995: 85 mit dem Verweis auf Blumer 1973: 83.

[243]   „Once we have constructed an acceptable, i.e., relatively complete and coherent, model of the situation, we say that a newspaper item has been understood." (van Dijk 1988: 148)

sich zieht, das Verständnis von Diskursen ermöglicht. Durch diese Verknüpfung von Situationsmodellen und Verstehen wird die Interpretation eines Textes in textüber-greifende Strukturen eingebettet und insbesondere auf den Einfluß der sozialen Um-gebung verwiesen. Trotz der Subjektivität der kognitiven Prozesse ist Verstehen im-mer auch durch die soziale Umgebung beeinflußt, so daß davon auszugehen ist, daß Verstehen aufgrund ähnlicher Situationsmodelle in sozialen Gruppen, Gemeinschaf-ten oder Gesellschaften zu einem gewissen Grad geteilt wird.[244] Zum Verstehen von Diskursen gehört zudem auch die Ausbildung und Spezifizierung von ebenfalls sozi-al geprägten Meinungen, Einstellungen und Ideologien.[245] Zusammenfassend kann somit festgehalten werden, daß das Verstehen von Diskursen als Einbindung der In-terpretation einzelner Kommunikationsangebote in komplexe kognitive Schemata wie z.B. Situationsmodelle konzipiert wird, wobei die Prozesse der Einbindung und die individuellen kognitiven Schemata selbst von sozialen Erfahrungen und vom ak-tuellen sozialen Umfeld beeinflußt werden.

2.3.4.4 Probleme

Bei der Applikation des Ansatzes des Verstehens von Mediendiskursen auf die in-dividuelle Rezeption massenmedialer Kommunikationsangebote treten eine Reihe von Problemen in Zusammenhang mit dem Diskursbegriff, den kognitiven Sche-mata bzw. Situationsmodellen und den Besonderheiten massenmedialer Kommuni-kation auf. Aufgrund der verschiedenen Beschreibungsebenen lassen sich diese Pro-bleme zurückführen auf Schwächen bzw. Lücken in der konkreten Konstruktion, den Grundkonzepten oder den allgemeinen theoretischen Grundlagen.

In bezug auf die konkrete *Konstruktion* ist festzuhalten, daß der Diskursbegriff bisher eindeutig auf verbale Kommunikation ausgerichtet ist und andere Zeichensy-steme vernachlässigt werden. Um den Diskursbegriff für eine Konzeption der Re-zeption massenmedialer Kommunikationsangebote zu verwenden, sollte er um nicht-sprachliche Zeichensysteme erweitert werden. Ein weiteres Problem des Dis-kursbegriffs ist die Unklarheit der Grenzen von Diskursen. So geht aus den Aus-führungen van Dijks nicht hervor, was genau den Diskurs von den einzelnen kon-kret vorliegenden Elementen (Kommunikationsangeboten) abgrenzt bzw. wie ent-schieden wird, welches Kommunikationsangebot welchem Diskurs zuzuordnen ist. Möglich wären in diesem Zusammenhang durchaus mehrere Zuordnungen eines Kommunikationsangebotes je nach Blickwinkel der Interpretation bzw. des Kon-textes. Ebenfalls unklar bleiben die Grenzen der Diskurse und die Ebenen, auf de-nen Diskurse voneinander unterschieden werden können. Insofern müßte der Dis-kursbegriff zunächst konkretisiert und spezifiziert werden, um ihn für eine Analyse individueller Rezeption nutzen zu können.

---

[244]   Vgl. van Dijk 1988: 99, 106f.

[245]   Vgl. van Dijk 1988: 108f.

Ein weiteres Problem ergibt sich in Zusammenhang mit den kognitiven Schemata, die zur Interpretation der Kommunikationsangebote genutzt werden. Angesichts der Vielzahl unterschiedlicher Schemata auf verschiedenen Ebenen stellt sich die Frage, ob und wenn ja, wie diese Schemata „gespeichert" werden können. Hinzu kommt die Frage, ob und wenn ja, wie die verschiedenen Schemata miteinander verknüpft sind. In bezug auf die Situationsmodelle wird zudem nicht deutlich genug zwischen Verwendung und Aktivierung eines Situationsmodells unterschieden.[246] Diese Unterscheidung ist insofern interessant, als insbesondere massenmediale Kommunikationsangebote den Rezipienten erlauben, Informationen über soziale Situationen zu erhalten - also Situationsmodelle zu aktivieren - ohne selbst in einer solchen Situation zu sein - also das Situationsmodell zu verwenden. Auch hier sind somit noch Erweiterungen notwendig, um im Rahmen des Verstehens von Mediendiskursen die individuelle Rezeption analysieren zu können.

In Zusammenhang mit den *Grundkonzepten* des Ansatzes ist nochmals auf die bisher im Rahmen der Ausführungen zur Diskursanalyse nicht thematisierten Charakteristiken massenmedialer Kommunikation hinzuweisen: bei den allgemeinen Aspekten massenmedialer Kommunikation die konkreten raum-zeitlichen Bedingungen und die individuellen emotionalen Aspekte der Rezeption, bei den besonderen Aspekten Distanz, Gefangenheit in der Rezipientenrolle, Anonymität, Virtualität und Freiheit von der Bestätigungspflicht der Teilnahme der Kommunikation anderen gegenüber. Angesichts der bereits thematisierten Unschärfen könnte insbesondere der Einbezug der bisher nicht angesprochenen Aspekte zu einer Konkretisierung und Spezifizierung des Konzepts der Rezeption massenmedialer Kommunikationsangebote als Mediendiskurs beitragen.

Für die aus der Darstellung exzerpierten *allgemeinen theoretischen Annahmen* erscheinen insbesondere soziologisch orientierte Erweiterungen wünschenswert. Da van Dijk explizit den Schwerpunkt seiner Ausführungen auf kognitive Aspekte des Diskursverstehens legt und selbst an einigen Stellen Ansatzpunkte für Erweiterungen mit Blick auf die soziale Umgebung, in denen Diskurse stattfinden, aufzeigt, erscheinen diese notwendigen Ergänzungen weniger als Problem denn vielmehr als Leerstellen, die durch zukünftige Erweiterungen des Ansatzes zu füllen sind.

Aufgrund dieser Probleme stellt sich der in diskursanalytische, schematheoretische und sozialkognitive Überlegungen eingebettete Ansatz des Verstehens von Mediendiskursen gerade mit Blick auf die Besonderheiten massenmedialer Kommunikation eher als ein noch weiter zu differenzierender und zu ergänzender Entwurf dar denn als ausgereiftes Konzept.

---

246   Unter „Verwendung" wird im folgenden der Gebrauch eines Situationsmodells zur Interpretation der konkreten Rezeptionssituation verstanden, unter „Aktivierung" der Gebrauch von Situationsmodellen zur Interpretation von in den Kommunikationsangeboten dargestellten Situationen.

2.3.5 Media System Dependency Theory

Anders als bei den bisher besprochenen Ansätze steht bei der von Sandra J. Ball-Rokeach und Melvin DeFleur vorgestellten Media System Dependency Theory[247] weniger der Rezeptionsprozeß im Mittelpunkt als vielmehr die Umgebung bzw. das Netz von unterschiedlichsten Beziehungen, in der bzw. in dem die Rezeptionsprozesse stattfinden. Da jedoch auch dieser Ansatz den vorne vorgestellten Auswahlkriterien genügt, soll er ebenfalls im Rahmen dieser Arbeit besprochen werden. Um das Konzept der Rezeption nachvollziehen zu können, ist es jedoch notwendig, zunächst die soziologisch orientierten Grundgedanken zu skizzieren.

2.3.5.1 Konkrete Konzeption

Das Ziel der Media System Dependency Theory ist es, eine Erklärung dafür zu liefern, warum manchmal starke, direkte und manchmal schwache, indirekte Wirkungen der Medien zu beobachten sind.[248] Ausgangspunkt der Erklärung dieses Phänomens ist die Annahme, daß Gesellschaften eine organische Struktur aufweisen, d.h. daß die verschiedenen Strukturelemente der Makro- und Mikroebene in Beziehung zueinander stehen. Dabei nehmen die Beziehungen der Makroebene Einfluß auf die Beziehungen der Mikroebene, so daß zur Erläuterung letzterer immer auch erstere hinzugezogen werden müssen.[249]

Eine zentrale Rolle in dem Beziehungsgefüge nehmen die sogenannten Dependenzen ein. Sie entstehen dadurch, daß zum Erreichen jedweder Art von Zielen Ressourcen benötigt werden, die nicht frei verfügbar sind.[250] In bezug auf das Mediensystem[251] sind es beispielsweise Informationsressourcen, die bereitgestellt wer-

---

[247] Fundstellen in der durchgesehenen Literatur: Windahl/Signitzer 1992: 219; Severin/Tankard ³1992: 262ff.; McQuail/Windahl ²1993: 111ff.; Williams/Strover/Grant 1994: 463ff. Siehe zum folgenden Ball-Rokeach/DeFleur 1976; Ball-Rokeach 1985; DeFleur/Ball-Rokeach ⁵1989.

[248] Vgl. DeFleur/Ball-Rokeach ⁵1989: 302.

[249] Vgl. Ball-Rokeach 1985: 486; DeFleur/Ball-Rokeach ⁵1989: 302f., 317. Aus den Ausführungen geht hervor, daß auf der Makroebene verschiedene soziale Systeme lokalisiert sind, während sich die Mikroebene auf die einzelnen Individuen bezieht.

[250] Vgl. DeFleur/Ball-Rokeach ⁵1989: 303.

[251] Die beiden Begriffe Medien und Mediensystem werden z.T. synonym gebraucht bzw. Medien werden als Mediensystem konzipiert (vgl. DeFleur/Ball-Rokeach ⁵1989: 321). Als Medien bzw. als Teile des Mediensystems gelten: „newspapers, magazines, books, radio, movies and television" (DeFleur/Ball-Rokeach ⁵1989: 301). An anderer Stelle wird zudem darauf hingewiesen, daß das Mediensystem als erkennbares System sozialer Handlungen verstanden werden kann, das sich durch bestimmte Werte, Ziele, Berufsrollen und -normen sowie Technologien und Produkte auszeichnet (vgl. DeFleur/Ball-Rokeach ⁵1989: 489). Die Autoren weisen außerdem explizit darauf hin, daß die Entwicklung und Differenzierung eines Mediensystems in den verschiedenen Gesellschaften differieren kann, daß also Mediensysteme gesellschaftsabhängig und historisch sind (vgl. Ball-Rokeach 1985: 488f.).

den.[252] Mediendependenzen entstehen somit u.a., weil andere Systeme bzw. Individuen zum Erreichen ihrer Ziele die von den Medien bereitgestellten Informationen[253] benötigen.[254] Hinzu kommen außerdem die Dependenzbeziehungen, die das Mediensystem aufgrund seiner eigenen Ziele zu anderen gesellschaftlichen Systemen - wie z.B. dem politischen oder dem ökomonischem System - entwickelt.[255] Da im folgenden jedoch die Prozesse der individuellen Rezeption resp. die Dependenzen der Individuen zum Mediensystem im Mittelpunkt stehen, rücken die intersystemischen Dependenzen in den Hintergrund.

Für die Dependenzen zwischen den Individuen und dem Mediensystem sind insbesondere die von den Medien verbreiteten Informationen relevant, weniger die Bereiche der Informationsproduktion oder -verarbeitung.[256] Die Dependenzen sind asymmetrisch, d.h. die Individuen sind deutlich stärker auf die Medien bzw. die Informationsausschüttung des Mediensystems angewiesen als das Mediensystem auf die Individuen.[257] Da schließlich die gesellschaftlichen Beziehungen auf der Mikroebene von den Beziehungen auf der Makroebene geprägt sind, ist das Spektrum der möglichen individuellen Dependenzen zum großen Teil auf strukturelle Dependenzen zurückzuführen.[258]

> „More specifically, the nature of the interdependence between the media and each of the other social systems in a society plays a generic role in shaping the parameters of the ways in which individuals *can* come to depend upon the media. Individuals are born into societies where the media system has, through its resources and relations with other social systems, a range of information/communication roles. It is that range of media roles that sets the range of *potential* media dependencies of individuals."
>
> (Ball-Rokeach 1985: 489, Hervorhebungen im Original)

Innerhalb dieses durch die strukturellen Dependenzen vorgegebenen Spielraums nutzen die Individuen jedoch nicht alle ihnen durch das Mediensystem zur Verfügung gestellten Möglichkeiten. Vielmehr wird aus den verschiedenen Medien unter

---

[252] Der Komplex der Informationsressourcen läßt sich differenzieren in die Bereiche der Informationsproduktion, der Informationsaufbereitung/-verarbeitung und der Informationsausschüttung/-distribution (vgl. Ball-Rokeach/DeFleur 1976: 6; Ball-Rokeach 1985: 487; DeFleur/Ball-Rokeach ⁵1989: 303).

[253] Der Informationsbegriff wird im Rahmen der Media System Dependency Theory sehr weit gefaßt und zwar als alle Arten von Botschaften (vgl. DeFleur/Ball-Rokeach ⁵1989: 303). Die Unterscheidung von Information und Unterhaltung wird dadurch aufgehoben.

[254] Vgl. Ball-Rokeach 1985: 487; DeFleur/Ball-Rokeach ⁵1989: 303.

[255] Das Netz der Dependenzen zwischen den verschiedenen gesellschaftlichen Systemen bezeichnen DeFleur und Ball-Rokeach auch als „strukturelle Dependenz" (vgl. Ball-Rokeach 1985: 490; DeFleur/Ball-Rokeach ⁵1989: 305).

[256] Vgl. Ball-Rokeach 1985: 487.

[257] Vgl. Ball-Rokeach 1985: 494.

[258] Ball-Rokeach mißt diesem Aspekt der Begrenzung des Spielraums der individuellen Mediendependenzen sogar einen höheren Stellenwert bei als persönlichen und sozialpsychologischen Aspekten (vgl. Ball-Rokeach 1985: 489).

Bezug auf die eigenen individuellen Ziele eine Auswahl getroffen. Die Individuen bedienen sich also nicht aller präsenten Medien, sondern stellen sich ihr eigenes Mediensample zusammen, das ihren Zielen angepaßt ist.[259]

Die Ziele, die zu den individuellen Mediendependenzen führen, können schließlich differenziert werden in die Kategorien Verstehen, Orientierung und Spiel; die Kategorien können ihrerseits wieder unterschieden werden in die Dimensionen soziales Verstehen und Selbstverstehen, Handlungs- und Interaktionsorientierung sowie solitäres und soziales Spiel.[260]

Zusammenfassend läßt sich somit für den Hintergrund, vor dem die individuelle Rezeption massenmedialer Kommunikationsangebote stattfindet, aus Sicht der Media System Dependency Theory festhalten, daß das Mediensystem in modernen Gesellschaften die Funktion der Produktion, Bearbeitung und Verbreitung von Informationen übernommen hat und alle anderen gesellschaftlichen Akteure auf der Makro- und Mikroebene zur Erreichung ihrer Ziele Dependenzen zum Mediensystem entwickelt haben. Dabei stecken die strukturellen Dependenzen der gesellschaftlichen Systeme (Makroebene) den Spielraum ab, in dem sich individuelle Mediendependenzen entwickeln können (Mikroebene). Im Rahmen dieses Spielraums stellen sich die Individuen gemäß ihrer Ziele ihre eigene Auswahl an Medien zusammen, wobei die Ziele, die den Mediendependenzen zugrundeliegen, den Dimensionen Verstehen, Orientierung und Spiel zugeordnet werden können.

Vor diesem Hintergrund läßt sich der Einfluß massenmedialer Kommunikationsangebote auf die Individuen wie folgt konzipieren (vgl. Abbildung 4).

Vorausgesetzt werden bestehende Mediendependenzen resp. individuelle Mediensysteme und die Ausschüttung von Informationen bzw. Medieninhalten.[261] In einem ersten Schritt wählen dann Individuen aus der Gruppe der aktiven Selektoren aufgrund bestimmter Ziele aus den Bereichen Verstehen, Orientierung oder Spiel Medieninhalte aus. Die Erwartungen, die die aktiven Selektoren den Medieninhalten entgegenbringen und die sich auf das Erreichen der Ziele richten, basieren auf vorherigen Erfahrungen, auf interpersonaler Kommunikation[262] oder auf Hinweisen, die sich in den Medien selbst befinden. Die Individuen der Gruppe der zufälligen Betrachter kommen zufällig mit den Medien in Kontakt, d.h. ihre Medienzuwendung erfolgt nicht zielgerichtet und geleitet von etablierten Mediendependenzen. Im Laufe des Medienkontaktes kann es zur Entwicklung von Zielen und damit

---

259   Vgl. DeFleur/Ball-Rokeach [5]1989: 309. Diese Zusammenstellung einer individuellen Auswahl von Medien ist jedoch ebenfalls von gesellschaftlichen Rahmenbedingungen sowie technischen Gegebenheiten und thematischen Beschränkungen geprägt, so daß die Freiheit der Individuen, sich ihr Mediensystem zusammenzustellen, nicht überschätzt werden darf (vgl. DeFleur/Ball-Rokeach [5]1989: 309f.).

260   Vgl. Ball-Rokeach 1985: 495; DeFleur/Ball-Rokeach [5]1989: 306f.

261   Siehe zum folgenden DeFleur/Ball-Rokeach [5]1989: 311ff.

262   Zum Verhältnis von interpersonaler und medialer Kommunikation siehe Ball-Rokeach 1985: 502f.

zur Aktivierung von Mediendependenzen kommen, die weiteren Medienkonsum nach sich ziehen.[263]

Abb. 4: Die Prozesse der Effekte bestimmter Medieninhalte auf Individuen
(DeFleur/Ball-Rokeach [5]1989: 312)

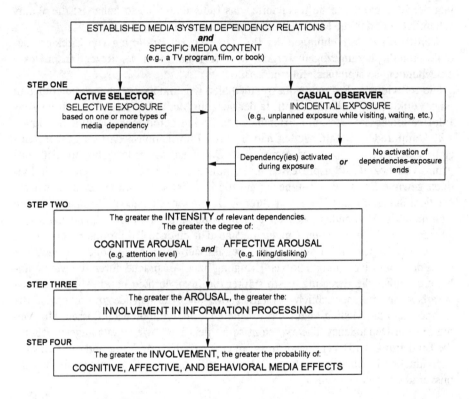

Sind die Dependenzen aktiviert, stellt sich die Frage nach deren Intensität. Differenzen in der Intensität ergeben sich aufgrund der individuellen Ziele, der persönlichen und sozialen Umgebung, der Erwartungen in bezug auf die Nützlichkeit der Medieninhalte und der Zugangsmöglichkeiten zu den Medieninhalten. Außerdem wird davon ausgegangen, daß die Intensität der Dependenzen zunimmt, wenn sich die Individuen in einer ambigen oder bedrohlichen Umgebung befinden.[264] Angenommen wird nun, daß mit zunehmender Intensität auch der Grad der kognitiven und affektiven Erregung steigt. Diese Differenzen der Intensität der Erregung füh-

263   Als weitere Alternativen führen DeFleur/Ball-Rokeach an, daß es zu einer Fortsetzung des Medienkontakts aus Gründen der Höflichkeit oder weil das Individuum sich dem Medienkontakt nicht entziehen kann kommen kann (vgl. DeFleur/Ball-Rokeach [5]1989: 311).

264   Siehe zu diesem Aspekt auch die Ausführen zu den allgemeinen theoretischen Annahmen, S. 77ff.

ren im nächsten Schritt zu unterschiedlichen Involviertheitsgraden bei der Informationsverarbeitung. Angenommen wird weiter, daß die Personen, die stärker kognitiv oder emotional erregt sind, die Informationen der Medieninhalte sorgfältiger verarbeiten und sich deshalb besser an sie erinnern. Der letzte Schritt verbindet nun den Grad der Involviertheit mit der Wahrscheinlichkeit der Effekte oder Wirkungen der Medieninhalte. Je involvierter das Individuum, desto höher ist die Wahrscheinlichkeit, daß die Medieninhalte einen Effekt hinterlassen.[265]

Werden diese Betrachtungen der Prozesse, die zur Erklärung von Effekten medialer Inhalte herangezogen werden, in eine Konzeption der Rezeptionsprozesse eingebunden, so ergibt sich folgendes Bild.

Die individuelle Rezeption massenmedialer Kommunikationsangebote findet in einer konkreten Gesellschaft statt, in der sich ein Mediensystem entwickelt hat, das Informationsressourcen zum Erreichen von Zielen bereitstellt. Da die Individuen z.T. kaum andere Möglichkeiten haben, ihren Informationsbedarf zu decken, entstehen Dependenzen zum Mediensystem. Dabei ist zu berücksichtigen, daß aufgrund von Sozialisationsprozessen und vorangegangenen Erfahrungen die Individuen gewisse Erwartungen in bezug auf die Nützlichkeit bestimmter Medien resp. Medieninhalte für das Erreichen ihrer Ziele entwickelt haben. Deshalb gleichen sich nicht die Mediendependenzen aller Individuen, sondern die Dependenzen sind von der jeweiligen sozialen Umgebung und den eigenen Erfahrungen geprägt. Je stärker die Dependenzen ausgeprägt bzw. aktiviert sind, desto höher ist auch der Grad der kognitiven und affektiven Erregung bzw. Ansprache durch die Medieninhalte, je höher die Erregung, desto stärker die Involviertheit bei der Informationsverarbeitung und schließlich je stärker die Involviertheit desto größer ist die Chance, daß die Medieninhalte das rezipierende Individuum beeinflussen. Die Media System Dependency Theory betont somit deutlich - wie bereits angesprochen - die Einbettung der Rezeptionsprozesse in eine soziale Umgebung und die Relevanz individueller Erfahrungen, ohne im Detail auf kognitive Prozesse der Informationsverarbeitung einzugehen.

2.3.5.2 Grundkonzepte

Obwohl sich die Media System Dependency Theory auf das Umfeld, in dem die individuelle Rezeption massenmedialer Kommunikationsangebote stattfindet, be-

---

[265] Als Beispiele für kognitive Effekte der Medienzuwendung werden die Erzeugung und Auflösung von Mehrdeutigkeiten aufgeführt sowie die Formulierung von eigenen Einstellungen zu den verschiedensten Themen, die Übernahme von Themenagenden (Agenda-Setting) und der Wechsel und die Ausweitung des Glaubenssystems und der Werte. Als Beispiele für affektive Effekte werden Angst, Furcht und Schießfreude sowie die Entwicklung von Moral und Entfremdung angeführt; als Beispiele für Effekte auf das Verhalten Aktivierung und De-Aktivierung (vgl. Ball-Rokeach/De-Fleur 1976: 9ff.). DeFleur/Ball-Rokeach weisen zudem darauf hin, daß insbesondere kognitive Wirkungen im Mittelpunkt des Interesses der Forschung standen, während affektive Aspekte vernachlässigt wurden. Einer Trennung beider Aspekte stehen die Autoren jedoch skeptisch gegenüber (vgl. DeFleur/Ball-Rokeach [5]1989: 314).

zieht, werden doch eine Reihe von Grundkonzepten angesprochen. Vorauszuschik-
ken ist jedoch, daß weder Massenmedien noch massenmediale Kommunikation
resp. Rezeption explizit definiert werden.

Dadurch, daß im Rahmen der Media System Dependency Theory das *Mediensystem* mit seinen einzelnen Medienelementen im Mittelpunkt steht und daß dieses
System als soziales System konzipiert wird, das Informationen produziert, bearbei-
tet und distribuiert, rücken durchaus Aspekte der institutionellen und industriellen
Herstellung von Medienangeboten in den Mittelpunkt des Interesses. Es fehlt jedoch eine Differenzierung zwischen den sogenannten Massenmedien und einem
übergeordneten Medienbegriff. Um Mißverständnisse zu vermeiden und die Adaptionsmöglichkeiten an andere kommunikationswissenschaftliche Arbeiten zu verbessern, wäre eine Spezifizierung des Medienbegriffs und des Begriffs der Massenmedien deshalb wünschenswert.

Ähnlich undifferenziert ist das *Kommunikationskonzept* der Media System Dependency Theory. Zwar werden nahezu alle allgemeinen Aspekten von Kommunikation angesprochen[266], differenzierte Erläuterungen zum zugrundeliegenden
Kommunikationskonzept lassen sich jedoch nicht finden. Diese Vernachlässigung
kommunikativer Aspekte macht sich auch im Rahmen der Besonderheiten massenmedialer Kommunikation bemerkbar, bei denen allein der Einfluß von Produktionsbedingungen auf Kommunikationsangebote und die Beschränkungen der Rezipientenrolle angesprochen werden. Gerade aus Sicht einer Theorie, die sich zum
Ziel gesetzt hat, die Beziehungen zwischen gesellschaftlichen Systemen, dem Mediensystem, dem Publikum und möglichen Effekten zu analysieren[267], dürften jedoch Phänomene wie z.B. das der Öffentlichkeit oder der Virtualität massenmedialer Kommunikation interessant erscheinen.

Zusammenfassend läßt sich somit für die Grundkonzepte der Media System Dependency Theory festhalten, daß sich in den Ausführungen allein Hinweise auf einige Aspekte finden lassen, daß aber nahezu keine expliziten Erläuterungen insbesondere zum Grundkonzept der massenmedialen Kommunikation zu finden sind.

2.3.5.3 Allgemeine theoretische Annahmen

Bevor die allgemeinen theoretischen Annahmen der Media System Dependency
Theory bezüglich des Individuenbildes und der Konzepte Bedeutung und Verstehen
vorgestellt werden, soll kurz auf die allgemeine theoretische Einbindung durch die
Autoren selbst eingegangen werden.

DeFleur und Ball-Rokeach verstehen ihre Media System Dependency Theory als
verbindendes Element verschiedener Paradigmen der Kommunikationswissen-

---

266   Lediglich auf die raum-zeitlichen Bedingungen der konkreten Rezeptionssituation wird nicht ver-
      wiesen.

267   Vgl. Ball-Rokeach/DeFleur 1976: 8f.

schaft.[268] Im einzelnen sind dies das struktur-funktionale, das evolutionäre und das kognitive Paradigma sowie die Paradigmen der Konflikttheorie und des Symbolischen Interaktionismus.

Die Aspekte soziale Stabilität (struktur-funktionales Paradigma) und Veränderungen (Konfliktparadigma) werden durch das Konzept der organischen Struktur berücksichtigt.[269] Dabei führen symmetrische Dependenzen zu Kooperationen, wie sie im Struktur-Funktionalismus hervorgehoben werden, und asymmetrische Dependenzen zu Konflikten. Insofern vermeidet die Media System Dependency Theory die Vernachlässigung eines Aspekts und führt beide zusammen.

Das evolutionäre Paradigma wird durch die Berücksichtigung des Aspekts der sozialen Adaption eingebunden. Ausgangspunkt ist die Annahme, daß sich die Dependenzen in einem permanenten Wandel befinden. Grundlage dieses Wandels der Dependenzen sind vor allem die Beziehungen der Dependenzen untereinander, so daß eine Veränderung einer Dependenz auch Veränderungen anderer Dependenzen nach sich zieht.[270] Dabei ist die Richtung der Veränderungen nicht festgelegt, d.h. Änderungen auf der Makroebene können Änderungen auf der Mikroebene zur Folge haben und umgekehrt.

Das kognitive Paradigma findet im Rahmen der Media System Dependency Theory Berücksichtigung, da auf die verschiedenen individuellen Faktoren der Mediennutzung eingegangen wird.[271]

Schließlich findet der Symbolische Interaktionismus Beachtung, da Aspekte der Bedeutungs- resp. Weltkonstruktion der Individuen in Betracht gezogen werden. Insbesondere bei den Ausführungen zu den Situationen, in denen sich die individuellen Mediendependenzen verstärken, wird auf das symbolisch-interaktionistische Konzept der Weltkonstruktion zurückgegriffen.[272] Derartige Situationen sind gekennzeichnet durch Ambiguität, Bedrohung oder rasche Veränderungen[273], kurz: durch Unsicherheiten in der individuellen Konstruktion der Welt. Dabei ist es insbesondere die Informationsausschüttung der Medien selbst, die die Wahrnehmung von Ambiguitäten, Bedrohungen und permanentem Wandel unterstützt.[274] Insofern

---

[268] Vgl. DeFleur/Ball-Rokeach [5]1989: 302.

[269] Vgl. DeFleur/Ball-Rokeach [5]1989: 319f.

[270] DeFleur/Ball-Rokeach bezeichnen diese Veränderungsprozesse der Dependenzen auch als „Ripple Effect" (vgl. DeFleur/Ball-Rokeach [5]1989: 321f.).

[271] Vgl. DeFleur/Ball-Rokeach [5]1989: 310ff. Siehe dazu auch die Ausführungen zu den Prozessen der Effekte bestimmter Medieninhalte auf Individuen, S. 75ff.

[272] Vgl. DeFleur/Ball-Rokeach [5]1989: 315ff.

[273] Vgl. Ball-Rokeach 1985: 498ff. Ambiguität wird beschrieben als „the inability either to define a situation or to choose between competing definitions of a situation". (DeFleur/Ball-Rokeach [5]1989: 316)

[274] Vgl. Ball-Rokeach/DeFleur 1976: 9; Ball-Rokeach 1985: 503f. Es ist jedoch darauf hinzuweisen, daß die Medien nicht vorgeben, was zu denken bzw. zu tun ist, sondern daß die Medien die Bausteine zur Verfügung stellen, die die Individuen für ihre individuellen Vorstellungen von der Welt verwenden können (vgl. Ball-Rokeach/DeFleur 1976: 10).

verstärkt das Mediensystem durch seine Ausschüttung die Mediendependenzen und festigt u.a. seine Stellung in der Gesellschaft.

Die Media System Dependency Theory präsentiert sich somit als Ansatz, der es ermöglicht, verschiedene andere kommunikationswissenschaftliche Ansätze miteinander zu verknüpfen bzw. zur Differenzierung weiter an sie anzuknüpfen.

Nach diesem Überblick über die theoretischen Wurzeln der Media System Dependency Theory gilt es, die Aussagen zum Individuenbild und den Konzepten Bedeutung und Verstehen zusammenzustellen, da keine expliziten Definitionen vorliegen. Vermutlich aufgrund der soziologischen Orientierung sind jedoch Erläuterungen zu den Aspekten Individuum, Bedeutung und Verstehen relativ rar.

Das *Individuenbild* ist geprägt von der soziologischen Ausgangsposition der Autoren der Media System Dependency Theory, d.h., das Individuum ist Teil einer Gesellschaft und die individuellen Beziehungen zu anderen Individuen oder Gesellschaftssystemen sind geprägt von gesellschaftlichen Makrostrukturen. Persönliche und sozialpsychologische Aspekte setzen sich aus kognitiven und affektiven Komponenten zusammen und entfalten sich in einem soziologisch entwickelten Spielraum, sind also letzterem untergeordnet.[275] Individuelles Handeln ist zielgerichtet, mithin auch die Rezeption massenmedialer Kommunikationsangebote, und die Ziele massenmedialer Rezeption lassen sich differenzieren in die Bereiche Verstehen, Orientierung und Spiel.[276] Prozesse der individuellen Informationsaufnahme und -verarbeitung, wie sie durch die kognitive und affektive Erregung und das Involvement angesprochen werden, werden im Rahmen der Media System Dependency Theory nicht näher erläutert.

Der Begriff ‚*Bedeutung*' resp. ‚meaning' wird allein in Zusammenhang mit den Ausführungen zu den Gemeinsamkeiten mit dem Paradigma des Symbolischen Interaktionismus verwendet. Da im Rahmen des Symbolischen Interaktionismus davon ausgegangen wird, daß die Individuen allen Objekten eine Bedeutung zuweisen und daß sich das individuelle Weltbild aus diesen Bedeutungszuweisungen zusammensetzt[277], muß davon ausgegangen werden, daß auch für die Autoren der Media System Dependency Theory Bedeutung keine linguistische Größe, sondern vielmehr die Basis des individuellen Weltbildes darstellt.[278]

Verstehen wird sowohl in Zusammenhang mit den verschiedenen Zieldimensionen massenmedialer Rezeption als auch in Zusammenhang mit den Prozessen, die zu Wirkungen massenmedialer Inhalte führen, thematisiert. Als Zieldimension

---

[275]   Vgl. Ball-Rokeach 1985: 489.

[276]   Zu den Ausprägungen der einzelnen Bereiche siehe S. 74.

[277]   Siehe ausführlicher zum Bedeutungskonzept des Symbolischen Interaktionismus die Ausführungen zum Referenzmodell der Mediennutzung, S. 46f.

[278]   Einleitend zur Erläuterung der Verbindung zwischen der Media System Dependency Theory und dem Symbolischen Interaktionismus heißt es: „The construction of meaning, a primary concern of the symbolic interactionist, is also a central concern in media system dependency theory." (DeFleur/ Ball-Rokeach [5]1989: 315)

kann Verstehen nochmals in soziales Verstehen und Selbstverstehen unterteilt werden. Der Fokus liegt hier offenbar weniger auf kognitiven Prozessen der Informationsverarbeitung als vielmehr auf der Funktion der Informationsverarbeitung. Insofern kann Verstehen als Einordnen bestimmter fremder und eigener Handlungs- und Verhaltensweisen in das individuelle Weltbild beschrieben werden.[279] Für das Verstehen als Prozesse der Informationsverarbeitung spielen offenbar insbesondere die kognitive und affektive Erregung und die Involviertheit des Individuums eine Rolle. Eine weitere Differenzierung dieses Verstehenskonzepts erfolgt jedoch nicht.

2.3.5.4 Probleme

Aus der Darstellung der Media System Dependency Theory ergeben sich eine Reihe von Problemen, die sich vor allem auf den soziologisch orientierten Fokus der Autoren zurückführen lassen.

Im Rahmen der *konkreten Konstruktion* wird z.B. den Dependenzen nicht nur eine zentrale Rolle eingeräumt, sondern andere Beziehungsarten werden generell nicht angesprochen. Aufgrund der Komplexität sozialer Strukturen erscheint diese Beschränkung auf eine Beziehungsvariante jedoch fragwürdig. Außerdem wird dem Phänomen der Ambiguität als dependenzverstärkend ein zentraler Stellenwert in den Erläuterungen zu den individuellen Mediendependenzen eingeräumt, ohne daß nähere Ausführungen dazu zu finden sind, wie diese Ambiguität zustande kommt und ob es sich dabei um eine Ausnahme handelt oder um die Regel.[280] Trotz des soziologischen Fokus wären Ausführungen zum Entstehen bzw. zur individuellen Wahrnehmung von Ambiguität durchaus wünschenswert und würden ein besseres Verständnis und eine Differenzierung der Argumentation ermöglichen. Gleiches gilt für die Ausführungen zu den Prozessen der individuellen Informationsverarbeitung, bei denen die beiden Aspekte der kognitiven und affektiven Erregung sowie des Involvements angesprochen, jedoch nicht näher erläutert werden.

Ähnliche Probleme sind auch für den Bereich der *Grundkonzepte* festzustellen. So werden eine Reihe von Grundbegriffen trotz ihrer in kommunikationswissenschaftlichen Zusammenhängen nicht eindeutigen Verwendung nicht näher bzw. nur unzureichend spezifiziert. Dies trifft z.B. auf die Begriffe ‚Information', ‚System', ‚Medien' und ‚Massenmedien' zu. Wie bereits in Zusammenhang mit den

---

[279]   Konkret heißt es: „*Social understanding* dependencies develop when individuals utilize media information resources to comprehend and interpret people, cultures, and events of the present, past or future. *Self-understanding* refers to media relations that expand or maintain individuals' capacities to interpret their own beliefs, behavior, self-concepts, or personalities. Questions of meaning and knowledge are basic to both understanding dependencies, with the object of understanding being external to the individual in the case of understanding, and internal in self-understanding." (DeFleur/ Ball-Rokeach [5]1989: 306, Hervorhebungen im Original)

[280]   Diese Unsicherheit wird zusätzlich dadurch verstärkt, daß auf die Erzeugung ambiger Situationen durch die Medien selbst hingewiesen wird (vgl. Ball-Rokeach/DeFleur 1976: 9; Ball-Rokeach 1985: 503f.).

anderen Konzepten hervorgehoben wurde, würde eine Spezifizierung der Begriffe der Konzeption auch einer individuellen Rezeption massenmedialer Kommunikationsangebote zugute kommen. Außerdem ist festzuhalten, daß die soziokulturelle Umwelt, in der Kommunikation stattfindet, nahezu ausschließlich durch Dependenzen berücksichtigt wird. Insbesondere Aspekte der soziokulturell geprägten und akzeptierten Zeichensysteme werden nicht angesprochen, Aspekte gesellschaftlicher Rollen nur am Rande. Möglichkeiten der Differenzierung und Vertiefung wurden somit auch an dieser Stelle nicht genutzt. Ebenfalls nicht angesprochen werden schließlich mögliche Dependenzen der Individuen oder der gesellschaftlichen Systeme zur Öffentlichkeit.[281]

Auf den soziologischen Fokus dürfte auch die knappe, implizite Darstellung der Vorstellungen vom Individuum und der Konzepte Bedeutung und Verstehen zurückzuführen sein. Neben einer ausführlicheren Darstellung der *allgemeinen theoretischen Annahmen* oder Verweisen auf bereits erarbeitete Konzepte wäre zudem die Klärung einiger weiterer Punkte wünschenswert. Fraglich ist z.B., ob Individuen tatsächlich immer Auskunft über ihre Handlungsziel geben können, ob sie sich also ihrer Ziele bewußt sind.[282] Problematisch erscheint zudem, daß offen bleibt, inwieweit sich die Rezeption von Medienangeboten auf die individuellen Dependenzen auswirkt[283], und daß es offenbar bestimmte Formen der Mediennutzung gibt, die nicht an Mediendependenzen gebunden sind.[284] In beiden Punkten erscheinen nähere Erläuterungen zum besseren Verständnis des Ansatzes angebracht.

Schließlich bleibt anzumerken, daß Gemeinschaften und gesellschaftliche Gruppen bzw. Systeme als Akteure konzipiert werden, ohne daß die Beziehungen zwischen der jeweiligen gesellschaftlichen Einheit und den die Einheit konstituierenden Individuen angesprochen werden. Es bleibt somit unklar, wie gesellschaftliche Einheiten konkret handeln können.

Als Fazit läßt sich festhalten, daß die Media System Dependency Theory aufgrund ihres soziologischen Blickwinkels auf eine Reihe von Aspekten aufmerksam gemacht hat, die es bei einer Konzeption individueller Rezeption massenmedialer Kommunikationsangebote zu berücksichtigen gilt.[285] Ebenso muß jedoch festgehalten werden,

---

[281]   Auf das Problem des fehlenden Konsenses darüber, was konkret unter Öffentlichkeit zu verstehen ist, wurde bereits hingewiesen (vgl. Fußnote 40, S. 22).

[282]   „Individuals may not consciously articulate their media-dependency relation, but they have the capacity to articulate the goals giving rise to their media behavior." (Ball-Rokeach 1985: 494) Dieses Argument des fraglichen Bewußtseins von Zielen bzw. Motiven wurde schon den Autoren aus dem Bereich der Uses and Gratifications-Forschung entgegengehalten und ist insofern nicht neu (vgl. beispielsweise Ronge 1984: 74; Merten 1984: 67).

[283]   Angesprochen wird allein, daß die Ausschüttung des Mediensystems oder interpersonale Kommunikation Einfluß auf die Mediendependenzen nimmt (vgl. Ball-Rokeach 1985: 503f.).

[284]   So wird darauf hingewiesen, daß es durchaus zur Rezeption massenmedialer Kommunikationsangebote kommen kann, ohne daß mediendependente Ziele verfolgt werden (vgl. DeFleur/Ball-Rokeach [5]1989: 311).

[285]   Dies gilt z.B. für die Aussagen, daß die Individuen zu verschiedenen Medien(inhalten) eine Art Abhängigkeitsbeziehung aufgebaut haben, die sich im Bereich der Orientierung in der Welt insbeson-

daß vermutlich dieser soziologische Blickwinkel in der Bestimmung der Grundbegriffe sowie in der Konzeption der Besonderheiten massenmedialer Kommunikation
und der individuellen Rezeptionsprozesse zu Lücken geführt hat.

2.3.6 Making Sense of Television

Mit ihrem Anfang der 90er Jahre formulierten Ansatz des Making Sense of Television versucht Sonia M. Livingstone eine Brücke zwischen Bereichen der Psychologie und der Medienforschung zu schlagen.[286] Sie plädiert dafür, die Text-Leser-
Metapher aus dem Bereich der Literaturwissenschaft auf die Situation des Fernsehens zu übertragen und generell die Interaktion mit Fernsehangeboten ähnlich zur
Interaktion mit der sozialen Wirklichkeit zu konzipieren.[287] Außerdem versteht die
Autorin ihren Ansatz als einen Versuch, sowohl den textinhärenten Strukturen als
auch der Aktivität der Rezipienten gerecht zu werden, denn - so die Autorin - erst
beide zusammen ermöglichen die Generierung von Bedeutung. Schließlich ist vorauszuschicken, daß sich der Ansatz des Making Sense of Televison weniger auf den
gesamten Rezeptionsprozeß bezieht, sondern sich vielmehr auf die Frage konzentriert, wie Rezipienten Sendungen wahrnehmen.[288]

2.3.6.1 Konkrete Konzeption

Die Rezeption bzw. Wahrnehmung von Fernsehangeboten wird nach der Text-Leser-Metapher der Literaturwissenschaft als Interaktion zwischen einem Text, in
diesem Falle einer Fernsehsendung, und einem Leser, also dem Zuschauer, verstanden. Dabei stellen die Sendungen strukturierte und kulturell verortete symbolische Produkte dar, die erst durch Interaktion mit dem Zuschauer Bedeutung erhalten können.

> „The creation of meaning through the interaction of texts and readers is a struggle, a site of negotia-
> tion between *two* semi-powerful sources. Each side has different powerful strategies, each has diffe-
> rent points of weakness, and each has different interests. It is this process of negotiation which is
> central."
>
> (Livingstone 1990a: 23, Hervorhebung im Original)

---

dere in Situationen der Ambiguität, der Bedrohung oder des gesellschaftlichen Wandels verstärken,
daß die Medien zusammengefaßt als System zu betrachten sind und daß dieses Mediensystem zum
politischen und ökonomischen System eine besondere Beziehung hat.

[286] Fundstellen in der durchgesehenen Literatur: Corner 1991; Livingstone 1991; Roscoe/Marshall/
Gleeson 1995; Schenk 1997.

[287] Vgl. Livingstone 1990a: 5.

[288] Vgl. Livingstone 1990a: 18.

Die beiden Basiskonzepte Text und Leser, die diesem Ansatz zugrundeliegen, werden wie folgt konzipiert:

Bei der Spezifizierung der Fernsehsendungen als Texte sind deren Komplexität und Mehrdimensionalität zu berücksichtigen. So spiegeln sich in den Textstrukturen Produktionskontexte sowie technische und gattungsspezifische Konventionen wider.[289] Dabei werden kultur- bzw. gesellschaftsspezifische Kodierungen von beispielsweise Gender, gesellschaftlicher Autorität oder Klassen ebenso repräsentiert wie verschiedene Bedeutungsebenen, unterschiedliche Modi der Zuschaueransprache und Hinweise auf bevorzugte ideologische Lesarten.[290] Die Texte stellen so durch ihre Struktur den Zuschauern verschiedene Interpretationsmöglichkeiten zur Verfügung, bleiben jedoch offen und unvollständig in ihren Bedeutungen.[291]

Der Leser bzw. Rezipient einer Fernsehsendung wird als „aktiv" konzipiert, als (fernseh-) gebildet, kenntnisreich, motiviert und empfänglich.[292] Im Prozeß des kreativen Lesens, der durch den Text provoziert und begrenzt, jedoch nicht determiniert wird, vollzieht sich das Making Sense of Television. Dieses Making Sense setzt sich dabei aus den Prozessen des Verstehens und Interpretierens[293] zusammen. Die Reduktion auf nur einen dieser Aspekte, wie sie Psychologen bzw. Medienforscher in der Vergangenheit vorgenommen haben, ist somit vom Standpunkt des Making Sense nicht zulässig.[294]

Bei der Betrachtung der Aussagen über Ergebnisse des Making Sense läßt sich feststellen, daß individuelle Ergebnisbeschreibungen auf einer detaillierten Ebene divergieren, jedoch mit dem Abstraktionsgrad der Beschreibung auch der Grad der Übereinstimmung der Aussagen über die individuellen Ergebnisse des Making Sense zunimmt.[295] Diese Übereinstimmung auf einer abstrakten Ebene deuten auf

---

[289]   Den Möglichkeiten zur Gestaltung eines Textes durch die Produzenten sind jedoch durch verschiedene Faktoren Grenzen gesetzt. Diese Faktoren sind institutioneller (Zeit, Finanzen), medialer (Technik, Zeitpläne), beruflicher (Legalität, Schicklichkeit, künstlerischer Anspruch), publikumsbezogener (Einschaltquoten, Konservativismus, angenommene Intelligenz), ideologischer (Moralität, Konsumerismus) und literarischer (Genre, Kohäsion, narrative Struktur) Art (vgl. Livingstone 1990a: 92).

[290]   Vgl. Livingstone 1990a: 65.

[291]   Vgl. Livingstone 1990a: 189. Siehe zum Bedeutungskonzept auch S. 87.

[292]   Vgl. Livingstone 1990a: 191.

[293]   „*Comprehension*, deriving from the information-processing approach, can be seen to have a role in understanding complex texts: to some extent texts convey information, certain meanings are fairly judged incorrect, and to some degree, a common or consensual meaning is received. *Interpretation*, then concerns understanding texts insofar as they do not convey information but rather they implicate mythic or ideological meanings, involve narrative or conventional frames, or create cultural connections and resonances." (Livingstone 1990a: 196, Hervorhebungen hinzugefügt, B.G.)

[294]   Vgl. Livingstone 1990a: 197f.

[295]   So ließen sich in der Beschreibung einzelner Folgen von Soap Operas Unterschiede hinsichtlich der Evaluation der Charaktere, des narrativen Fokus, der Komplexität des Making Sense und des Standpunktes, der beim Nacherzählen eingenommen wird, feststellen. Diese Unterschiede treten jedoch hinsichtlich der Gemeinsamkeiten in bezug auf Aussagen über die Persönlichkeiten der Charaktere

sogenannte Soziale Repräsentationen hin, die von den Mitgliedern einer Gesellschaft geteilt werden.[296]

Neben der gleichberechtigten Stellung von Text und Leser bzw. Sendung und Zuschauer betont Livingstone durch ihren Ansatz einen weiteren Aspekt der Rezeption von Fernsehangeboten: Making Sense ist erfolgreich, weil die Zuschauer ihr erworbenes Wissen und ihre Erfahrungen mit der sozialen Wirklichkeit in Bezug zu den vom Text angebotenen Strukturen setzen. Insofern sind sich die Prozesse des Making Sense of Television und des Making Sense of the World ähnlich.

> „[I]f we can fruitfully analyse television as text, [...] then similarly we can consider social life as text, and analyse social meanings in terms of the codes and conventions by which they are constructed."
>
> (Livingstone 1990a: 65)

Dabei wird angenommen, daß das soziale Wissen, das auch mediales Wissen und Erfahrungen mit Medien einschließt, durch kognitive Schemata repräsentiert wird. Diese Schemata liefern eine Art Grundgerüst, an denen sich die Prozesse des Making Sense orientieren.[297] Die einzelnen Elemente dieses Grundgerüsts können dabei stabil oder variabel sein, wobei für die variierenden Elemente aufgrund von vorangegangenen Erfahrungen je nach Situation Standardbesetzungen und ein Set an möglichen Varianten vorliegen. Im Rahmen der Prozesse des Making Sense werden dann die kognitiven Schemata für die aktuelle Situation konkretisiert und bei Bedarf erweitert und verändert.

Die Vorteile einer solchen Schemakonzeption für einen Ansatz der Wahrnehmung massenmedialer Kommunikationsangebote liegen nach Livingstone in ihrer Generalisierbarkeit - und damit in der Anschlußfähigkeit an eine allgemeine Theorie sozialer Kognitionen - und in ihrem dynamischen und prozeßorientierten Charakter, der der Dynamik von Wahrnehmungsprozessen gerecht wird.[298]

Die Kernaussagen der Konzeption des Making Sense of Television lassen sich demnach wie folgt zusammenfassen: Sendung und Rezipient stehen in einer der Text-Leser-Konzeption der Literaturwissenschaft ähnlichen Beziehung, wobei die Texte in ihren Strukturen durch Produktionskontexte begrenzt sind und durch ihre Strukturen den Raum für die Ergebnisse der Bedeutungsgenerierung abstecken. Der Rezipient wiederum greift bei der Wahrnehmung und Verarbeitung der Texte auf kognitive Schemata zurück, die soziales Wissen repräsentieren und insbesondere durch vorangegangene Medienerfahrungen geprägt sind. Die generierten Bedeutungen lassen sich dabei weder ausschließlich auf Textstrukturen noch auf kognitive

---

und der Bevorzugung bestimmter Interpretationen in den Hintergrund (vgl. Livingstone 1990a: 167ff.).

[296] Vgl. Livingstone 1990a: 88ff. und die Ausführungen auf S. 86.

[297] Ein Schema, das sich auf Sequenzen oder auf narrative Strukturen bezieht, kann auch als Script bezeichnet werden, ein Schema, das sich auf Situationen bezieht, als Frame (vgl. Livingstone 1990a: 84).

[298] Vgl. Livingstone 1990a: 84.

Schemata zurückführen, sondern entstehen aus den aktuellen Interaktionen von Texten und Lesern.

2.3.6.2 Grundkonzepte

Eine explizite Auseinandersetzung mit einem Konzept von Massenmedien oder massenmedialer Kommunikation ist in den Ausführungen nicht zu finden. Die Darstellung des Ansatzes läßt jedoch den Schluß zu, daß *mediale Kommunikation* als Interaktion zwischen Rezipient und Text zu verstehen ist. Im Aufeinandertreffen des durch kognitive Schemata repräsentierten sozialen Wissens der Rezipienten und der Textstrukturen entstehen die Bedeutungen der Texte für die Rezipienten. Somit können die von bestimmten Kontextfaktoren begrenzten Textstrukturen den Rezipienten nur Interpretationsmöglichkeiten zur Verfügung stellen, ohne jedoch eine bestimmte Bedeutung festzulegen. Da als Text jedes Kommunikationsangebot bzw. jede soziale Handlung verstanden werden kann -„We may consider not only written or mediated materials as texts, but also conversation, nonverbal communication or interaction rituals and routines as text.“[299] -, bleiben die Unterschiede von vermittelter und unvermittelter Kommunikation bzw. das Besondere an der Wahrnehmung von massenmedialen Kommunikationsangeboten unklar.

Ebenso wird nicht thematisiert, daß es sich beim Fernsehen um ein *Massenmedium* handelt, dessen Kommunikationsangebote sich in spezifischer Weise von anderen Kommunikationsangeboten unterscheiden. Allein der Hinweis auf die Texte begrenzende Produktionskontexte deutet auf die Eigenheiten von Fernsehangeboten bzw. -texten hin. Im Zusammenhang mit der Wahrnehmung bzw. der Rezeption der Fernsehtexte fehlen jedoch derartige Verweise auf den massenmedialen Charakter der Kommunikation.

Der Überblick zeigt deutlich, daß im Rahmen des Making Sense of Television der Begriff der ‚Massenmedien' nicht spezifiziert und nur punktuell auf einige Aspekte massenmedialer Rezeption eingegangen wird. Der Einwand, daß sich die Ausführungen auch weniger auf den Rezeptionsprozeß, sondern vielmehr auf die Prozesse der Wahrnehmung von massenmedialen Kommunikationsangeboten beziehen, kann nicht als Argument für die fehlenden Spezifizierungen der Grundkonzepte herangezogen werden, da die aufgeführten Charakteristika der Rezeptionsprozesse auch auf Prozesse der Wahrnehmung von massenmedialen Kommunikationsangeboten zu beziehen sind. Angesichts des Anspruchs Livingstones, die Eindimensionalität psychologischer bzw. textorientierter Ansätze zu überwinden, ist die fehlende Thematisierung dieser Charakteristiken massenmedialer Kommunikation bzw. Rezeption erstaunlich.

---

299   Livingstone 1990a: 65.

2.3.6.3 Allgemeine theoretische Annahmen

Anders als bei den Grundkonzepten sind für die allgemeinen theoretischen Annahmen eine Reihe von Ausführungen in der Konzeption des Ansatzes des Making
Sense of Television zu finden. Basis des Ansatzes sind sozialpsychologische Überlegungen aus dem Bereich der Sozialen Kognition, medienwissenschaftliche Überlegungen aus dem Bereich der Semiotik und der Literaturwissenschaft sowie soziologische Überlegungen. Hilfestellung findet Livingstone dabei vor allem in psychologischen Ausführungen zur Repräsentation sozialen Wissens als kognitive
Schemata[300], in dem textorientierten Ansatz von Eco[301] und in den Hypothesen
des Ansatzes der sozialen Konstruktion von Wirklichkeit von Berger/Luckmann[302].

Individuen werden als in einer sozial geprägten Umwelt lebend verstanden, die
sie mit Hilfe von kognitiven Schemata wahrnehmen und interpretieren (Making
Sense of the World). Diese kognitiven Schemata sind Ergebnisse der Sozialisationsprozesse und spiegeln somit auch die gesellschaftlich akzeptierten Stereotype,
Normen und Werte wider.[303] Die Gesellschaft besteht somit aus Individuen, die
aufgrund von gemeinsamen Erfahrungen und Sozialisationsprozessen ähnliche kognitive Strukturen entwickelt haben. Diese sich ähnelnden kognitiven Strukturen
führen wiederum innerhalb einer sozialen Gruppe zu ähnlichen Ergebnissen des
Making Sense und ermöglichen somit soziales Handeln. Als Ergänzung zu ihren
Ausführungen bezüglich der individuellen Repräsentationen stellt Livingstone die
von Moscovici entwickelte Theorie der Social Representations vor. Sie verzichtet
jedoch aufgrund einiger Kritikpunkte auf eine Einbindung.[304] Das Individuenbild
Livingstones bezieht sich somit sowohl auf psychologische als auch auf soziologische Aspekte, wobei jedoch der Blickwinkel auf die kognitiven Prozesse der Individuen gerichtet ist.

Ergänzend ist in bezug auf die Zusammenhänge von individuellem Making
Sense, massenmedialer Kommunikation und gesellschaftlichen Prozessen festzuhalten, daß akzeptierte gesellschaftliche Stereotype, Normen und Werte die Gestaltung massenmedialer Kommunikationsangebote prägen. Insofern spiegeln die mas-

---

300   Vgl. Livingstone 1990a: 25ff.

301   Vgl. Eco 1979; Livingstone 1990a: 32ff.

302   Vgl. Berger/Luckmann 1989; Livingstone 1990a: 27ff.

303   Vgl. Livingstone 1990a: 25ff.

304   Die Theorie der Sozialen Repräsentationen geht einer Theorie der individuellen Kognition voraus und
       über sie hinaus. Im Mittelpunkt stehen sogenannte „Soziale Repräsentationen", die in der symboli-
       schen Umgebung der Individuen zur Verwendung bereitstehen und aus den jeweiligen sozialen
       Gruppen bzw. dem jeweiligen sozialen Milieu hervorgehen. Die Mitglieder einer sozialen Gruppe nut-
       zen dann diese sozialen Repräsentationen zur Interpretation der jeweiligen Situation. Die Kritikpunkte
       Livingstones beziehen sich darauf, daß bisher keine Beziehung der sozialen Repräsentationen zur
       massenmedialen Kommunikation hergestellt wurde, daß bislang Unklarheit darüber herrscht, wo die
       sozialen Repräsentationen zu verorten sind, und daß die zugrundeliegende Bedeutungstheorie den An-
       sprüchen semiotischer Fragestellungen nicht genügt (vgl. Livingstone 1990a: 88ff.).

senmedialen Kommunikationsangebote die konkreten Erfahrungen der Rezipienten wider und informieren sie zugleich über das Spektrum an möglichen Erfahrungen und den gesellschaftlich akzeptierten Raum sozialen Handelns. Aussagen über gesellschaftliche Folgen der Vermittlung von Stereotypen, Normen, Werten und Handlungsspielräumen sind bei Livingstone jedoch nicht zu finden.

Mit Blick auf die Konzeption der Begriffe ‚Bedeutung' und ‚Verstehen' lassen sich in den Ausführungen folgende Erläuterungen finden. Die *Bedeutung* eines Textes entsteht aus einer Interaktion zwischen den Strukturen des Textes und den kognitiven Repräsentationen der Rezipienten. Die Texte werden dabei als offen konzipiert, d.h., sie sind semantisch unvollständig und werden erst durch die individuelle Wahrnehmung bzw. Rezeption in ihrer semantischen Dimension komplettiert.[305] Die von den Rezipienten verwendeten kognitiven Schemata enthalten neben individuellen Varianten sogenannte soziale Repräsentationen (Social Representations), die von den Mitgliedern einer Gemeinschaft geteilt werden. Insofern ist die Bedeutung eines Textes nicht eindeutig zu spezifizieren; es kann jedoch anhand der sozialen Repräsentationen ein gewisser Rahmen abgesteckt werden, in dem sich die individuellen Bedeutungsvarianten vermutlich bewegen.

Die individuelle Kreation von Bedeutung in Auseinandersetzung mit einem Text ist die Basis für das *Verstehen* des Textes im Sinne des Making Sense. Wie bereits erläutert, setzt sich dieses Making Sense aus Verstehensprozessen im engeren Sinne (comprehension) und Interpretationsprozessen zusammen.[306] Dabei bezieht sich das Verstehen im engeren Sinne auf die Zuweisung von allgemeinen, konsensuellen Bedeutungen, auf die „Entschlüsselung" von Informationen und das Interpretieren auf die Zuweisung von mythischen Bedeutungen[307] auf der Basis von narrativen Strukturen, Konventionen oder kulturellen Übereinkünften. Making Sense resp. Verstehen ist somit eine individuelle, mehrdimensionale Bedeutungszuweisung anläßlich eines Kommunikationsangebotes, bei dem die gegebenen Strukturen des Textes an individuelle Schemata bzw. individuelle Varianten sozialer Repräsentationen geknüpft werden.

Zusammenfassend kann festgehalten werden, daß die im Rahmen dieser Arbeit interessierenden allgemeinen theoretischen Annahmen im Rahmen des Konzeptes des Making Sense of Television angesprochen werden, ohne daß eine explizite intensive Auseinandersetzung mit den Annahmen stattfindet.

---

305   Livingstone orientiert sich bei ihren Ausführungen an dem Konzept der Offenheit von Texten nach Eco (vgl. Livingstone 1990a: 40f.; Eco 1979). Zur Unterscheidung der Konzepte der semantischen Unvollständigkeit und der Polysemiotik von Texten siehe auch Anderson/Meyer 1988: 313.

306   Siehe dazu auch die Erläuterungen auf S. 83.

307   Livingstone bezieht sich auf die Ausführungen von Barthes, der mythische Bedeutungen als hinter dem Text stehend begreift, die vom Leser weder bewußt wahrgenommen noch kritisch hinterfragt, trotzdem aber registriert werden (vgl. Livingstone 1990a: 33; Barthes 1983).

2.3.6.4 Probleme

Beim Ansatz des Making Sense of Television sind eine Reihe von Konstruktions-
problemen zu erkennen, die z.T. auf Lücken im Bereich der Darstellung der
Grundkonzepte zurückzuführen sind. Außerdem lassen sich auf der Basis der allgemeinen theoretischen Annahmen eine Reihe von problematischen Aspekten ausmachen.

So stellt sich z.B. für die *konkrete Konstruktion* die Frage, ob die Wahrnehmung
von Medienangeboten resp. Texten von den jeweiligen Rezeptionskontexten zu lösen ist.[308] Insbesondere funktionale Aspekte der Rezeption wie z.B. Entspannung,
sich informieren bzw. sich auf dem laufenden halten, eskapistische Motive oder
auch habituelle bzw. rituelle Aspekte dürften die Wahrnehmung von Medienangeboten beeinflussen. Gleiches gilt für die aktuelle Rezeptionssituation, also ob z.B.
eine Sendung allein oder mit anderen gesehen wird, ob während der Rezeption einer Sendung zwischen den Kanälen hin- und hergeschaltet wird oder ob die Sendung nebenbei rezipiert wird. Es ist zudem anzunehmen, daß aufgrund von Erfahrungen Rezeptionserwartungen an die aktuellen Medienangebote herangetragen
werden, die ebenfalls die Wahrnehmung der Medienangebote beeinflussen. Der Fokus des Ansatzes auf psychologische und literaturwissenschaftliche Aspekte führt
somit zu einer Einschränkung der berücksichtigten Aspekte. Aufgrund dieser Einschränkung werden jedoch wichtige Aspekte einer Konzeption der Wahrnehmung
massenmedialer Kommunikationsangebote vernachlässigt.

Ein weiterer Kritikpunkt bezieht sich auf unzureichende Berücksichtigung der
spezifischen Medialität von Fernsehtexten. Diese Kritik bezieht sich vor allem auf
eine mangelnde Unterscheidung der verschiedenen Ebenen eines Textes bzw. der
verschiedenen Ebenen der kognitiven Schemata. So wird für Textstrukturen und
kognitive Schemata nicht unterschieden zwischen Merkmalen von einzelnen konkreten Medienangeboten, einzelnen Programmen als einer spezifischen Gruppe von
Kommunikationsangeboten und einzelnen Klassen von Kommunikationsangeboten. Hinzu kommt, daß ebenfalls nicht differenziert wird zwischen Eigenschaften
von Texten eines spezifischen Mediums, Eigenschaften von allen medialen Texten
und Eigenschaften von Texten generell. Somit bleibt offen, welche Merkmale me-
dienspezifisch, spezifisch für eine ganze Gruppe von Kommunikationsangeboten
eines Mediums oder eben tatsächlich spezifisch für einen bestimmten Text sind und
ob und wenn ja, wie diese Differenzen sich in den kognitiven Schemata widerspiegeln. In bezug auf die kognitiven Schemata bleibt zudem ungeklärt, welche Elemente stabil bleiben, welche variieren und wie die verschiedenen Schemata miteinander verbunden werden, wo sich also Inferenzen ergeben und eventuell Vernetzungen entstehen könnten.

---

[308]   Wie aus der Darstellung der Grundkonzepte hervorgeht, werden Rezeptionskontexte von Livingstone kaum thematisiert. Zum grundsätzlichen Problem der Trennung von Wahrnehmung und Rezeption siehe S. 89.

Es zeigen sich somit bei der Konstruktion des Ansatzes eine Reihe von Problemen und Lücken, deren Spezifikation für eine Verwendung zur Beschreibung individueller Rezeption massenmedialer Kommunikationsangebote unerläßlich erscheint.

Gleiches gilt für die *Grundkonzepte*; das Konzept der Massenmedien wird nicht spezifiziert und das der Rezeption bzw. in diesem Fall der Wahrnehmung massenmedialer Kommunikationsangebote vernachlässigt eine Reihe von allgemeinen und besonderen Aspekten. Diese Vernachlässigung ist vermutlich vor allem auf den Fokus des Ansatzes des Making Sense of Television auf psychologische und textinhärente Merkmale zurückzuführen, der soziale Aspekte wie z.b. die aktuelle Rezeptionssituation oder Besonderheiten der Rezipientenrolle aus dem Blickfeld geraten läßt. Für eine aus Sicht dieser Arbeit zufriedenstellende Konzeption massenmedialer Rezeption wären also Erweiterungen des Making Sense-Ansatzes auch im Bereich der Grundkonzepte unerläßlich.

In bezug auf die *allgemeinen theoretischen Annahmen*, die dem Ansatz des Making Sense of Television zugrunde liegen, tauchen ebenfalls eine Reihe von Fragen auf, deren Klärung für eine Anwendung des Konzepts zur Erläuterung der Rezeption massenmedialer Kommunikationsangebote dringend geboten scheint.

So stellt sich z.B. die Frage, inwieweit die Wahrnehmung massenmedialer Kommunikationsangebote tatsächlich von Rezeptionsprozessen zu trennen ist. Da Livingstone diese Trennung als gegeben voraussetzt und nicht problematisiert[309], werden keine weiteren Angaben über die Grenzen von Wahrnehmung und Rezeption gemacht, die diese Trennung plausibilisieren. Diese nur schwer nachzuvollziehende Trennung und der selbstgewählte Fokus auf Aspekte der Wahrnehmung führen zudem zu einer Reihe von weiteren Problemen. Neben den bereits angesprochenen Folgen des verengten Fokus bei der Konstruktion und den Grundkonzepten wird an einigen Stellen das Making Sense of Television - also die Wahrnehmung von massenmedialen Kommunikationsangeboten - dem Making Sense of the World - also der Wahrnehmung der direkten eigenen Umgebung - gleichgestellt.[310] Bei der Betrachtung der Parallelen wird jedoch versäumt, auf die markanten Unterschiede der beiden Making Sense-Aktivitäten hinzuweisen, so daß sich die Frage stellt, was das Spezifische des Making Sense of Television ausmacht. Läge der Fokus nicht bei der Wahrnehmung, sondern bei der Rezeption von Medienangeboten, wären vermutlich einige spezifische Aspekte angesprochen worden.

Ein weiteres Problem betrifft die Konzeption der Bedeutung bzw. der Texte resp. Medienangebote als Interaktionspartner der Leser resp. Rezipienten. Es ist nur schwer vorstellbar, daß ein Text aktiv in die Prozesse des Making Sense eingreift bzw. „Verhandlungen" über Bedeutungen mit zwei gleichberechtigten aktiven Partnern (Text und Rezipient) stattfinden. Plausibler erscheint es anzunehmen, daß die Rezipienten aufgrund ihrer Sozialisation den Umgang mit massenmedialen Kommunikationsangeboten gelernt haben, also bestimmten Zeichenkombinationen be-

---

309   Vgl. Livingstone 1990a: 18.

310   Vgl. Livingstone 1990a: 65, 84.

stimmte Kognitionen zuordnen können. „Aktiv" sind insofern also nur die Rezipienten nicht aber die Medienangebote. Inwieweit zudem die individuellen Bedeutungskonstrukte zu anderen medialen und nicht-medialen Erfahrungen in Bezug gesetzt werden, also das Making Sense of Television in den Bereich des Making Sense of the World übergeht, kann von den Strukturen der Medienangebote nicht beeinflußt werden. Diese Dimensionen der Bedeutung von Medienangeboten sind allein vom handelnden Individuum zu bestimmen, so daß auch in diesem Zusammenhang kein „aktiver" Text angenommen werden kann.[311]

Die Ausführungen verdeutlichen, daß neben den Kritikpunkten an der Konstruktion des Ansatzes vor allem Probleme im Bereich der allgemeinen theoretischen Annahmen festzustellen sind. Dem Wunsch nach der Betonung der Gemeinsamkeiten der verschiedenen Varianten des Making Sense sind somit z.T. die Differenzen zum Opfer gefallen; dies ist insofern bedauerlich, als gerade die Differenzen aus kommunikationswissenschaftlicher Sicht interessant erscheinen und das Making Sense of Television weiter spezifizieren. In der jetzigen Form erscheint der Ansatz des Making Sense of Television deshalb aufgrund der angeführten Unklarheiten im Bereich der Konstruktion, der Grundkonzepte und der allgemeinen theoretischen Annahmen nicht geeignet für eine Konzeption der individuellen Rezeption massenmedialer Kommunikationsangebote.

2.3.7 Sozio-kognitiver Ansatz der Medienrezeption

Anfang der 90er Jahren wurde von Birgitta Höijer basierend auf einer Reihe von empirischen Studien zum Rezeptionsverhalten schwedischer Fernsehzuschauer ein sozio-kognitiver Ansatz der Rezeption von Fernsehangeboten entwickelt, der die mentalen Aktivitäten der Fernsehzuschauer in den Mittelpunkt stellt, ohne Einflüsse der soziokulturellen Umgebung zu vernachlässigen.[312] Neben der Betonung der sozio-kognitiven Perspektive zeichnet sich dieser Ansatz durch ein bestimmtes Textverständnis sowie eine bestimmte Vorstellung von Bedeutung aus. Insofern verbirgt sich hinter der relativ allgemein gehaltenen Bezeichnung, die streng genommen auf eine Reihe der bisher vorgestellten Ansätze zutrifft, eine konkrete Konzeption der individuellen Rezeption von Medienangeboten, die durchaus ein eigenes Profil aufweist.

---

[311] Angesichts dieser Überlegungen erscheint es sinnvoll, das Making Sense of Television weiter zu differenzieren: zum einen in einen Bereich des Making Sense of Television im Sinne ästhetischer Wahrheit und zum anderen in einen Bereich des Making Sense of Television im Sinne referentieller Wahrheit. Zu einer ähnlichen Unterscheidung kommen auch Staab/Hocker, die zwischen struktureller und empirischer Realität von Fernsehangeboten differenzieren (Staab/Hocker 1994: 168ff.) Sie beziehen sich dabei auf die Arbeiten von Berghaus zu einer Theorie des Wohlgefallens am Fernsehen (vgl. Berghaus 1994a).

[312] Fundstellen in der durchgesehenen Literatur: Höijer 1989; 1990a; Jensen/Rosengren 1990: 231; Corner 1991; Findahl 1995: 143f.; Rydin 1995. Siehe zum folgenden Höijer 1989; 1990; 1992; 1992a; 1997; Höijer/Nowak/Ross 1992.

2.3.7.1 Konkrete Konzeption

Im Mittelpunkt des Sozio-kognitiven Ansatzes der Medienrezeption stehen die Prozesse, die sich zwischen einem Text und den mentalen Aktivitäten eines Rezipienten ereignen.[313] Neben den in der Rezeptionsforschung bereits anerkannten Kontextelementen soziodemographischen und situationalen Ursprungs werden dabei auch die kognitiven Strukturen der Rezipienten als Kontext der aktuellen Rezeption verstanden. Durch diese kognitiven Strukturen werden insbesondere Aspekte der individuellen Lebensgeschichte und des soziokulturellen Wissens in die Rezeptionsprozesse eingebunden.[314] Stehen zudem eben die kognitiven Prozesse der Rezeption im Vordergrund, so stellt sich die Frage, wie diese sozialen Aspekte, auf die bisher die Unterschiede in den Interpretationen zurückgeführt wurden, in den Kognitionen der Rezipienten repräsentiert sind.[315]

Beantwortet wird diese Frage mit der Annahme, daß alle Erfahrungen und alles Wissen Spuren in den kognitiven Strukturen der Individuen hinterlassen.[316] Diese kognitiven Strukturen formen ein komplexes Netz, das sich sowohl in den Bereich des Unbewußten als auch in den Bereich des Bewußtseins erstreckt und das Erfahrungen aus verschiedenen Bereichen repräsentiert, d.h. universell menschliche, kulturelle und sehr persönliche Erfahrungen.[317] Im Netz der kognitiven Strukturen sind die verschiedenen Ebenen miteinander verwoben, wobei die Grenzen zwischen den Erfahrungsebenen durchaus fließend sind. So kann z.B. eine Erfahrung alle drei verschiedenen Ebenen ansprechen.

Aufgrund dieser Annahmen ist davon auszugehen, daß nahezu alle menschlichen Erfahrungen in sozialen Erfahrungen wurzeln bzw. daß das Bewußtsein untrennbar mit der sozialen Welt verbunden ist.[318]

In bezug auf die Medienrezeption heißt das, daß der Rezipient zur Interpretation eines Programms vorangegangene soziale Erfahrungen heranziehen kann, wobei

---

313   Vgl. Höijer 1990: 30; 1992: 286. Rezeption wird in diesem Zusammenhang als übergeordneter Begriff aufgefaßt, der unterschiedliche Aspekte wie Interpretationen, Dekodierungen, Lesarten, Bedeutungsproduktion, Wahrnehmung oder Verstehen von Programmen umfaßt (vgl. Höijer 1990: 29).

314   Vgl. Höijer 1992: 292; Höijer/Nowak/Ross 1992: 7.

315   Vgl. Höijer 1992a: 584.

316   Vgl. zum folgenden Höijer 1992a: 586f.

317   Als universell menschliche Erfahrungen werden z.B. Schlafen und Wachsein, Nahrungsaufnahme, Geburt und Tod, Kindheit und Altern, Gesundheit und Krankheit sowie basale menschliche Aktivitäten wie Erziehen, Üben, Arbeiten, Lieben und basale Erfahrungen mit der Natur (Tag und Nacht, Sonne und Mond, Pflanzen etc.) angeführt, als kulturelle Erfahrungen die Verbindung der universellen Erfahrungen mit den Gegebenheiten der aktuellen sozialen Umgebung (Gesellschaft, Kultur) und als private Erfahrungen diejenigen, die das Individuum als einzigartig empfindet (vgl. Höijer 1992a: 586).

318   Höijer verweist an dieser Stelle auf die philosophischen Ausführungen Sergej L. Rubinstejns (Höijer 1992a: 586).

die Erfahrungen mit der Diskurssphäre, der der Rezipient das Objekt der Rezeption zuordnet, eine besondere Rolle spielen.[319]

Anders als bei einem Gros der massenmedialen Forschung, das sich entweder auf inhaltsanalytische Untersuchungen der Rezeptionsangebote oder auf Untersuchungen der Rezipienten beschränke[320], habe der Sozio-kognitive Ansatz der Medienrezeption den Anspruch, die verschiedenen Ebenen miteinander zu verbinden.[321] Im einzelnen sind dies die kulturell-soziologische Perspektive, die sich auf allgemeine soziale Strukturen und Muster bezieht, die textuelle oder semiologische Perspektive, die sich auf den Text als Träger von Bedeutungen in einem kulturellen Kontext bezieht[322], und die psychologische Perspektive, die sich auf Prozesse der Bedeutungskonstruktion bezieht.

> „The ideal approach is to analyze and interpret the production of meaning as the outcome of a structured process, in which the text, a cultural and generic discourse, interacts with the receiver's socially and culturally defined competence and frames of reference. [...] Text and receiver are conceived of not only as ‚sources of variance', but as cultural and cognitive processes."
>
> (Höijer/Nowak/Ross 1992: 2)

Im Rahmen des kommunikationswissenschaftlichen Diskurses wird dieser soziokognitive Ansatz in den Bereich der Reception Analyses eingeordnet, deren Vertreter ihre Position als interdisziplinär und bestehende Traditionen vereinend beschreiben.[323]

Wie aus den bisherigen Ausführungen deutlich wurde, spielen die kognitiven Strukturen der Rezipienten für die Interpretation der Rezeptionsangebote eine entscheidende Rolle. Im Laufe des Verstehensprozesses werden von den Rezipienten mentale Repräsentationen der Programme kreiert, die nicht als Kopien der Programme aufzufassen sind. Vielmehr bestehen diese mentalen Repräsentationen aus den durch das Rezeptionsangebot hervorgerufenen Eindrücken und Interpretatio-

---

[319]   Vgl. Höijer/Nowak/Ross 1992: 5. An anderer Stelle wird auch von einer anthropologischen Perspektive gesprochen, die davon ausgeht, daß die Medien in modernen Gesellschaften einen integralen Bestandteil des alltäglichen Lebens darstellen (vgl. Höijer/Nowak/Ross 1992: 4).

[320]   Höijer/Nowak/Ross 1992: 1.

[321]   Vgl. Höijer 1992: 283f.; Höijer/Nowak/Ross 1992: 4.

[322]   Dieser kulturelle Kontext umfaßt Genres, Codes, textuelle Konventionen, Ideologien, Mythen etc. (vgl. Höijer/Nowak/Ross 1992: 4).

[323]   Vgl. Jensen 1988: 3, Höijer/Nowak/Ross 1992: 2. Mit einem Schlagwort kann das Vorhaben der Reception Analysis zudem auch als „audience-cum-content analysis" charakterisiert werden (vgl. Jensen 1988: 3; Jensen/Rosengren 1990: 213). Das rezeptionsanalytische Projekt, in dessen Rahmen Höijer ihren Ansatz weiterentwickelt hat und das verschiedene Ansätze miteinander verknüpft, heißt „Reception of Television as a Cognitive and Cultural Process" (vgl. Höijer 1992: 293; Höijer/Nowak/Ross 1992). Im Bereich der theoretischen Wurzeln der Reception Analyses wird neben dem Verweis auf Ansätze aus der Tradition des Uses and Gratifications Approaches insbesondere auf die Tradition der Semiotik, auf diskursanalytische Ansätze und auf den Bereich der Cultural Studies verwiesen (vgl. Jensen 1988: 3; Jensen/Rosengren 1990: 213; Höijer/Nowak/Ross 1992: 2ff.).

nen, die durch weitere kognitive und emotionale[324] Aspekte, die während der Rezeption auftreten, ergänzt werden.[325]

Um diese mentalen Repräsentationen einzelner Rezeptionsangebote erzeugen zu können, muß also auf bestehendes Wissen resp. vorangegangene Erfahrungen zurückgegriffen werden. Diesen Zugriff ermöglichen kognitive Schemata[326], die wie folgt definiert werden:

> „Schemas are complex types of cognitive structures representing generic social experiences and cultural knowledge. They contain the common and characteristic features of similar phenomena, for example, similar objects, events, situations or discourses. Repetition is central in the development of schemas; they are built up from recurrent events occuring in social contexts."
>
> (Höijer 1992: 287)

Neben der Strukturierung von Erfahrungen und dem Zugriff auf bereits gemachte Erfahrungen beeinflussen die kognitiven Schemata generell neue Erfahrungen resp. die Erinnerung an Erfahrungen und deren Interpretation und ermöglichen das Auffüllen mentaler Repräsentationen durch Ableitungen.[327] Gruppieren lassen sich die Schemata nach den verschiedenen Bereichen, auf die sie sich beziehen: So sind u.a. Personen-, Rollen-, Selbst-, Ereignis-, Szenen- und Storyschemata auszumachen[328], die sich mit ihren Elementen und internen Strukturen überlagern.[329] Entscheidend für die Gestaltung der aktuellen mentalen Repräsentationen sind jedoch weniger einzelne Schemata, die aufgrund von unterschiedlichen Faktoren aktiviert werden, als vielmehr deren Zusammenspiel.[330]

---

[324] Höijer trifft eine Unterscheidung zwischen Emotionen und Affekten, wobei Emotionen die Einbindung der Affekte in kognitive Strukturen darstellen (vgl. Höijer 1992: 285, siehe ähnlich auch Höijer 1992a: 585). Insofern schließen emotionale Reaktionen immer auch Kognitionen in Form von z.B. Erinnerungen, Ideen oder Bildern ein; kognitive Prozesse sind demzufolge nicht ohne emotionale Aspekte vorstellbar (vgl. Höijer 1992: 285).

[325] Vgl. Höijer 1989: 182; 1990: 32f. Die Repräsentationen können dabei sowohl bewußt als auch unbewußt sein (vgl. Höijer 1990: 34) und stellen die Basis für Kommunikation über die rezipierten Programme dar.

[326] Laut Höijer lassen sich bereits bei Aristoteles und Kant Belege für die Annahme der Existenz kognitiver Schemata findet (vgl. Höijer 1992: 287).

[327] Vgl. Höijer 1992: 287; Höijer/Nowak/Ross 1992: 7.

[328] Vgl. Höijer 1992: 288. Unter Personenschemata werden alle Persönlichkeitsvorstellungen resp. Charakterzüge gefaßt, unter Rollenschemata das Verhalten in bestimmten Situationen, unter Selbstschemata das Selbstbildnis der einzelnen Individuen, unter Ereignisschemata das verallgemeinerte Wissen um Situationsabläufe, unter Szenenschemata das räumliche Wissen unserer Alltagsumgebung und unter Storyschemata das Wissen um verschiedene Erzählstrukturen in narrativen Texten. Einige Vertreter der kognitiven Psychologie gehen sogar davon aus, daß die narrative Form eine allgemeine Form der kognitiven Organisation von Erfahrungen ist (vgl. Höijer 1996a: 237 mit Verweis auf Bruner 1990).

[329] Insofern sind Schemata auch als „fuzzy concepts" zu bezeichnen, deren Grenzen fließend sind (vgl. Höijer 1992: 288).

[330] Vgl. Höijer 1992: 289.

Ergänzt werden diese Überlegungen hinsichtlich der kognitiven Schemata um die Bestimmung spezifischer Erfahrungsbereiche, denen allgemeine und bereichsbezogene Schemata zuzuordnen sind. Als derartige Erfahrungsbereiche in modernen westlichen Gesellschaften sind die Medien- oder Diskurssphäre, die private, die berufliche und die erzieherische Sphäre auszumachen.[331] Die Spuren der allgemeinen und bereichsbezogenen Schemata aus den verschiedenen Erfahrungsbereichen lassen sich in jeder Interpretation wiederfinden, wobei je nach Kommunikationsangebot bestimmte Schwerpunkte für die Verwendung von Schemata zu erkennen sind. Somit rückt an dieser Stelle die Rolle des Kommunikationsangebotes als Auslöser der zu verarbeitenden Erfahrungen in den Vordergrund.

Den kognitiven Aktivitäten der Rezipienten sind durch die „diskursive Kraft" der Texte Grenzen gesetzt.[332] Das heißt, die Vorgaben der Kommunikationsangebote schränken den Interpretationsspielraum ein, so daß zwar nicht von einer eindeutigen Bedeutung eines Textes gesprochen werden kann, wohl aber von einem Bedeutungsbereich, der von einem massenmedialen Kommunikationsangebot eingegrenzt wird.[333] Der Text bietet somit für die Rezipienten den Anlaß, bestimmte kognitive Schemata zu aktivieren, die die aktuelle mentale Repräsentation des Textes ermöglichen und vervollständigen.[334] Aufgrund der unterschiedlichen Schemata, die die Basis für die mentalen Repräsentationen darstellen, lassen sich dann wiederum in den Interpretationen der Rezipienten verschiedene Aspekte der kognitiven Organisation und Verarbeitung der Texte wiederfinden: Hinweise auf Textstrukturen[335], die zu Ähnlichkeiten in den Denkprozessen führen, allgemeine Interpreta-

---

[331]   Dabei umfaßt die Medien- oder Diskurssphäre alle Erfahrungen mit verschiedenen Medien, inklusive der Kommunikation über Medien bzw. Medienangebote. Die private Sphäre ist hingegen weniger auf einen bestimmten Handlungsraum beschränkt als vielmehr auf Prozesse der Persönlichkeitsbildung bzw. der Entwicklung der eigenen Subjektivität. Im Rahmen der beruflichen Sphäre kommt es insbesondere zur Entwicklung von individuellen Fertigkeiten und bereichsspezifischen Sprachkenntnissen, während die Erfahrungen der erzieherischen Sphäre eher zur Ausbildung allgemeiner Verhaltensschemata führen. Für jeden dieser Bereiche sozialer Erfahrungen werden allgemeine und bereichsbezogene Schemata ausgebildet, wobei erstere konventionalisierte Bedeutungen repräsentieren und letztere spezifische rollen- und positionsbezogene Erfahrungen (vgl. Höijer 1992: 290f.; Höijer/Nowak/Ross 1992: 7).

[332]   Vgl. Höijer 1992 292f.; 1992a: 588f.

[333]   Höijer orientiert sich hierbei an den Ausführungen Fiskes, der diese Phänomen auch als Polysemie bezeichnet (vgl. Höijer 1992a: 588; Fiske 1987). Zur Unterscheidung der Konzepte der semantischen Unvollständigkeit und der Polysemiotik von Texten siehe auch Anderson/Meyer 1988: 313. Siehe zum Bedeutungskonzept des hier vorgestellten sozio-kognitiven Ansatzes auch die Ausführungen S. 98.

[334]   „Ein Text lädt das Publikum ein, eine bestimmte Beobachterposition einzunehmen. Er lädt das Publikum ein, innerhalb bestimmter Bereiche der kognitiven Erfahrungsschemata zu interpretieren, und er lädt sie ein, in bestimmte Richtungen zu denken und zu assoziieren, emotional involviert zu werden oder als Zuschauer Distanz zu wahren." (Höijer 1996a: 248)

[335]   Die Ergebnisse der empirischen Untersuchungen lassen darauf schließen, daß insbesondere das Genre eines Textes Erwartungen bei den Zuschauern weckt und insofern die Kreation der mentalen Repräsentation beeinflußt (vgl. Höijer 1996a: 233ff.).

tionsmuster, die das geteilte Wissen einer Gemeinschaft resp. Gesellschaft ausmachen, und schließlich pluralistische Interpretationsmuster, die auf individuelle Erfahrungen verweisen.[336]

Abschließend bleibt festzuhalten, daß die diskursive Kraft des Textes und die soziokulturelle Einbindung aller kognitiven Prozesse dazu führen, daß trotz der unbe-
strittenen Aktivität der Rezipienten für verschiedene Textformen auch verschiedene
Rezeptionsvarianten wahrscheinlicher sind als andere.[337] So ließen sich z.B. bei
der Rezeption sozial-realistischer, fiktionaler Fernsehprogramme vor allem Prozesse der Verbindung des Dargestellten mit eigenen Erfahrungen beobachten. Im
Rahmen der mit dem Ausdruck „kreative Illusion" umschriebenen Vorgänge werden Erinnerungs- und Identifikationsprozesse sowie allgemeine Schemata aus dem
Bereich des gesellschaftlichen Wissens aktiviert; die Interpretationen der Texte
werden beeinflußt durch die soziokulturelle Wahrscheinlichkeit.[338] Bei Kommunikationsangeboten, die sich der Sparte der „glamourösen Populär-Fiction" zuordnen
lassen, lassen sich statt dessen Prozesse erkennen, die auf ein „lustvolles Verges-
sen" hindeuten. Die Rezipienten tauchen in einen geschlossen Text im Sinne Ecos
ein, ohne das Dargestellte mit ihren eigenen Erfahrungen in Zusammenhang zu
bringen; die Interpretationen werden beeinflußt von generischen Wahrscheinlichkeiten. Bei der Interpretation von Nachrichten spielt schließlich die medial vermittelte soziokulturelle Wahrscheinlichkeit eine Rolle. Sie beeinflußt Prozesse des
„Lernens und Verallgemeinerns", also das In-Beziehung-Setzen zur soziokulturellen Umwelt.

Zusammengefaßt kann der Sozio-kognitive Ansatz der Medienrezeption als ein
Versuch beschrieben werden, die mentalen Prozesse der Rezeption massenmedialer
Kommunikationsangebote mit Hilfe der Annahme von soziokulturell geprägten kognitiven Schemata darzustellen. Dabei sind die kognitiven Schemata sowohl Basis
für die mentale Repräsentation des Textes als auch die Möglichkeit, Verbindungen
zu anderen Erfahrungen herzustellen. Die kognitive Verarbeitung der Texte wird
zudem von den Textstrukturen beeinflußt, d.h. je nach Art und Format des massenmedialen Kommunikationsangebotes sind bestimmte kognitive Verarbeitungsstrategien wahrscheinlicher als andere.

2.3.7.2 Grundkonzepte

Für den Bereich der Grundkonzepte bleibt festzuhalten, daß die Konzepte (Mas-
sen-) Medien und massenmediale Kommunikation resp. Rezeption nicht explizit
definiert werden. Da zudem in bezug auf das Medienkonzept überdies kaum Aussa-

---

336   Vgl. Höijer 1992a: 599.

337   Vgl. Höijer 1996a: 246ff.

338   Zum Konzept der narrativen Wahrscheinlichkeiten siehe auch S. 96.

gen gemacht werden[339], können im folgenden allein die Aspekte massenmedialer Kommunikation im Mittelpunkt stehen.

Zentraler Aspekt des Konzeptes der *massenmedialen Kommunikation* resp. Rezeption im Rahmen des hier vorgestellten Sozio-kognitiven Ansatzes sind die individuellen kognitiven Prozesse und ihre Verknüpfungen zur soziokulturellen Umwelt und dem konkreten Rezeptionsangebot. Organisiert und strukturiert werden diese Prozesse durch verschiedene kognitive Schemata, die in ihrem Zusammenspiel und unter Berücksichtigung der wahrgenommenen semiotischen Merkmale des Textes eine mentale Repräsentation des Textes ermöglichen. Diesen individuellen kognitiven Prozessen werden andere soziale und situationsbezogene Kontextfaktoren untergeordnet, denn letztlich sind es die individuellen kognitiven Strukturen, auf denen die mentale Repräsentation des Textes basiert.[340] Insofern werden andere Kontextfaktoren wie die raum-zeitliche und soziale Situation zwar erwähnt, aber vermutlich aufgrund der Dominanz, die kognitiven Aspekten eingeräumt wird, nicht näher erläutert. Anders sieht dies für den Fall der emotionalen Aspekte aus. Sie werden konzeptionell eng verknüpft mit kognitiven Aspekten und in kognitive Schemata eingebunden, so daß letztlich jede Rezeption auch als mehr oder weniger starkes emotionales Engagement betrachtet werden kann.[341]

Aufgrund der Hervorhebung des Textes als eigene Größe im Rezeptionsprozeß verwundert der Fokus auf textliche Merkmale im Rahmen der besonderen Aspekte massenmedialer Rezeption nicht. So wird „die Welt der Programme" als bestehend aus Inhalt, Struktur und Präsentation verstanden[342] und die semiologische Ebene als zusammengesetzt aus u.a. genrespezifischen Aspekten, Codes, textuellen Konventionen, Ideologien und Mythen.[343] Besonderes Augenmerk wird dabei auf die Genrespezifik der Rezeption und der Texte gelegt. Ausgangspunkt ist die Annahme, daß die Erwartungen, mit denen die Rezipienten einem massenmedialen Angebot gegenübertreten, genrespezifisch organisiert sind. Diese Erwartungen können sich dabei z.B. auf Hilfestellungen zur Bedeutungsfindung oder auf die Art des Vergnügens bzw. des Wissens beziehen. Zusammengenommen machen diese Erwartungen die narrative Wahrscheinlichkeit eines Textes aus.[344] Diese narrative Wahrscheinlichkeit ist in drei verschiedene Arten zu unterteilen: die generische Wahrscheinlichkeit, bei der die Erwartungen vor allem auf vorherigen Erfahrungen mit Vertretern des Genres basieren, die soziokulturelle Wahrscheinlichkeit, bei der

---

339 In bezug auf das Medienkonzept ist allein die Aussage zu finden, daß Medien ein integraler Bestandteil des alltäglichen Lebens sind (Höijer/Nowak/Ross 1992: 4).

340 Vgl. Höijer 1992: 292; Höijer/Nowak/Ross 1992: 7.

341 Für die allgemeinen Aspekte massenmedialer Rezeption ist schließlich festzuhalten, daß der Aspekt der Intentionalität gar nicht thematisiert wird.

342 Vgl. Höijer 1992a: 599.

343 Vgl. Höijer/Nowak/Ross 1992: 4.

344 Höijer bezieht sich an dieser Stelle auf die Ausführungen von Neal (vgl. Höijer 1996a: 242f.; Neal 1990).

die Erwartungen auf eigenen konkreten Erfahrungen und soziokulturellen Wissensbeständen beruhen, und die medial vermittelte soziokulturelle Wahrscheinlichkeit, bei der die Erwartungen sich allein auf Wissen über die soziokulturelle Umwelt beziehen, das durch Medien vermittelt wurde.

Andere Besonderheiten massenmedialer Rezeption wie der Einfluß der Produktionsbedingungen auf die Kommunikationsangebote[345], die Distanz zwischen den Kommunikationsteilnehmern, die Gefangenheit in der Rezipientenrolle, die Anonymität der Kommunikationsteilnehmer, virtuelle Aspekte oder die Befreiung von der Bestätigungspflicht der Teilnahme an der Kommunikation werden hingegen nicht angesprochen.

Zusammenfassend bleibt somit für die Grundkonzepte festzuhalten, daß im Rahmen der Ausführungen zum Sozio-kognitiven Ansatz der Medienrezeption zwar nahezu alle allgemeinen Aspekte massenmedialer Kommunikation angesprochen werden, jedoch medienspezifische Überlegungen und nahezu alle besonderen Aspekte massenmedialer Rezeption nicht thematisiert werden.

2.3.7.3 Allgemeine theoretische Annahmen

Von den im Rahmen dieser Arbeit berücksichtigten allgemeinen theoretischen Annahmen - den Vorstellungen vom Individuum, von Bedeutung und von Verstehensprozessen - steht beim Sozio-kognitiven Ansatz der Medienrezeption eindeutig das Bedeutungskonzept im Mittelpunkt. Die beiden anderen allgemeinen theoretischen Annahmen werden hingegen nur am Rande thematisiert.

In bezug auf das *Individuenbild* lassen sich jedoch anhand der Ausführungen zu den Zusammenhängen von sozialen Erfahrungen und individuellen kognitiven Strukturen einige Annahmen über die Vorstellungen vom Individuum ableiten. Demnach entwickelt sich die Individualität eines Akteurs in einer soziokulturellen Umgebung, die den Rahmen für die Entwicklung absteckt ohne sie zu determinieren. Aufgrund der prominenten Stellung, die kognitiven Aspekten im Rahmen des hier vorgestellten Ansatzes eingeräumt wird, und aufgrund der Annahme, daß alle soziokulturellen Erfahrungen erst als mentale Repräsentationen Einfluß nehmen können, ist zudem zu vermuten, daß auch Individualität als kognitive Struktur verstanden werden kann. Insofern stehen also psychologische Aspekte bei diesem Individuenbild im Mittelpunkt, während soziologische Aspekte kaum eine Rolle spielen.[346]

---

345 In Zusammenhang mit der Genrespezifik wird zwar darauf verwiesen, daß sich auch die Produzenten an der Genrespezifik orientieren (vgl. Höijer 1996a: 242), und in Zusammenhang mit allgemeinen soziokulturellen Konventionen, daß diese auch für die Produzenten gelten (vgl. Höijer/Nowak/ Ross 1992: 4). Dies kann jedoch nicht als Berücksichtigung des Aspekts des Einflusses von Produktionsbedingungen auf massenmediale Kommunikationsangebote verstanden werden.

346 Gestützt wird diese Interpretation durch den Verweis, daß sich alle Menschen in dem existentiellen Dilemma befinden, kulturelle und persönliche Identität zu vereinen resp. Gefühle der Zugehörigkeit und Gefühle der Ausgeschlossenheit auszubalancieren (vgl. Höijer 1996a: 245).

Wie bereits angesprochen, nimmt das *Bedeutungskonzept* eine deutlich prominentere Stellung in den Ausführungen zum Sozio-kognitiven Ansatz der Medienrezeption ein als die Vorstellungen vom Individuum oder von Verstehensprozessen. In Anlehnung an die Ausführungen von Adam Schaff wird Bedeutung als ein komplexes Gebilde verstanden, das u.a. mit den Zeichen, den Nutzern, der Realität, auf die ein Zeichen verweist, dem Sprachsystem und dem menschlichen Denken verknüpft ist.[347]

> „Translated to the reception of a television programme, meaning is a question of a complicated relation between the television programme, social reality, the viewers and their lives and thoughts. In addition to that comes the fact that the cognitive process by which meaning is decoded, interpreted or comprehended by the viewer is in fact a whole set of interrelated cognitive processes on different levels."
>
> (Höijer 1990: 32)

Bedeutung ist somit weder als zeicheninhärent noch als ausschließliche Rezipientenkonstruktion zu verstehen, sondern als ein kognitives Konstrukt, das auf semiotischen Charakteristika des Textes, auf soziokulturellen Strukturen und Mustern sowie auf individuellen Erfahrungen in verschiedenen gesellschaftlichen Bereichen basiert. Die verschiedenen gesellschaftlichen Bereiche, denen die der Bedeutungskonstruktion zugrunde liegenden kognitiven Schemata zugeordnet werden können, sind die Medien- oder Diskurssphäre sowie die private, berufliche und erzieherische Sphäre, wobei in der Medien- resp. Diskurssphäre die genrespezifischen Schemata eine zentrale Rolle einnehmen.[348]

Anders als für das Bedeutungskonzept, für das eine explizite Definition vorliegt, müssen über die Vorstellungen von den *Verstehensprozessen* wie bei den Vorstellungen über das Individuum wieder Interpretationen aus einzelnen Aussagen abgeleitet werden. Zentraler Aspekt des Verstehens scheint im Rahmen des Sozio-kognitiven Ansatzes der Medienrezeption die Verknüpfung der semiotischen Merkmale des Textes mit individuellen kognitiven Schemata darzustellen.[349] Der Ursprung der Schemata ist dabei sowohl auf individuelle Erfahrungen als auch auf z.T. medial vermittelte soziokulturelle Strukturen und Muster zurückzuführen, so daß Verstehen verschiedene Dimensionen umfaßt: Im Vordergrund können z.B. textspezifisch-narrative Aspekte stehen, das Nachempfinden aufgrund von eigenen Erfahrungen oder das Einordnen in das eigene Weltbild.[350] Durch das Verknüpfen der semiotischen Merkmale des Textes mit den kognitiven Schemata ist es zudem den Rezipienten möglich, Lücken im Text aufzufüllen und dadurch eventuell weitere Anschlußmöglichkeiten an andere kognitive Schemata zu schaffen. Zusammenfassend läßt sich somit festhalten, daß das Verstehen eines Textes als Ver-

---

[347]   Vgl. Höijer 1990: 31; 1992a: 600; Höijer/Nowak/Ross 1992: 5; Höijer 1996a: 248; Schaff 1973.

[348]   Vgl. Höijer 1990: 32; 1992: 290f.; Höijer/Nowak/Ross 1992: 7.

[349]   „In order to make sense of a television programme, the viewer must find connections between the text and her or his own inner world." (Höijer 1992: 299f.)

[350]   Siehe dazu auch die Ausführungen zur narrativen Wahrscheinlichkeit, S. 96.

knüpfung semiotischer Merkmale mit kognitiven Strukturen konzipiert wird, wobei aufgrund geteilter soziokultureller Strukturen interindividuelle Gemeinsamkeiten auftreten und aufgrund der einzigartigen individuellen Erfahrungen interindividuelle Differenzen.

2.3.7.4 Probleme

Bevor auf die sich aus den bisherigen Ausführungen zum Sozio-kognitiven Ansatz der Medienrezeption ergebenden Probleme eingegangen wird, muß auch für diesen Ansatz festgestellt werden, daß er sich aufgrund der gewählten Beobachtungsperspektive eher auf individuell-psychologische und textinhärente Merkmale bezieht als auf soziologische Aspekte der Medienrezeption. Insofern sind auch für diesen Ansatz Lücken im Bereich der sozialen Aspekte massenmedialer Rezeption auf allen drei Ebenen festzustellen.[351] Darüber hinaus sind in allen drei besprochenen Bereichen (Konzeption, Grundkonzepte, allgemeine theoretische Annahmen) weitere Probleme auszumachen, die sich vor allem auf fehlende Begriffs- und Prozeß-explikationen beziehen.

So bleiben z.B. schon auf der *Konstruktionsebene* eine Reihe von Grundbegriffen unklar, die grundlegend für das Verständnis des Ansatzes sind. Dies trifft auf die Begriffe ‚Medien' und ‚Genre' ebenso zu wie auf die Ausdrücke ‚Erfahrungsbereiche' und ‚narrative Wahrscheinlichkeiten'. Aufgrund der fehlenden bzw. unzureichenden Spezifizierungen der Begriffe erlangen die Ausführungen z.T. einen recht oberflächlichen Charakter, der eher an eine deskriptive Darstellung bestimmter Sachverhalte erinnert als an theoretische Überlegungen zu einem bestimmten Themenkomplex. Hinzu kommt, daß aufgrund der unzureichenden Explikationen der genutzten Begriffe eine Gegenüberstellung zu Konzepten anderer Autoren erschwert wird.[352] Ebenfalls unklar bleibt, wie die angesprochenen Verknüpfungen und Überlappungen von kognitiven Schemata zu konzipieren sind. Dies ist insofern

---

351   Höijer begründet ihre Fokussierung damit, daß eine Studie allein nie alle Faktoren des Rezeptions-prozesses berücksichtigen kann, sondern daß immer ein Standpunkt gewählt werden sollte, der bei der Analyse mit in Betracht zu ziehen ist (vgl. Höijer 1990: 32).

352   Die Annahme, daß eine Verbindung mit anderen Arbeiten angestrebt wird, wird durch die Zuord-nung des Ansatzes zum Bereich der Reception Analyses (vgl. Fußnote 323, S. 92) und durch die zahlreichen Verweise auf Überlegungen und Ergebnisse anderer Autoren wie z.B. van Dijk (Höijer 1989: 182; 1990: 37f.; 1992: 288 Höijer/Nowak/Ross 1992: 7), Vygotsky (Höijer 1989: 183; 1990: 33; 1997: 4), Spiro (Höijer 1989: 183; 1992: 288; Höijer/Nowak/Ross 1992: 7), Bartlett (Höijer 1992: 287f.; Höijer/Nowak/Ross 1992: 6f.), Morley (Höijer 1990: 30f.; 1992: 286; 1992a: 585; Höijer/Nowak/Ross 1992: 2f.), Schaff (Höijer 1990: 31; 1992a: 600; 1997: 16; Höijer/No-wak/Ross 1992: 5), Wittgenstein (Höijer 1990: 31; 1992: 287f.; 1992a: 587; Höijer/Nowak/Ross 1992: 1), Fiske (Höijer 1992: 287f.; 1992a: 588; 1997: 4) oder Ortony (Höijer 1992: 285; 1992a: 585; Höijer/Nowak/Ross 1992: 6) gestützt. In Zusammenhang mit dem angeführten Argument ist jedoch zu betonen, daß es sich dabei eben nur um Verweise auf einzelne Aspekte der Arbeiten anderer handelt, nicht jedoch um eine weitergehende Auseinandersetzung mit und Anbindung an theoretische(n) Gesamtkonzepte(n).

bedauerlich, als daß gerade die empirischen Ergebnisse darauf hinweisen, daß bestimmte Kombinationen von kognitiven Schemata und semiotischen Textmerkma-
len wahrscheinlicher sind als andere. Insofern ließen die gewonnenen Erkenntnisse
durchaus Konkretisierungen im Bereich der schematischen Vernetzungen zu, die
den Ansatz weiter differenzieren würden. Im Anschluß daran ist ebenfalls festzuhalten, daß nicht eindeutig zwischen kognitiven Prozessen der Kreation der mentalen Repräsentation eines Textes und zwischen Prozessen der Anbindung an bestehende kognitive Strukturen unterschieden wird. Es wird zwar darauf hingewiesen,
daß die Prozesse der Dekodierung, Interpretation und des Verstehens von Bedeutung tatsächlich eine Mischung aus verschiedenen miteinander verbundenen Prozessen darstellen[353], weiter differenziert wird dieser Gedanke jedoch nicht. Dies ist
insofern verwunderlich, als daß immer wieder auf Arbeiten hingewiesen wird, die
sich gerade mit dieser Differenzierung auseinandersetzen.[354] Schließlich bleibt
festzuhalten, daß medienspezifische Erfahrungen kaum von anderen Erfahrungen
getrennt betrachtet werden und daß auf kognitive Schemata, die der Medien- oder
Diskurssphäre zuzuordnen wären, nicht näher eingegangen wird.

Die Problematik der fehlenden oder unzureichenden Erläuterungen setzt sich auf
der Ebene der *Grundkonzepte* fort. Insbesondere fehlen Explikationen zum Konzept
der Massenmedien und zu nahezu allen im Rahmen dieser Arbeit berücksichtigten
besonderen Aspekte massenmedialer Kommunikation. Hinzu kommt, daß die im
Sozio-kognitiven Ansatz der Medienrezeption thematisierten Aspekte weder auf
theoretischer Ebene erläutert werden noch ihre Verknüpfung zu anderen Komponenten dargelegt wird.[355] Außerdem fällt auf, daß trotz des Anspruchs, individuelle
kognitive Prozesse mit Merkmalen der rezipierten Texte zu verbinden, gerade die
rezipierten Texte kaum hinsichtlich ihrer verschiedenen Merkmale angesprochen
werden. Insbesondere die Medialität der Texte findet kaum Berücksichtigung.[356]
Fehlende resp. unzureichende Differenzierung der eigenen Vorstellungen und
mangelnde theoretische Tiefe führen somit auch im Bereich der Grundkonzepte
dazu, daß eine Positionierung des Sozio-kognitiven Ansatzes der Medienrezeption
im Feld der theoretischen Ausführungen zur Rezeption massenmedialer Kommunikationsangebote erschwert wird.

---

[353]   Siehe dazu nochmals das Zitat auf S. 98.

[354]   Zu nennen wären z.B. die Verweise auf die Arbeiten van Dijks (vgl. Höijer 1989: 182; 1990: 37f.;
1992: 288; Höijer/Nowak/Ross 1992: 7 und die Darstellung des Ansatzes Verstehen von Mediendiskursen im Rahmen dieser Arbeit S. 62ff.).

[355]   Dies trifft z.B. für das Konzept der narrativen Wahrscheinlichkeiten und die Genrespezifik der Rezeptionsprozesse zu. Beide Aspekte werden als relevant für Rezeptionsprozesse hervorgehoben, ohne
daß Beziehungen zu textuellen Merkmalen oder zu kognitiven Schemata hergestellt werden.

[356]   Auch hier gilt, daß zwar bestimmte semiotische Merkmale oder auch die Genrespezifik der Texte
angesprochen werden, jedoch kaum weitere Ausführungen zu den semiotischen Merkmalen oder der
Genrespezifik der Texte vorliegen bzw. diese Überlegungen mit medienspezifischen Aspekte in Zusammenhang gebracht werden.

Für den Bereich der *allgemeinen theoretischen Annahmen* bleibt festzuhalten, daß die Rezipienten als Individuen vermutlich aufgrund des gewählten Blickwinkels auf psychologische Merkmale reduziert werden und daß Verstehensprozesse als Teil der Rezeption konzipiert werden, ohne daß weiter zwischen diesen Bereichen differenziert wird.

Zusammenfassend ist festzuhalten, daß gerade aufgrund der genannten Probleme der Eindruck entsteht, daß es sich beim Sozio-kognitiven Ansatz der Medienrezeption weniger um einen Ansatz handelt, der auf theoretischen Überlegungen aufbaut, als vielmehr um eine Anbindung empirischer Forschungsergebnisse an verschiedene theoretische Konzepte, ohne daß ein eigenes differenziertes theoretisches System erarbeitet wurde. Dabei kann es an dieser Stelle nicht darum gehen, dieses Vorgehen als solches zu verurteilen. Mit Blick auf die im Rahmen dieser Arbeit im Mittelpunkt stehende Fragestellung - wie kann die individuelle Rezeption massenmedialer Kommunikationsangebote auf theoretischer Ebene konzipiert werden - stellt sich der Sozio-kognitive Ansatz der Medienrezeption jedoch nicht als gelungene Alternative dar, sondern vielmehr allein als Fundus einer Reihe von Anregungen, die es bei einer Konzeption zu berücksichtigen gilt.

3   Zwischenresümee

Nachdem im vorherigen Kapitel verschiedene Ansätze zur individuellen Rezeption massenmedialer Kommunikationsangebote ausgewählt und anhand eines einheitlichen, mehrdimensionalen Beobachtungsrasters vorgestellt worden sind, werden in diesem Kapitel die Ergebnisse der einzelnen Betrachtungen zusammengefaßt. Ziel dieser resümierenden Zusammenstellung ist es, Probleme von Konzeptionen individueller Rezeption massenmedialer Kommunikationsangebote aufzuzeigen und - soweit möglich - auf die Ebene der theoretischen Grundannahmen zurückzuführen. Außerdem sollen auf der Basis der Erkenntnisse bestehender Ansätze und der erkannten Kritikpunkte die Anforderungen an eine Konzeption derartiger Rezeptionsprozesse neu formuliert werden.

3.1   Problematische Aspekte und Defizite

Bevor die Probleme der einzelnen Ansätze nach den verschiedenen Ebenen der Betrachtung zusammengestellt werden, soll auf einige allgemeine Beobachtungen eingegangen werden.

So ist zunächst festzuhalten, daß angesichts der Fülle der Publikationen in Forschungsbereichen, die sich mit der Rezeption massenmedialer Kommunikation auseinandersetzen, erstaunlich wenig Ansätze die relativ allgemein gehaltenen Auswahlkriterien erfüllen.[357] Dabei ist jedoch zu berücksichtigen, daß aufgrund des Auswahlverfahrens ausschließlich in Deutsch oder Englisch formulierte Ansätze ausgewählt werden konnten. Insofern wäre es also durchaus denkbar, daß weitere Ansätze vorliegen, die in anderen Sprachen veröffentlicht worden sind. Weder in der englisch- noch in der deutschsprachigen Literatur waren jedoch Hinweise auf derartige Ansätze zu finden.[358]

---

[357]   Die Auswahlkriterien umfassen den Bezug auf die individuelle Rezeption massenmedialer Kommunikationsangebote, die Berücksichtigung individueller und soziokultureller Variablen sowie von Merkmalen der massenmedialen Kommunikationsangebote und die Konzeption eines dynamischen Rezeptionsprozesses. Siehe dazu auch S. 15ff.

[358]   Diese Beobachtung muß jedoch ebenfalls relativiert werden. Geht man von der Annahme aus, daß Englisch die Sprache der internationalen Verständigung zwischen Wissenschaftlern ist, müßten die deutschsprachigen Ansätze ebenfalls in der englischsprachigen Literatur zu finden sein. Dies ist jedoch nur in Ausnahmefällen der Fall. In der berücksichtigten Literatur zu den einzelnen Ansätzen findet sich nur ein einziger englischsprachiger Verweise auf einen deutschsprachigen Ansatz und zwar bei Renckstorf/McQuail (1996: 15) auf das Dynamisch-transaktionale Modell.

Trotz dieser Einschränkungen bezüglich Anzahl und Herkunft der zu besprechenden Konzepte lassen die Ergebnisse der Betrachtung der einzelnen Ansätze die Vermutung zu, daß der Operationalisierung theoretischer Überlegungen besondere Relevanz zugesprochen wird. Keine der besprochenen Arbeiten beschränkt sich allein auf die Formulierung von Hypothesen oder versucht gar eine Theorie zu skizzieren. Offenbar wird der empirischen Umsetzung und Bestätigung theoretischer Überlegungen von allen Autoren dieses Forschungsbereichs erhebliches Gewicht zugeschrieben.

Vorab bleibt somit festzuhalten, daß es nur wenige Ansätze in der deutsch- und englischsprachigen Literatur gibt, die sich mit der individuellen Rezeption massenmedialer Kommunikationsangebote als dynamischem Prozeß unter Berücksichtigung von individuellen, soziokulturellen und medienangebotsbezogenen Merkmalen auseinandersetzen, und daß diese Ansätze neben theoretischen Überlegungen meist auch deren Operationalisierung umfassen.

In bezug auf die Formulierungen der konkreten *Konzeptionen* fällt zunächst ins Auge, daß sich kein Ansatz umfassend mit der individuellen Rezeption massenmedialer Kommunikationsangebote auseinandersetzt. Die Schwerpunkte liegen vielmehr eher auf handlungstheoretisch bzw. soziologisch oder eher auf kognitionspsychologisch orientierten Ausführungen.[359] Diese unterschiedlichen Schwerpunktsetzungen führen bereits auf der Ebene der konkreten Konzeptionen zu Vernachlässigungen einer Reihe von Aspekten.

Dabei sollte an dieser Stelle betont werden, daß es nicht darum geht, Fokussierungen als solche zu kritisieren. Gerade wenn es um derart komplexe Prozesse wie die der Rezeption massenmedialer Kommunikationsangebote geht, erscheint es auch aus Sicht dieser Arbeit sinnvoll, bei der Betrachtung Schwerpunkte zu setzen. Diese Schwerpunktsetzung darf jedoch nicht zu einer isolierten Betrachtung von Teilprozessen führen, sondern sollte Verknüpfungen auch zu den Aspekten berücksichtigen, die nicht im Mittelpunkt der Betrachtung stehen. Um der Komplexität der Rezeptionsprozesse gerecht zu werden und zugleich massenmediale Kommunikation als Ganzes betrachten zu können, erscheint es sinnvoll, bei Bedarf die verschiedenen Schwerpunkte miteinander verbinden zu können. Dies setzt jedoch voraus, daß die Autoren sich auch mit Ansätzen massenmedialer Rezeption auseinandersetzen, die andere Schwerpunkte gewählt haben, so daß Gemeinsamkeiten und damit Anknüpfungspunkte aufgezeigt werden können.

Überlegungen in diese Richtungen lassen sich z.T. bei den besprochenen Ansätzen finden, wie z.B. beim Dynamisch-transaktionalen Modell, dem Struktur- und Prozeßmodell des Medienrezeptionshandelns oder auch dem Sozio-kognitiven An-

---

[359] Dem ersten Bereich sind das Dynamisch-transaktionale Modell, das Referenzmodell der Mediennutzung, das Struktur- und Prozeßmodell des Medienrezeptionshandelns und die Media System Dependency Theory zuzuordnen, dem zweiten der Ansatz des Verstehens von Mediendiskursen, des Making Sense of Television und der Sozio-kognitive Ansatz der Medienrezeption.

satz der Medienrezeption.[360] Offenbar scheinen derartige Vernetzungen von Forschungsprojekten im Bereich der kommunikationswissenschaftlichen Rezeptionsforschung jedoch bisher eher die Ausnahme denn die Regel zu sein. Verweise auf
andere Ansätze, die sich mit der Rezeption massenmedialer Kommunikation auseinandersetzen, haben oft die Form von Negativbeispielen[361] und dienen eher der
Abgrenzung als der Integration.[362] Verweise sind i.d.R. jedoch äußerst selten zu
finden, so daß der Eindruck von isolierten Forschungsprojekten, die sich auf verschiedene Art und Weise dem Phänomen massenmedialer Rezeption nähern ohne
auf andere Projekte einzugehen, bestehen bleibt. Dies erstaunt um so mehr, wenn in
Betracht gezogen wird, daß auf dieselben theoretischen Grundlagen rekurriert
wird.[363] Möglichkeiten zur Verknüpfung und Bezugnahme aufeinander sind also
durchaus gegeben.

Neben der Vernachlässigung von Aspekten, die auf die jeweilige Schwerpunktsetzung zurückzuführen ist, werden zudem bei nahezu allen Ansätzen medienspezifische Aspekte nur am Rande thematisiert. Dies trifft insbesondere für Merkmale
der massenmedialen Kommunikationsangebote zu, wobei der Ansatz des Verstehens von Mediendiskursen und der Sozio-kognitive Ansatz der Medienrezeption in
dieser Beziehung eine Ausnahme darstellen.[364] Hinzu kommt außerdem, daß in ei-

---

[360] So basiert das Dynamisch-transaktionale Modell auf dem allgemeineren Dynamisch-transaktionalen
Ansatz, der wiederum Aspekte in den Mittelpunkt rückt, die über die Betrachtung von Rezeptionsprozessen massenmedialer Kommunikationsangebote hinausgehen und die sich auf eine Reihe von
kommunikationswissenschaftlichen Fragestellungen beziehen lassen. Hinzu kommt der Anschluß
der dynamisch-transaktionalen Überlegungen an Beobachtungen aus anderen Wissenschaftsbereichen, wie z.B. der Chaostheorie, der auf Möglichkeiten eines interdisziplinären wissenschaftlichen
Diskurses hinweist (siehe dazu auch die Ausführungen auf S. 26ff.). Das Struktur- und Prozeßmodell des Medienrezeptionshandelns wird in die strukturanalytische Rezeptionsforschung eingebettet,
wobei in neueren Arbeiten explizit auf eine notwendige Vernetzung verschiedener Bereiche der Rezeptionsforschung verwiesen wird (vgl. Charlton 1997: 31f.). Der Sozio-kognitive Ansatz der Medienrezeption ist wiederum Teil eines interdisziplinären Projektes zur Erforschung von Rezeptionsprozessen, zu dem auch ein soziologischer Schwerpunkt gehört (siehe dazu auch Fußnote 323, S. 92).
Insofern sind hier Parallelen zu den oben skizzierten Möglichkeiten der Integration verschiedener
Forschungsfelder zu erkennen.

[361] Neben der Kritik an traditionellen Ansätzen (Neumann/Charlton 1988: 29; Livingstone 1990: 37ff.;
Höijer 1992: 292) lassen sich auch vereinzelt Kritikpunkte an anderen, hier besprochenen Ansätzen
finden. Renckstorf kritisiert den dynamisch-transaktionalen Ansatz, weil nicht deutlich werde, wie
die Rezipienten handeln. Die Beschränkung auf kognitions-psychologische Aspekte sei zu stark
(vgl. Renckstorf 1989: 324). Charlton/Neumann bezeichnen das Dynamisch-transaktionale Modell
auch als „kausalnomologisches Wirkungsmodell" (Charlton/Neumann 1990: 31; in neueren Arbeiten werden Aspekte des Dynamisch-transaktionalen Modelle der kognitionswissenschaftlichen Medienforschung zugeordnet, vgl. Charlton 1997: 21), während Früh seinerseits Mängel in einer rein
handlungstheoretisch ausgerichteten Konzeption sieht (vgl. Früh 1991: 175f.).

[362] Ausnahme in dieser Hinsicht stellen die Verweise auf die diskursanalytischen Überlegungen van Dijks
im Rahmen des Sozio-kognitiven Ansatzes der Medienrezeption (vgl. Fußnote 352, S. 99) und die
Forderungen nach einer stärkeren Vernetzung der Rezeptionsforschung (vgl. Charlton 1997: 31) dar.

[363] Siehe dazu die vergleichenden Ausführungen zu den allgemeinen theoretischen Annahmen, S. 106.

[364] Im Rahmen der strukturanalytischen Rezeptionsforschung werden zwar einige semiotische Aspekte
massenmedialer Kommunikation angesprochen. Diese Ausführungen werden jedoch in Zusammenhang mit dem Struktur- und Prozeßmodells des Medienrezeptionshandelns nicht wieder aufgegriffen.

nigen Fällen die präsentierten Erklärungen eine Reihe von Fragen offen lassen. So ist z.T. nur unzureichend geklärt, wie vorangegangene Medienerfahrungen die aktuellen Rezeptionsprozesse beeinflussen oder wie die angesprochenen kognitive Schemata organisiert sind.

Schließlich ist für alle Ansätze festzuhalten, daß eine Reihe von verwendeten Begriffen kaum spezifiziert bzw. nicht definiert werden, so daß zum Verständnis der konkreten Konzeptionen eigene Interpretationen der Begrifflichkeiten notwendig und Vergleiche der Ansätze untereinander erschwert sind.

Die im Rahmen dieser Arbeit vorgestellten Ansätze weisen somit schon auf der Ebene der konkreten Konzeptionen eine Reihe von problematischen Aspekten auf. Neben nicht näher erläuterten Begriffen, unzureichenden Erklärungen und vernachlässigten relevanten Merkmalen der individuellen Rezeption massenmedialer Kommunikationsangebote ist dabei vor allem die Verengung des Blickwinkels aufgrund der gewählten Schwerpunkte zu nennen.

Die Probleme, die sich bereits bei den Formulierungen der konkreten Konzeptionen zeigen, führen z.T. auch zu Problemen auf der Ebene der *Grundkonzepte*.[365]

Neben der z.T. deutlich ausgeprägten Vernachlässigung von Aspekten, die auf den Schwerpunkt der Ansätze zurückzuführen ist[366], macht sich insbesondere die mangelnde Spezifizierung der Begriffe ‚Massenmedien' und ‚massenmediale Kommunikation' resp. ‚Rezeption' bemerkbar. Nur im Rahmen der Ausführungen zum Dynamisch-Transaktionalen Modell und zum Struktur- und Prozeßmodell des Medienrezeptionshandelns wird kurz auf einen allgemeinen Medienbegriff eingegangen. Eine differenzierte Auseinandersetzung mit dem Konzept der Massenmedien findet jedoch bei keinem der besprochenen Ansätze statt. Gleiches gilt für das Konzept massenmediale Kommunikation, wobei hier jedoch nahezu bei allen Ansätzen zumindest allgemeine Aspekte von Kommunikation angesprochen werden. Besondere Aspekte der massenmedialen Kommunikation werden wiederum nur vereinzelt in die Ansätze eingebunden. Dies gilt speziell für die Charakteristiken der Rezipientenrolle[367] und die virtuellen Aspekte der Rezeption.

Diese Probleme resp. Lücken auf der Ebene der Grundkonzepte der einzelnen Ansätze lassen somit den Schluß zu, daß das Gros der Konzeptionen eine Berücksichtigung der Besonderheiten massenmedialer Kommunikation resp. Rezeption

---

[365] Zur besseren Einschätzung dieser kritischen Anmerkungen sei nochmals darauf hingewiesen, daß die Formulierung der Grundkonzepte auf einer Zusammenstellung von Aspekten beruht, die in allgemein zugänglicher kommunikationswissenschaftlicher Literatur zum Themenkomplex massenmediale Kommunikation zu finden war (siehe dazu die Ausführungen in Kapitel 2.2, S. 19ff.). Es handelt sich somit bei den Aspekten der Grundkonzepte nicht um eine willkürliche Sammlung von Anforderungen.

[366] So werden bei den handlungstheoretisch-soziologisch orientierten Ansätzen kognitionspsychologische Aspekte so gut wie gar nicht angesprochen und bei den kognitionspsychologisch orientierten Ansätzen soziale bzw. soziologische Aspekte vernachlässigt.

[367] Im einzelnen wären das die Distanz zwischen den Kommunikationsteilnehmern (Produzenten und Rezipienten der Kommunikationsangebote), die Anonymität der Kommunikationsteilnehmer, die nur in Ausnahmefällen aufgehoben wird, und die Befreiung von kommunikativen Pflichten.

vermissen läßt. Zusammen mit den fehlenden Begriffsexplikationen entsteht so z.T. der Eindruck einer gewissen Oberflächlichkeit und theoretischen Unschärfe.

Dieser Eindruck wird durch die Aussagen, die sich auf die *allgemeinen theoretischen Annahmen* beziehen lassen, nicht aufgehoben. Obwohl in nahezu allen Ausführungen Verweise auf theoretische Hintergründe zu finden sind[368], wird nur in Ausnahmefällen auf eines der im Rahmen dieser Arbeit im Mittelpunkt stehenden Konzepte (Individuum, Bedeutung und Verstehen) eingegangen. Aus den Interpretationen, die sich aufgrund der Aussagen in den Texten zusammenstellen lassen, ergibt sich zwar ein relativ allgemeiner Konsens hinsichtlich der drei Konzepte.[369] Dieser Konsens reicht jedoch aufgrund seines diffusen Charakters nicht als Grundlage für zukünftige Konzeptionen zur individuellen Rezeption massenmedialer Kommunikationsangebote aus.

Die Ausführungen zu den problematischen Aspekten und Defiziten der einzelnen Ansätze auf den verschiedenen Ebenen lassen sich somit wie folgt zusammenfassen: Die Fokussierung der Ansätze auf einzelne Aspekte der individuellen Rezeption massenmedialer Kommunikationsangebote hat in nahezu allen Fällen isolierte Betrachtungen zur Folge. Diese Isolierung führt u.a. dazu, daß die Ausführungen nicht in übergreifende Konzeptionen von massenmedialer Kommunikation resp. Kommunikation allgemein eingebettet werden, daß keine Bezüge zwischen den verschiedene Forschungsbereichen hergestellt und daß keine Verweise zu anderen Forschungsarbeiten desselben Bereiches vorgenommen werden. Hinzu treten unzureichende Begriffsexplikationen, eine Vernachlässigung der besonderen Aspekte massenmedialer Kommunikation und fehlende Ausführungen zu allgemeinen theoretischen Annahmen. Im Rahmen dieser Arbeit kann jedoch nicht geklärt werden, inwieweit diese theoretischen Schwächen auf eine Favorisierung empirischer Aspekte zurückzuführen sind.

Als Resümee muß aufgrund der differenzierten Betrachtung der einzelnen Ansätze auf den Ebenen der konkreten Konzeption, der Grundkonzepte und der allgemeinen theoretischen Annahmen festgestellt werden, daß es keinen Ansatz gibt, der ausgereift genug erscheint, der Komplexität der individuellen Rezeption massenmedialer Kommunikationsangebote unter Bezug auf bestehende Erkenntnisse gerecht zu werden.

3.2   Anforderungen an eine Alternative

Da keiner der bestehenden Ansätze den durch die Auswahlkriterien und Grundkonzepte formulierten Ansprüchen an eine Konzeption der individuellen Rezeption massenmedialer Kommunikationsangebote genügt, stellt sich die Frage nach einer Alternative. Dabei lassen sich trotz der problematischen Aspekte und Defizite, die

---

[368]   Am häufigsten wird dabei auf Ausführungen zum Symbolischen Interaktionismus und zum Konstruktivismus von Berger/Luckmann rekurriert.

[369]   Siehe dazu auch die Ausführungen zu den Anforderungen an eine Konzeption der individuellen Rezeption massenmedialer Kommunikationsangebote, S. 110.

bei der Auseinandersetzung mit den bestehenden Ansätzen zutage getreten sind, in den Ausführungen zu den bestehenden Ansätzen eine Reihe relevanter Aspekte erkennen, die die Anforderungen an eine derartige Konzeption weiter differenzieren und spezifizieren.[370] Bevor im nächsten Kapitel eine mögliche Alternative aufgezeigt werden soll, geht es deshalb zunächst darum, die Anforderungen, die sich aus der bisherigen Auseinandersetzung mit dem Themenkomplex individuelle Rezeption massenmedialer Kommunikationsangebote ergeben, zusammenzustellen.

Zunächst einmal sind als *Grundvoraussetzungen* für die Herangehensweise an eine Konzeption individueller Rezeption die gleichen Kriterien festzusetzen, die auch der Auswahl der bestehenden Ansätze zugrunde lagen. Ergänzt werden diese Kriterien um die Aspekte, die sich aus den Defiziten ergeben. Eine Konzeption individueller Rezeption massenmedialer Kommunikationsangebote sollte prozeßorientiert sein und Anschlußmöglichkeiten an andere Forschungsfelder bereitstellen. Eine Schwerpunktsetzung ist dabei nicht ausgeschlossen, sondern angesichts der Komplexität der Rezeptionsprozesse vermutlich sogar unabdingbar. Um so wichtiger erscheinen deshalb die Verknüpfungsmöglichkeiten an andere Forschungsarbeiten. Diese anderen Forschungsarbeiten können sich z.B. auf übergeordnete Konzeptionen massenmedialer Kommunikation beziehen oder auch auf Konzeptionen mit anderen bzw. gleichen Schwerpunkten. Als Grundlage für die Verknüpfungsmöglichkeiten erscheint es unbedingt notwendig, die verwendeten Begriffe ausreichend zu erklären, den eigenen Ansatz ausreichend theoretisch zu fundieren und unabhängig vom gewählten Schwerpunkt individuelle, soziokulturelle und medienangebotsbezogene Aspekte zu berücksichtigen.

Neben diesen allgemeinen Anforderungen lassen sich zudem für die *Grundkonzepte* eine Reihe von Aspekten zusammenstellen, die ebenfalls bei einer Alternative zu den bisherigen Ansätzen Berücksichtigung finden sollten. Diese Aspekte sind dabei bereits als ein Schritt in Richtung Begriffsklärung, d.h. als Differenzierung der allgemeinen Anforderungen zu verstehen.

Der Begriff der ‚Massenmedien' ist offenbar nur schwer zu definieren. Dabei lassen sich jedoch eine Reihe von Merkmalen zusammenstellen, die die Vielschichtigkeit dieses Phänomens erkennen lassen und in eine Definition zu integrieren wären. So deutet die institutionelle und industrielle Produktion der massenmedialen Kommunikationsangebote sowohl auf technisch-materiale als auch auf soziologische Aspekte des Phänomens Massenmedien hin. Im Rahmen der bestehenden Ansätze ist dabei insbesondere den soziologischen Aspekten Beachtung geschenkt worden. Demnach erfolgt die Herstellung der massenmedialen Angebote in sozialen Systemen, sogenannten Mediensystemen, die gesellschaftsabhängig sind und zu anderen sozialen Einheiten u.a. Dependenzbeziehungen aufgebaut haben. Dabei zeichnet sich das Verhältnis von Individuen und Mediensystemen u.a. dadurch aus, daß die Mediensysteme mit dem Angebot ihrer Produkte die Dependenzbeziehungen der

370 Der Übersichtlichkeit und Lesbarkeit halber wurde im folgenden darauf verzichtet, die einzelnen Ansätze als Quellen auszuweisen.

Individuen verstärken. In Zusammenhang mit den Produkten der Mediensysteme wird zudem auf die Verwendung gesellschaftlich akzeptierter Zeichensysteme und auf die Präsentation gesellschaftlich akzeptierter Rollenvorstellungen verwiesen. In Verbindung mit dem Aspekt der Zugänglichkeit für alle Gesellschaftsmitglieder deutet sich so für die Produkte der Mediensysteme eine Art Informationsfunktion der Gesellschaft an, in der den Gesellschaftsmitgliedern u.a. bestehende gesellschaftliche Vorstellungen zur Verfügung gestellt werden. Aus den bisherigen Ausführungen ist jedoch auch deutlich geworden, daß die Gesellschaftsmitglieder eine individuelle Auswahl aus der Menge aller massenmedialen Produkte vornehmen, so daß die Zugänglichkeit der Medienangebote für alle Gesellschaftsmitglieder nicht mit der tatsächlichen Rezeption aller Medienangebote gleichzusetzten ist. Es wäre also im Rahmen einer Alternative zu den bestehenden Ansätzen zu klären, wie diese Aspekte des Phänomens Massenmedien für die Prozesse der Rezeption zu berücksichtigen sind und ob sich nicht noch andere, spezifisch massenmediale Aspekte erkennen lassen, die eventuell ebenfalls einzubeziehen sind.

Im Bereich der allgemeinen Aspekte massenmedialer Kommunikation verweisen die Ausführungen zu den bestehenden Ansätzen deutlich darauf, daß das Interesse der Rezipienten an massenmedialer Kommunikation u.a. auf sozialintegrative Motive zurückzuführen ist. Der Erwerb von sozialen Rollen und/oder soziokulturellem Wissen scheint einen zentralen Aspekt des Interesses an der Rezeption massenmedialer Kommunikationsangebote auszumachen. Des weiteren wird an einigen Stellen auf Habitualisierungsaspekte des Medienverhaltens verwiesen, die ebenfalls als Motivationsaspekte zu berücksichtigen wären.

In bezug auf die soziokulturelle Umwelt, in der die Rezeption stattfindet, gehen aus den Aussagen der bestehenden Ansätze vor allem zwei Erkenntnisse hervor: Zum einen wird das Phänomen der sozialen Kognition hervorgehoben, das in Zusammenhang mit den kognitiven Aspekten der Rezeptionsprozesse näher erläutert wird. Zum anderen wird darauf verwiesen, daß die Rezeption massenmedialer Kommunikationsangebote Sozialisationsfunktionen erfüllt. Insofern ist die Rezeption tatsächlich in eine soziokulturelle Umgebung eingebettet, d.h. die soziokulturellen Gegebenheiten beeinflussen die Rezeption, die ihrerseits wiederum die Wahrnehmung der soziokulturellen Umgebung beeinflußt.

Die sozialen Bedingungen der konkreten Rezeptionssituation sind offenbar eindeutig geprägt vom Interaktionssystem Familie. Da die Rezeption massenmedialer Kommunikationsangebote i.d.R. in der Familie stattfindet, sind also insbesondere die Familienbeziehungen inklusive ihrer Rollenverteilungen und Machtstrukturen als Einflußfaktoren auf die individuelle Rezeption zu berücksichtigen. Ein weiterer Aspekt bezieht sich auf die Rolle des Rezipienten, die ihrerseits von bestimmten Vorstellungen des Umgangs mit massenmedialen Kommunikationsangeboten geprägt ist. Insofern sollten bei den sozialen Bedingungen der konkreten Rezeptionssituation nicht nur der Einfluß des Umfelds auf den Rezipienten, sondern auch die Eigenheiten der Rezipientenrolle in Betracht gezogen werden.

Angesichts der Auswahlkriterien für die zu besprechenden Ansätze und der relativ allgemeinen Formulierung der Aspekte der Grundkonzepte verwundert es nicht, daß sich die meisten Differenzierungen in den besprochenen Ansätzen auf den Bereich der individuellen Kognition beziehen. Dabei geht aus den Ausführungen zu den einzelnen Ansätzen deutlich hervor, daß Kognitionen und Affekte bzw. Emotionen nicht als Gegensatz aufgefaßt werden, sondern daß beide Elemente als miteinander verknüpft angenommen werden. Insofern sind bei jeder Rezeption kognitive und affektive bzw. emotionale Faktoren involviert.

Im Mittelpunkt des Interesses stehen jedoch i.d.R. die kognitiven Aspekte. So weisen die Ausführungen zu den bestehenden Ansätzen auf verschiedene Ebenen der kognitiven Verarbeitung hin, die bei der Konzeption einer Alternative zu berücksichtigen sind. Angeregt durch die Strukturen der Kommunikationsangebote ist der Aufbau einer aktuellen Repräsentation des Kommunikationsangebots anzunehmen. In den Entstehungsprozeß sind dabei verschiedene kognitive Elemente eingebunden, die auf unterschiedlichen Ebenen als kognitive Schemata organisiert sind. Neben Kognitionen aus dem individuell-biographischen Bereich, zu denen Einstellungen, Meinungen, Ideologien oder auch komplexere Strukturen wie handlungsleitende Themen zu zählen sind, werden Kognitionen aus dem Bereich des allgemeinen und sozialen Wissens aktiviert. Als übergeordnete Strukturen der kognitiven Schemata des zweiten Bereichs werden dabei in den bisherigen Ansätzen subjektive Realitätsmodelle und intersubjektiv geteilte Repräsentationen angenommen.[371] Außerdem sind bei dem Entstehungsprozeß der aktuellen Repräsentation und bei der sich anschließenden Integration in das subjektive Realitätsmodell verschiedene Teilprozesse zu berücksichtigen, wie z.B. das Erkennen von Formen und Strukturen, die Zuweisung von Bedeutung und die Eingliederung in übergreifende thematische und narrative Zusammenhänge. Umstritten ist bisher jedoch, wie die verschiedenen Ebenen des Entstehens und der Integration der aktuellen Repräsentation zueinander in Beziehung stehen bzw. sich gegenseitig beeinflussen.

Neben kognitiven Prozessen, die sich auf die aktuelle Repräsentation des Kommunikationsangebotes beziehen, werden explizit umfassendere Verarbeitungsmechanismen angesprochen. So wird darauf hingewiesen, daß die Prozesse massenmedialer Rezeption als persönlichkeitsbildende Interaktionsvorgänge aufzufassen sind und daß die Prozesse massenmedialer Rezeption ihrerseits Einfluß auf das subjektive Realitätsmodell haben.

Insofern beziehen sich die zu berücksichtigenden individuellen kognitiven resp. emotionalen Aspekte sowohl auf die Prozesse des Entstehens einer aktuellen Repräsentation des Kommunikationsangebotes und deren Integration in bestehende kognitive Strukturen als auch auf den Einfluß der Verarbeitungsprozesse massenmedialer Kommunikationsangebote auf übergreifende kognitive Strukturen.

---

371   Höijer ergänzt diese Einteilung um eine quer liegende Zuordnung der kognitiven Schemata zu verschiedenen Erfahrungsbereichen (Medien- oder Diskurssphäre, private Sphäre, berufliche Sphäre, erzieherische Sphäre)(siehe dazu auch die Ausführungen auf S. 90ff.).

Wie bereits bei den Defiziten angemerkt wurde, sind Ausführungen der bestehenden Ansätze zum Bereich der besonderen Aspekte massenmedialer Kommunikation im Vergleich mit Aussagen zu den allgemeinen Aspekten relativ selten.
Eine Ausnahme in dieser Hinsicht stellen die jedoch relativ allgemein gehaltenen
Verweise auf bestimmte Darstellungskonventionen dar. Bemerkenswert ist allerdings, daß offenbar den Genres als Gruppierungskategorie für diese Darstellungskonventionen eine rezeptionsstrukturierende Funktion zugeschrieben wird. Außerdem sollte eine alternative Konzeption der individuellen Rezeption massenmedialer
Kommunikationsangebote neben dem Einfluß der Produktionsbedingungen auf die
Kommunikationsangebote und den einzelnen Aspekten der Rezipientenrolle (Distanz zwischen den Kommunikationsteilnehmern, Gefangenheit in der Rezipientenrolle, Anonymität der Kommunikationsteilnehmer und Befreiung von kommunikativen Pflichten) zugleich die virtuellen Aspekte der Rezeption berücksichtigen. Bisher angesprochen wurden Para-Feedback-Prozesse zwischen Kommunikator und
Rezipienten sowie Merkmale des sozialen Systems des dispersen Publikums. Angesichts der Besonderheiten massenmedialer Kommunikation scheinen die Aspekte der
Virtualität damit bisher jedoch nur unzureichend berücksichtigt worden zu sein.

In bezug auf die *allgemeinen theoretischen Annahmen* lassen sich schließlich angesichts der fehlenden Ausführungen nur allgemeine Aussagen zu den drei Konzepten zusammenstellen. Konkretisierungen und Spezifizierungen sind somit erst im
Rahmen der Ausführungen zu einer möglichen Alternative und vor dem Hintergrund der gewählten theoretischen Basis möglich.

Individuen werden in nahezu allen Ansätzen als soziale Einheiten verstanden,
die sich im Spannungsfeld zwischen gesellschaftlichen Rahmenbedingungen und
individueller Lebensgestaltung entwickeln. Die handlungstheoretisch orientierten
Ansätze verweisen zudem auf den Aspekt der Identitätsentwicklung im Spannungsfeld zwischen Individualität und soziokultureller Umgebung. Im Hinblick auf die
Bedeutung eines massenmedialen Kommunikationsangebotes scheinen sich die Autoren der dargestellten Ansätze - soweit sie sich dazu äußerten - einig zu sein, daß
sie als kognitives Konstrukt zu verstehen ist, das sich aus Merkmalen des Textes
und bereits vorhandenen kognitiven Strukturen zusammensetzt. Verstehen ist im
Anschluß daran als Anbindung der aufgrund der Bedeutungszuweisung entstandenen Repräsentation des Textes an vorhandene kognitive Strukturen aufzufassen.

Zusammenfassend kann für die Anforderungen an eine Alternative zu den bestehenden Ansätzen der individuellen Rezeption massenmedialer Kommunikationsangebote festgehalten werden, daß aufgrund der bestehenden Ansätze die Grundkonzepte
insbesondere im Bereich der individuellen kognitiven Aspekte um eine Reihe wert-
voller Differenzierungen und Spezifizierungen erweitert werden müssen. Neben den
durch die Aspekte der Grundkonzepte skizzierten Anforderungen sollte eine alternative Konzeption jedoch auf einem soliden theoretischen Fundament basieren, zu dem
neben Ausführungen zu den allgemeinen theoretischen Annahmen auch ausreichende Begriffsexplikationen zu zählen sind.

4   Versuch einer alternativen Konzeption

Wie die bisherigen Ausführungen im Rahmen dieser Arbeit zeigen, lassen sich bei einer differenzierten Auseinandersetzung mit bestehenden Ansätzen zur Rezeption massenmedialer Kommunikationsangebote eine Reihe von Defiziten und problematischen Aspekten erkennen. Im folgenden Teil dieser Arbeit soll es deshalb darum gehen, eine mögliche alternative Konzeption der individuellen Rezeption massenmedialer Kommunikationsangebote zu entwickeln, die die aufgrund der Betrachtung bestehender Ansätze spezifizierten Anforderungen an einen derartigen Ansatz berücksichtigt.

Die Betrachtung der bisherigen Ansätze verdeutlichte insbesondere die Notwendigkeit einer Fokussierung der Konzeption massenmedialer Rezeptionsprozesse bei gleichzeitiger Berücksichtigung von Anschlußmöglichkeiten an andere Konzepte. Deshalb soll an dieser Stelle die Formulierung des Schwerpunktes der im folgenden zu entwickelnden Alternative allen weiteren Ausführungen vorangestellt werden: Aufgrund der Fragestellung dieser Arbeit liegt der Fokus auf der individuellen Rezeption, wobei neben kognitionspsychologischen auch soziologische und medienangebotsbezogene Aspekte Berücksichtigung finden.

Aufgrund der als unbedingt notwenig erachteten theoretischen Fundierung einer derartigen Alternative erscheint es zudem sinnvoll, eine deduktive Vorgehensweise zu verfolgen. Deshalb wird zunächst die gewählte theoretische Basis begründet und erst im Anschluß an die Erläuterungen zu den allgemeinen theoretischen Annahmen und Grundkonzepten die konkrete Konzeption entwickelt.

Grundsätzlich sei schließlich an dieser Stelle nochmals ausdrücklich darauf hingewiesen, daß die folgende Skizze einer Konzeption individueller Rezeption massenmedialer Kommunikationsangebote als *eine* mögliche Variante *mehrerer* gangbarer Wege aufzufassen ist. Insofern stellen die folgenden Ausführungen nicht die einzige Lösung der aufgezeigten Probleme dar, sondern müssen sich im wissenschaftlichen Diskurs behaupten. So kommt nicht nur aufgrund der festgestellten Defizite und Probleme, sondern auch aufgrund dieser Ausgangsposition der Begründung der Auswahl der theoretischen Basis, der Umsetzung der theoretischen Annahmen in eine konkrete Konzeption und der Anbindung der Überlegungen an andere Forschungsarbeiten besondere Relevanz zu.

4.1 Begründung der Entscheidung für eine konstruktivistische Basis

Als theoretische Basis für die Entwicklung einer alternativen Konzeption der individuellen Rezeption massenmedialer Kommunikationsangebote sind im Rahmen dieser Arbeit konstruktivistische Überlegungen gewählt worden. Da sich eine Reihe von unterschiedlichen Ansätzen des Etiketts „Konstruktivismus" bedienen, erscheint es sinnvoll, der Begründung der Auswahl dieser theoretischen Basis zunächst eine Spezifizierung eben der theoretischen Basis voranzustellen.

Die Bezeichnung „Konstruktivismus" wird in Zusammenhang mit unterschiedlichen theoretischen Argumentationen verwendet, die sich z.T. deutlich voneinander unterscheiden.[372] Insofern kann nicht von *dem* Konstruktivismus als einem einheitlichen Theoriegebäude gesprochen werden. Im folgenden wird vor allem auf Überlegungen Bezug genommen, die ihren Ursprung in Auseinandersetzungen mit den Arbeiten von Maturana, Glasersfeld und von Foerster haben und die sich explizit mit dem Phänomen Kommunikation auseinandersetzen.[373] Diese Einschränkungen erscheinen sinnvoll, da die gemeinsamen Ursprünge auf einen Konsens hinsichtlich allgemeiner theoretischer Annahmen schließen lassen und da ein Aspekt des Phänomens Kommunikation - die individuelle Rezeption massenmedialer Kommunikationsangebote - im Mittelpunkt dieser Arbeit steht. Die theoretische Basis der alternativen Konzeption setzt sich somit vor allem aus Überlegungen des Siegener Kreises zusammen, dem neben Siegfried J. Schmidt u.a. auch Wolfram K. Köck, Peter M. Hejl und Gebhard Rusch zuzuordnen sind.[374] Zur eindeutigen Bezeichnung der theoretischen Basis wird im folgenden der Begriff ‚Siegener Überlegungen' verwendet, wobei jedoch an dieser Stelle nochmals ausdrücklich darauf hingewiesen sei, daß es sich dabei nicht um ein ausgearbeitetes theoretisches Gesamtkonzept

---

[372] Zu nennen sind hier beispielsweise der „soziokulturelle Konstruktivismus" (Schmidt 1994: 47), der „operative Konstruktivismus" (Luhmann [2]1996: 17) oder der „interne, realistische Konstruktivismus" (Meyer 1994: 11). Zu weiteren Beispielen aus den Bereichen Biologie, Kognitionswissenschaft, Kybernetik, Psychologie, Soziologie, Philosophie und Kommunikationswissenschaft siehe Krippendorff 1993: 19f.; Schmidt 1994: 4; Luhmann 1990: 511.

[373] Luhmanns systemtheoretische Ausführungen werden aus folgenden Gründen diesem Bereich nicht zugeordnet: Im Mittelpunkt seiner Überlegungen stehen soziale Systeme und nicht Individuen resp. ihre Wirklichkeitskonstruktion. Insofern integriert er zwar einige Argumente der genannten Autoren in seine Theorie sozialer Systeme, nimmt sie jedoch nicht zum Ausgangspunkt (vgl. zur „autopoietischen Wende" Luhmanns Luhmann [5]1994: 223; Weischenberg 1995: 93; 1995a: 93 und zu den Problemen der Luhmann'schen Auffassung von Autopoiese Hejl 1986: 63ff.; Riegas/Vetter 1990a: 39ff.; Meyer 1994: 227).

[374] Ausgangspunkt der gemeinsamen Diskussionen war eine „informelle, interdisziplinäre ‚Arbeitsgruppe empirische Kognitionstheorie'" Ende der 70er Jahre, die sich zusammengefunden hatte, um interdisziplinär konstruktivistische Ansätze zu diskutieren, zu kritisieren und weiterzuentwickeln (siehe Hejl 1992: 112f.; Hejl/Schmidt 1992: 170). In Form der NIKOL-Arbeitsgruppe und dem Institut für empirische Literatur- und Medienforschung (LUMIS) an der Universität-Gesamthochschule Siegen hat sich später dann ein institutioneller Rahmen für diese Diskussionen entwickelt. Trotz einiger Gemeinsamkeiten in den Überlegungen kann jedoch nicht von einer „Siegener Schule" o.ä. gesprochen werden, die sich die Vermittlung einer Theorie zum Ziel gesetzt hat.

handelt, sondern um separate Überlegungen einzelner Autoren, die sich anhand einer Reihe von Gemeinsamkeiten miteinander verknüpfen lassen.

Die Argumente, die für die Wahl der Siegener Überlegungen als Basis für eine alternative Konzeption sprechen, beziehen sich auf die epistemologische Ausgangsposition, die sich durch den Begriff des ‚geschlossenen kognitiven Systems' charakterisieren läßt, auf die herausragende Stellung, die dem Phänomen Kommunikation in den Ausführungen zukommt, auf die aus theoretischen Gründen unumgängliche Verknüpfung von Kommunikation mit individuell-kognitiven und soziologischen Aspekten und auf die Möglichkeiten der Anbindung anderer theoretischen Überlegungen.

Wie im Rahmen der Ausführungen zu den allgemeinen theoretischen Grundannahmen näher erläutert wird[375], wird im Rahmen der Siegener Überlegungen ausgehend von individuellen kognitiven Prozessen die epistemologische Ausgangsposition formuliert. Da aufgrund der gewählten Fragestellung im Rahmen dieser Arbeit ebenfalls individuelle kognitive Prozesse eine zentrale Rolle spielen, erscheinen theoretische Argumentationen, die derartige Aspekte als Ausgangspunkt wählen, als geeignete Basis für weitere Überlegungen.

Die Siegener Überlegungen zeichnen sich des weiteren dadurch aus, daß dem Phänomen Kommunikation eine herausragende Stellung im Hinblick auf individuelle und soziologische Prozesse zugeschrieben wird. Da sich das Forschungsinteresse im Rahmen dieser Arbeit auf einen Teilbereich der Kommunikation - unter besonderer Berücksichtigung individueller und soziokultureller Aspekte - bezieht, erscheint es ebenfalls sinnvoll, sich auf Überlegungen zu stützen, die sowohl das Phänomen Kommunikation als auch die Verknüpfungen von kognitiven, kommunikativen und sozialen Aspekten in den Mittelpunkt rücken.

Schließlich erscheint es aufgrund der Defizite und problematischen Aspekte bestehender Ansätze ratsam, als Basis für eine alternative Konzeption Überlegungen zu wählen, die die Möglichkeit der Anbindung bzw. Integration von anderen Konzepten offenhalten. Wie insbesondere die Ausführungen im Bereich der Grundkonzepte zeigen[376], ist diese Option bei einer auf den Siegener Überlegungen basierenden Alternative gegeben.

Die Entscheidung, die Siegener Überlegungen im Rahmen dieser Arbeit einer alternativen Konzeption der individuellen Rezeption massenmedialer Kommunikationsangebote als theoretische Basis zugrundezulegen, erscheint somit wohl begründet und nachvollziehbar.

---

[375]   Vgl. Kapitel 4.2.1, S. 115ff.

[376]   Vgl. Kapitel 4.2.5, S. 135ff.

4.2   Allgemeine theoretische Annahmen

Im Rahmen dieses Kapitels sollen zunächst die allgemeinen theoretischen Annahmen der Siegener Überlegungen dargestellt werden, bevor sich die Diskussion der
Aspekte der Grundkonzepte anschließt. Neben den bereits in Zusammenhang mit
den bestehenden Ansätzen berücksichtigten Vorstellungen von Individuum, Bedeutung und Verstehen werden vorab die Grundannahmen der Siegener Überlegungen beschrieben, an die alle weiteren Ausführungen anschließen. Insofern wird
hier der Anspruch der theoretischen Fundierung einer Konzeption der individuellen Rezeption massenmedialer Kommunikationsangebote berücksichtigt.

Vorauszuschicken ist an dieser Stelle jedoch der Hinweis, daß die Diskussionen um
die konstruktivistischen Siegener Überlegungen bzw. um die Argumentationen, an
die sie anknüpfen, nicht abgeschlossen sind. Insbesondere in Zusammenhang mit
kommunikationswissenschaftlichen Fragestellungen sind eine Reihe von Kritikpunkten formuliert worden, die jedoch durch die Weiterentwicklung der Überlegungen entkräftet werden konnten.

   Einem breiteren kommunikationswissenschaftlichen Publikum wurden konstruktivistische Überlegungen durch das Funkkolleg „Medien und Kommunikation.
Konstruktionen von Wirklichkeit" bekannt.[377] Im Anschluß daran wurde z.T. in
polemischer Form sowohl am Funkkolleg selbst als auch an den theoretischen Ausführungen Kritik geübt.[378] Diese Kritik mündete wiederum in eine allgemeine Diskussion um konstruktivistische Grundannahmen.[379]

   Die Vorwürfe, die in Zusammenhang mit der Fragestellung dieser Arbeit von Interesse sind, beziehen sich u.a. darauf, daß aufgrund der zentralen Rolle des Individuums in konstruktivistischen Argumentationen bereits gewonnene Erkenntnisse
über kommunikative Makrostrukturen nicht angemessen berücksichtigt werden
könnten.[380] Wie im folgenden deutlich wird, verweisen insbesondere die Siegener
Überlegungen immer wieder darauf, daß individuelle, kommunikative und soziale
Aspekte nur durch Bezug aufeinander zu erklären sind. Insofern lassen die Siegener

---

[377]   Vgl. Deutsches Institut für Fernstudien der Universität Tübingen 1990/1991 und den aus einem Teil
         der Beiträge zusammengestellten Sammelband „Die Wirklichkeit der Medien" (Merten/Schmidt/
         Weischenberg 1994).

[378]   Vgl. Scheithauer 1990: 46; Sweerts-Sporck 1990: 6; Merkert 1991: 12; 1991a: 15; Mikos 1991:
         44f.; Boventer 1992: 158, 161, 165; Hachmeister 1992: 13, 16; Saxer 1992: 183; Luhmann 1994: 7.

[379]   Auf die Diskussion, die außerhalb der Kommunikationswissenschaft über konstruktivistische Posi-
         tionen geführt wird, kann an dieser Stelle nur ergänzend hingewiesen werden. Siehe dazu z.B. Wen-
         del (1989; 1994), Nüse/Groeben/Freitag/Schreier (1991), Graf (1994;1994a) und seine Debatte mit
         Zitterbarth (1994) sowie die Auseinandersetzung um den Beitrag Gehrkes (1994), gegen dessen
         Vorwürfe sich Schmidt (1996), Rusch (1996), Barsch (1996) und Hejl (1996) zur Wehr setzen.

[380]   Vgl. Bentele 1993: 160ff.; Saxer 1993: 68f. Dieser Vorwurf kann als Variante des Reduktionismus-
         arguments verstanden werden, daß alle Phänomene letztlich auf subjektive Wirklichkeitskonstruk-
         tionen zurückgeführt würden und somit dem Solipsismus Tür und Tor geöffnet wäre (vgl. Nüse/
         Groeben/Freitag/Schreier 1991: 86ff.; Saxer 1992: 178f.; Kepplinger 1993: 124f.).

Überlegungen nicht nur die Anbindung bestehender Erkenntnisse an kommunikative Makrostrukturen zu, sondern sprechen sich ausdrücklich für eine Verknüpfung individueller, kommunikativer und sozialer Merkmale aus.

Ein weiterer Vorwurf bezieht sich auf die Ausführungen zur massenmedialen Kommunikation. Die Beziehung zwischen Massenkommunikationsmedien und Rezipienten sei nicht als kommunikatives Phänomen aufzufassen, sondern als ein Agieren verschiedener gesellschaftlicher Akteure vor einem Publikum.[381] Dieses Statement bezieht sich jedoch nicht auf konstruktivistische Argumentationen, sondern ist Teil einer allgemeinen kommunikationswissenschaftlichen Diskussion, die sich mit der Frage beschäftigt, inwieweit das Phänomen massenmedialer Kommunikation überhaupt als Kommunikation zu konzipieren ist bzw. zwischen welchen Beteiligten kommunikative Prozesse stattfinden.[382]

Wie die obigen Ausführungen exemplarisch zeigen, ist die Diskussion um konstruktivistische Überlegungen in kommunikationswissenschaftlichen Zusammenhängen keineswegs abgeschlossen. Die vorliegende Arbeit kann somit auch dazu beitragen, die Diskussion weiterzuführen. Aufgrund der gewählten Fragestellung steht diese auf wissenschaftstheoretischer Ebene geführte Diskussion jedoch nicht im Mittelpunkt, sondern vielmehr der Aspekt, wie eine alternative Konzeption individueller Rezeption massenmedialer Kommunikationsangebote basierend auf den Siegener Überlegungen entwickelt werden kann. Insofern kann an einigen Stellen bei den Ausführungen allein auf Probleme bzw. auf weitergehende Diskussionen hingewiesen werden, ohne daß Lösungen für diese Probleme entwickelt werden.

4.2.1 Grundannahmen

Die Grundannahmen der Siegener Überlegungen haben sich ausgehend von einem bestimmten Verständnis von Kognition weiterentwickelt zu bestimmten Vorstellungen von Kommunikation und Kultur. Da im folgenden immer wieder auf die Grundannahmen und verwendeten Begriffe zurückverwiesen wird und in den bisherigen Ausführungen an verschiedenen Stellen auf die Notwendigkeit der theoretischen Fundierung und Begriffsklärung hingewiesen wurde, sollen in den folgenden Abschnitten die Grundannahmen und -begriffe der Siegener Überlegungen vorgestellt werden. Der Schwerpunkt liegt dabei weniger auf der differenzierten Darstellung einzelner Argumentationen bzw. auf der Darstellung der Unterschiede in den Ausführungen der einzelnen Autoren als vielmehr auf der Skizze der Gemeinsamkeiten.

---

381   Vgl. Erbring 1993: 62f.

382   So spricht sich z.B. Merten in seiner Auseinandersetzung mit bestehenden Auffassungen von Kommunikation gegen eine Konzeption von medialer bzw. vermittelter Kommunikation als soziales System - und damit als Kommunikation im engeren Sinne - aus (vgl. Merten 1977: 145).

4.2.1.1 Kognition und individuelle Wirklichkeitskonstruktion

Ausgangspunkt der Siegener Überlegungen ist die Annahme, daß die individuelle Kognition als geschlossenes selbstreferentielles System Teil eines autopoietischen lebenden Systems ist. Diese Annahme gründet sich vor allem auf die Ausführungen von Humberto R. Maturana, Ernst von Glasersfeld und Heinz von Foerster sowie auf die daran anschließenden Diskussionen.[383] Unter *Kognition* werden dabei alle Prozesse des Gehirns verstanden. So bezeichnet Schmidt das kognitive System als „empirische[n] Ort der Sinnkonstruktion", bestehend aus „systemspezifischen Operationen, die neuronal, sensumotorisch und emotional konditioniert sind".[384] Rusch verweist zudem darauf, daß im Bereich „der Operationsmöglichkeiten lebender Systeme, ihrem kognitiven Bereich", sowohl Interaktionen nicht-nervöser als auch nervöser Komponenten vorzufinden sind.[385]

Kognitive Prozesse nehmen in ihrem Prozessieren ausschließlich auf sich selbst Bezug, so daß sie in ihrer Gesamtheit als *geschlossenes selbstreferentielles System* bezeichnet werden können. Allgemein können *Systeme* definiert werden als zusammengesetzte Einheiten vor einem Hintergrund bzw. in einem Medium, wobei die Systeme eine Struktur und eine Organisation aufweisen.[386] Ein geschlossenes selbstreferentielles System ist somit eine Einheit, in der sich die strukturellen Beziehungen des Systems ausschließlich aus Bezugnahmen auf Elemente und Beziehungen des Systems konstituieren. Insofern ist eine Umwelt notwendige Voraussetzung für ein System; was vom System aus jedoch als Umwelt auszumachen ist, ist an die Bedingungen des Operierens des Systems gebunden.[387] Als Teil eines autopoietischen leben-

---

383   Vgl. Maturana 1982; 1988; 1990; Glasersfeld 1987; 1987a; 1992; Foerster 1985; 1993. Zu den Diskussionen siehe Roth/Schwegler 1981; Watzlawick 1981; Schmidt 1987; 1992; Gumbrecht/Pfeiffer 1988; Riegas/Vetter 1990; Gumin/Meier 1992; Fischer ²1993.

384   Schmidt 1994b: 28.

385   Rusch 1987b: 231. Schmidt und Rusch grenzen somit den Kognitionsbegriff Maturanas ein, der Kognition mit Leben gleichsetzt (vgl. Maturana 1978a: 101; 1978b: 279f.; 1990: 89; Hejl 1982: 199; Riegas 1990: 333).

386   „Das Wort *Organisation* werde ich immer dann benutzen, wenn ich mich auf die Beziehungen zwischen den Komponenten beziehe, die eine zusammengesetzte Einheit als Einheit einer bestimmten Klasse definieren. *Struktur* dagegen benutze ich zur Kennzeichnung der tatsächlichen Bestandteile und Beziehungen, die eine bestimmte zusammengesetzte Einheit zu einem konkreten Fall einer bestimmten Klasse von Einheiten machen. Hieraus folgt: [...] [D]ie Beziehungen, die die Organisation einer zusammengesetzten Einheit konstituieren, bilden eine Untermenge der Beziehungen, die an ihrer Struktur beteiligt sind". (Maturana 1978a: 92f., Hervorhebungen im Original) Zu den Begriffen Struktur und Organisation bei Maturana siehe auch Riegas 1990: 336, allgemein zu der Problematik der Definition von Systemen Hejl 1992a: 181ff. und zur Theorie selbstreferentieller Systeme Hejl 1982: 194ff. In Zusammenhang mit der Systemtheorie Luhmanns wird zudem darauf verwiesen, daß die Elemente eines Systems nicht gleicher Art und daß die Systemgrenzen nicht zwingend notwendig stabil sein müssen (vgl. Rusch 1991: 315f.; Schmidt 1994b: 82; Meyer 1994: 103). Hinzu kommt, daß Systeme als von Beobachtern unterschiedene Einheiten letztlich beobachterabhängig sind (vgl. Maturana 1978a: 100; Meyer 1994: 104).

387   Vgl. Maturana 1978a: 98. Die Prozesse der Kontrolle und Bewertung der System/Umweltbeziehungen werden dabei auch mit dem systemtheoretischen Begriff der *‚Symmetriebrechung'* umschrieben

den Systems, d.h. eines Systems, das seine Komponenten selbst erzeugt, sich selbst organisiert, selbstreferentiell und selbsterhaltend operiert[388], dienen die kognitiven Prozesse zudem dazu, das lebende System aufrechtzuerhalten.[389]

Das Ergebnis des kognitiven Prozessierens ist u.a. eine Vorstellung von der Umwelt, in der sich das lebende System befindet. Aufgrund der Geschlossenheit und Selbstreferentialität des kognitiven Systems „emergiert"[390] diese Vorstellung von der Umwelt allein aus kognitionsinternen Prozessen. Sie kann deshalb nicht als Abbild der Umwelt verstanden werden, sondern allein als eine dynamische *individuelle Wirklichkeitskonstruktion*.[391]

Konstruktionen sind somit Prozesse,

> „in deren Verlauf Wirklichkeitsentwürfe sich herausbilden, und zwar keineswegs willkürlich, sondern gemäß den biologischen, kognitiven und sozialen Bedingungen, denen sozialisierte Individuen in ihrer sozialen und natürlichen Umwelt unterworfen sind."
>
> (Schmidt 1994: 5)

Wirklichkeitskonstruktionen dienen vor allem dazu, das Leben der Individuen in einer bestimmten Umwelt zu ermöglichen und fortzuführen.[392] Da zudem aufgrund der Geschlossenheit der individuellen kognitiven Systeme nicht von einer Abbildung der Umwelt ausgegangen werden kann, stellt sich die Frage nach dem Gütemaß für individuelle Wirklichkeitskonstruktionen. Ähnlich wie in Zusammenhang

---

(vgl. Meyer 1994: 60ff.; Schmidt 1996: 15). Ergänzend zur Geschlossenheit und Selbstreferentialität des kognitiven Systems siehe Rusch 1987b: 231 und Schmidt 1996: 11f. mit weiteren Verweisen. Zur Entwicklung der Kognition im Laufe der Evolution siehe Roth 1984: 246; Hejl 1987: 134f.; 1992b: 122.

[388] Der Begriff „*Autopoiese*" (auto = selbst; poiein = machen) bezeichnet somit die Prozesse zur Bewahrung der oben genannten Eigenschaften durch die Effekte dieser Eigenschaften in einem lebenden System. Konkret heißt es: „[...] a composite unity whose organization can be described as a closed network of productions of components, which through their interactions constitute the network of productions that produce them and specify its extension by constituting its boundaries in their domain of existence, is an autopoietic system." (Maturana 1990: 79). Ausführliche Erläuterungen zum Begriff Autopoiese finden sich in Maturana/Varela/Uribe 1975; Varela 1981; Riegas 1990: 329. Zum Entdeckungszusammenhang siehe Maturana [2]1993. Weitere Erläuterungen zur Autopoiese aus der Sicht anderer Autoren finden sich bei Schmidt 1987a: 22; Roth 1988: 87; Köck 1990: 168; Meyer 1994: 213.

[389] Vgl. Roth (1984: 239; 1986: 275; 1992: 321; Roth/Schwegler 1992: 107) im Anschluß an seine kritische Auseinandersetzung mit den Ausführungen Maturanas.

[390] „*Emergenz*: [...] In einer modernen Version spricht man von Emergenz, wenn durch mikroskopische Wechselwirkung auf einer makroskopischen Ebene eine neue Qualität entsteht, die nicht aus den Eigenschaften der Komponenten herleitbar (kausal erklärbar, formal ableitbar) ist, die aber dennoch allein in der Wechselwirkung der Komponenten besteht." (Krohn/Küppers 1992: 289, zitiert nach Schmidt 1996: 15, Hervorhebungen im Original).

[391] Gegen den Vorwurf, diese erkenntnistheoretische Position sei eine solipsistische, wenden sich explizit Foerster ([2]1984: 5ff.), Glasersfeld (1987: 404; 1992a: 14ff.) und Schmidt (1989: 313). Zum Verhältnis von Kognition und Umwelt siehe auch die Ausführungen zur strukturellen Kopplung, S.118.

[392] Glasersfeld 1981: 20ff.; 1986: 22; 1992: 30f.

mit der indirekten Beobachtung von Wirklichkeitskonstruktionen spielen auch hier individuelle Erfahrungen und Handlungen eine Rolle. Anzunehmen ist, daß die kognitiven Prozesse wiederholt und in kognitiven Schemata organisiert werden, die erfolgreiches Handeln zur Folge haben. Insofern ist für die Individuen weniger die Identität mit der Umwelt als vielmehr die *Viabilität* der Wirklichkeitskonstruktionen in der Umwelt von Relevanz.[393]

Da Wirklichkeitskonstruktionen ein Resultat des kognitiven Prozessierens darstellen, entfalten sie sich erst mit der ontogenetischen Entwicklung der Individuen und werden nicht - etwa in Form genetischen Erbmaterials - an nächste Generationen weitergegeben.[394] Aufgrund der *strukturellen Kopplung* des lebenden Systems an seine Umwelt ist jedoch die Ausbildung konsensueller Bereiche mit anderen lebenden Systemen möglich. Unter struktureller Kopplung wird dabei die Änderung der Struktur eines Systems aufgrund von „Störungen" aus der Umwelt des Systems verstanden.[395] Befinden sich andere lebende Systeme in der Umwelt, so führt die strukturelle Kopplung der lebenden Systeme mit ihrer Umwelt zu einer strukturellen Verkopplung der lebenden Systeme.[396] In bezug auf die kognitiven Systeme läßt sich dann die Ausbildung *konsensueller Bereiche* annehmen, die als Bereiche koordinierten Verhaltens verstanden werden. Diese konsensuellen Bereiche sind die Grundvoraussetzung für die Entstehung von Sprache und Kommunikation.[397] Kommt es im Laufe der Ontogenese zu rekursiven kognitiven Interaktionen bei strukturell verkoppelten Systemen, so kann auch von Ko-Ontogenese und der Bildung einer sozialen Einheit gesprochen werden.[398] Aufgrund dieser ko-ontogenetischen Prozesse können ähnliche Strukturen in individuellen kognitiven Systemen angenommen werden und im Anschluß daran sich ähnelnde individuelle Wirklichkeitskonstruktionen.

Wirklichkeitskonstruktionen zeichnen sich zudem dadurch aus, daß im Zuge der Entwicklung kognitiver Strukturen neben Sprache auch der *Beobachter* als Konstrukteur der Wirklichkeit entsteht.[399] *Beobachten* als Aktivität des Beobachters

---

[393]   Vgl. Glasersfeld 1977b; 1978; 1992: 22. Maturana bezeichnet diesen Aspekt auch als operationale Wirksamkeit (vgl. Glasersfeld 1990: 285).

[394]   Vgl. Roth 1986: 280f. Zur Entwicklung von kognitiven Strukturen siehe Glasersfeld 1974a: 99ff.; 1982, der sich in seinen Ausführungen u.a. auf die entwicklungspsychologischen Arbeiten Piagets bezieht. Siehe ergänzend dazu auch Ros 1983 und Rusch/Schmidt 1994a.

[395]   Zur Erläuterung des Begriffs der strukturellen Kopplung siehe Maturana 1978: 101f.; 1978a: 244, 251f.; 1978b: 287f.; Riegas 1990: 336. Die Störungen bezeichnet Maturana auch als Perturbation (vgl. Maturana 1978a: 93f.; Maturana/Varela 1987: 105ff.; Riegas 1990: 335 und kritisch dazu Schmidt 1994b: 103).

[396]   Vgl. Schmidt 1996: 6.

[397]   Vgl. Maturana 1978: 256; 1978a: 108f.; 1978b: 290; Riegas 1990: 333.

[398]   Vgl. Maturana 1970: 52ff.; 1978: 256ff.; 1988: 841; 1990: 93; Maturana/Varela 1987: 210. Zur Entwicklung von sozialen Einheiten und Gesellschaft siehe auch die Ausführungen zum Individuenkonzept, S. 126ff.

[399]   In Anlehnung an Descartes drückt Glasersfeld die Entstehung des Beobachters folgendermaßen aus: „Indem ich unterscheide, bringe ich mich als Beobachter hervor." (Glasersfeld 1990: 287). Siehe

läßt sich beschreiben als das Setzen von Unterscheidungen, aus denen komplexere Einheiten zusammengesetzt werden.[400] Dabei umfaßt die vom System aus als Einheit gesehene Unterscheidung sowohl die Prozesse des Unterscheidens, d.h. des Festlegens einer Differenz, als auch die Prozesse des Bezeichnens, d.h. des Festlegens, auf welcher Seite der Differenz weitere Operationen angeschlossen werden.[401] Die Einheiten der individuellen Wirklichkeitskonstruktion beruhen somit auf vom Beobachter getroffenen Unterscheidungen, die sich in der Umwelt des Systems als viabel erwiesen haben. Eine für die individuelle Wirklichkeitskonstruktion zentrale Unterscheidung stellt dabei die Differenz System/Umwelt dar, anhand der zwischen selbstreferentiellen und fremdreferentiellen Aspekten unterschieden wird.[402] Zur individuellen Wirklichkeitskonstruktion gehören demnach Vorstellungen vom lebenden System und der geschlossenen selbstreferentiellen Kognition - also Vorstellungen vom Selbst -, die von Vorstellungen von der Umwelt des lebenden Systems - also Vorstellungen vom Fremden - unterschieden werden.

Organisiert werden die beobachteten Einheiten der individuellen Wirklichkeitskonstruktion in *kognitiven Schemata*.[403]

> „Beim Nachdenken über Schemata [...] sind [...] folgende Gesichtspunkte festzuhalten:
> – Schemata entstehen durch wiederholte und mit anderen erfolgreich geteilte Erfahrungen (z.B. Schemata für räumliche und zeitliche Ordnungen, Objekte und Farbräume) sowie durch Kommunikation.
> – Schemata erlauben die rasche Bildung von Gestalten (=Eigenwerten oder Invarianten) über eine große Menge von Einzelheiten (Menschen, Uhren, Schalter, Gleise, Lärm, Lautsprecher → Bahnhof).
> – Schemata sind nur zum Teil bewußt und nur zum Teil sprachlich kommunizierbar (z.B. Schemata für Gefühle).

---

zum Konzept des Beobachters auch Maturana 1975: 139; 1978: 110ff.; Hejl 1982: 205ff.; Rusch 1987b: 231; Riegas 1990: 330. Zur Differenzierung interner und externer Beobachter siehe Schmidt 1989: 312. Zum besonderen Stellenwert der Sprache siehe auch S. 122f.

[400]   Vgl. Maturana 1978a: 92; 1990: 58f.; Riegas 1990: 330, 331. Das System benutzt die Unterscheidung ohne sich dessen bewußt zu sein. Dies wird in Anlehnung an die Optik auch als *„blinder Fleck"* der Beobachtung bezeichnet (vgl. Foerster 1973: 26).

[401]   Vgl. Luhmann 1990a: 81ff.; Schmidt 1994b: 21; 1995a: 31. Schmidt verweist zudem darauf, daß Wahrnehmen und Erkennen mit Unterscheidungen operieren, „die mit Hilfe von Sprachen als differentiellen Systemen von Benennungen kommunikativ verfestigt werden" (Schmidt 1996: 36).

[402]   Vgl. Schmidt 1989: 309f. Zur Unterscheidung zwischen Selbst- und Fremdreferenz siehe Schmidt 1994: 25, der sich auf Luhmann (1990a) bezieht.

[403]   Schmidt wendet sich im Anschluß an Alfes (1986; 1992) und Ciompi (1986) gegen eine „rationalistisch halbierte" Wissenschaft (Schmidt 1994b: 11) und plädiert für eine Berücksichtigung emotionaler Komponenten kognitiver Schemata. Konkret heißt es: Kognitive Schemata sind „kognitiv-affektive Bezugssysteme bzw. auf Dauer gestellte (da neuronal »gebahnte«) potentielle Funktionsabläufe, wodurch neuronale Subsysteme miteinander verkoppelt werden". (Schmidt 1989: 311) Untergruppen kognitiver Schemata sind u.a. Scripts, die sich auf größere Ereignis- und Handlungsabläufe beziehen und vor allem routinisierte Handlungsketten beinhalten und Frames, die sich auf wiederholt erfahrene soziale Konventionen beziehen (vgl. Schmidt 1994b: 170). An anderer Stelle weist Schmidt zudem darauf hin, daß Schemata als prozedurale Muster zu konzipieren sind und nicht als Wissensbestände (vgl. Schmidt 1994b: 135).

- Schemata verbinden kognitive, affektive und assoziative Faktoren von Bewußtseinstätigkeit (z.B. Mutterschema, Heimatschema).
- Schemata sind in Netzwerken organisiert (Schemata für Wahrnehmung, Schemata für Handlungen, Schemata für Kommunikationen).
- Schemata erlauben Intersubjektivität von Kommunikationen und Handlungen durch den Aufbau von Erwartungserwartungen (z.B. Schemata stereotyper Handlungsabläufe wie Autofahren in der Großstadt, Einkaufen im Supermarkt usw., Schemata der Kommunikation wie Witze erzählen, eine Predigt halten usw.)."

(Schmidt 1994b: 171f.)

Für die folgenden Ausführungen stehen dabei aufgrund der zentralen Fragestellung dieser Arbeit insbesondere die kognitiven Schemata der Wahrnehmung und Kommunikation im Mittelpunkt des Interesses.

Aus den bisherigen Ausführungen wurde vor allem deutlich, daß trotz der Geschlossenheit der kognitiven Systeme die individuelle Wirklichkeitskonstruktion immer auch ein Ergebnis der Umgebung ist, in der die Systeme leben, und daß insbesondere soziale Aspekte Einfluß auf die individuellen Wirklichkeitskonstruktionen nehmen.

4.2.1.2 Kommunikation und Kultur

Einen besonderen Bereich der individuellen Erfahrung mit spezifischen Folgen für die individuelle Wirklichkeitskonstruktion stellt *Kommunikation* dar. Sie wird verstanden als Interaktion mit Hilfe von Zeichen, also als soziales Handeln.[404] Aufgrund der Annahme der Geschlossenheit kognitiver Prozesse kann Kommunikation jedoch nicht als Austausch von Informationen verstanden werden.[405] Vielmehr ist aus konstruktivistischer Sicht davon auszugehen, daß im Rahmen der individuellen Wirklichkeitskonstruktion Kommunikationspartner ähnlich zum Selbstbild konzipiert werden[406] und daß aufgrund der individuellen Erfahrung bestimmte Handlungen des Kommunikationspartners als Zeichen wahrgenommen werden.[407] Mit Hilfe der entwickelten kognitiven Schemata werden die Zeichen verarbeitet und die

---

[404] Vgl. Köck 1978: 359; 1984: 27; Schmidt 1994b: 113ff. Rusch verweist darauf, daß die sogenannte Orientierungsintention auf Seiten eines kommunikativ Handelnden als definierendes Merkmal für Kommunikation angesehen werden muß (vgl. Rusch 1994: 66). Das typische an der menschlichen Kommunikation ist zudem die enorme Komplexität der sozial entwickelten Zeichensysteme (vgl. Hejl 1986: 60). Schmidt verweist außerdem darauf, daß Kommunikation weder auf Handlungen noch auf Beziehungen zwischen Individuen zu reduzieren ist (vgl. Schmidt 1994b: 82). Ergänzend ist darauf hinzuweisen, daß der von Maturana verwendete Kommunikationsbegriff - Kommunikation als Verhalten im Rahmen sozialer Kopplung (vgl. Hejl 1982: 209; Maturana/Varela 1987: 210f.) - weiter gefaßt ist als der der anderen Autoren.

[405] Maturana 1978: 263; Köck 1978: 347ff.; Maturana/Varela 1987: 212; Schmidt 1989: 316; 1994b: 51ff.

[406] Vgl. Glasersfeld 1979: 180; 1992a: 33f. Allgemein zum Erkennen von anderen lebenden Systemen siehe auch Hejl 1987: 126f.

[407] Köck 1978: 362; Schmidt 1994b: 114f.

Resultate der Verarbeitung in die individuelle kognitive Wirklichkeitskonstruktion integriert. Dies sind jedoch nur die Prozesse, die die kommunikative „Störung" in der individuellen Kognition hervorruft. Kommunikation ist allerdings nicht auf individuelle Kognitionsprozesse zu reduzieren[408], sondern ist zugleich ein soziales Phänomen.

> „Ereignisse in den Bereichen Kognition und Kommunikation werden unterschiedlich prozessiert und unterschiedlich aneinander angeschlossen. Bewußtsein ist ohne Kommunikation (evolutiv wie aktual) ebensowenig möglich wie Kommunikation ohne Bewußtsein. Sie bilden also einen notwendigen Zusammenhang, aber kein einheitliches System."
>
> (Schmidt 1996: 22)

Entscheidend für das Zustandekommen von Kommunikation sind dabei die von den Beteiligten in bezug auf ein Kommunikationsangebot getroffenen Unterscheidungen zwischen Information, Mitteilung und Verstehen. Ein *Kommunikationsangebot* ist eine Verkettung von semiotischen Materialien, also ein Produkt menschlichen Handelns unter Verwendung von Unterscheidungskomplexen, die als Zeichen akzeptiert sind.[409] Ein an der Kommunikation beteiligtes Individuum produziert ein solches Kommunikationsangebot, indem es einer Information eine bestimmte Form der Mitteilung zuweist. Als *Information* wird dabei ein Ereignis bezeichnet, das eine bestimmte Art des Operierens, also einen bestimmten Strukturgebrauch innerhalb eines Systems aktualisiert. Durch diese Aktualisierung ändert sich der Systemzustand, d.h. die Information hat einen bestimmten Struktureffekt hinterlassen.[410] Information ist somit immer systemabhängig und kann nicht als einem Kommunikationsangebot inhärente Entität aufgefaßt werden.[411] Unter einer *Mitteilung* wird nun die Umsetzung der Information in einen Zeichenkomplex verstanden[412], d.h. für Kommunikation müssen systeminterne Informationen in Zeichensysteme transformiert werden, die als interindividuell akzeptiert angenommen werden. Das Kommunikationsangebot muß nun wiederum von anderen Beteiligten als Mitteilung, also als Zeichenkomplex für eine Information, wahrgenommen und

---

408   Vgl. Schmidt 1994b: 231.

409   Schmidt verwendet statt dem Begriff Kommunikationsangebot den Begriff Medienangebot (vgl. Schmidt 1994b: 118ff.; 1996: 22.). Zur synonymen Verwendung dieser beiden Begriffe siehe auch die Ausführungen im Rahmen der Grundkonzepte, S. 142ff. Da Schmidt sich in den folgenden Aspekten auf Luhmann bezieht (vgl. Schmidt 1994b: 70ff.; 1996: 7ff.), wird im folgenden auf die Ausführungen Luhmanns rekurriert.

410   Vgl. Luhmann ⁵1994: 102; Luhmann ²1996: 39. Luhmann bezieht sich bei seiner Informationsbestimmung auf Bateson: „Der *terminus technicus* »Information« kann vorläufig als *irgendein Unterschied, der bei einem späteren Ereignis einen Unterschied ausmacht*, definiert werden. Diese Definition ist grundlegend für jede Analyse kybernetischer Systeme und der Organisation." (Bateson 1981: 488f., Hervorhebungen im Original)

411   Vgl. Schmidt 1996: 10f.

412   Vgl. Luhmann ⁵1994: 194; Luhmann 1990: 24. Rusch verweist zudem darauf, daß ein Orientierender mit seinen Orientierungshandlungen - in diesem Falle Mitteilungen - Orientierungserwartungen, -ziele, -absichten usw. verbindet (vgl. Rusch 1994: 71f.).

verstanden werden. Das *Verstehen* eines Kommunikationsangebots bedeutet in diesem Zusammenhang nicht eine „Entschlüsselung" der Mitteilung, sondern bezieht sich auf die Reaktionen der Beteiligten.[413] Erst wenn ihr Verhalten den Erwartungen desjenigen, der die Mitteilung formuliert hat, entspricht, erst wenn eine anschließende Folgemitteilung von einem anderen Beteiligten formuliert wird, erst dann kann von Kommunikation gesprochen werden.[414]

> „[E]rst ein mitgeteiltes Medienangebot, auf das ein anderes als Ausweis des Verstehens referiert, konstituiert Kommunikation als sozialen Prozeß."
>
> (Schmidt 1996: 22)

Kommunikation ist somit notwendigerweise verknüpft mit der individuellen Kognition, mit erlernten Zeichensystemen und dem Wissen um deren korrekten Gebrauch sowie mit der Annahme der Interindividualität der Zeichensysteme und ihrem Gebrauch.[415]

Der *Sprache* als hochkomplexem Zeichensystem kommt in diesem Zusammenhang eine besondere Relevanz zu, da sie den Individuen gesellschaftlich akzeptierte Unterscheidungen zur Verfügung gestellt, die zur Beobachtung der Umwelt verwendet werden können.[416] Insofern ist die Umwelt, in der sich die ontogenetische Entwicklung vollzieht, kein „unmarked space"[417], sondern durch vorangegangene soziokulturelle Prozesse vorstrukturiert.[418] Kommunikation ist die Schnittstelle, mit deren Hilfe diese soziokulturellen Strukturen trotz der Geschlossenheit der kognitiven Systeme für die individuellen Wirklichkeitskonstruktionen zugänglich werden.

Diese Annahmen über das Verhältnis von individueller Kognition, Kommunikation und Sprache münden in ein Konzept des *Common Sense* als kollektives Handlungswissen.[419] Ausgangspunkt ist die Auffassung von Sprache als Orientierungsverhalten. Sprachliche Ausdrücke stellen Zeichen einer sprachlichen Koordination

---

[413]   Vgl. Rusch 1990: 25f.; Schmidt 1996: 20f. Siehe ausführlicher zum Verstehenskonzept auf der Basis der hier vorgestellten Grundannahmen die Ausführungen auf S. 131ff.

[414]   Vgl. Luhmann ⁵1994: 196. Neben dieser engen Definition konzipiert Luhmann Kommunikation auch allgemeiner: „Von Kommunikation kann man [...] nur sprechen, wenn die Änderung des Zustandes von Komplex A mit einer Änderung des Zustandes von Komplex B korrespondiert, obwohl beide Komplexe andere Möglichkeiten der Zustandsbestimmung hätten." (Luhmann ⁵1994: 66). Ähnlich im Anschluß an Luhmann auch Schneider (1994: 168).

[415]   Schmidt verweist in diesem Zusammenhang auf den von Merten hervorgehobenen Aspekt der Reflexivität von Kommunikation (vgl. Schmidt 1994b: 59ff. und Merten 1977: 161ff.). Inwieweit auch Kommunikation als System zu konzipieren ist, soll an dieser Stelle offenbleiben.

[416]   Maturana/Varela 1987: 226ff.

[417]   Schmidt 1994b: 31. Der Begriff entstammt der Unterscheidungslogik George Spencer Browns (Spencer Brown 1969: 5) und ist von Luhmann wieder in die Diskussion eingebracht worden (vgl. Luhmann 1990a: 81).

[418]   Vgl. Schmidt 1994b: 31f. mit Verweis auf Kramaschki (1993).

[419]   Vgl. Schmidt 1994b: 94ff., der sich in seiner Argumentation auf Feilke stützt (vgl. Feilke 1994).

von Handlungen dar. Als solche werden sie fortwährend durch und allein für Kommunikation hervorgebracht. Da sich der Gebrauch der sprachlichen Zeichen an schon gemachten Erfahrungen orientiert, Sprachverhalten somit sozial kalkulierbar wird, entsteht eine Form intersubjektiven Wissens, das zur gegenseitigen Orientierung eingesetzt wird - Common Sense. Dieses gesellschaftlich geteilte Wissen umfaßt neben Weltwissen auch sprachliches Wissen sowie das Wissen um den gesellschaftlich anerkannten Umgang mit Sprache, also sprachliche Kompetenz.[420] Common Sense ist somit als Basis für die vermittelnde Sozialität der Sprache zu verstehen und zwar sowohl auf der Ebene des Ausdrucks als auch auf der Ebene des Inhalts.

Die sprachlich vermittelten, gesellschaftlich akzeptierten Unterscheidungen, die zur individuellen Wirklichkeitskonstruktion genutzt werden, machen in komplexer Form *symbolische Ordnungen* aus.[421] Zu symbolischen Ordnungen gehören z.B. thematische Räume, die entstehen, indem bestimmte Themenbestände ein strukturiertes und kohärentes Netz von kommunikativen Beiträgen bilden, das nach Bedarf erweitert oder eingegrenzt werden kann.[422] Ein weiteres Beispiel für symbolische Ordnungen sind kommunikative Gattungen, die im gesellschaftlichen Wissensvorrat als vorgefertigte kommunikative Muster zur Lösung von kommunikativen Problemen zur Verfügung stehen.[423] Die Ordnung symbolischer Ordnungen, also gesellschaftlich akzeptierter Unterscheidungen, wird schließlich als *„Kultur"* bezeichnet.[424] Kultur dient der sozialen Kontrolle und ermöglicht die Entstehung sozialer Sinnsysteme resp. Wirklichkeitsmodelle, die u.a. die Grenzen für Handeln und Kommunizieren abstecken. Dabei umfaßt dieser Kulturbegriff sowohl den Aspekt des kollektiven Wissens als auch den Aspekt der Anwendung des kollektiven Wissens, so daß Kultur auch als Programm verstanden werden kann.

---

[420]   Vgl. Schmidt 1994b: 95.

[421]   Schmidt 1994b: 104. Als solche sind sie Teil des Common Sense (vgl. Schmidt 1994b: 118). An anderer Stelle verweist Schmidt darauf, daß symbolische Ordnungen im sozialen Bereich ähnlich operieren wie kognitive Schemata. „Sie reduzieren Komplexität, regeln die Produktion und Rezeption von Medienangeboten, schaffen soziale Identität über den Aufbau und die (Selbst-)Bestätigung von kommunalisierenden Erwartungserwartungen." (Schmidt 1994b: 118)

[422]   *Themen* können dabei ganz allgemein als Strukturen, die einzelne Kommunikationssequenzen eröffnen und begrenzen können, definiert werden (vgl. Rühl 1993: 140; Luhmann 1994a: 64ff; ²1996: 173ff.). Neu hinzu kommende Beiträge zu thematischen Räumen müssen neben dem Kriterium der kommunikativen Anschließbarkeit gewisse Formalia erfüllen. Schmidt weist hier auf spezifische Darstellungs-, Argumentations- und Erzählformen sowie auf typische Metapher und Kollektivsymbole hin (vgl. Schmidt 1994b: 105). Außerdem verweist Schmidt darauf, daß sich thematische Räume als selbstreferentielle Systeme von Kommunikationsprozessen beschreiben lassen, nicht aber Kommunikation an sich (vgl. Schmidt 1994b: 118).

[423]   Vgl. Schmidt 1994b: 106, der sich in seinen Ausführungen auf Luckmann (1989) bezieht.

[424]   Schmidt 1994b: 203 und ähnlich Hejl 1992: 9; 1994a: 57. Kultur wird dabei als ein soziales Phänomen aufgefaßt, das sich im Laufe der Evolution entwickelt hat (vgl. Schmidt 1994b: 224ff, der sich auf Beniger (1986) bezieht).

„„Kultur' nenne ich das sozial gültige und sozialisatorisch reproduzierte Programm zum Abgleich (sozusagen zum Tuning) individuell erzeugter Wirklichkeitskonstrukte, das im Tuning die Kriterien der Realitätsgeltung entwickelt, erprobt und legitimiert. Insofern verkörpert Kultur das grundlegende Prinzip der Selbstorganisation allen Lebens und Denkens sowie aller Gesellschaft."

(Schmidt 1996: 36, Hervorhebungen im Original)

Kultur stellt somit gesellschaftlich normiertes, per Sozialisation reproduziertes kollektives Wissen dar, das sich in den Anwendungen der Mitglieder einer Gesellschaft manifestiert. Dieses Wissen umfaßt die Menge der relevanten Unterscheidungen, ihre hierarchische Ordnung aufgrund der semantischen Interpretation und Bewertung sowie ihre Legitimation innerhalb der Gesellschaft.[425]

Da das Programm Kultur die Handhabe gesellschaftlich akzeptierter Unterscheidungen organisiert, zeigt es sich im Hinblick auf individuelle Wirklichkeitskonstruktionen als Instrument der sozialen Kontrolle;[426] da jedoch andererseits die Anwendung der Kulturprogramme nach den systemspezifischen Regeln der individuellen Kognition erfolgt, tragen die Gesellschaftsmitglieder durch die Anwendung der Kulturprogramme zugleich zur dynamischen Entwicklung von Kultur bei.[427] Kultur stellt somit das notwendige Bindeglied zwischen kognitiver Autonomie und sozialer Kontrolle, zwischen Kognition und Kommunikation dar.[428] Aufgrund der Differenzierung moderner Gesellschaften muß jedoch von der Pluralität zulässiger Interpretationen eines gesellschaftlich akzeptierten Wirklichkeitsmodells ausgegangen werden, so daß sich die Frage stellt, inwieweit überhaupt noch von *der* Kultur einer Gesellschaft gesprochen werden kann.[429]

Ergänzend dazu ist darauf hinzuweisen, daß im Zuge der Entwicklung von Mediensystemen die Möglichkeiten der Selbstbeobachtung einer Gesellschaft zunehmen und infolgedessen ebenfalls Kontingenzerfahrungen. Kulturen moderner Gesellschaften können insofern auch als *Medienkulturen* bezeichnet werden, da sie auf Medien als Kommunikationsinstrumente angewiesen sind und zugleich die Medien-

---

[425]   Vgl. Schmidt 1994b: 231f. Dabei umfaßt kulturelles Wissen nicht nur kognitiv-rationale Aspekte, sondern auch normative und affektive Bestandteile und Besetzungen sowie Motivationen und Handlungsziele (vgl. Schmidt 1994b: 239).

[426]   Eine weitere Form der sozialen Kontrolle stellt die Regulation und Legitimation von Beobachterverhältnissen dar: „Zur Kulturspezifik einer Gesellschaft und ihrer Sozialstrukturen gehört die Regelung, wer was in welcher Weise beobachten kann und darf und in welchem Bereich von Öffentlichkeit Beobachtungsresultate kommuniziert werden dürfen." (Schmidt 1994b: 259f.)

[427]   Siehe ausführlicher zu den verschiedenen Aspekten der Konzeption von Kultur als Programm Schmidt 1994b: 242ff.; 1995a: 32ff.; 1996: 36ff.

[428]   Vgl. Schmidt 1995a: 33; 1996: 38.

[429]   Vgl. Schmidt 1994b: 245ff.; 1995a: 32; 1996: 37. Dieser Kultur-Pluralismus führt zudem dazu, daß von keinem Standpunkt aus das gesamte Spektrum von Kultur überblickt werden kann (vgl. Schmidt 1994b: 246.). Schmidt verweist jedoch zugleich darauf, daß die sich ausdifferenzierenden Kulturen einer Gesellschaft gewisse gesellschaftliche Basiskonstanten, z.B. die Differenzen ± wirklich und ± gut, nicht in Frage stellen dürfen, um die Identität der Gesellschaft zu gewährleisten (vgl. Schmidt 1991: 38; 1994b: 249f.).

entwicklung ihre Spuren in den Kulturen einer Gesellschaft hinterläßt.[430]

Kommunikation und Kultur wird somit in konstruktivistischen Überlegungen ein zentraler Stellenwert zugeschrieben, da sie das notwendige Bindeglied zwischen geschlossenen individuellen Kognitionssystemen und gesellschaftlich geteiltem Wissen darstellen. Insofern geht aus der Darstellung der theoretischen Grundannahmen hervor, daß aus Sicht der Siegener Überlegungen kognitive, kommunikative und soziale Prozesse auf vielfältige Weise miteinander verknüpft sind. Eine isolierte Betrachtung eines Aspekts ist somit unzulässig.

Inwieweit die vorgestellten Grundannahmen für massenmediale Kommunikation weiter zu spezifizieren sind, zeigen die Ausführungen im Rahmen der Grundkonzepte. Basierend auf den skizzierten Grundannahmen können jedoch folgende zu berücksichtigende Annahmen für eine alternative konstruktivistische Konzeption festgehalten werden:

- *Kognitive Prozesse operieren in einem geschlossenen selbstreferentiellen System.*
- *Aus kognitiven Prozesse emergieren individuelle, viable Wirklichkeitskonstruktionen.*
- *Die individuellen Wirklichkeitskonstruktionen ähneln sich aufgrund koontogenetischer Prozesse.*
- *Die individuellen Wirklichkeitskonstruktionen basieren auf Beobachtungsoperationen, durch die Unterscheidungen gesetzt werden.*
- *Die individuellen Wirklichkeitskonstruktionen resp. die Unterscheidungen der Beobachtungsoperationen sind in kognitiven Schemata organisiert.*
- *Kommunikation wird verstanden als Einheit*
  * *der Prozesse der Herstellung eines Kommunikationsangebotes unter der Verwendung gesellschaftlich akzeptierter Zeichensysteme mit dem Ziel, eine Information mitzuteilen,*
  * *der sich daran anschließenden Prozesse der Wahrnehmung der Mitteilung als solche durch andere und schließlich*
  * *des anschließenden Verhaltens der Kommunikationsteilnehmer, das Verstehen signalisiert.*
- *Kommunikation läßt sich weder auf kognitive noch auf soziale Prozesse reduzieren.*
- *Durch Kommunikation können gesellschaftlich akzeptierte Unterscheidungen in individuelle Wirklichkeitskonstruktionen integriert werden.*
- *Gesellschaftlich akzeptierte Unterscheidungen sind in symbolischen Ordnungen organisiert.*
- *Kultur ist das Programm symbolischer Ordnungen.*
- *Kultur stellt das Bindeglied zwischen Kognition und Kommunikation dar.*

---

[430]   Vgl. Schmidt 1994b: 261ff.; 1995a: 33; 1996: 43ff. Die Folgen der Medienentwicklung können dabei z.B. mit Hilfe der Unterscheidung Differenzierung/Entdifferenzierung beobachtet werden (vgl. Schmidt 1994b: 303ff.). Siehe ergänzend dazu auch die Ausführungen in Kapitel 4.3.1.2, S. 150ff.

- *Die Differenzierungsprozesse moderner Gesellschaften führen zur Pluralität von Kultur.*
- *Kulturen moderner westlicher Gesellschaften sind Medienkulturen.*

Im folgenden werden analog zu den Ausführungen im Rahmen der Betrachtung der bestehenden Ansätze die Vorstellungen vom Individuum, von Bedeutung und von Verstehen skizziert. Dies dient nicht nur einer weiteren Differenzierung der theoretischen Basis der alternativen Konzeption, sondern erlaubt aufgrund der beibehaltenen Systematik auch einen Vergleich mit den allgemeinen theoretischen Annahmen der bestehenden Ansätze.

4.2.2 Individuum

Die Vorstellungen vom Individuum in modernen westlichen Gesellschaften, die im Rahmen der Siegener Überlegungen entwickelt wurden, orientieren sich an der Einsicht, daß kognitive, kommunikative und soziale Aspekte nicht ohne Bezug aufeinander zu erklären sind.[431] Folglich gilt es in diesem Abschnitt nicht nur, den Individuenbegriff zu klären, sondern auch die sich daran anschließenden Vorstellungen von sozialen Systemen und Gesellschaft.

Als *Individuen* werden die einzelnen Mitglieder einer Gesellschaft bezeichnet, die einerseits als lebende Systeme zu konzipieren sind und andererseits als Komponenten einer Vielzahl von sozialen Systemen.[432] Die Entwicklung von sozialen Systemen und Gesellschaft wird dabei zurückgeführt auf die im Laufe der Evolution zunehmenden kognitiven Verarbeitungsmöglichkeiten des Gehirns. Diese zunehmenden Verarbeitungskapazitäten versetzten lebende Systeme in die Lage, verschiedene Wirklichkeitskonstruktionen zu erstellen.[433] Die daraus resultierenden Möglichkeiten kontingenter[434] Wirklichkeitskonstruktionen bergen jedoch sowohl Vor- als auch Nachteile: Zum einen werden lebende Systeme flexibler gegenüber Umweltveränderungen, zum anderen erscheint die nun notwendige Auswahl angemessener Verhaltensweisen schwierig und risikoreich. Das Streben nach einer Minimierung des negativen Aspekts bei einer gleichzeitigen Beibehaltung des positiven führte im Laufe der evolutionären Entwicklung zur Entstehung von Gesellschaften.[435]

---

431   Zu den verschiedenen Facetten des Individuenbegriffs siehe Hejl 1987: 130f. im Anschluß an Durkheim. Da kognitionspsychologische und kommunikative Aspekte bereits erörtert wurden, beziehen sich die folgenden Ausführungen vor allem auf die soziologischen Aspekte.

432   Vgl. Hejl 1992a: 194. Zu den Vorstellungen von Individuen als lebende Systeme siehe die Ausführungen zu den Grundannahmen, S. 115ff.

433   Vgl. Hejl 1987: 134f.; 1992b: 122.

434   Als *kontingent* wird etwas bezeichnet, das auch als anders möglich erfahren wird (vgl. Hejl 1992b: 122). Siehe ausführlich zur Kontingenz der Wirklichkeitskonstruktionen auch Hejl 1982: 331ff.

435   Vgl. Hejl 1992b: 123.

Soziale Systeme entstehen, wenn mehrere lebende Systeme strukturell gekoppelt sind und mindestens in bezug auf einen kognitiv „parallelisierten" Aspekt interagieren.[436] Anders als lebende Systeme sind soziale Systeme weder selbstorganisierend noch selbsterhaltend oder selbstreferentiell.[437] Ihre besondere Aufgabe liegt vielmehr in der Ermöglichung der Ausbildung einer gemeinsamen Wirklichkeitskonstruktion, basierend auf parallelisierten kognitiven Zuständen, auf die in Kommunikation und Interaktion Bezug genommen werden kann. Insofern zeichnen sich soziale Systeme durch eine bestimmte Wirklichkeitskonstruktion aus, die trotz der Geschlossenheit individueller Kognitionen von den Mitgliedern des Systems geteilt wird und die Handlungen und Interaktionen ermöglicht. Aufgrund der Bezugnahme der Mitglieder sozialer Systeme auf eine gemeinsame Wirklichkeitskonstruktion können soziale Systeme auch als synreferentielle Systeme bezeichnet werden.[438]

Eine *Gesellschaft* wird im Anschluß daran als ein Netzwerk sozialer Systeme mit Individuen als Knotenpunkten konzipiert.[439] Neben dem Aspekt der fließenden Grenzen von Gesellschaften aufgrund der Dynamik der sozialen Systeme liegt ein weiterer Vorteil dieser Konzeption darin,

> „daß mit dem Abgehen von der Vorstellung, Gesellschaft sei ein soziales System, bereits auf konzeptueller Ebene nicht länger der Gedanke nahegelegt wird, Gesellschaften seien überindividuelle Akteure. Gesellschaft wird damit theoretisch als pluralistischer Prozeß der im Netzwerk sozialer Sy-

---

[436] Vgl. Hejl 1986: 62f.; 1992b: 127ff.; 1992a: 191ff. Als eine Art Vorstufe zu sozialen Systemen sind *soziale Bereiche* zu verstehen. Sie entstehen, wenn im Zuge wechselseitiger Interaktionen lebender Systeme Parallelisierungen der Kognitionen ausgebildet werden (vgl. Hejl 1986: 60f.; 1987: 125f.; 1992b: 124f. und die Ausführungen zur Ko-Ontogenese, S. 118), und stellen die Grundlage für koordiniertes Handeln und Kommunikation dar (vgl. Hejl 1992b: 126). „Ich behaupte, daß diese Definition sozialer Bereiche alle Phänomene in dem Sinne abdeckt, daß es kein normalerweise als ‚sozial' bezeichnetes Phänomen gibt, das nicht auf diese Definition bezogen werden kann." (Hejl 1986: 61)

[437] Vgl. Hejl 1992b: 130ff. Mit seiner Konzeption sozialer Systeme wendet sich Hejl vor allem gegen die Theorie sozialer Systeme Luhmanns, die soziale Systeme allein aus Kommunikation bestehend annimmt (vgl. Luhmann [5]1994: 22f.; 219). Eine Konzeption, die den Anspruch erhebt, sich mit empirisch feststellbaren sozialen Systemen zu befassen, muß vielmehr ungleiche Komponentenklassen, unzusammenhängende Prozesse, vielfältige Wechselwirkungen unter den Komponenten und unscharfe Systemgrenzen tolerieren (vgl. Schmidt 1994b: 82; Rusch 1991: 315f.; Meyer 1994: 103).

[438] Vgl. Hejl 1986: 62; 1987: 128; 1992b: 136; 1992a: 193; 1994: 113f. Die Organisation eines sozialen Systems geht zudem autonomisiert und selektiv vonstatten (vgl. Hejl 1992a: 185ff.; 1994 117ff.). Durch die Autonomisierung, die ein gewisses Maß an Konservatismus mit sich bringt, ist es zu einem bestimmten Grad unabhängig von spezifischen Komponenten. Solange die Organisation aufrecht erhalten wird, können die Komponenten ausgetauscht werden. Das bedeutet zugleich, daß soziale Systeme nicht auf ihre Komponenten (= lebende Systeme) reduzierbar sind. Selektivität umfaßt das Phänomen, daß zum einen nicht alle Komponenten an allen Interaktionen beteiligt sind und daß zum anderen nicht alle Interaktionen gleich sind. Soziale Systeme stellen also durch Kommunikation ausdifferenzierte und veränderbare Einheiten dar, die nicht auf ihre Einzelkomponenten reduzierbar sind.

[439] Vgl. Hejl 1987: 130; 1992b: 130, 143f.; 1994: 126. Da es sich bei den sozialen Systemen um aktive Systeme handelt, die auf Interaktionen basieren, findet ein ständiger Wandel sozialer Systeme statt. Individuen treten in bestehende soziale Systeme ein, lösen sie auf oder bauen neue auf. Aufgrund dieser dynamischen Veränderungen sind Gesellschaften auch als Zusammensetzung intern differenzierter, selbstorganisierender Systeme zu bezeichnen (vgl. Hejl 1992a: 203, 1994: 124f.; 1994a: 55).

steme verteilten *Erzeugung* von Realitäten verstanden, auf die stets ebenfalls sozial verteilte *Anpassungen* an diese selbsterzeugten Realitäten folgen."

(Hejl 1992: 143, Hervorhebungen im Original)

Letztlich konstruieren also immer kognitive Subsysteme lebender Systeme Wirklichkeiten und nicht Phänomene wie soziale Systeme oder Gesellschaft.[440] Lebende Systeme werden zwar aufgrund der Parallelisierungen in sozialen Systemen in eine bestehende Gesellschaft eingegliedert, haben jedoch zugleich die Möglichkeit, eben diese sozialen Phänomene durch Kommunikation zu verändern.[441]

Individualität in sozialer Hinsicht bezeichnet damit aus Sicht der Siegener Überlegungen ein Repertoire dynamischer Wirklichkeitskonstruktionen und Handlungsweisen, die aufgrund der Einbindung in eine divergierende Menge sozialer Systeme entstehen und sich verändern.[442] Dabei ist das Individuum aufgrund der wachsenden Individualisierungstendenzen in modernen westlichen Gesellschaften[443] gezwungen, mehr und mehr die Verantwortung für seine individuelle Wirklichkeitskonstruktion selbst zu übernehmen.[444] Im Zuge dieser selbstreferentiellen Bestimmung von Individualität und der Möglichkeiten der Aufgabe und des Wechsels der Mitgliedschaft in sozialen Systemen gewinnen systemübergreifende soziale Unterscheidungen - wie sie z.B. durch Kultur bereitgestellt werden - an Relevanz.[445]

Aus dieser Skizze der soziologischen Konzepte Individuum, soziale Systeme und Gesellschaft gehen ähnlich wie bei den Erläuterungen zu den Grundannahmen eine Reihe von Aspekten hervor, die ebenfalls bei der weiteren Spezifizierung in bezug auf eine alternative Konzeption individueller Rezeption massenmedialer Kommunikationsangebote zu berücksichtigen sind.

- *„Menschen leben sozial aus biologischen Gründen und können biologisch sein, wie sie sind, weil sie sozial leben."*[446]
- *Individuen sind als Komponenten sozialer Systeme Teil einer Gesellschaft.*
- *Soziale Systeme basieren auf Interaktionen aufgrund von gemeinsamen Wirklichkeitsvorstellungen.*
- *Gesellschaften bestehen aus einem Netzwerk sozialer Systeme mit Individuen als Knotenpunkten.*

---

[440]   Vgl. Hejl 1992a: 192.

[441]   Mit anderen Worten: Eine Gesellschaft kann nicht ohne ihre Träger existieren. Hejl hat sich in diesem Zusammenhang unter Berufung auf Durkheim ausführlich mit dem Verhältnis von Individuum und Gesellschaft befaßt (vgl. Hejl 1987; 1992a; 1994a).

[442]   Vgl. Hejl 1987: 129; 1992a: 202f.

[443]   Vgl. Schmidt 1994b: 310, der sich auf die Ausführungen von Hoffmann-Nowotny (1991) bezieht.

[444]   Vgl. Hejl 1987: 132; 1992a: 201; 1994a: 54f.; Schmidt 1994b: 311.

[445]   Zum Kulturbegriff im Rahmen der Siegener Überlegungen siehe S. 123f.

[446]   Hejl 1992b: 123.

- *Individuen in modernen westlichen Gesellschaften müssen selbst Verantwortung für ihre individuellen Wirklichkeitskonstruktionen übernehmen.*
- *Systemübergreifende gesellschaftlich akzeptierte Unterscheidungen (Kulturen) gewinnen für die individuellen Wirklichkeitskonstruktionen an Relevanz.*

4.2.3 Bedeutung

Das Bedeutungskonzept, das sich aus den Siegener Überlegungen entwickeln läßt, muß aufgrund der Annahme der Geschlossenheit des kognitiven Systems von der individuellen Konstruktion von Bedeutungen ausgehen. Vorstellungen, die Bedeutungen als Kommunikationsangeboten inhärent und den Kommunikationsangeboten entnehmbar begreifen, werden abgelehnt.[447] Statt dessen kann ausgehend von den Grundannahmen die Bedeutung eines Ereignisses ganz allgemein als Zustandsveränderungen eines Systems im Anschluß an dieses Ereignis bezeichnet werden.[448] In bezug auf die Bedeutung von Zeichen bzw. von Zeichenkomplexen kann diese allgemeine Definition jedoch weiter spezifiziert werden; in Betracht zu ziehen ist dabei insbesondere der kommunikative Aspekt der Zeichenproduktion und -verarbeitung. Da Zeichen und die Zeichenkenntnis Produkte der Kommunikation sind und insofern sozial bestimmt werden[449], muß auch der Bedeutung von Zeichen trotz der Geschlossenheit der individuellen Kognitionen eine soziale Dimension zukommen.[450] Es wird angenommen, daß die Individuen während ihrer Sozialisation die Zeichen, den Umgang mit ihnen und die Bedeutungen, die den Zeichen von anderen zugeschrieben werden, erlernen.[451] Diese Bedeutungen werden dabei als kontextspezifisch erfahren, so daß durchaus einem Zeichen in verschiedenen Kontexten verschiedene Bedeutungen zugeordnet werden können. Im Laufe der ko-ontogenetischen Prozesse entstehen so idiomatische Bedeutungsgefüge, die aufgrund der Ko-Ontogenese einander ähneln. Insofern können trotz der Geschlossenheit der individuellen Kognitionen Bedeutungen von Zeichen auch als Bestandteile des kollektiven Wissens verstanden werden.[452]

Die Bedeutung von Zeichenkomplexen resp. von Kommunikationsangeboten „als - syntaktisch und semantisch - hochgradig konventionalisierte strukturreiche *Anstöße*

---

447   Vgl. Hejl 1987: 125; Schmidt 1994b: 136f.

448   Vgl. Hejl 1992a: 189.

449   Vgl. Schmidt 1994b: 94 mit Bezug auf Feilke 1994: 7.

450   In diesem Zusammenhang verweist Hejl darauf, daß „weder die Entstehung von Bedeutung noch die von Zeichen durch Betrachtung der isolierten Kommunikationspartner erklärt werden" kann. (Hejl 1987: 128)

451   Vgl. Schmidt 1994b: 143ff. mit Bezug auf die Zeichentheorie Feilkes.

452   Vgl. Schmidt 1994b: 140; Hejl 1987: 125; Rusch 1992: 241. Siehe ergänzend dazu auch die Ausführungen zum Verstehenskonzept, S. 131ff.

zur Durchführung kognitiver Operationen"[453] sind somit das Ergebnis der individuellen kognitiven Verarbeitungsprozesse einzelner Zeichen.

> „Texte [resp. Kommunikationsangebote, B.G.] haben für das kognitive System [...] keine »objektive
> Bedeutung« im Sinne semantischer Eigenwerte der Textelemente, sondern diese erhalten im System
> subjekt*abhängige* »Bedeutung« und Bedeutsamkeit (Relevanz) durch die kognitiven Selbst-Orien-
> tierungen, die das System während des Kommunikatbildungsprozesses vollzieht."
>
> (Schmidt 1994b: 136f., Hervorhebungen im Original)

Die angenommene Interindividualität von Textbedeutungen ist dabei zurückzuführen auf ähnliche Erfahrungen im Laufe der Ko-Ontogenese. Zu diesen Erfahrungen
gehören neben der Beobachtung von Kommunikation vor allem auch der Kontakt
mit sozialen Institutionen, die u.a. die Verwendung gesellschaftlich akzeptierter
Bedeutungen unterstützen und u.U. die Verwendung nicht akzeptierter Bedeutungen sanktionieren.[454]

Im Laufe ihrer Sozialisation lernen die Individuen somit, durch die Anwendung
kultureller Programme sozial akzeptierte Bedeutungen zu konstruieren. Als kognitive Konstruktionen sind Bedeutungen dabei einerseits beeinflußt von individuellen, biographischen Erfahrungen, als Konstruktionen kollektiven Wissens andererseits von den Kulturen einer Gesellschaft.[455] Dabei spielt neben der institutionalisierten Kontrolle von Bedeutungen insbesondere das kommunikative Phänomen Verstehen eine entscheidende Rolle für den Erwerb von Kompetenz im Umgang mit kulturellen Programmen.

Bevor die Aspekte des konstruktivistischen Verstehenskonzepts vorgestellt und die
Zusammenhänge zwischen Bedeutung und Verstehen erläutert werden, sollen zunächst die Aspekte des Bedeutungskonzeptes, die für eine alternative Konzeption
relevant erscheinen, zusammengestellt werden.

---

[453]   Schmidt 1994b: 139 mit Verweis auf Meutsch 1987, Hervorhebungen im Original. Schmidt bezieht
diese Aussagen allerdings auf den Begriff *Text*. Um im Rahmen dieser Arbeit die Begrifflichkeiten
jedoch einheitlich zu gebrauchen, wird auch an dieser Stelle der Begriff Kommunikationsangebot
verwendet.

[454]   So verweist Schmidt z.B. darauf, daß „im Verlauf der sprachlichen Sozialisation Individuen durch
soziale Institutionen wie Familie oder Schule auf eine strikte Parallelität bei der Wahrnehmung von
(vor allem schriftlichen) Textkomponenten »dressiert« [werden]."(Schmidt 1994b: 137, Hervorhebungen im Original) Rusch verweist zudem darauf, daß Bedeutungen im Prinzip äußerst labile und
flexible Phänomene sind, die ihre Stabilität allein durch die Konventionalität des Sprachgebrauchs
und der Konservativität der Sprachnutzer erhalten (vgl. Rusch 1992: 243, ähnlich auch Schmidt
1994b: 251 mit Bezug zu kultureller Dynamik).

[455]   „Ob subjektabhängige Kommunikate sozialen Bedeutungen äquivalent sind, ist wieder eine unbe-
antwortbare und daher zu vernachlässigende Frage, da beide Bereiche als voneinander getrennt konzipiert werden." (Schmidt 1994b: 140f.) Zur Differenzierung von Kommunikatbildungs- und Verstehensprozessen siehe auch die Ausführungen im Rahmen der Erläuterungen zum Verstehenskonzept, S. 131ff.

- *Bedeutungen sind individuelle Konstruktionen gesellschaftlichen Wissens und als solche subjektabhängige Anwendungen kultureller Programme.*
- *Die Konstruktion von Bedeutungen wird durch die Wahrnehmung eines Zeichenkomplexes (Kommunikationsangebot) angestoßen.*
- *Bedeutungen unterliegen der sozialen Kontrolle.*

4.2.4 Verstehen

Im Rahmen der Siegener Überlegungen haben sich eine Reihe von Autoren mit dem Phänomen des Verstehens und bestehenden Konzeptionen auseinandergesetzt.[456] Das Ergebnis dieser Auseinandersetzung ist die Differenzierung des Phänomens Verstehen in einen Bereich des kognitiven Prozessierens, also psychisches Verstehen, und einen sozialen Bereich, also soziales Verstehen.[457]

Verstehensprozesse als Operationen des geschlossenen kognitiven Systems werden durch die Wahrnehmung eines Kommunikationsangebotes angestoßen.[458] An diese Wahrnehmung von Zeichenkomplexen schließen sich sogenannte *Kommunikatbildungsprozesse* an, aus denen allein mit dem Ziel der Anschlußfähigkeit kognitiver Operationen kognitive Ordnungen emergieren.[459] Diese kognitiven Ordnungen, die aus den selbstreferentiellen Prozessen der individuellen Kognition anläßlich der Wahrnehmung eines Kommunikationsangebotes hervorgehen, werden als *Kommunikate* bezeichnet.[460] Die Kommunikatbildungsprozesse sind dabei ereignishaft und flüchtig, mithin einzigartig, und laufen ohne eine begleitende innere Beobachtung, also unbewußt ab.[461] Über den genauen Verlauf individueller Kommunikatbildungsprozesse bestehen bisher noch keine gesicherten Erkenntnisse.[462] Anzunehmen ist jedoch, daß Kommunikatbildungsprozesse als Operationen des kogniti-

---

[456]   Siehe zusammenfassend dazu Schmidt 1994b: 121 und zu den Problemen der Verstehensforschung Schmidt 1994b: 134ff. Dabei kommt Schmidt zu dem Schluß: „Denn ähnlich wie bei den Problemfeldern Kognition und Kommunikation sind wir meines Erachtens gegenwärtig noch weit davon entfernt, über eine hinreichend komplexe und empirisch plausibilisierte Verstehenstheorie zu verfügen." (Schmidt 1994b: 122) Insofern stellen die folgenden Ausführungen eine Skizze des Verstehenskonzeptes im Rahmen der Siegener Überlegungen dar, jedoch keine ausgearbeitete konstruktivistische Verstehenstheorie.

[457]   Vgl. Rusch 1990: 17; Schmidt 1994b: 121f.

[458]   Vgl. Schmidt 1994b: 126.

[459]   Vgl. Rusch 1987: 121; Schmidt 1994b: 129. Die Differenz von Verstehen und Mißverstehen ist somit im Bereich des psychischen Verstehens sinnlos (vgl. Schmidt 1994b: 117).

[460]   Vgl. Schmidt 1994b: 131. Insofern stellen die subjektabhängigen Kommunikate das Ergebnis der individuellen Anwendung kultureller Programme anläßlich eines Kommunikationsangebotes dar und umfassen als solche auch die subjektabhängige Bedeutung.

[461]   Vgl. Schmidt 1994b: 126, 129, 136; 1996: 20.

[462]   Vgl. Schmidt 1994b: 126.

ven Systems immer lebenspraktisch integriert sind in die Prozesse der Autopoiese des lebenden Systems in einer (sozialen) Umwelt.[463]

> „An diesem Prozeß können analytisch drei Aspekte unterschieden werden: ein *rationaler* Bereich der informationellen Selbstorientierung; ein *emotionaler* Bereich der Lust-Unlust-Äquilibrierung; und ein *empraktischer* Bereich der evaluativen Einschätzung der lebenspraktischen Relevanz kognitiver Prozesse. Alle drei Aspekte sind selbststeuernd aufeinander bezogen. Aus ihrem Zusammenwirken »emergiert« das, was - im günstigsten Falle - als Informationsproduktion aus Anlaß der Wahrnehmung eines Textes [resp. Kommunikationsangebotes, B.G.] bewußt wird."
>
> (Schmidt 1994b: 132, Hervorhebungen im Original)

Die Ergebnisse im Rahmen bisheriger Forschungsbemühungen um psychisches Verstehen verweisen zudem auf eine Reihe von Aspekten, die an Kommunikatbildungsprozessen beteiligt sind. Neben den Kommunikationsangeboten als Auslöser der Kommunikatbildungsprozesse nehmen vor allem individuelle Dispositionen hinsichtlich der biographischen Lebenssituation und der kognitiven Strukturen Einfluß auf Kommunikatbildungsprozesse. Außerdem zu berücksichtigen sind Aspekte kommunikativer Konventionen sowie individuelle Rezeptionsstrategien.[464] Insbesondere der letzte Aspekt verweist dabei auf die Organisation der Kommunikatbildungsprozesse durch kognitive Schemata, aus der nicht nur die subjektabhängige Bedeutung emergiert[465], sondern durch die auch das entstehende Kommunikat in die individuelle Wirklichkeitskonstruktion integriert wird. Insofern umfaßt das entstehende Kommunikat nicht nur die subjektabhängige Bedeutung, sondern auch die Anbindung an biographische Elemente der individuellen Wirklichkeitskonstruktion wie beispielsweise vohergegangene Kommunikationserfahrungen oder auch Besonderheiten der aktuellen Kommunikationssituation. Zu berücksichtigen ist dabei, daß Kommunikatbildungsprozesse nur zu einem gewissen Grad bewußtseinsfähig und -pflichtig sind, und deshalb nicht kognitiv steuerbar.[466] Aufgrund der Integration der Kommunikate in die individuelle Wirklichkeitskonstruktion ist zudem davon auszugehen, daß erfolgreiche Kommunikatbildungsprozesse einen wichtigen Beitrag zur Identitätskonstruktion eines Individuums leisten.[467] Zum Erfolg der Kommunikatbildungsprozesse trägt dabei insbesondere die Anwendung kultureller Programme bei, denn erst die Konstruktion von gesellschaftlich akzeptierten Bedeutungen ermöglicht den Anschluß gesellschaftlich akzeptierter Handlungen an ein Kommunikat.[468] Die soziale Dimension von Bedeutungen ermöglicht also erst

---

463   Vgl. Schmidt 1986: 92; 1994b: 131f.; 1996: 20.

464   Siehe ausführlicher zu den die Kommunikatbildungsprozesse beeinflussenden Aspekten die Ausführungen in Zusammenhang mit den allgemeinen Aspekten massenmedialer Kommunikation, S. 159ff.

465   Vgl. Schmidt 1994b: 137.

466   Vgl. Schmidt 1994b: 130; 1996: 19f.

467   Vgl. Schmidt 1994b: 131; 1996: 20.

468   Vgl. Schmidt 1994b: 138.

die Emergenz von Kommunikaten, die u.a. die Grundlage für anschließende, erfolgreiche Kommunikation darstellen.[469]

Die Kommunikatbildungsprozesse sind Voraussetzung für Verstehen im sozialen Sinn. Dabei kann Verstehen als „bedeutungsgerechtes Kommunizieren"[470] verstanden werden, als soziales Qualitätskriterium für intellektuelle und psychische Leistungen autonom operierender kognitiver Systeme:[471] „Verstehen bedeutet: einer Orientierungserwartung entsprechen."[472]

Als sozialem Prozeß der Bewertung und Kontrolle der Anschlußfähigkeit von Kommunikation kann somit über Verstehen nur auf der Ebene der Kommunikation entschieden werden und nur auf dieser Ebene macht die Unterscheidung zwischen Verstehen als Erfolg und Mißverstehen als Problem Sinn.[473] Die individuellen kognitiven Prozesse, die zum als verstehend qualifizierten Verhalten geführt haben, sind dabei für die Beurteilung des Verhaltens als Verstehen irrelevant.[474] Da jedoch der als Verstehen begriffene Zustand i.d.R. individuell und sozial als erstrebenswert erachtet wird[475], hat Verstehen nicht nur soziale Konsequenzen, sondern kann auch als Selektionskriterium individueller Kognitionen fungieren.[476] Verstehen ist insofern ein Mittel der sozialen Kontrolle individueller Kognitionen[477], das für das Zustandekommen von Kommunikation und im Anschluß daran für die Entstehung sozialer Phänomene unbedingt notwendig ist.

> „Für die Kommunikationskultur und für den Bestand einer Gesellschaft - wie immer sie sich unter den jeweiligen ökologischen, politischen und technischen Voraussetzungen realisiert - bleibt aber der >Mechanismus< des Verstehens fundamental ... zumindest solange Gesellschaft und Kultur auf Interaktion und Kommunikation zwischen *Menschen* beruhen."
> (Rusch 1992: 256, Hervorhebungen im Original)

---

[469]   Im Anschluß an die Ausführungen zu Kommunikatbildungsprozessen als psychisches Verstehen wird zudem zwischen der *Rezeption* von Kommunikationsangeboten und der *Verarbeitung* von Kommunikationsangeboten differenziert. Erstere bezeichnen die Prozesse der Kommunikatbildung, letztere strategiegeleitete, intentionale und effizienzorientierte kognitive Handlungen, die ein bereits rezipiertes Kommunikationsangebot modifizieren (vgl. Schmidt 1994b: 133).

[470]   Vgl. Schmidt 1994b: 140.

[471]   Vgl. Hejl 1992b: 127; Rusch 1990: 27; 1992: 231; 1994: 73; Schmidt 1994b: 151.

[472]   Rusch 1990: 26.

[473]   Vgl. Schmidt 1994b: 141, 150.

[474]   Vgl. Rusch 1990: 42.

[475]   Vgl. Rusch 1990: 34; 1992: 224; 1994: 72.

[476]   Vgl. Rusch 1990: 42; Schmidt 1994b: 152. So ist z.B. auch Verstehen Voraussetzung für die Entstehung von Sprache und nicht umgekehrt (vgl. Rusch 1992: 240).

[477]   Vgl. Rusch 1990: 27; 1992: 233; 1994: 74. In diesem Zusammenhang wird auch auf den Aspekt der Macht hingewiesen: wer kann/darf in welchen Situationen die Entscheidung treffen, daß jemand jemanden „richtig" versteht? (vgl. Rusch 1990: 40; Schmidt 1994b: 116f.)

Im Laufe der Sozialisation und der Ausdifferenzierung der individuellen Wirklichkeitskonstruktionen entwickelt sich bei den Individuen schließlich die Fähigkeit, sich
selbst Verstehen zuzuschreiben. Um diese Selbstzuschreibung von Verstehen von der
Fremdzuschreibung von Verstehen unterscheiden zu können, wird die Differenz zwischen *selbst-zugeschriebenem* und *fremd-zugeschriebenem Verstehen* eingeführt.[478]
Die im Rahmen des Selbstbewußtseins mögliche Beobachtung des eigenen Handelns
erlaubt den Individuen, ihren eigenen Handlungen nach den erlernten Kriterien die
Qualität des Verstehens zuzuschreiben. Insofern stellt also eine Art Simulation der
Fremdzuschreibung von Verstehen in sozialen Zusammenhängen die Grundlage für
das selbst-zugeschriebene Verstehen dar.[479] Der Selbstzuschreibung von Verstehen
kommt dabei immer ein gewisser Unsicherheitsfaktor zu, der erst durch die Fremdzuschreibung von Verstehen aufgehoben werden kann.[480]

Schließlich ist ergänzend darauf hinzuweisen, daß Kommunikatbildungsprozesse
und Verstehen sich nicht nur auf die Kommunikation mit Hilfe sprachlicher Zeichensysteme beziehen. Aufgrund der besonderen Relevanz, die Sprache in kommunikativen Zusammenhängen zukommt, stehen zwar im gesellschaftlichen Alltag
vor allem Prozesse des Sprachgebrauchs im Mittelpunkt. Kommunikatbildung und
Verstehen beziehen sich jedoch auf jegliche Art der Zeichenverwendung. So geht
es z.B. auch im Bereich des Bildverstehens darum, ob Erwartungen entsprochen
wird; auch wenn eine derart regelhafte Institutionalisierung der Ausdrucksebene
wie im Sprachbereich nicht gegeben ist.[481]

Um begriffliche Verwirrungen zu vermeiden, wird im folgenden unter *Verstehen*
soziales Verstehen mit den Varianten des selbst-zugeschriebenen und fremd-zugeschriebenen Verstehens gefaßt. Psychisches Verstehen wird hingegen als *Kommunikatbildungsprozeß* bezeichnet.

Aus den Ausführungen zum Verstehenskonzept im Rahmen der Siegener Überlegungen lassen sich abschließend eine Reihe von Aspekten zusammenstellen, die bei
einer konstruktivistischen Konzeption individueller Rezeption massenmedialer
Kommunikationsangebote zu berücksichtigen sind.

> - *Ein allgemeiner Verstehensbegriff ist zu differenzieren in Kommunikatbil-
>   dungsprozesse und (soziales) Verstehen.*
> - *Kommunikatbildungsprozesse sind einzigartig und laufen unbewußt ab.*

---

478   Rusch verwendet zur Bezeichnung dieser Verstehensvarianten die Differenzierung zwischen subjek-
      tivem und objektivem Verstehen (vgl. Rusch 1990: 35ff.; 1992: 227ff.). Um Mißverständnissen
      vorzubeugen, wurde jedoch im Rahmen dieser Arbeit auf die Verwendung der Differenz subjek-
      tiv/objektiv verzichtet.

479   Vgl. Rusch 1990: 36.

480   Vgl. Rusch 1990: 39.

481   Vgl. Schmidt 1994b: 163. Siehe zum Bildverstehen allgemein Meutsch 1990; Engelkamp 1991;
      Schmidt 1994b: 155ff.

- *Kommunikatbildungsprozesse sind lebenspraktisch in die Prozesse der Autopoiese integriert.*
- *Kommunikatbildungsprozesse sind beeinflußt von biographischen und spezifisch kognitiven individuellen Dispositionen, individuellen Rezeptionsstrategien und kommunikativen Konventionen.*
- *Erfolgreiche Kommunikatbildungsprozesse unterstützen die individuelle Identitätskonstruktion.*
- *Aus Kommunikatbildungsprozessen emergiert ein bedeutungsvolles Kommunikat.*
- *Das Kommunikat umfaßt neben der subjektabhängigen Re-Konstruktion sozialen Wissens (Bedeutung) auch Verbindungen zu biographischen Elementen der individuellen Wirklichkeitskonstruktion.*
- *Die strukturelle Kopplung zwischen Kommunikat und Kommunikationsangebot ist eine notwendige Bedingung für Kommunikation.*
- *Verstehen ist ein soziales Qualitätskriterium für individuelle kognitive Prozesse und insofern ein Mittel zur sozialen Kontrolle individueller Kognitionen.*
- *Verstehen, das kognitiven Prozessen auf der sozialen Ebene von anderen zugeschrieben wird, kann als fremd-zugeschriebenem Verstehen von selbstzugeschriebenem Verstehen, das auf einer Selbstbewertung eigener Handlungen basiert, unterschieden werden.*
- *Der Selbstzuschreibung von Verstehen haftet ein Unsicherheitsfaktor an, der erst durch die Fremdzuschreibung von Verstehen aufgehoben werden kann.*
- *Kommunikatbildungsprozesse und Verstehen können auf den Umgang mit allen gesellschaftlich akzeptierten Zeichensystemen bezogen werden.*

Zusammenfassend kann somit festgehalten werden, daß auf der Basis konstruktivistischer Grundannahmen Verstehen als soziales Phänomen zu konzipieren ist, das vor allem dazu dient, individuelle Wirklichkeitskonstruktionen sozial zu kontrollieren.

4.2.5 Anschlußmöglichkeiten

Da im Rahmen der Anforderungen an eine alternative Konzeption insbesondere auf die Möglichkeit der Verknüpfung verschiedener Ansätze hingewiesen wurde, soll an dieser Stelle auf Parallelen der konstruktivistischen Siegener Überlegungen zu anderen theoretischen Positionen hingewiesen werden. Dabei ist es nicht Ziel der vorliegenden Arbeit, eine wissenschaftstheoretische Diskussion um einzelne Positionen und ihrer Vorzüge und Nachteile zu führen; die Entscheidung für eine konstruktivistische Ausgangsbasis wurde bereits begründet und als Grundlage für die alternative Konzeption der individuellen Rezeption massenmedialer Kommunikationsangebote ausgewählt.

An dieser Stelle soll es vielmehr darum gehen, exemplarisch bereits auf der Ebene der allgemeinen theoretischen Annahmen Parallelen und damit Anschlußoptionen zu anderen theoretischen Positionen aufzuzeigen. Dabei wird insbesondere auf die Ausführungen zu den bestehenden Ansätzen zurückgegriffen, um bereits auf der Ebene der allgemeinen theoretischen Annahmen gemeinsame Bezugspunkte der konkreten Konzeptionen aufzuzeigen.

4.2.5.1 Andere theoretische Positionen

Eindeutige Parallelen sind z.B. zu den allgemeinen theoretischen Annahmen zu erkennen, die auf Aussagen des *Symbolischen Interaktionismus* zurückgeführt werden.[482] So wird im Rahmen des Symbolischen Interaktionismus ebenso wie im Rahmen der Siegener Überlegungen der sozial erzeugten und vermittelten „symbolischen" Umwelt für das individuelle Handeln besondere Relevanz zugeschrieben.[483] Ähnlich wie die konstruktivistischen Überlegungen geht zudem auch der Symbolische Interaktionismus davon aus, daß die Objekte, denen Deutungen und Bewertungen zugeschrieben werden, Produkte der individuellen Handlungsveranlagung darstellen und keine stabilen Stimuli.[484] Schließlich kann der soziale Konsens hinsichtlich der Rollenvorstellungen[485] aus Sicht der Siegener Überlegungen als soziale Kontrolle individueller Kognitionen verstanden werden, so daß sich auch an dieser Stelle Anknüpfungsmöglichkeiten eröffnen.

Obgleich die konstruktivistischen Überlegungen in epistemologischer und soziologischer Hinsicht über die hier skizzierten Annahmen des Symbolischen Interaktionismus hinausgehen, erscheint somit aufgrund der angeführten Parallelitäten eine Adaption von Arbeiten in der Tradition des Symbolischen Interaktionismus durchaus möglich. Da sich diese Gemeinsamkeiten jedoch auf einer sehr allgemeinen Ebene bewegen, sind an dieser Stelle keine weiteren Spezifizierungen der Verknüpfungen einzelner Konzeptionen möglich.[486]

Ebenfalls anschlußfähig an die Siegener Überlegungen scheinen zudem Arbeiten, die sich auf Ausführungen zur *sozialen Konstruktion von Wirklichkeit* von Berger/ Luckmann beziehen.[487] Die Konzeption der „symbolischen Umwelt" des Symboli-

---

482   Von den hier besprochenen Ansätzen wird explizit beim Referenzmodell der Mediennutzung (vgl. S. 38ff.) und bei der Media System Dependency Theory (vgl. S. 71ff.) auf Ausführungen im Rahmen des Symbolischen Interaktionismus verwiesen.

483   Vgl. S. 39.

484   Vgl. S. 46.

485   Vgl. S. 39.

486   Siehe ergänzend dazu die Ausführungen in Kapitel 4.3.3, S. 183ff.

487   Von den im Rahmen dieser Arbeit besprochenen Ansätzen werden explizit das Dynamisch-transaktionale Modell (vgl. S. 26ff.), das Referenzmodell der Mediennutzung (vgl. S. 38ff.) und der Ansatz des Making Sense of Television (vgl. S. 82ff.) auf die Ausführungen von Berger/Luckmann bezo-

schen Interaktionismus als sozialer Wissensvorrat[488] läßt sich aus konstruktivistischer Sicht als gesellschaftlich akzeptierte Unterscheidungen interpetieren, die u.a. zur Bedeutungskonstruktion genutzt werden. Insofern wird auch hier die soziale Regulation individueller Konstruktionen thematisiert und hervorgehoben, und auch hier ergeben sich aus den Gemeinsamkeiten der allgemeinen theoretischen Annahmen Verknüpfungsmöglichkeiten auf der Ebene der konkreten Konzeptionen.

Weniger auf der Ebene der individuellen Kognition resp. Wirklichkeitskonstruktion und ihren Verknüpfungen zu sozialen Aspekten als auf der Ebene der Kommunikation sind Parallelen zum Bereich der *Diskursanalysen* zu erkennen.[489] Die Elemente eines Diskurses - Konglomerat mehrerer Kommunikationsangebote sowie deren Produktions- und Rezeptionsprozesse[490] - können ebenfalls als Elemente thematischer Räume aufgefaßt werden, so daß sich die Erkenntnisse diskursanalytischer Überlegungen im Hinblick auf kommunikative Strukturen durchaus als Bereicherung konstruktivistischer Überlegungen erweisen könnten. Andererseits könnte das Konzept der thematischen Räume durchaus zur Spezifizierung des ambiguen und diffusen Diskursbegriffs beitragen.[491]

Schließlich sei noch auf Anschlußmöglichkeiten an einen Forschungsbereich hingewiesen, der nur am Rande in den besprochenen Ansätzen berücksichtigt wird, jedoch in kommunikationswissenschaftlichen Fragestellungen an Prominenz gewonnen hat: den sogenannten *Cultural Studies.*[492] Hinter dieser Bezeichnung verbergen sich eine Reihe von Studien, die sich mit dem Einfluß soziokultureller Aspekte auf individuelle Vorstellungen auseinandersetzen. Obgleich die Gruppe dieser Studien sehr heterogen ist und daher keine gemeinsame theoretische Basis angenommen werden kann[493], kann folgende Annahme als eine Art Konsens dieses Forschungsbereiches festgehalten werden: Mediennutzung wird als Vermittlung kultureller Phänomene eine herausragende Stellung eingeräumt bzw. Mediennutzung betrifft neben individuellen auch soziokulturelle Aspekte.[494] Da im Rahmen der Siegener Überlegungen Kultur als Ordnung und Programm gesellschaftlichen Wis-

---

gen. Van Dijk und Höijer beziehen sich zwar nicht explizit auf Berger/Luckmann, verweisen aber darauf, daß Kognition untrennbar mit sozialen Prozessen verbunden ist (vgl. S. 66, 91).

[488] Vgl. S. 46.

[489] Explizit auf diskursanalytische Überlegungen rekurrieren der Ansatz des Verstehens von Mediendiskursen (vgl. S. 62ff.) und der Sozio-kognitive Ansatz der Medienrezeption (vgl. S. 90ff.).

[490] Vgl. S. 63.

[491] Vgl. Schmidt 1994b: 104.

[492] Im Rahmen der besprochenen Ansätze beziehen sich die strukturanalytische Rezeptionsforschung (vgl. S. 49) und der Sozio-kognitive Ansatz der Medienrezeption auf diesen Forschungsbereich (vgl. S. 92). Siehe einführend zu den Cultural Studies bzw. zur Diskussion in diesem Forschungsfeld Hall 1980; Hardt 1989; Corcoran 1989; Jensen/Rosengren 1990; Grossberg/Nelson/Treichler 1992; Mellor 1992; Moores 1993; Angerer 1994; Kellner 1995; Krotz 1995; Nightingale 1996; Winter 1997. Zu Möglichkeiten der Verknüpfung von Symbolischem Interaktionismus und Cultural Studies siehe Krotz 1997.

[493] Vgl. Lindlof 1988: 90; Ang 1990: 144.

[494] Vgl. Lull 1980: 198; Ang 1986: 38; Radway 1987: 8; Morley 1986: 15; 1992: 335; Fiske 1992: 357.

sens aufgefaßt wird und Kultur u.a. Kommunikation zwischen Mitgliedern einer Gesellschaft ermöglicht, sind durchaus Parallelen zu den Grundannahmen der Cultural Studies zu erkennen. Aufgrund der Heterogenität der Ansätze gerade auch im Bereich der allgemeinen theoretischen Annahmen gilt jedoch auch für die Arbeiten der Cultural Studies, daß konkrete Anknüpfungsmöglichkeiten erst auf der Ebene der konkreten Konzeptionen zu formulieren sind.

Neben einer Skizze von Gemeinsamkeiten mit anderen theoretischen Grundannahmen erlaubt die systematische Vorgehensweise bei der Betrachtung der bestehenden Ansätze und der Vorstellung der konstruktivistischen Alternative einen Überblick über Parallelen hinsichtlich der Konzepte ‚Individuum', ‚Bedeutung' und ‚Verstehen'. Vorauszuschicken ist dabei, daß sich aufgrund der unterschiedlichen epistemologischen Ausgangspositionen die Grundproblematik aus konstruktivistischer Sicht geändert hat: Während man sich im Rahmen der bestehenden Ansätzen vor allem genötigt sah, *Unterschiede* in der Rezeption massenmedialer Kommunikationsangebote zu erklären, sieht man sich ausgehend von den Siegener Überlegungen vor das Problem gestellt, *Gemeinsamkeiten* der individuellen Wirklichkeitskonstruktionen zu erklären. Aufgrund dieser differierenden Grundproblematik unterscheiden sich auch die Schwerpunkte hinsichtlich der Erläuterungen zu den einzelnen Konzepten.

Einschränkend muß an dieser Stelle zudem nochmals darauf hingewiesen werden, daß das Gros der Aussagen zu den Konzepten der bestehenden Ansätze auf Interpretationen und Ableitungen basiert und daß sich insgesamt nur wenige Interpretationen zusammenstellen ließen.

4.2.5.2 Individuenkonzepte

Der Großteil der Aussagen zu den Individuenkonzepten bestehender Ansätze bezieht sich auf die psychologische Dimension des Individuenbegriffs und insofern auf konstruktivistische Grundannahmen. Die soziologische Dimension dieses Konzepts, die im Rahmen des konstruktivistischen Individuenbegriffs in den Mittelpunkt gestellt wurde, wird hingegen bei den bestehenden Ansätzen nur am Rande thematisiert.

Die eher kognitionspsychologisch orientierten Ansätze - Verstehen von Mediendiskursen, Making Sense of Television und der Sozio-kognitive Ansatz der Medienrezeption - verweisen alle auf die Organisation der individuellen Kognition in Form von soziokulturell geprägten Schemata. Im Rahmen der Erläuterungen zu den Mediendiskursen wird zudem die Rolle von Kommunikation bei der Entwicklung von individuellen und sozialen Aspekten angesprochen, während im Rahmen der Erläuterungen zum Making Sense of Television Aspekte der Parallelen von Medienrezeption und Wahrnehmung und der individuellen Horizonterweiterung durch Medienrezeption thematisiert werden.

In den Erläuterungen zu den eher handlungstheoretisch orientierten Ansätzen - Dynamisch-transaktionales Modell, Referenzmodell der Mediennutzung, Struktur- und Prozeßmodell des Medienrezeptionshandelns und Media System Dependency Theory - lassen sich Aussagen finden, die die Vermutung zulassen, daß Individuen als soziale Einheiten im Spannungsfeld zwischen Individualität und soziokultureller Umgebung verstanden werden. Im Rahmen der strukturanalytischen Rezeptionsforschung, an die das Struktur- und Prozeßmodell des Medienrezeptionshandelns anschließt, wird zudem darauf hingewiesen, daß Individuen in modernen westlichen Gesellschaften immer stärker selbst die Verantwortung für ihr eigenes Handeln übernehmen müssen. Außerdem wird in Arbeiten der strukturanalytischen Rezeptionsforschung in Zusammenhang mit der Subjektentwicklung bei Kindern auf den genetischen Strukturalismus Piagets und explizit auf die Interpretation durch Glasersfeld Bezug genommen.[495] Insofern lassen sich an dieser Stelle nicht nur Parallelen, sondern Gemeinsamkeiten in Form direkter Bezugnahmen auf dieselbe theoretische Basis ausmachen.

Die wenigen Aspekte, die sich im Hinblick auf die Individuenkonzepte bestehender Ansätze zusammengestellt werden konnten, lassen somit keine Widersprüche zum konstruktivistischen Individuenkonzept erkennen. Am deutlichsten sind zudem Gemeinsamkeiten zum Individuenkonzept des Struktur- und Prozeßmodells des Medienrezeptionshandelns auszumachen, die vor allem auf die theoretische Einbettung dieses Modells in die strukturanalytische Rezeptionsforschung zurückzuführen sind. Weitergehende Interpretationen in bezug auf die anderen Ansätze wären jedoch angesichts der Basis, auf denen die Aussagen beruhen, reine Spekulationen.

4.2.5.3 Bedeutungskonzepte

In bezug auf die einzelnen Bedeutungskonzepte der bestehenden Ansätze läßt sich festhalten, daß sich nahezu alle Ansätze der Auffassung von Bedeutung als individueller Konstruktion anschließen. Einige Ansätze verweisen zudem darauf, daß individuelle Bedeutungskonstruktionen durch Textmerkmale strukturiert werden[496] und an soziokulturelle Wissensbestände anknüpfen.[497] Parallelen zur konstruktivistischen Konzeption lassen sich somit auch für das Bedeutungskonzept erkennen, wobei jedoch beim Referenzmodell der Mediennutzung und bei der Media System

---

[495]   Vgl. Charlton 1997: 23; Sutter 1992; 1994.

[496]   Dies trifft für das Dynamisch-transaktionale Modell, das Struktur- und Prozeßmodell des Medienrezeptionshandelns, für die Ansätze Verstehen von Mediendiskursen und Making Sense of Television sowie für den Sozio-kognitiven Ansatz der Medienrezeption zu.

[497]   Hinweise auf diesen Aspekt lassen sich beim Referenzmodell der Mediennutzung, beim Struktur- und Prozeßmodell des Medienrezeptionshandelns, beim Ansatz des Making Sense of Television und beim Sozio-kognitiven Ansatz der Medienrezeption finden.

Dependency Theory die semiotische Dimension der Texte als Ausgangspunkt der individuellen Bedeutungskonstruktionen nicht thematisiert werden. Inwieweit die Ausblendung dieser Dimension tatsächlich auf Unterschiede in den Bedeutungskonzepten zurückgeführt werden kann, läßt sich anhand der Aussagen zu den Bedeutungskonzepten nicht bestimmen. Insofern muß auch für die Bedeutungskonzepte der bestehenden Ansätze festgehalten werden, daß die Basis der expliziten Aussagen keine weiteren Interpretationen zuläßt.

Deutlich zu erkennen sind jedoch die unterschiedlichen Schwerpunktsetzungen im Rahmen der Argumentationen. Während bei den bestehenden Ansätzen Individualität als Erklärung für die Differenzen der Bedeutungskonstruktionen herangezogen wird, wird im Rahmen des konstruktivistischen Bedeutungskonzeptes zur Erklärung der Gemeinsamkeiten die soziokulturelle Dimension von Bedeutungen hervorgehoben. Insofern machen sich also an dieser Stelle die auf den unterschiedlichen epistemologischen Ausgangspositionen basierenden Differenzen der Fragestellungen bemerkbar.

4.2.5.4 Verstehenskonzepte

Die Gegenüberstellung des konstruktivistischen Verstehenskonzepts und den Konzepten der bestehenden Ansätze zeigt, daß im Rahmen der bestehenden Ansätze nicht zwischen den verschiedenen Dimensionen von Verstehen differenziert wird und das psychische Verstehen resp. die Kommunikatbildungsprozesse bzw. die Anschlußoperationen an Kommunikate eindeutig im Vordergrund stehen. Dabei wird allein im Rahmen des Ansatzes des Verstehens von Mediendiskursen zwischen Kommunikatbildungsprozessen und den sich daran anschließenden kognitiven Operationen differenziert. Das konstruktivistische Verstehenskonzept ist zum einen deutlich differenzierter als die Konzepte der bestehenden Ansätze und geht zum anderen deutlich über sie hinaus. Insofern ist eine gewisse Kompatibilität der Konzepte anzunehmen, wobei dies jedoch angesichts der Aussagen, auf denen diese Vermutung beruht, spekulativ bleiben muß.

Zusammenfassend läßt sich somit festhalten, daß die auf den Siegener Überlegungen basierenden konstruktivistischen allgemeinen theoretischen Annahmen durchaus die Verknüpfung einer alternativen konstruktivistischen Konzeption mit Ansätzen, die sich auf andere theoretische Annahmen stützen, erlauben. Dabei ist jedoch einschränkend für die Individuen-, Bedeutungs- und Verstehenskonzepte der bestehenden Ansätze darauf hinzuweisen, daß die Defizite in der Auseinandersetzung mit theoretischen Grundannahmen eine differenzierte Auseinandersetzung mit Anschlußmöglichkeiten auf der Ebene der allgemeinen theoretischen Annahmen erschweren. Die in den Anforderungen formulierte Bedingung einer Integration einer alternativen Konzeption in kommunikationswissenschaftliche Diskussionen um die individuelle Rezeption massenmedialer Kommunikationsangebote erscheint jedoch

möglich und soll im folgenden anhand der Auseinandersetzung mit den Grundkonzepten und der Erarbeitung einer konkreten Konzeption weiter spezifiziert werden.

Nachdem die allgemeinen theoretischen Annahmen der konstruktivistischen Alternative erläutert und insbesondere die Vorstellungen der Konzepte Individuum, Bedeutung und Verstehen mit Bezug auf die zuvor vorgestellten Grundannahmen expliziert worden sind, gilt es im folgenden Kapitel, die Grundkonzepte für die alternative Konzeption vorzustellen. Im Mittelpunkt stehen dabei - wie bei den besprochenen Ansätzen - das Konzept der Medien bzw. Massenmedien und das Konzept der
massenmedialen Kommunikation mit seinen allgemeinen und besonderen Aspekten.

4.3   Grundkonzepte

Aus den Ausführungen zu den allgemeinen theoretischen Annahmen einer konstruktivistischen Alternative ist deutlich geworden, daß diese Annahmen zu einer
ähnlichen Ausgangsposition für eine alternative Konzeption führen, wie sie im
Rahmen der kommunikationswissenschaftlichen Debatte um die individuelle Rezeption massenmedialer Kommunikationsangebote gefordert wird:[498] Bei der individuellen Rezeption massenmedialer Kommunikationsangebote sind kognitive,
kommunikative und soziale Aspekte gleichermaßen zu berücksichtigen. Insofern
erscheint es nicht nur aus heuristischen Gründen und aufgrund einer besseren Vergleichbarkeit mit den Ausführungen zu den bestehenden Ansätzen, sondern auch
aufgrund der allgemeinen theoretischen Annahmen einer konstruktivistischen Alternative sinnvoll, zunächst die Grundkonzepte Medien resp. Massenmedien und
massenmediale Kommunikation resp. Rezeption zu entwickeln. Als Leitfaden dient
dabei das bereits im Rahmen der Betrachtung der bestehenden Ansätze berücksichtigte Beobachtungsraster und die sich aus der Betrachtung der bestehenden Ansätze
ergebenden Anforderungen an eine alternative Konzeption.[499] Besonderes Augenmerk liegt zudem in den folgenden Ausführungen auf der in den Anforderungen an
eine alternative Konzeption formulierten Klärung der verwendeten Begrifflichkeiten und der geforderten Anbindung an bestehende Forschungsarbeiten.

4.3.1   (Massen-) Medien

Eine umfassende Klärung des Begriffs ,Medium' auf der Basis konstruktivistischer
Annahmen ist im Rahmen dieser Arbeit nicht zu leisten. Vielmehr soll es an dieser
Stelle darum gehen, die Aspekte, die im folgenden mit diesem Begriff in Zusammen-
hang gebracht werden, zu klären und diese Aspekte zueinander abzugrenzen. Da aus

---

[498]   Siehe dazu auch die Ausführungen zu den Grundannahmen dieser Arbeit, S. 11ff.

[499]   Vgl. Kapitel 2.2, S. 19ff. und Kapitel 3.2, S. 106ff.

konstruktivistischer Sicht auch wissenschaftliche Kommunikationen soziokulturell kontingente Beobachtungen darstellen, die sich an den Kriterien der Anschlußfähigkeit und der ausgelösten Folgekommunikationen messen lassen müssen[500], sind die folgenden Ausführungen als Arbeitsdefinitionen aufzufassen, die zunächst im Rahmen der anschließenden Ausführungen Gültigkeit besitzen. Es handelt sich dabei jedoch nicht um allgemeingültige Definitionen im Rahmen einer konstruktivistischen Medientheorie.

„Medien' können ganz allgemein als materiale Techniken und institutionalisierte Formen der Technikverwendung verstanden werden, die an der Wahrnehmung und Erfahrungsbildung der Menschen mitwirken und die an der Organisation von Kommunikationsprozessen im sozialen Alltag der Menschen beteiligt sind.[501] Sie sind somit Instrumente der Kommunikation, die den Mitgliedern einer Gesellschaft zur Verfügung stehen und von ihnen auf konventionalisierte Art und Weise genutzt werden, um sich gegenseitig in ihren kognitiven Bereichen zu orientieren. Dieser weite Medienbegriff umfaßt dabei alle materialen, sozialen, ökonomischen und symbolischen Aspekte eines Kommunikationsinstrumentes.[502] Im einzelnen kann im Anschluß daran zwischen folgenden Dimensionen des Medienbegriffs unterschieden werden:[503]

- Medien als *konventionalisierte Kommunikationsmittel*, d.h. als semiotische Matrialien, einschließlich der Konventionen ihres Gebrauchs,
- Medien als *Medienangebote*, d.h. als Resultate der Verwendung von Kommunikationsmitteln[504],
- Medien als *Materialien der Kommunikation*, d.h. als Träger von Medienangeboten,
- Medien als *Geräte* und *Techniken*, die zur Erstellung von Medienangeboten eingesetzt werden und
- Medien als *Organisationen*, die mit der Erstellung und Verarbeitung von Medienangeboten befaßt sind.

---

[500] Vgl. Schmidt 1995a: 35. Allgemein zu den Konsequenzen konstruktivistischer Überlegungen für die Kommunikationswissenschaft siehe Krippendorff 1989; 1989a; 1993; 1994. Zur Kritik an den Ausführungen Krippendorffs siehe Weischenberg 1995a: 49; Saxer 1993; Erbring 1993.

[501] Vgl. Elsner/Gumbrecht/Müller/Spangenberg 1990: 90f.

[502] Vgl. Schmidt 1987b: 168.

[503] Vgl. Schmidt 1994b: 83; 1994c: 613; 1995a: 28; 1996: 3.

[504] An anderer Stelle werden Medienangebote auch als „alle mit Hilfe konventionalisierter Materialien (Kommunikationsmittel) produzierte Kommunikationsanlässe" (Schmidt 1991: 41) bzw. als „konventionalisierte Auslöser von Kommunikatbildungsprozessen" (Schmidt 1996: 19) definiert. Da offensichtlich Kommunikation immer mit Hilfe von Medien umgesetzt wird, können Medienangebote auch als Kommunikationsangebote bezeichnet werden bzw. die beiden Begriffe können synonym gebraucht werden.

Als eine spezifische Medienform, die sich im Laufe der gesellschaftlichen Entwicklung ausgebildet hat und die sich anhand der Dimensionen der Materialien der Kommunikation und der bei der Produktion zum Einsatz kommenden Geräte und Techniken von anderen Medienformen unterscheiden läßt, sind *Massenmedien* zu verstehen. Mit diesem Begriff werden im folgenden materiale Kommunikationsmittel bezeichnet, die durch den Einsatz technischer Verfahren die massenhafte Herstellung und Verbreitung von Medien- resp. Kommunikationsangeboten erlauben.[505]

Für eine alternative Konzeption der individuellen Rezeption massenmedialer Kommunikationsangebote sind dabei insbesondere die medialen Dimensionen von Interesse, die sich auf die Medienangebote beziehen. Deshalb soll im folgenden zunächst der Frage nachgegangen werden, wie massenmediale Kommunikationsangebote entstehen und welche Rolle dabei die Rezipienten spielen. In den Ausführungen zum Grundkonzept der massenmedialen Kommunikation werden dann weitere Aspekte der massenmedialen Kommunikationsangebote berücksichtigt.[506]

Werden zudem die vorangegangenen Begriffsbestimmungen zu den allgemeinen theoretischen Annahmen in Bezug gesetzt, so wird deutlich, daß aus konstruktivistischer Sicht massenmedialer Kommunikation für gesellschaftliche Entwicklungen eine besondere Relevanz zukommt. Insofern prägt das Massenmediensystem die soziokulturelle Umgebung, in der die individuelle Rezeption stattfindet, so daß es sinnvoll erscheint, sich für eine alternative Konzeption auch mit dem Verhältnis von Massenmediensystem und Gesellschaft auseinanderzusetzen.

4.3.1.1 Das Massenmediensystem

Die besonderen Aspekte von Massenmedien, insbesondere die institutionalisierte und industrielle Form der Herstellung und Verbreitung von Kommunikationsangeboten, sind bereits von einer Reihe von Autoren im Hinblick auf ihren systemischen Charakter und ihre Bedeutung für soziologische Aspekte analysiert worden. Insofern kann bei einer konstruktivistischen Beschreibung der Prozesse, die zur Produktion und Distribution von massenmedialen Kommunikationsangeboten beitragen, auf eine Reihe von Arbeiten zurückgegriffen werden.[507] Da jedoch keiner dieser Ansätze auf den konstruktivistischen Grundannahmen der Siegener Überlegun-

---

[505]   Vgl. Schmidt 1994b: 264; 1996: 26.

[506]   Auf die Besonderheiten massenmedialer Kommunikationsangebote wird in Kapitel 4.3.2.2.1, S. 169ff. näher eingegangen.

[507]   Für einen Überblick über die bestehenden Ansätze siehe Weischenberg 1995: 92ff.; Görke/Kohring 1996 und kritisch zu Görke/Kohring Rühl 1996. Generell wird eine Verknüpfung von kommunikationswissenschaftlichen Studien und systemtheoretischen Überlegungen als positiv eingestuft (vgl. Saxer 1992: 95, 107; Grothe/Schluz 1993: 563), wobei jedoch explizit darauf verwiesen wird, daß der systemtheoretische Ansatz Luhmanns nur eine von mehreren Möglichkeiten darstelle (vgl. Saxer 1992: 101) und daß wissenschaftlich relevante Erkenntnisse erst in einer Verbindung von systemtheoretischen Erklärungsmustern und empirischen Beobachtungen gewonnen werden könnten (vgl. Weischenberg 1995: 93ff.; Grothe/Schulz 563, 575).

gen aufbaut, wird anhand der Grundannahmen und der vorangegangenen Begriffsbestimmungen eine eigene Skizze des Massenmediensystems entwickelt, in die die
Argumentationen anderer Autoren einfließen. Dabei ist jedoch auch an dieser Stelle
darauf hinzuweisen, daß im folgenden insbesondere die Aspekte, die für eine alternative Konzeption individueller Rezeption interessant erscheinen, im Mittelpunkt
stehen. Zugunsten einer problemorientierten forschungsgeleiteten Konzeption des
Massenmediensystems wird auf eine weiter differenzierende, umfassendere Konzeption verzichtet.

Angesprochen werden im folgenden die verschiedenen Teilbereiche des Massenmediensystems, die sich im Hinblick auf die hergestellten Themen unterscheiden
lassen, organisationssoziologische Aspekte der Herstellung von massenmedialen
Kommunikationsangeboten und schließlich der Einfluß der Rezipienten auf die
Prozesse des Massenmediensystems.

Zunächst erscheint es sinnvoll, zwischen dem Massenmediensystem, bestehend aus
allen Interaktionen der Organisationen, die sich mit der Herstellung und Verbreitung von massenmedialen Kommunikationsangeboten befassen[508], und verschiedenen Teilbereichen dieses Massenmediensystems zu unterscheiden. Im *Bereich der
Herstellung massenmedialer Kommunikationsangebote* stand bisher vor allem der
Journalismus im Mittelpunkt des kommunikationswissenschaftlichen Interesses.[509]
Dieser Teilbereich des Massenmediensystems ist ebenfalls systemisch organisiert[510]
und kann sich auf ein gesellschaftlich „konsentiertes Primat zur Herstellung und Be-
reitstellung von Themen zur öffentlichen Kommunikation" berufen.[511] Während es
im Massenmediensystem allgemein darum geht, Kommunikationsbedarf zugleich zu

---

[508]   Vgl. Schmidt 1994b: 83; 1996: 3f. Das Massenmediensystem läßt sich dabei in verschiedene Subsysteme differenzieren, deren jeweilige Handlungsspielräume vor allem durch das Zusammenspiel mit
anderen massenmedialen Subsystemen bestimmt werden (vgl. Schmidt 1987b: 168). Die Grenzen
dieser Teilsysteme sind dabei nicht mit den herstellenden und distribuierenden institutionalisierten Organisationen gleichzusetzen, sondern bestimmen sich durch Unterschiede in den Materialien von
Kommunikationsangeboten und in den Geräten und Techniken zur Herstellung dieser Kommunikationsangebote. Als Beispiele für derartige Subsysteme können Film, Fernsehen, Hörfunk und Print angeführt werden (vgl. Schmidt 1995a: 29; 1996: 3). Ähnliche Definitionen des Massenmediensystems
lassen sich im Anschluß an die systemtheoretischen Ausführungen Luhmanns bei Rühl in bezug auf
sein Konzept der Marktpublizistik (vgl. Rühl 1993a: 144) und bei Marcinkowski in bezug auf das gesellschaftliche Funktionssystem Publizistik (vgl. Marcinkowski 1993: 150) finden.

[509]   In nicht-kommunikationswissenschaftlichen Zusammenhängen liegen Arbeiten z.B. zum Literatursystem vor (vgl. Schmidt 1989a; 1993c; Berg/Prangel 1993), so daß sich diese Überlegungen zum
Mediensystem durchaus noch um nicht-journalistische Aspekte erweitern ließen. Da im Rahmen
dieser Arbeit jedoch die individuelle Rezeption massenmedialer Kommunikationsangebote im Mittelpunkt steht und nicht die Konzeption einer Medientheorie resp. einer Theorie der Massenmedien,
wird an dieser Stelle aus arbeitsökonomischen Gründen auf eine Erweiterung um nicht-kommuni-
kationswissenschaftliche Ansätze verzichtet.

[510]   Vgl. Rühl 1992: 128; Blöbaum 1994: 83f.; Weischenberg 1994: 428.

[511]   Vgl. Rühl 1980: 329. Zu den problematischen Aspekten des Begriffs ‚Öffentlichkeit' siehe auch die
Ausführungen auf S. 151ff.

wecken und zu befriedigen[512] und durch die Befriedigung des Kommunikationsbe-
darfs eine Art gesellschaftlich akzeptierter „Hintergrundrealität" bereitzustellen[513],
werden im System Journalismus insbesondere „Themen für die Medienkommunikation zur Verfügung gestellt, die Neuigkeitswert und Faktizität besitzen, und zwar insofern, als sie an sozial verbindliche Wirklichkeitsmodelle und ihre Referenzmecha-
nismen gebunden sind".[514] Dabei sind Neuigkeitswert und Faktizität Qualitäten, die
das System Journalismus selbst den Themen zuschreibt.[515] Insofern betrachtet das System Journalismus seine Umwelt durch eine „systemspezifische Brille"[516] und stellt
seine Beobachtungen als Kommunikationsangebote zur Verfügung. Umweltereignis-
se, die zu journalistischen Themen werden, werden also durch die Verarbeitung im
journalistischen System mit Qualitäten ausgezeichnet - Neuigkeit und Faktizität -, die
wiederum für die Verwendung in weiterer Kommunikation von Relevanz sind.

In bezug zu seiner Position im Massenmediensystem ist festzuhalten, daß sich
der Journalismus weder mit der Verbreitung der von ihm zur Verfügung gestellten
Themen beschäftigt noch mit der Herstellung von Medienangeboten, deren Themen
nicht mit den Qualitäten der Neuigkeit und Faktizität ausgestattet werden.[517] Diese

---

512   Vgl. Luhmann 1995a: 12, 65.

513   Siehe dazu auch die Ausführungen im folgenden Kapitel, S. 150ff.

514   Weischenberg 1995: 89. An anderer Stelle heißt es: „Eine Verständigung läßt sich [...] darüber herbei-
      führen, daß das soziale System Journalismus [...] vor allem *eine* Funktion wahrnimmt: Aktuelle Infor-
      mationsangebote aus den diversen sozialen Systemen (Umwelt) zu sammeln, auszuwählen, zu bear-
      beiten und dann diesen sozialen Systemen (Umwelt) wieder zur Verfügung zu stellen." (Weischenberg
      1994: 429, Hervorhebungen im Original) Ähnlich auch Rühl 1980: 322f.; 1992: 129; Blöbaum
      1994: 260f. *Themen* werden dabei als Strukturen, die einzelne Kommunikationssequenzen eröffnen
      und begrenzen können, verstanden (vgl. Rühl 1993: 140; Luhmann 1994a: 64ff; [2]1996: 173ff.).

515   Spangenberg verweist darauf, daß Journalisten, Redaktionsteams, Nachrichtenagenturen etc., die
      massenmediale Transformation von (universeller) Gleichzeitigkeit in Aktualität (punktuelle Gleich-
      zeitigkeit) bewerkstelligen (vgl. Spangenberg 1993: 70f.). Blöbaum verweist darauf, daß Aktualität
      als Prozeß, der sich aus Selektion, Vermittlung und Öffentlichkeit zusammensetzt, durch Journalis-
      mus hergestellt wird (vgl. Blöbaum 1994: 265). Schmidt weist allgemein auf den Konstruktionscha-
      rakter massenmedialer Kommunikationsangebote hin (vgl. Schmidt 1994b: 274). Zur Ergänzung ist
      zudem anzuführen, daß es einerseits im Zuge der Her- und Bereitstellung von Themen u.U. zu pu-
      blizistischen Dauerthemen kommen kann (vgl. Rühl 1993: 142: 1993a: 95ff.) und daß andererseits
      einmal produzierte und verbreitete Themen ihren Neuigkeitswert verlieren (vgl. Luhmann [2]1996:
      41ff.), so daß das journalistische System ständig unter Druck steht, noch nicht bearbeitete Themen
      auszumachen und zu bearbeiten.

516   In einigen Arbeiten wird versucht, diese „Brille" auf eine Dichotomie, die Leitdifferenz oder den Sy-
      stemcode nach Luhmann, zu reduzieren. Als Kandidaten für diese Differenz werden die Unterschei-
      dungen öffentlich/nicht öffentlich bzw. veröffentlicht/nicht veröffentlicht (vgl. Marcinkowski 1993:
      65), informativ/nicht informativ (vgl. Blöbaum 1994: 273f.), Information und Nicht-Information
      (vgl. Luhmann 1995a: 17) und aktuell/nicht aktuell (vgl. Weischenberg 1995: 95) genannt. Da im
      Rahmen dieser Arbeit jedoch nicht die systemtheoretischen Ausführungen Luhmanns zugrunde gelegt
      werden und es für die folgende Argumentation ausreicht, auf die Handlungsprogramme der einzelnen
      Redaktionen zu verweisen (vgl. S. 146) bzw. auf das Medienschema der Objektiven Berichterstattung
      (vgl. S. 147), bleibt im Rahmen dieser Arbeit die Frage offen, nach welcher Leitdifferenz das System
      Journalismus operiert bzw. ob die Reduktion auf *eine* Unterscheidung überhaupt sinnvoll erscheint.

517   Vgl. Blöbaum 1994: 17, 278. Auch Marcinkowski beschränkt sich bei der Beschreibung der Bin-
      nenstrukturen des publizistischen Leistungssystems vorwiegend auf den Bereich des Nachrichten-

Aufgaben werden von anderen Teilbereichen des Massenmediensystems übernommen, wobei - wie bereits angesprochen - das kommunikationswissenschaftliche Forschungsinteresse bisher deutlich auf den Journalismus gerichtet gewesen ist. Festzuhalten bleibt jedoch, daß der Teilbereich, der sich mit der materialen Seite der Herstellung und der Verbreitung massenmedialer Kommunikationsangebote befaßt, industrielle Charakteristiken aufweist. Unter der Zuhilfenahme von speziellen Maschinen und Techniken werden Kommunikationsangebote als Ware produziert und nach den Gesetzen der Ökonomie vertrieben. Insofern ist das Massenmediensystem auf die Akzeptanz der von ihm hergestellten Kommunikationsangebote auf dem ökonomischen Markt angewiesen, um weiter Kommunikationsangebote produzieren zu können.[518]

Aus *organisationssoziologischer Sicht* stellt sich das Massenmediensystem als ein Konglomerat verschiedener Organisationen dar, die in unterschiedlichem Maß arbeitsteilig organisiert und z.T. institutionalisiert sind. Innerhalb dieser Organisationen übernehmen die Individuen bestimmte Rollen, die sich im Laufe der Entwicklung und Ausdifferenzierung des Massenmediensystems entwickelt haben.[519] So kann das Massenmediensystem auch als durch Rollen geprägte Interaktionen in z.T. institutionalisierten Organisationen beschrieben werden, wobei die Interaktionen die Herstellung und Verbreitung massenmedialer Kommunikationsangebote zum Ziel haben.
Die „prototypische Organisationsform" des Journalismus stellen Redaktionen dar[520], deren Strukturen vor allem durch die mit der Mitgliedsrolle verbundenen Verpflichtungen[521] und durch Handlungsprogramme geprägt sind.[522] Ausgehend

---

journalismus, obwohl er auch unterhaltende publizistische Produkte als dem System zugehörig konzipiert (vgl. Marcinkowski 1993: 49). Siehe kritisch zu dieser Beschränkung des Systems Publizistik auf Nachrichtenjournalismus Görke/Kohring 1996: 20.

[518]   Weischenberg 1992a: 237ff.; Blöbaum 1994: 286; Schmidt 1994b: 190. In dieser Hinsicht eine Ausnahme stellen die öffentlich-rechtlichen Institutionen des Systems der Massenmedien dar. Deren Finanzierung ist nach dem Prinzip der Mischfinanzierung aus Gebühren und Werbeeinnahmen geregelt (vgl. Noelle-Neumann/Schulz/Wilke 1994: 493ff.) und sie sind in ihrer Themenauswahl durch den gesetzlich festgeschriebenen Programmauftrag zur Grundversorgung der Gesellschaft zu einer gewissen thematischen Bandbreite verpflichtet (vgl. Weischenberg 1992a: 146; Noelle-Neumann/Schulz/Wilke 1994: 259f.).

[519]   Zur historischen Entwicklung des Systems Publizistik siehe Marcinkowski 1993: 35ff. und zur historischen Entwicklung des Zeitungssystems Blöbaum 1994: 93ff. Unter einer *Rolle* werden die mit der Position in einer Gruppe oder Institution verbundenen Verhaltenserwartungen verstanden (vgl. Weischenberg 1992a: 281).

[520]   Vgl. Rühl 1992a: 129f.; Weischenberg 1992a: 289ff.; Blöbaum 1994: 285ff.

[521]   Zu den Besonderheiten der Mitgliedsrolle siehe Weischenberg 1992a: 301ff; 1994: 437ff.

[522]   Vgl. Rühl 1989: 259ff.; 1992a: 126f.; Marcinkowski 1993: 70. Die journalistischen Programme lassen sich weiter differenzieren in Ordnungs-, Darstellungs-, Informationssammlungs-, Selektions- und Prüfprogramme (vgl. Blöbaum 277ff.). Zudem wird auf die Nachrichtenfaktoren von Galtung/ Ruge (1965) als „klassische" Handlungsprogramme im Bereich des Nachrichtenjournalismus verwiesen (vgl. Marcinkowski 1993: 70; Weischenberg 1995a: 173ff.). Zu redaktionsspezifischen Rollen siehe Blöbaum 1994: 289; Weischenberg 1992a: 281ff.

von dieser Konzeption der Umgebung journalistischen Handelns lassen sich unterschiedliche Einflußebenen in bezug auf dieses Handeln ausmachen[523], so daß die Herstellung von Themen, denen Neuigkeitswert und Faktizität zugeschrieben werden, als im starken Maß sozial kontrolliertes Handeln verstanden werden kann. Diese soziale Kontrolle stärkt und festigt die Synreferentialität der individuellen Kognitionen im sozialen System Redaktion und damit zugleich die gemeinsam geteilten Wirklichkeitskonstruktionen.

Die kognitiven Schemata, die sich für den Umgang mit massenmedialen Kommunikationsangeboten entwickelt haben, können auch als Medienhandlungsschemata oder kurz als Medienschemata bezeichnet werden.[524] Als Beispiele für spezifische journalistische Medienschemata können dabei Berichterstattungsmuster als Gesamtstrategien des Wirklichkeitsbezugs und Darstellungsformen als Möglichkeiten der Gestaltung der Medienangebote aufgefaßt werden.[525] Das Berichterstattungsmuster, das sich aufgrund der historischen Entwicklung, des Rollenbildes der Journalisten sowie aus Legitimations- und Glaubwürdigkeitsgründen durchgesetzt hat, ist das der „Objektiven Berichterstattung".[526] Objektivität aus konstruktivistischer Sicht ist dabei nicht als Abbildung der Realität zu verstehen, sondern als eine intersubjektive Vereinbarung über die Art der Wirklichkeitskonstruktion, die vom System Journalismus erwartet wird.[527] Da sich z.T. die Schemata der Objektiven

---

[523] Weischenberg verwendet die Metapher der Zwiebel, um die Beziehungen der verschiedenen Ebenen zu verdeutlichen (vgl. Weischenberg 1994: 431). Auf der Ebene der Teilsysteme des Massenmediensystems (*Normenzusammenhang*) wird der normative Rahmen für journalistisches Handeln abgesteckt. Es setzt sich u.a. zusammen aus den gesellschaftlichen Rahmenbedingungen, den historischen und rechtlichen Grundlagen, kommunikationspolitischen Zielen und Entscheidungen sowie allgemeinen professionellen und ethischen Standards. Innerhalb der einzelnen Medieninstitutionen materialisiert sich der *Strukturzusammenhang* des Journalismus, der vor allem von den verschiedenen Imperativen bestimmt wird. Mit Blick auf die Funktion des Journalismus geraten die Medienaussagen in den Mittelpunkt des Interesses (*Funktionszusammenhang*). Auf welchen Informationen beruhen sie, in welcher Form werden sie präsentiert, welche Wirklichkeitskonstruktionen werden vorgestellt und welche Reaktionen sind beim Publikum zu beobachten? Schließlich nehmen die *Rollenzusammenhänge* (Medienakteure), in denen sich die Journalisten befinden, Einfluß auf das System resp. die Aussagenentstehung. Eine ausführliche Darstellung der einzelnen „Zwiebelschalen" findet sich in Weischenberg 1992a und 1995a.

[524] Die Überlegungen zu den Medienschemata werden in Zusammenhang mit den allgemeinen Aspekten massenmedialer Kommunikation in Kapitel 4.3.2.1, S. 157ff. nochmals ausführlicher erläutert.

[525] Vgl. Schmidt/Weischenberg 1994: 223f.; Schmidt 1994b: 190ff. Da auf die Darstellungsformen in Zusammenhang mit den massenmedialen Zeichensystemen und ihren Besonderheiten noch näher eingegangen wird (vgl. S. 169ff.), werden im folgenden die Berichterstattungsmuster nur kurz angesprochen.

[526] Wie sehr gerade auch die Journalisten dieses Bericherstattungsmuster verinnerlicht haben, zeigt die Einschätzung des Gros der Journalisten, daß ihre Tätigkeit nicht wirklichkeitskonstruierend sei (vgl. Weischenberg 1995a: 443).

[527] Vgl. Schmidt/Weischenberg 1994: 228. Spangenberg bezeichnet Objektivität auch als Illusion, die aufgrund der Invisibilisierung der Verfahrensweise der massenmedialen Kommunikation zustande kommt (vgl. Spangenberg 1993: 72). Kriterien für Objektivität sind Nützlichkeit und Glaubwürdigkeit, die ihrerseits wieder als sozial abgestimmte Konstrukte zu verstehen sind. *Nützlichkeit* wird bestimmt durch die Orientierungsbedürfnisse der Rezipienten, *Glaubwürdigkeit* ist ein Unsicherheit

Berichterstattung zu redaktionellen Entscheidungsprogrammen verfestigt haben, erscheint es nicht erstaunlich, daß sich trotz der Vielzahl von Informationen die Selektions- und Verarbeitungsprozesse und damit die Wirklichkeitskonstruktionen der einzelnen journalistischen Redaktionen ähneln.[528]

Es ist anzunehmen, daß die nicht-journalistischen Bereiche des Massenmediensystems ebenfalls durch Handlungsprogramme und Rollen, die sich in spezifischen Medienschemata widerspiegeln, strukturiert sind. Da sie aber bisher deutlich seltener Gegenstand kommunikationswissenschaftlichen Interesses waren, sind die Erkenntnisse für diese Bereiche rar. Es gibt jedoch Hinweise darauf, daß insbesondere die formalen Aspekte der unterschiedlichen Kommunikationsangebote für die Herstellung nicht-journalistischer Medienangebote von Relevanz sind.[529]

Angesichts der Selbstreferentialität massenmedialen Handelns - die Produktion und Distribution massenmedialer Kommunikationsangebote erfolgt nach systemeigenen Programmen - stellt sich die Frage, welche *Rolle die Rezipienten* für die Prozesse des Systems der Massenmedien spielen.

Aus ökonomischer Sicht, also für die Bereiche der materiellen Herstellung und Verbreitung massenmedialer Kommunikationsangebote, sind die Rezipienten Abnehmer der massenmedialen Ware, die die Nachfrage nach bestimmten Produkten bestimmen. Diese Größe wird in Form von Verkaufszahlen, Reichweiten und Einschaltquoten im massenmedialen System als Indiz für die Akzeptanz seiner Produkte zur Kenntnis genommen.[530] Im Bereich des Journalimus verweist zudem das Gros der Mitglieder des Massenmediensystems darauf, die Wünsche und Erwartun-

---

und Komplexität reduzierendes Konstrukt, das den Kommunikatoren zugeschrieben werden kann (zu Nützlichkeit siehe ausführlicher Weischenberg 1995a: 293, 324ff., zu Glaubwürdigkeit Weischenberg 1995a: 293ff.). In Zusammenhang mit der Produktion von massenmedialen Kommunikationsangeboten wird zudem darauf hingewiesen, daß das konstruktive Element der Berichterstattung in Massenmedien nicht allein durch Charakteristika der Perspektivität, Selektivität oder Komplexitätsreduktion begründet wird. Vielmehr bezieht sich von einem konstruktivistischen Standpunkt aus die Bezeichnung von Berichterstattung als Konstrukt darauf, daß sie „als Bericht ein Wirklichkeitsangebot präsentiert, bei dem nicht die Perspektive vom Gegenstand abgezogen werden kann" (Schmidt 1993a: 116, Hervorhebungen im Original). An anderer Stelle weist Schmidt darauf hin, daß dieses Konstrukt ein „semiotisch überdeterminiertes Wahrnehmungsangebot" darstellt, bei dessen Rezeption Hinweise auf die Konstruktivität des Medienangebotes jedoch ausgeblendet werden (vgl. Schmidt 1994b: 276).

528   Vgl. Spangenberg 1993: 77. Als intersubjektive Vereinbarung über die Art und Weise der Wirklichkeitskonstruktion führt die Objektive Berichterstattung jedoch nicht nur bei den Journalisten zur Bildung von kognitiven Schemata, sondern auch bei den Rezipienten. Deren Erwartungen hinsichtlich der journalistischen Kommunikationsangebote korrespondieren mit den Faktoren der Objektiven Berichterstattung, also Nützlichkeit und Glaubwürdigkeit (vgl. Schmidt/Weischenberg 1994: 229).

529   Vgl. Dehm 1984: 220; Neumann-Braun 1993: 177. Ähnliche Vermutungen lassen zudem die exemplarischen empirischen Untersuchungen in Zusammenhang mit der Mediengattungstheorie zu (vgl. Rusch/Großmann 1998: 178f.).

530   Vgl. Marcinkowski 1993: 63; Weischenberg 1995a: 261ff. Rühl spricht im Zusammenhang mit seiner Marktpublizistik auch von Zahlungen des Publikums nicht-monetärer Art in Form von Aufmerksamkeit (vgl. Rühl 1993a: 146).

gen „ihres" Publikums zu berücksichtigen.[531] Angesichts der selbstreferenten Strukturen des Systems[532] und der Probleme bei der Ermittlung und Erfassung der Wünsche und Erwartungen von Rezipienten dürfte jedoch der direkte Einfluß der Rezipienten auf die journalistische Arbeit beschränkt sein. Für die Produktionsbereiche nicht-journalistischer Kommunikationsangebote lassen sich Hinweise für ähnliche Vermutungen finden.[533]

Untersuchungen zum Selbstbild von Journalisten und deren Vorstellungen von ihrem Publikum deuten jedoch darauf hin, daß die Journalisten sich sehr wohl als Partizipierende an einem Kommunikationsprozeß verstehen und z.T. detaillierte Vorstellungen von ihren Kommunikationspartnern, also den Rezipienten, haben.[534] Diese Beobachtungen lassen den Schluß zu, daß bestimmte Vorstellungen von den Rezipienten zu den Strukturen des Massenmediensystems gehören[535], so daß als Kommunikationspartner der Journalisten sogenannte „virtuelle Rezipienten" angenommen werden können. Die Vorstellungen, die die virtuellen Rezipienten ausmachen, dürften u.a. auf Erfahrungen mit systemeigenen Feedbackstrukturen, auf systeminterner Kommunikation über Rezipienten und auf persönlichen Erfahrungen als Rezipient beruhen. Empirische Untersuchungen im Bereich der kommerziellen und wissenschaftlichen Rezipientenforschung dürften das Bild vom virtuellen Rezipienten ergänzen.

Zusammenfassend kann somit für die Rolle der Rezipienten bei der Herstellung und Verbreitung von massenmedialen Kommunikationsangeboten festgehalten werden, daß Rezipienten nahezu ausschließlich als Konsumenten im ökonomischen Sinn und als virtuelle Strukturen Einfluß auf die Prozesse des Massenmediensystems nehmen.

Für eine alternative Konzeption der individuellen Rezeption massenmedialer Kommunikationsangebote ergeben sich aus den vorangegangenen Überlegungen zum Massenmediensystem somit folgende zu berücksichtigende Aspekte.

---

531   Vgl. Weischenberg 1995a: 258. An anderer Stelle verweist Weischenberg darauf, daß die Erwartungen der Rezipienten als Einschränkungen hinsichtlich der Möglichkeiten der medialen Wirklichkeitskonstruktionen fungieren können (vgl. Weischenberg 1994: 430). Zum Begriff des Publikums siehe ausführlicher S. 163ff.

532   Leserbriefe oder Diskussionsrunden mit den Machern einer Fernsehsendung, an denen die Rezipienten telefonisch teilnehmen können, stellen systemeigene Möglichkeiten der Aufnahme und Verarbeitung von Rezipientenreaktionen dar. Sie werden jedoch nur von einem Bruchteil des Publikums massenmedialer Kommunikationsangebote genutzt und können kaum als repräsentativer Spiegel der Zuschauerschaft verstanden werden.

533   Vgl. Dehm 1984: 220; Neumann-Braun 1993: 177.

534   Siehe dazu die Ergebnisse der Studie „Journalismus in Deutschland" in Weischenberg/Löffelholz/Scholl 1998.

535   So verweisen mehrere Autoren darauf, daß die Publikumsrolle zum System Journalismus dazugehört bzw. ihm nahesteht (vgl. Rühl 1993: 97ff.; Marcinkowski 1993: 80f.; Blöbaum 1994: 289; Weischenberg 1994: 430). Weischenberg spricht zudem von der Handlungsrelevanz der „Publikums-Phantasien" der Journalisten (vgl. Weischenberg 1995a: 255ff.).

Das Massenmediensystem stellt Kommunikationsangebote zur Verfügung und befriedigt damit einen Bedarf an Kommunikation. Durch diese Befriedigung wird zudem gleichzeitig ein neuer Bedarf an Anschlußkommunikation erzeugt, so daß das Massenmediensystem Kommunikationsbedarf zugleich befriedigt und weckt.

Weiter differenziert werden kann das System in Bereiche der Herstellung und Verbreitung der massenmedialen Kommunikationsangebote. Der Bereich der Herstellung läßt sich zudem wiederum in den Bereich der thematischen und den Bereich der materialen Produktion differenzieren. Dabei operieren beide Produktionsbereiche weitgehend unabhängig voneinander, wobei der Bereich der materialen Produktion zusammen mit dem Distributionsbereich des Massenmediensystems nach ökonomischen Aspekten strukturiert und organisiert ist. Der Bereich der thematischen Produktion ist hingegen weitgehend selbstreferentiell organisiert. Dies zeigt sich insbesondere für den Journalismus, der Themen mit den Qualitäten Neuigkeit und Faktizität auszeichnet.

Die Rezipienten nehmen vor allem als virtuelle Rezipienten Einfluß auf die Prozesse der thematischen Produktion, während sie in Zusammenhang mit den ökonomischen Aspekten des Massenmediensystems vor allem als Kunden und Konsumenten interessieren.

Das Massenmediensystem stellt sich somit als ein innerhalb seiner Grenzen relativ autonom arbeitendes System dar, das seine Produkte den Rezipienten als Kommunikationsangebote offeriert. Die Prozesse und Individuen, die an der Herstellung und Distribution dieses Kommunikationsangebotes beteiligt sind, bleiben den Rezipienten jedoch i.d.R. verborgen. Insofern stellt sich vor dem Hintergrund der konstruktivistischen Grundannahmen die Frage, welche Folgen das im Vergleich zur face-to-face-Kommunikation geringe Wissen über den Kommunikationspartner für die Rezeptionsprozesse hat.

Bevor jedoch diesen Überlegungen im Rahmen der Spezifizierungen des Grundkonzepts der massenmedialen Kommunikation nachgegangen wird, soll zunächst das Verhältnis von Massenmedien und Gesellschaft aus Sicht der hier präsentierten Grundannahmen skizziert werden.

4.3.1.2 Massenmedien und Gesellschaft

Während im vorangegangenen Kapitel die Prozesse der Herstellung und Verbreitung massenmedialer Kommunikationsangebote im Mittelpunkt standen, geht es nun um die Frage, welche Rolle die Massenmedien resp. die Produkte des Massenmediensystems für die soziokulturelle Umgebung der individuellen Rezeption massenmedialer Kommunikationsangebote spielen.

Ausgehend von der Betrachtung des Massenmediensystems sind dabei zwei verschiedene Arten des Einflusses auszumachen. Die Produkte des Massenmediensystems sind Waren, die der Rezipient als Konsument erwerben kann. Insofern nimmt das Massenmediensystem Einfluß auf wirtschaftliche Bereiche der soziokulturellen Umgebung. Von größerer Relevanz für die individuelle Rezeption sind jedoch die kulturellen Aspekte des Einflusses des Massenmediensystems. Dabei ist zu berücksichtigen, daß massenmediale Kommunikationsangebote in zweifacher Hinsicht unbeschränkt sind: Zum einen stehen die Kommunikationsangebote prinzipiell allen Gesellschaftsmitgliedern zur Verfügung und zum anderen gibt es für massenmediale Kommunikationsangebote nahezu keine thematischen Beschränkungen.[536]

Im Anschluß an die Ausführungen zu den allgemeinen theoretischen Annahmen kann somit festgehalten werden, daß massenmediale Produkte insbesondere dadurch Einfluß auf die soziokulturelle Umgebung der individuellen Rezeption nehmen, daß sie allen Gesellschaftsmitgliedern ungeachtet sozialer Unterschiede gesellschaftlich akzeptierte Wirklichkeitsmodelle präsentieren. Das Massenmediensystem stellt damit durch seine Produkte der Gesellschaft eine Art Hintergrundrealität zur Verfügung, an die in weiterer Kommunikation angeschlossen werden kann.[537] Insofern ist es nicht verwunderlich, daß die Funktion des Massenmediensystems auch als Selbstbeobachtung der Gesellschaft bezeichnet wird.[538] Da die massenmedialen Produkte jedoch Wirklichkeitsmodelle präsentieren, stellen sie kein „Fenster zur Welt" dar, sondern vielmehr ein „Fenster zu den Kulturen einer Gesellschaft".[539]

Neben der frei zugänglichen und thematisch weitgehend unbeschränkten Präsentation von Kommunikationsangeboten versieht das Massenmediensystem seine Kommunikationsangebote zudem mit besonderen Qualitäten. Durch die Unbeschränktheit der Zugangsmöglichkeit werden die massenmedialen Produkte materiale Basis von *Öffentlichkeit*. In Ermangelung einer allgemein anerkannten Definition von Öffentlichkeit wird im Rahmen dieser Arbeit unter Öffentlichkeit alle nicht-zugangsbeschränkte Kommunikation verstanden.[540] Unter einer *Veröffent-*

---

[536]   Vgl. Marcinkowski 1993: 50; Weischenberg 1994: 429. Wie bereits in Zusammenhang mit den Ausführungen zum Mediensystem deutlich wurde, wählt das Massenmediensystem aus der Fülle der ihm zur Verfügung stehenden Themen bestimmte Themen aufgrund seiner systeminternen Selektionskriterien aus.

[537]   Schmidt zeichnet für das Fernsehen - das „Massenmedium par excellence" (Schmidt 1994a: 263) - verschiedene Stufen der Entwicklung im Umgang mit dieser Variante der Wirklichkeitserfahrung nach. In der ersten Phase dominiert das Bild vom Fernsehen als Medium, das in der Lage ist, die Wirklichkeit zu verändern, die Welt zu verwandeln oder auch eine neue Gesellschaft zu schaffen. In der zweiten Phase rückt das Bild vom Fernsehen als Medium, das die Wirklichkeit entwirklicht, Abbild und Wirklichkeit vermischt, in den Vordergrund. In der dritten Phase schließlich ist das Fernsehen das Medium, das die Welt weder verändert noch entwirklicht, sondern sie in ein „videomatisches Ding" verwandelt (vgl. Schmidt 1994b: 291).

[538]   Vgl. Marcinkowski 1993: 118ff.; Luhmann 1995a: 60; [2]1996: 169ff. Diese Selbstbeobachtungsfunktion der Gesellschaft dürfte dabei insbesondere den journalistischen Produkten zugeschrieben werden. So wird z.B. in Zusammenhang mit den Produkten des Fernsehens darauf verwiesen, daß die Berichterstattung als „realer als die Realität" erfahren wird (vgl. Schmidt 1994b: 276).

[539]   So stellt Schmidt in bezug auf das Fernsehen fest: „Mit Fernsehen öffnet sich kein Fenster zur Welt, sondern ein Fenster zu unserer Kultur. Fernsehen macht die Komplexität sozialer Erfahrungen überschaubar und suggeriert, auch funktional differenzierte Gesellschaften seien noch »einheitlich beobachtbar«." (Schmidt 1994b: 276f., Hervorhebungen im Original)

[540]   Zu den verschiedenen Auffassungen von Öffentlichkeit siehe die Ausführungen in Zusammenhang mit systemtheoretischen Überlegungen (vgl. Rühl 1993: 142; 1993a: 95ff.; Marcinkowski 1993:

lichung wird im Anschluß daran das Bereitstellen von Kommunikationsangeboten ohne Zugangsbeschränkungen gefaßt.

Das Massenmediensystem veröffentlicht jedoch nicht nur Kommunikationsangebote, sondern sorgt auch für deren massenhafte Produktion und professionelle Distribution. Erst das Wissen um diese Aspekte - Veröffentlichung, massenhafte Produktion und professionelle Distribution - führt zur Unterstellung einer allgemeinen Bekanntheit massenmedialer Kommunikationsangebote bzw. der in massenmedialen Produkten präsentierten Wirklichkeitsmodelle.[541] Diese aufgrund der Besonderheiten des Massenmediensystems ermöglichte Unterstellung übt einen gewissen Druck auf die soziale Akzeptanz der präsentierten Wirklichkeitsmodelle aus und verstärkt somit die Möglichkeiten zur Anschlußkommunikation. Hinzu kommt, daß die allein journalistischen Produkten vorbehaltene Ausstattung mit den Qualitäten Neuigkeit und Faktizität zusätzlich die in den journalistischen Kommunikationsangeboten präsentierten Wirklichkeitsmodelle als gesellschaftlich relevant auszeichnet.[542] Das Massenmediensystem veröffentlicht somit nicht nur Kommunikationsangebote, sondern erhöht aufgrund der Unterstellung von Bekanntheit und der allein journalistischen Produkten vorbehaltenen Zuschreibung von Neuigkeit und Faktizität die Wahrscheinlichkeit der Integration der präsentierten Unterscheidungen in individuelle Wirklichkeitsmodelle. Im Anschluß an die allgemeinen theoretischen Annahmen erscheinen die massenmedialen Kommunikationsangebote somit für individuelle Wirklichkeitskonstruktionen und Sozialisationsprozesse gleichermaßen relevant.[543]

Aufgrund des Zusammenhangs von Kommunikation, Kultur und Medien können Kulturen moderner westlicher Gesellschaften somit auch als *Medienkulturen* bezeichnet werden.[544] Neben der Präsentation von gesellschaftlich akzeptierten Wirklichkeitsmodellen und der Ausstattung dieser Wirklichkeitsmodelle mit besonderen Qualitäten ist dabei insbesondere der Einfluß, den das Massenmediensystem durch seine besondere Art der Selbstbeobachtung der Gesellschaft auf die Prozesse der individuellen Wirklichkeitskonstruktion nimmt, interessant.[545]

55ff; Westerbarkey 1993; Blöbaum 1994 324ff.; Luhmann [2]1996: 184ff.), in Zusammenhang mit PR-theoretischen Argumentationen (vgl. Rühl 1992: 44f.; Faulstich 1992; Szyszka 1993; Zerfaß 1996a: 195ff.) oder in Zusammenhang mit medienwissenschaftlichen Überlegungen (vgl. Ludes 1993a). In Zusammenhang mit den virtuellen Aspekten massenmedialer Rezeption (vgl. Kapitel 4.3.2.2.3, S. 179ff.) wird nochmals ausführlicher auf das Phänomen Öffentlichkeit eingegangen.

[541]   Vgl. Merten 1977: 147ff.; 1992: 38; Marcinkowski 1993: 55ff.; Luhmann [2]1996: 30, 43; Schmidt 1996: 26.

[542]   Siehe dazu auch die Ausführungen zu den besonderen Aspekten der massenmedialen Kommunikationsangebote, S. 169ff.

[543]   Vgl. Schmidt 1994b: 263; 1995a: 29.

[544]   Vgl. Schmidt 1992b: 440f.; 1993: 50; 1994b: 261ff.; 1994c: 601; 1995a: 33; 1996: 41ff.

[545]   Allgemein lassen sich die Konsequenzen der Kopplung von Medien und Kultur durch folgende Punkte zusammenfassen: Massenmediale Kommunikation ist eine entscheidende Einflußgröße auf die gesellschaftliche Konstruktion von Wirklichkeit, sozialen Wandel und die Pluralisierung normativer Orientierungen; im Rahmen massenmedialer Kommunikation nehmen Aspekte der Vernet-

Dieser Einfluß zeigt sich u.a. darin, daß andere Unterscheidungen für die individuellen Wirklichkeitskonstruktion relevant werden. So verliert in einigen Zusammenhängen die Entscheidung der ontologischen Frage, also was als wirklich bzw.
als nicht-wirklich, als wahr bzw. als falsch oder auch als authentisch bzw. als fiktiv
anzusehen ist, an Relevanz.[546] Außerdem gewinnen virtuelle Strukturen für individuelle Wirklichkeitskonstruktionen an Bedeutung[547] und es treten verstärkt massenmedial generalisierte Kommunikationsqualitäten an die Stelle von referentiellen
Aspekten.[548] Das heißt, es faszinieren weniger Bezüge zu gesellschaftlich akzeptierten Wirklichkeitsmodellen als vielmehr Aspekte der formalen Umsetzung und
ästhetische Gesichtspunkte massenmedialer Produkte.

Ein weiterer Aspekt des Einflusses auf individuelle Wirklichkeitskonstruktionen
zeigt sich in den Kontingenzerfahrungen, die durch die Präsentation mehrerer gesellschaftlich akzeptierter Wirklichkeitsmodelle in massenmedialen Produkten verstärkt werden.[549] Einerseits präsentiert das Massenmediensystem somit gesellschaftlich akzeptierte Wirklichkeitsmodelle und drängt zur Akzeptanz dieser Modelle, andererseits verweist das Massenmediensystem in seinen Produkten darauf,
daß mehrere Wirklichkeitsmodelle in den verschiedenen Kulturen einer Gesellschaft akzeptiert werden. „Aus einem Universum wird so ein Pluriversum, bestehend aus Wirklichkeiten, die jeweils auf Systemreferenzen zurückgerechnet werden
müssen."[550]

Im Hinblick auf die individuelle Rezeption massenmedialer Kommunikationsangebote bleibt somit festzuhalten, daß das Massenmediensystem Einblick in die Kulturen
einer Gesellschaft gibt und zugleich seine Beobachtungen mit Qualitäten ausstattet,
die die Akzeptanz der präsentierten Wirklichkeitsmodelle unterstützen. Medien und
insbesondere die Erfahrungen mit massenmedialen Kommunikationsangeboten führen dabei zu einer Ausdifferenzierung, Pluralisierung und Ironisierung der gesell-

---

zung, Reflexivität und Kommerzialisierung zu; massenmediale Kommunikationsangebote sind Instrumente der Sozialisation, wobei der sich intensivierende Gebrauch von Medienangeboten sich
auch in Veränderungen kognitiver und kommunikativer Strategien niederschlägt; massenmediale
Kommunikationsangebote unterstützen sowohl gesellschaftliche Prozesse der Differenzierung als
auch der Entdifferenzierung; die mediale Organisation der Gesellschaft und die wachsenden Spei-
cherkapazitäten wirken sich grundlegend auf das Verhältnis von Gesellschaft, Kultur und Gedächtnis aus (vgl. Schmidt 1995a: 33f.; 1996: 43ff. Zum Begriff des Gedächtnisses siehe Schmidt 1994b:
315ff. und die Beiträge in Schmidt 1991).

546   Vgl. Schmidt 1994b: 284f.; 1996: 44.

547   Vgl. Schmidt 1994b: 286f. Als Beispiel für derartige virtuelle Strukturen können Images oder öf-
      fentliche Meinung angeführt werden (vgl. Merten 1992: 38ff. und die Ausführungen auf S. 179ff.).

548   Siehe ausführlicher zu den massenmedial generalisierten Kommunikationsqualitäten die Ausfüh-
      rungen auf S. 166ff.

549   Vgl. Schmidt 1994b: 310; 1995a: 32f.; 1996: 46. „Eine Gesellschaft aber, die sich den Luxus eines
      reflexiv operierenden komplexen Mediensystems leistet, muß auch den Luxus aushalten, den die
      Einsicht in die *Endgültigkeit der Vorläufigkeit* darstellt. Man kann nur hoffen, daß unsere Gesell-
      schaft dazu langfristig in der Lage ist." (Schmidt 1995a: 35, Hervorhebungen im Original)

550   Schmidt 1994b: 310.

schaftlich akzeptierten Unterscheidungen, die zur individuellen Wirklichkeitskonstruktion herangezogen werden,[551] sowie zu zunehmenden Kontingenzerfahrungen.

Durch die Rezeption der Beobachtungen von Kulturen in massenmedialen Produkten verändern sich somit die Kulturen und damit auch wiederum die Möglichkeiten der Beobachtungen von diesen Kulturen und der Rezeption dieser Beobachtungen. Das Massenmediensystem trägt insofern also zur Veränderung der soziokulturellen Umgebung der individuellen Rezeption massenmedialer Kommunikationsangebote bei; dadurch schafft es sich selbst neue Beobachtungsmöglichkeiten und festigt seine Rolle als Beobachter sich ausdifferenzierender Gesellschaften.

Für eine alternative Konzeption der individuellen Rezeption massenmedialer Kommunikationsangebote gilt es insofern nicht nur die Besonderheiten massenmedialer Kommunikationsangebote zu berücksichtigen, sondern auch die Kopplung von individueller Wirklichkeitskonstruktion, Massenmediensystem und gesellschaftlichen Kulturen.

4.3.2 Massenmediale Kommunikation

Die Beobachtungen in Zusammenhang mit dem Grundkonzept der Massenmedien bzw. des Massenmediensystems sind die Basis für die Bestimmung des Grundkonzepts von massenmedialer Kommunikation. Dabei soll zunächst geklärt werden, inwieweit sich massenmediale Kommunikation als eine besondere Form von Kommunikation spezifizieren läßt, bevor in den anschließenden Kapiteln vertiefend auf die allgemeinen und besonderen Aspekte massenmedialer Kommunikation aus der Perspektive der Rezeption eingegangen wird.

Ausgangspunkt ist das Verständnis von Kommunikation als Einheit von Prozessen der Herstellung eines Kommunikationsangebotes unter der Verwendung gesellschaftlich akzeptierter Zeichensysteme mit dem Ziel, eine Information mitzuteilen, von sich daran anschließenden Prozessen der Wahrnehmung der Mitteilung als solche durch andere und schließlich vom anschließenden Verhalten der Kommunikationsteilnehmer, das Verstehen signalisiert.[552]

Wie aus den vorangegangenen Ausführungen deutlich wurde, ist im Rahmen massenmedialer Kommunikation das Massenmediensystem mit der Herstellung und Distribution von Kommunikationsangeboten befaßt. Nach systemspezifischen

---

[551]   Vgl. Schmidt 1994b: 284. Diese Ausdifferenzierung, Pluralisierung und Ironisierung führt jedoch nicht zu einer Aufhebung der gesellschaftlich akzeptierten Unterscheidungen (vgl. Schmidt 1994b: 297ff.).

[552]   Siehe dazu die Ausführungen zu den Grundannahmen in Kapitel 4.2.1.2, S. 120ff. Ganz allgemein und mit Bezug auf die Definition von Maletzke (1963: 32) kann Massenkommunikation auch als Zusammenhang von Prozessen bezeichnet werden, „bei denen Medienangebote ohne eine genau definierte Empfängerschaft (öffentlich) durch technische Mittel indirekt verbreitet werden (bei möglicher räumlicher und zeitlicher Distanz zwischen Produzenten und Rezipienten) und einseitig an ein disperses Publikum distribuiert werden" (Schmidt 1994b: 264).

Regeln werden sowohl im Subsystem Journalismus als auch in anderen Subsystemen Informationen als solche ausgemacht und mit Hilfe gesellschaftlicher Zeichensysteme im Rahmen systemspezifischer Grenzen - vor allem im Hinblick auf Technik und Finanzen - in Mitteilungen transformiert. Diese Mitteilungen werden an die Systembereiche, die für die materiale Herstellung und Distribution zuständig sind, weitergereicht und dort zu massenmedialen Kommunikationsangeboten verarbeitet. Das Besondere der massenmedialen Kommunikation bei den Prozessen der Herstellung einer Mitteilung bezieht sich somit auf die Aspekte, daß an der Herstellung eines Kommunikationsangebotes eine Reihe von Individuen beteiligt sind, deren Handeln von spezifischen Regeln des Massenmediensystems organisiert ist, daß das Massenmediensystem eine unüberschaubare Fülle von thematisch divergenten Kommunikationsangeboten hervorbringt und daß die Produzenten die Rezipienten der von ihnen produzierten Kommunikationsangebote i.d.R. nicht kennen, sondern sich vielmehr an virtuellen Rezipienten als Kommunikationspartner orientieren. Dies verweist auf die Besonderheit, die sich aus der massenhaften Produktion und professionellen Distribution massenmedialer Kommunikationsangebote ergibt: die allgemeine, gesellschaftsweite Zugänglichkeit zu den massenmedialen Kommunikationsangeboten, die u.a. eine räumliche und u.U. zeitliche Distanz zwischen den Kommunikationsteilnehmern mit sich bringt.

Massenmediale Kommunikationsangebote werden als solche wahrgenommen von einzelnen Individuen. Die sich dabei entfaltenden Kommunikatbildungsprozesse werden als *Rezeption* bezeichnet[553]; oder mit anderen Worten, die Rezeption massenmedialer Kommunikationsangebote bezieht sich auf die psychischen Verstehensprozesse der ein massenmediales Kommunikationsangebot wahrnehmenden Individuen.[554]

Problematisch ist in Zusammenhang mit der Definition von Kommunikation, daß die Besonderheiten massenmedialer Kommunikation die für Kommunikation notwendigen Prozesse sozialen Verstehens zu verhindern scheinen. Produzenten und Rezipienten sind i.d.R. räumlich und u.U. zeitlich voneinander getrennt, so daß die Zuschreibung von Verstehen durch die Produzenten der massenmedialen Kommunikationsangebote nahezu unmöglich ist. Dabei gilt es jedoch zu berücksichtigen, daß die Rezipienten im Laufe ihrer Sozialisation gelernt haben, ihre Handlungen nach den Gesichtspunkten des sozialen Verstehens zu beurteilen (selbst-zugeschriebenes Verstehen).[555] Insofern werden die notwendigen Verstehensprozesse im Rahmen

---

[553]   Vgl. Schmidt 1994b: 133.

[554]   Um einer reduktionistischen Lesart dieser Definition vorzubeugen, sei nochmals darauf hingewiesen, daß Rezeptionsprozesse als Elemente massenmedialer Kommunikation nur unter Bezugnahme auf kognitive, kommunikative und kulturelle Aspekte zu erklären sind.

[555]   Siehe dazu auch die Ausführungen im Rahmen der allgemeinen theoretischen Annahmen, S. 134f. und die anschließenden Erläuterungen im folgenden Kapitel, S. 161f. Dabei ist zu vermuten, daß insbesondere Kommunikation über massenmediale Rezeption dazu beiträgt, kognitive Schemata zur Simulation sozialen Verstehens auszubilden. Als besonders eindrucksvolles Beispiel kann in diesem

massenmedialer Kommunikation durch die Rezipienten simuliert, so daß trotz räumlicher Trennung im Rahmen der konkreten Rezeptionssituation eine Form der Zuschreibung von Verstehen erfolgt. Als Simulation hat selbst-zugeschriebenes Verstehen jedoch weniger konsentierende und verpflichtende Kraft als fremd-zugeschriebenes Verstehen. Deshalb sind der Toleranzbereich und die Unverbindlichkeit subjektabhängiger Bedeutungskonstruktionen deutlich größer als bei face-to-face-Kommunikation, die durch fremd-zugeschriebenes Verstehen kontrolliert wird.

Die Besonderheiten massenmedialer Kommunikation im Bereich der Rezeption beziehen sich somit also auf die Simulation von Verstehen im Rahmen von selbst-zugeschriebenem Verstehen und den daraus resultierenden Freiheitsgraden für die subjektabhängigen Bedeutungskonstruktionen resp. Kommunikatbildungsprozesse.

Zusammenfassend kann somit festgehalten werden, daß massenmediale Kommunikation zu Recht als Kommunikation verstanden werden kann, auch wenn sich eine Reihe von Besonderheiten in bezug auf diese Art der Kommunikation feststellen lassen.

Um aus dieser Skizze massenmedialer Kommunikation eine alternative Konzeption der individuellen Rezeption zu entwickeln, erscheint es angebracht, die Skizze unter besonderer Berücksichtigung der Rezeptionsprozesse weiter zu differenzieren. Dabei dient das bereits in Zusammenhang mit der Besprechung der bestehenden Ansätzen verwendete Beobachtungsraster zur Orientierung. Aufgrund der allgemeinen theoretischen Annahmen und der bisherigen Ausführungen ergibt sich außerdem ein spezifischer Rahmen für die allgemeinen und besonderen Aspekte massenmedialer Kommunikation, so daß die folgenden Ausführungen eine Spezifizierung des Beobachtungsrasters unter Bezugnahme auf die theoretische Basis der zu entwickelnden alternativen Konzeption darstellen.

4.3.2.1 Allgemeine Aspekte

Wie aus den obigen Ausführungen hervorgeht, ist die individuelle Rezeption massenmedialer Kommunikationsangebote ein notwendiges Element massenmedialer Kommunikation und als solche untrennbar mit kognitiven, kommunikativen und kulturellen Aspekten verknüpft. Aus diesem Grund erscheint es sinnvoll, die allgemeinen Aspekte massenmedialer Kommunikation im Hinblick auf die Kopplung von Kognition, Kommunikation und Kultur zu spezifizieren.[556]

Dem vorangestellt sind zunächst Erläuterungen zu Medienschemata, die als im Laufe der Sozialisation entwickelte kognitive Schemata den individuellen Umgang

---

Zusammenhang auf die Anschlußhandlungen in Zusammenhang mit der Ausstrahlung des Hörspiels „Krieg der Welten" von Orson Welles 1938 in Amerika verwiesen werden (vgl. Merten 1990a: 105).

[556]   Wie bereits erwähnt, liegt der Schwerpunkt der Ausführungen dabei auf einer Betrachtung aus Sicht der Rezeption massenmedialer Kommunikationsangebote.

mit Kommunikationsangeboten organisieren und insofern für die Kopplung von kognitiven, kommunikativen und kulturellen Aspekten der massenmedialen Kommunikation resp. Rezeption einen zentralen Stellenwert einnehmen.

Medienhandlungsschemata oder kurz *Medienschemata* entstehen im Laufe der Sozialisation durch den Umgang mit Kommunikationsangeboten.[557] Dabei organisieren sie nicht nur die ereignishaften Kommunikatbildungsprozesse, sondern verknüpfen auch die Kommunikate mit den individuellen Wirklichkeitskonstruktionen. An dieser Stelle tritt die Relevanz von Medienschemata deutlich zutage, denn erst durch die Integration in individuelle Wirklichkeitskonstruktionen stehen Medienerfahrungen für weitere Anschlußoperationen zur Verfügung. Aufgrund der sozialen Kontrolle durch Verstehen wird außerdem erreicht, daß sich die Medienschemata innerhalb sozial akzeptierter und kulturspezifischer Grenzen entwickeln.[558] Insofern organisieren die Medienschemata nicht nur konkretes Medienhandeln, sondern auch die individuelle Konstruktion der Referenzaspekte von Kommunikationsangeboten.[559]

Die Kulturspezifik der Medienschemata führt dazu, daß trotz der relativ autonomen Produktion massenmedialer Kommunikationsangebote durch das Massenmediensystem Produzenten und Rezipienten anläßlich der Kommunikationsangebote ähnliche Referenzen konstruieren.[560] Dabei lassen sich durchaus stabile Strukturen der Referentialität von massenmedialen Kommunikationsangeboten erkennen, d.h. bestimmte Konstellationen von semiotischen Elementen legen bestimmte Referenzen nahe. Diese kulturspezifischen Dimensionen der Medienschemata werden durch Kommunikation gesellschaftlich etabliert und können auch als Gattungsschemata bzw. als *Gattungen* bezeichnet werden.[561] Die Funktion dieser Gattungen läßt sich dabei spezifizieren als Organisation der Gesamtstrategien des Wirklichkeitsbezugs, der thematischen Wirklichkeitsbereiche, also der Zuordnung der massenmedialen Kommunikationsangebote zu thematischen Räumen, und der Gestaltung und Dar-

---

[557]   Vgl. Schmidt 1987b: 168; 1994b: 172, 176ff. An dieser Stelle sie nochmals darauf hingewiesen, daß kognitive Schemata sowohl rationale wie emotionale Aspekte umfassen (siehe dazu die Ausführungen in Zusammenhang mit den Grundannahmen, S. 116ff.)

[558]   Vgl. Schmidt 1987b: 183f.

[559]   Vgl. Schmidt 1994b: 177, 194. Unter *Referenz* wird dabei der vom Rezipienten hergestellte Bezug medialer Inhalte auf gesellschaftlich verbindliche Wirklichkeitsmodelle verstanden (vgl. Schmidt 1994b: 179).

[560]   Als Beispiel für ein solches Medienschema wurde bereits in Zusammenhang mit den Prozessen der Herstellung massenmedialer Kommunikationsangebote auf die Objektive Berichterstattung verwiesen (vgl. S. 147).

[561]   Die an die Überlegungen der Medienschemata anschließende *Mediengattungstheorie* distanziert sich somit von bisherigen Ansätzen, die die Existenz von Gattungs-Universalien annehmen oder anhand von empirischen Merkmalen Klassenbegriffe zu bilden versuchen. Siehe allgemein zur Mediengattungstheorie Schmidt 1987b; 1987c; Rusch 1987b; 1993, speziell zu bestehenden gattungstheoretischen Ansätzen Hauptmeier 1987 und zur Operationalisierung und empirischen Überprüfung der Mediengattungstheorie Rusch 1993; 1995; Rusch/Großmann 1998.

bietung der Kommunikationsangebote[562], wobei auf sinnlich-perzeptive, inhaltlich-kommunikative sowie nutzungs- und gratifikationsbezogene Dimensionen der Kommunikationsangebote Bezug genommen werden kann.[563]

Zusammenfassend können Medienschemata somit als kognitive Strukturen beschrieben werden, die den individuellen Umgang mit Medien aufgrund vorausgegangener Medienerfahrungen auf kulturspezifische Art und Weise organisieren, wobei sich der kulturspezifische Umgang mit Kommunikationsangeboten in Gattungen manifestiert.

In den folgenden Abschnitten geht es nun darum, die medienschematische Organisation des Umgangs mit massenmedialen Kommunikationsangeboten für die gekoppelten Bereiche Kognition, Kommunikation und Kultur differenzierter darzustellen.

4.3.2.1.1 Kognitive Aspekte

Im Anschluß an die vorangegangenen Ausführungen läßt sich die individuelle Rezeption auch als kognitiver Kommunikatbildungsprozeß beschreiben. Dabei sind Kommunikatbildungsprozessen kognitive Entscheidungsprogramme, die überhaupt erst zum Kontakt mit massenmedialen Kommunikationsangeboten führen, sowie durch Medienschemata organisierte Erwartungen vorangestellt, während sich Prozesse des selbst-zugeschriebenen Verstehens, die für das Zustandekommen von Kommunikation unbedingt notwendig sind, an die Kommunikatbildungsprozesse anschließen. Insofern sind die Prozesse der individuellen Rezeption umgeben von bestimmten kognitiven Prozessen des Umgangs mit massenmedialen Kommunikationsangeboten.

Die *Entscheidungsprozesse* sind ähnlich wie die Kommunikatbildungsprozesse lebenspraktisch in die Prozesse der Autopoiese eines Individuums integriert und lassen sich in selbststeuernde, aufeinander bezogene rationale, emotionale und empraktische Aspekte differenzieren.[564] Als kognitive Prozesse sind sie ereignishaft, größtenteils unbewußt und von einer Reihe von Faktoren beeinflußt, wobei neben individuellen Dispositionen wie der biographischen Lebenssituation und vorhande-

---

562   Vgl. Schmidt 1987b: 186f.; 1994b: 179f. Rusch bezieht sich bei seiner Funktionsbestimmung weniger auf die Verweisqualitäten als auf die Verwendungsmodalitäten der Gattungen und verweist auf die Funktionsaspekte der *Identifikation und Klassifikation* von Objekten, der *Orientierung* in Zusammenhang mit Verstehensprozessen, der *Selektion* in diversen Produktions- und Rezeptionskontexten, der *Evaluation* von Kommunikationsangeboten sowie der *Organisation* der Herstellung von massenmedialen Kommunikationsangeboten einschließlich der *Regulation* mediensystemischer Prozesse (vgl. Rusch 1987b: 255f.).

563   Vgl. Rusch 1987b: 293ff.; 1993: 295f.; Schmidt 1994b: 197.

564   Mit der Erforschung der Entscheidungsprozesse, die zur Rezeption massenmedialer Kommunikationsangebote führen, haben sich eine Reihe von kommunikationswissenschaftlichen Arbeiten auseinandergesetzt. Siehe dazu auch die Anknüpfungsmöglichkeiten der alternativen Konzeption an andere Ansätze, S. 179ff.

nen kognitiven Strukturen insbesondere Konventionen im Umgang mit massenmedialen Kommunikationsangeboten sowie individuelle Handlungsroutinen eine Rolle spielen. Die individuellen Medienschemata stellen dabei die notwendigen Informationen in bezug auf die Kommunikationsangebote zur Verfügung, d.h. die kognitiven Strukturen, die durch das selbstreferentielle Operieren der Kognition in der Auseinandersetzung mit massenmedialen Kommunikationsangeboten entstanden sind, stellen die Basis für die Entscheidungsprozesse, die zu einer erneuten Auseinandersetzung mit massenmedialen Produkten führen, dar.

Aus vorangegangenen Medienerfahrungen emergieren zudem durch Medienschemata organisierte *Erwartungen*, die den Individuen z.T. bewußt sind und die sich sowohl auf die Oberflächengestaltung der Kommunikationsangebote als auch auf die individuellen und sozialen Folgen der Rezeption beziehen können. Während der und im Anschluß an die Rezeption erfolgt ein Abgleich mit den Erwartungen, der in individuellen Bewertungen mündet, die wiederum als Teile der Medienschemata für anschließende Entscheidungsprozesse zur Verfügung gestellt werden.[565] Durch metakommunikative Prozesse, also durch Kommunikation über Erwartungen und Bewertungen hinsichtlich des Umgangs mit massenmedialen Kommunikationsangeboten, kommt es zudem zur Ausbildung sozial akzeptierter Erwartungen und Bewertungen, die sich wiederum in den Gattungen niederschlagen und die durch die Prozesse der Anwendung von Kultur die individuellen Erwartungen und Bewertungen sozial kontrollieren. Die Erwartungen einem Kommunikationsangebot gegenüber sind somit weder allein unter Bezugnahme auf Kommunikationsangebote noch allein unter Bezugnahme auf individuelle Kognitionsprozesse zu erklären, sondern sind ähnlich wie Kommunikate als ereignishafte, individuelle, sozial kontrollierte Konstruktionen zu konzipieren.

Haben die Entscheidungsprozesse zum Kontakt mit und zur Wahrnehmung von massenmedialen Kommunikationsangeboten geführt, kommt es zur Rezeption bzw. zu *Kommunikatbildungsprozessen*. Wie bereits in Zusammenhang mit den allgemeinen theoretischen Annahmen bezüglich des Verstehenskonzeptes erläutert[566], sind Kommunikatbildungsprozesse unbewußte, durch Schemata organisierte kognitive Prozesse, die lebenspraktisch in die Autopoiese eines lebenden Systems integriert sind. Als solche sind sie ereignishaft und lassen sich differenzieren in rationale, emotionale und empraktische Bereiche, die unter Bezug aufeinander ihr Operieren selbst steuern. Das Problem, daß über den genauen Verlauf der Kommunikatbildungsprozesse noch keine gesicherten Erkenntnisse vorliegen, kann auch im Rahmen dieser Arbeit nicht gelöst werden. Als Konsens bisheriger Forschungsergebnisse können jedoch folgende, die Kommunikatbildungsprozesse beeinflussende Aspekte zusammengestellt werden.[567]

---

[565] U.U. können diese Bewertungen auch zum vorzeitigen Ende der Rezeption eines Kommunikationsangebotes führen.

[566] Vgl. Kapitel 4.2.4, S. 131ff.

[567] Vgl. Schmidt 1994b: 129f.; 1996: 19.

Als ereignishafte kognitive Prozesse können sich Kommunikatbildungsprozesse nur im Rahmen individueller Dispositionen entwickeln. Zu diesen Dispositionen gehören u.a. Aspekte der biographischen Lebenssituation und der individuellen kognitiven Struktur. Der ersten Kategorie sind z.b. allgemeine und spezifische Erwartungen an Ziele und intendierte Anschlußhandlungen, Kosten/Nutzen-Erwägungen, Hypothesen hinsichtlich der Intentionen der Produzenten massenmedialer Kommunikationsangebote, Anforderungen an den Umgang mit Kommunikationsangeboten und spezifische biographische, situative, kontextuelle und soziale Bedingungen der konkreten Rezeptionssituation zuzuordnen: Die Aspekte der kognitiven Dispositionen beziehen sich u.a. auf die Differenziertheit der individuellen Wirklichkeitskonstruktion, das individuelle Erinnerungsvermögen, das auf die thematischen Räume bezogene Wissen, Diskrepanz- und Komplexitätstoleranzen, affektive Zustände, das Interesse an einem Thema und die Anmutungsqualitäten massenmedialer Kommunikationsangebote.

Neben den individuellen Dispositionen spielen zudem Aspekte individueller und kultureller Rezeptionsstrategien für die Kommunikatbildungsprozesse eine Rolle. Diese Rezeptionsstrategien führen auf der individuellen Ebene zur Ausbildung von Makrostrukturen und Inferenz-, Elaborations- und Wahrnehmungsstrategien und auf der kulturellen Ebene zur Berücksichtigung von kommunikativen Konventionen wie beispielsweise Sprechaktkonventionen oder literarischen und sozialen Konventionen.[568]

Kommunikatbildungsprozesse stellen sich somit als mehrdimensionale kognitive Operationen dar, die individuelle und kulturelle Aspekte in einer konkreten Rezeptionssituation miteinander verknüpfen. Ziel der Kommunikatbildungsprozesse ist die Erzeugung einer kohärenten kognitiven Struktur, an die weitere kognitive Operationen angeschlossen werden können. Aufgrund der individuellen Inferenz- und Elaborationsstrategien kann dieses Ziel dabei durchaus vor Abschluß der Wahrnehmung des kompletten Kommunikationsangebotes erreicht werden, so daß aufgrund von Kosten/Nutzen-Erwägungen die Rezeption beendet wird. Die Besonderheiten massenmedialer Kommunikation - räumliche und u.U. zeitliche Distanz zwischen den Kommunikationsteilnehmern und die aus dem selbst-zugeschriebenen Verstehen resultierende Toleranzbreite und Unverbindlichkeit der subjektabhängigen Bedeutungen - erlauben dabei in stärkerem Maß als in face-to-face-Situationen die Entwicklung individueller Rezeptionsstrategien.[569] Aufgrund der Stabilisierung von Medienschemata in Gattungen kann jedoch von einer gewissen Ähnlichkeit der individuellen Rezeptionsstrategien ausgegangen werden, so daß sich die Möglichkeit ergibt, mit den aufgrund der Rezeptionsstrategien zu erwartenden Erwartungen zu spielen.[570]

---

[568]   Siehe zu den kommunikativen Konventionen auch die Ausführungen S. 163f.

[569]   Siehe dazu auch die Ausführungen zum Switchen und Zappen sowie zu den massenmedial generalisierten Kommunikationsqualitäten, S. 166ff.

[570]   Als Beispiele für derartige Spiele mit den Erwartungen können „spannende" Kommunikationsangebote oder die Faszination von Wiederholungen und Serienhaftigkeit genannt werden (vgl. Bleicher 1997a: 30ff.).

Das Kommunikat, das anläßlich eines massenmedialen Kommunikationsangebotes aus den durch Medienschemata organisierten Kommunikatbildungsprozessen
emergiert, umfaßt die subjektabhängigen Bedeutungen, die dem massenmedialen
Kommunikationsangebot zugeschrieben werden, und deren Einbettung in die individuelle Wirklichkeitskonstruktion. Die subjektabhängigen Bedeutungen beziehen
sich dabei auf die verschiedenen Funktionsebenen der Medienschemata, d.h. sie
verweisen auf den Wirklichkeitsbezug des Kommunikationsangebotes und die thematischen Räume, denen das Kommunikationsangebot zugeordnet werden kann;
die subjektabhängigen Bedeutungen verknüpfen also das Kommunikat mit gesellschaftlich akzeptierten Wirklichkeitsmodellen und ermöglichen so gesellschaftlich
akzeptierte Anschlußhandlungen.

An die Kommunikatbildungsprozesse schließen sich schließlich die *Prozesse der
Simulation von Verstehen* an, wobei die Grenzen zwischen den Prozessen eher fließend sind.[571] Neben der kulturellen sozialen Kontrolle aufgrund der strukturellen
Kopplung von Medienschemata und Gattungen stellen diese Simulationsprozesse
das wichtigste Instrument sozialer Kontrolle der individuellen Rezeption massenmedialer Kommunikationsangebote dar. Ausgangspunkt der Simulation sind aufgrund von vorangegangenen Erfahrungen abgeleitete Hypothesen über das, „was
mit einem massenmedialen Kommunikationsangebot gemeint ist“.[572] Diese Hypothesen werden durch die Simulation konventionalisierter Kriterien und Tests dem
Kommunikat gegenübergestellt und das Kommunikat wird daraufhin beurteilt. Dabei verlaufen die Prozesse der Selbstzuschreibung von Verstehen unbewußt und
dienen der Kontrolle der Kohärenz der entstandenen Kommunikate mit gesellschaftlichen Wirklichkeitsmodellen. Im Vergleich zur Fremdzuschreibung von
Verstehen haftet selbst-zugeschriebenem Verstehen dabei ein Unsicherheitsfaktor
an, der erst durch die Bestätigung des selbst-zugeschriebenen Verstehens durch
Fremdzuschreibung von Verstehen verringert werden kann.[573] Aufgrund der Besonderheiten massenmedialer Kommunikation - in diesem Fall insbesondere der
räumlichen und u.U. auch zeitlichen Trennung von Produzenten und Rezipienten
massenmedialer Kommunikationsangebote und der daraus resultierenden prominenten Stellung der Prozesse selbst-zugeschriebenen Verstehens für das Zustandekommen von Kommunikation - ergeben sich zudem eine Reihe von Problemen, die
im Rahmen massenmedialer Kommunikation gelöst werden müssen. Die Selbstzuschreibung von Verstehen ist notwendig, um massenmediale Kommunikation zu
ermöglichen. Deshalb muß der Unsicherheitsfaktor des selbst-zugeschriebenen Verstehens im Rahmen massenmedialer Kommunikation reduziert werden. Um dies zu

---

[571]   Siehe ergänzend dazu auch die Ausführungen zum Verstehenskonzept, S. 134ff.

[572]   Vgl. Rusch 1990: 226ff.; 1992: 35ff.

[573]   Da die Selbstzuschreibung von Verstehen erst aufgrund der Erfahrung der Fremdzuschreibung von
Verstehen im Rahmen von Kommunikation möglich wird, dürfte zudem die Kommunikation von
Prozessen der Selbstzuschreibung von Verstehen deutlich einfacher sein als etwa von Kommunikat-
bildungsprozessen.

ermöglichen und selbst-zugeschriebenes Verstehen so weit wie möglich zu stabilisieren und zu konventionalisieren, müssen Strukturen etabliert werden, die den Prozessen der Selbstzuschreibung von Verstehen entgegenkommen. Zu diesen Strukturen gehören u.a. die Ausstattung massenmedialer Kommunikationsangebote mit sozial akzeptierten Hinweisen in bezug darauf, „was gemeint ist" - also die Bezugnahme der Produzenten massenmedialer Kommunikationsangebote auf Gattungen -, die Förderung der Möglichkeiten zur Festigung selbst-zugeschriebenen Verstehens durch Fremdzuschreibung von Verstehen, etwa in Form von Leserbriefen und Zuschauerreaktionen, die Etablierung von „Institutionen des Verstehens", etwa in Form professioneller Kritik, und schließlich die Präsentation gesellschaftlich akzeptierter Formen des Umgangs bzw. die Präsentation von Sanktionen nicht gesellschaftlich akzeptierter Formen des Umgangs mit massenmedialen Kommunikationsangeboten in massenmedialen Kommunikationsangeboten.

Zusammenfassend läßt sich für die kognitiven Aspekte massenmedialer Kommunikation in bezug auf die individuelle Rezeption festhalten, daß die Rezeptions- resp. Kommunikatbildungsprozesse aufgrund ihrer Einbindung in die Prozesse der individuellen Wirklichkeitskonstruktion nicht ohne Bezugnahme auf weitere kognitive Prozesse des Umgangs mit massenmedialen Kommunikationsangeboten zu konzipieren sind. Die individuellen Medienschemata nehmen dabei eine zentrale Rolle für die Koordination und Organisation dieser Prozesse ein.

Außerdem verweisen die Ausführungen in Zusammenhang mit den kognitiven Prozessen der Selbstzuschreibung von Verstehen auf die Notwendigkeit, im Rahmen der massenmedialen Kommunikation Strukturen zu entwickeln, die zur Stabilisierung des selbst-zugeschriebenen Verstehens beitragen. Da in nicht-massenmedialer Kommunikation die Notwendigkeit zur Ausbildung derartiger Strukturen nicht gegeben ist, kann an dieser Stelle auch von einem besonderen Aspekt massenmedialer Kommunikation gesprochen werden.

4.3.2.1.2 Kommunikative Aspekte

Wie bereits in Zusammenhang mit den Ausführungen zu den Medienschemata deutlich wurde, ist massenmediale Kommunikation durch *Gattungen* als kulturelle Invarianten der Medienschemata geprägt. In Zusammenhang mit den Prozessen der Herstellung massenmedialer Kommunikationsangebote ermöglicht die Bezugnahme auf Gattungen als kulturelle Muster des Umgangs mit massenmedialen Kommunikationsangeboten eine Freistellung von der Berücksichtigung individueller Umgangsformen der Rezipienten. Als strukturelle Muster für sozial akzeptierte Formen massenmedialer Kommunikationsangebote, die auf bestimmte Varianten von Wirklichkeitsbezügen und Zuordnungen zu thematischen Räumen verweisen, stellen die Gattungen den Produzenten einen gesellschaftlich akzeptierten, semiotischen Formenkanon zur Herstellung von Kommunikationsangeboten zur Verfügung. Die Anwendung dieses Formenkanons verläuft dabei - wie bereits in Zusammenhang mit den Ausführungen zum Massenmediensystem erläutert - nach systemspezifischen Regeln, so daß sich trotz der gattungsbezogenen Reglementierung durchaus produzentenspezifische „Handschriften" in den Produkten wiederfinden. Gattungen sind somit nicht nur Instrumente der sozialen Kontrolle von Kommunikatbildungsprozessen, sondern sorgen aus Sicht der Rezipienten auch dafür, daß trotz der räumlichen und u.U. auch zeitlichen Trennung von Rezeption und Produktion massenmediale Kommunikationsangebote hergestellt werden, die die Bildung von kohärenten Kommunikaten, also die Integration in individuelle Medienschemata erlauben. Insofern sind Gattungen ebenfalls Instrumente der sozialen Kontrolle im Rahmen der Herstellung massenmedialer Kommunikationsangebote.

Hinzu kommt, daß sich in bezug auf verschiedene Gattungen sozial akzeptierte Umgangsformen entwickelt haben, die ebenfalls als Formen sozialer Kontrolle verstanden werden können.[574] Diese sozial akzeptierten Umgangsformen beziehen sich dabei sowohl auf den privaten wie auf den beruflichen Bereich des Umgangs mit massenmedialen Kommunikationsangeboten und können auch als als eine Art *kommunikativer Konventionen* aufgefaßt werden. Der sozialen Kontrolle unterliegen dabei weniger Aspekte der Kommunikatbildung als vielmehr Aspekte des Ambientes, in dem die individuelle Rezeption stattfindet, und der Verwendungszusammenhänge von Kommunikaten.

Die individuelle Rezeption massenmedialer Kommunikationsangebote führt zudem zur Ausbildung eines speziellen sozialen Phänomens, des *Publikums*.[575] Als Publikum werden dabei alle Individuen, die ein bestimmtes massenmediales Kommunikationsangebot rezipieren, verstanden. Insofern gibt es letztlich ebensoviele Publika wie massenmediale Kommunikationsangebote, wobei die Publika als soziale Größe aufgrund der Besonderheiten massenmedialer Kommunikation bestimmte Charakteristika aufweisen. Zu diesen Charakteristika gehören vor allem die Aspekte der Flüchtigkeit von Publika, der Anonymität der Kommunikationsteilnehmer, d.h. zwischen Produzenten und Rezipienten sowie zwischen großen Teilen der Rezipienten untereinander, und die Freiheitsgrade der entstehenden Kommunikate der einzelnen Publikumsmitglieder. Diese Merkmale führen dazu, daß Publika im Vergleich mit dem Massenmediensystem in deutlich geringerem Maß sozial strukturiert sind.[576]

Die sozialen Strukturen, die auszumachen sind, verweisen dabei vor allem auf die kulturellen Einflüsse des Umgangs mit massenmedialen Kommunikationsangeboten. So ist zunächst allen Publikumsmitgliedern gemeinsam, daß sie sich - wenn auch meist unbewußt - für die Rezeption eines bestimmten Kommunikationsange-

---

574 Schmidt spricht in diesem Zusammenhang im Anschluß an Luckmann (1989: 39f.) von den Außenstrukturen von Gattungen (vgl. Schmidt 1994b: 106).

575 Siehe erläuternd zum Publikumsbegriff auch Moores 1993; McQuail 1997.

576 Rühl spricht in diesem Zusammenhang von einem „Komplexitätsgefälle" zwischen den Bereichen der Herstellung und Distribution massenmedialer Kommunikationsangebote und den Bereichen der Annahme und Verarbeitung (vgl. Rühl 1993: 94f.; 1993a: 140). Jäckel geht zudem davon aus, daß das „nicht eindeutig bestimmbare Publikum [...] ein wesentlicher Definitionsbestandteil von Massenkommunikation [ist]".(Jäckel 1996: 37)

botes entschieden haben. Die individuellen Entscheidungprozesse basieren dabei u.a. auf in Medienschemata organisierten - und damit durch Gattungen sozial kontrollierten - vorangegangenen Erfahrungen und auf kulturell geprägten kommunikativen Konventionen. Insofern zeigen sich die Entscheidungprozesse sowohl hinsichtlich der z.T. durch Gattungen organisierten Erwartungen als auch in bezug auf die kommunikativen Konventionen des Umgangs mit massenmedialen Kommunikationsangeboten kulturell geprägt. Aufgrund der sozialen Kontrolle der Kommunikatbildungsprozesse durch Gattungen und selbst-zugeschriebene Verstehensprozesse können zudem ebenfalls die entstehenden Kommunikate und im Anschluß daran auch die individuellen Bewertungen der individuellen und sozialen Folgen massenmedialer Rezeption als kulturell geprägt angesehen werden. Aus diesen Überlegungen ergibt sich die Schlußfolgerung, daß Publika vor allem durch Kulturen strukturiert werden, also durch gesellschaftlich akzeptierte Formen des Umgangs mit gesellschaftlich akzeptierten Wirklichkeitsmodellen.

Die Vorstellungen Einzelner im Publikum von sich selbst und von Anderen, die ebenfalls dem Publikum angehören, können dabei - ähnlich wie die Vorstellungen der Produzenten von ihren Rezipienten resp. ihrem Publikum - als virtuelle Strukturen verstanden werden, die vor allem an eigene Erfahrungen als Rezipient und an Kommunikation über die Rezeption bestimmter Kommunikationsangebote anschließen. Das Wissen um die gesellschaftsweite Distribution und freie Zugänglichkeit massenmedialer Kommunikationsangebote verstärkt dabei den diffusen Charakter des virtuellen Publikums und im Anschluß daran den Eindruck der Unverbindlichkeit subjektabhängiger Bedeutungskonstruktionen.[577]

Schließlich erlaubt massenmediale Kommunikation *Anschlußhandlungen*, ohne die Individuen jedoch dazu zu verpflichten. Diese Anschlußhandlungen dienen u.a. dazu, bei Unsicherheiten durch verschiedene Varianten fremd-zugeschriebenen Verstehens, etwa in Form eines Leserbriefes oder in Form von Metakommunikation über Rezeption, das selbst-zugeschriebene Verstehen zu stabilisieren, oder durch die Bezugnahme auf die Publikumszugehörigkeit auf kulturelle Gemeinsamkeiten hinzuweisen und dadurch soziale Strukturen zu stärken.

Ähnlich wie die Ausführungen zu den kognitiven Aspekten massenmedialer Kommunikation, verweisen somit auch die Ausführungen in Zusammenhang mit den kommunikativen Aspekten auf eine Reihe von Besonderheiten, die es im folgenden zu berücksichtigen gilt. So unterstreicht z.B. die Betrachtung der kommunikativen Aspekte die Relevanz der Gattungen für massenmediale Kommunikation, da sie aus Sicht der Rezipienten trotz des relativ autonomen Operierens des Massenmediensystems die Produktion anschlußfähiger Kommunikationsangebote wahrscheinlich machen. Hinzu kommen außerdem eine Reihe von Merkmalen der Rezipien-

---

[577] Wie in Zusammenhang mit dem Verhältnis vom Massenmediensystem und Gesellschaft bereits erläutert wurde, führt dieses Wissen um die gesellschaftsweite Distribution der massenhaften Produktion zugleich jedoch zu einem gewissen Druck in bezug auf die soziale Akzeptanz der präsentierten Wirklichkeitsmodelle (vgl. S. 152).

tenrolle massenmedialer Kommunikation, die diese Rezipientenrolle deutlich von anderen gesellschaftlichen Rollen unterscheidet. Neben den Aspekten der räumlichen und u.U. zeitlichen Trennung von Rezipienten und Produzenten ist in diesem Zusammenhang vor allem auf die Aspekte der Publikumsmitgliedschaft und der Optionalität von Anschlußhandlungen hinzuweisen.

4.3.2.1.3 Kulturelle Aspekte

Die kulturellen Aspekte massenmedialer Kommunikation betreffen in Zusammenhang mit Prozessen der individuellen Rezeption vor allem die Präsentation der Anwendung von Kultur in massenmedialen Kommunikationsangeboten und die Veränderungen von Kultur, die individuelle Rezeptionsprozesse nach sich ziehen.

Wie bereits in Zusammenhang mit den Ausführungen zum Verhältnis von Massenmedien und Gesellschaft dargelegt wurde, stellen die massenmedialen Kommunikationsangebote für die Rezipienten *Fenster zu den Kulturen* einer Gesellschaft dar.[578] Insofern stellt das Massenmediensystem durch seine Produkte den Gesellschaftsmitgliedern Möglichkeiten zur Orientierung zur Verfügung, da auf gesellschaftlich akzeptierte Art und Weise massenmediale Kommunikationsangebote entstehen, die auf gesellschaftliche Wirklichkeitsmodelle Bezug nehmen - somit selbst Anwendungen von Kultur sind - und die in verschiedenen Formaten unterschiedliche Anwendungen von Kultur präsentieren.

Es wurde zudem ebenfalls schon darauf hingewiesen, daß die Kulturen moderner westlicher Gesellschaften als Medienkulturen zu konzipieren sind.[579] Insofern trägt die individuelle Rezeption massenmedialer Kommunikationsangebote als Anwendung von Kultur zu deren Veränderung bei. Im folgenden sollen einige Beispiele dieser kulturellen Veränderungen kurz skizziert werden.

Durch die Interaktionen in bezug auf die Mitgliedschaft in einem Publikum können soziale Systeme entstehen, die wiederum durch Kommunikation über Rezeption bzw. über das selbst-zugeschriebene Verstehen eigene, systemspezifische Bezüge zu Wirklichkeitsmodellen entwickeln können, also Subkulturen ausbilden. Kennzeichnend für derartige *medienspezifische Subkulturen* sind dabei insbesondere die Stabilisierung selbst-zugeschriebenen Verstehens durch die Bestätigung durch fremd-zugeschriebenes Verstehen und die Ausbildung sozialer Komplexität durch Interaktionen aufgrund von Publikumsmitgliedschaften. Solange die Subkulturen dabei allgemein akzeptierte Wirklichkeitsmodelle nicht in Frage stellen, kann es zudem zur Ausdifferenzierung systemspezifischer Gattungsvorstellungen kommen, die sich u.U. von den gesellschaftsweit bekannten Gattungen deutlich unterscheiden und die die individuelle Rezeption der Anwender der Subkulturen beeinflussen. Aufgrund der Beobachtung dieser Subkulturen durch das Massenme-

---

578   Siehe dazu die Ausführungen auf S. 151f.

579   Siehe dazu die Ausführungen auf S. 124 und S. 152.

diensystem kann es zudem zu einer Etablierung bestimmter Bezüge auf gesellschaftlich akzeptierte Wirklichkeitsmodelle kommen, so daß Elemente von Subkulturen in gesellschaftsweit akzeptierte Kulturen integriert werden und so zu Veränderungen gesellschaftlicher Wirklichkeitsmodelle führen.

Neben der Ausdifferenzierung von Subkulturen lassen sich jedoch auch direkte
Einflüsse auf die Kulturen einer Gesellschaft ausmachen. Diese Einflüsse resultieren weniger aus Anschlußhandlungen aufgrund von Publikumsmitgliedschaften als
z.B. aus Experimenten mit individuellen *Rezeptionsstrategien*.[580] Dabei kann wie
beispielsweise beim Switchen oder Zappen der Bezug auf die Einheit ‚Kommunikationsangebot' aufgegeben werden und aufgrund individueller Inferenz- und Elaborationsstrategien ein Kommunikat emergieren, das zwar in die individuelle Wirklichkeitskonstruktion integriert ist, das sich aber z.T. den Prozessen der Selbstzuschreibung von Verstehen entzieht.[581] Ohne die Zuschreibung von Verstehen zer-
fällt jedoch die Einheit ‚massenmediale Kommunikation', so daß letztlich in Zusammenhang mit der Elaboration von verstehensunzugänglichen Rezeptionsstrategien nicht mehr von massenmedialer Kommunikation gesprochen werden kann.
Ähnlich wie bei den Subkulturen toleriert die Gesellschaft derartige Phänomene
des Umgangs mit massenmedialen Kommunikationsangeboten, solange die gesellschaftlich akzeptierten Wirklichkeitsmodelle nicht in Frage gestellt werden bzw. in
Gefahr geraten, ganz ausgeblendet zu werden.

Ein anderer Aspekt des Einflusses von Rezeptionsprozessen auf die Kulturen einer Gesellschaft bezieht sich auf die Ausdifferenzierung der Medienschemata im
Zuge der Etablierung *massenmedial generalisierter Kommunikationsqualitäten*.[582]
Aufgrund der durch selbst-zugeschriebenes Verstehen ermöglichten Freiheitsgrade
der Kommunikatbildungsprozesse ist es möglich, sich von den sozial kontrollierten, gattungsgeleiteten Ebenen der Kommunikatbildung zu lösen und statt dessen
aufgrund der Materialität der Kommunikationsangebote individuelle Bereiche der
Medienschemata zu differenzieren.[583] Insofern können massenmedial generalisierte Kommunikationsqualitäten auch als individuelle Semantisierungen von Wahrnehmungen bezeichnet werden, die aufgrund der fehlenden sozialen Kontrolle jedoch nur schwer durch gesellschaftlich akzeptierte Zeichensysteme auszudrücken,
also kommunizierbar sind.[584] Ohne die kommunikative Stabilisierung von Invarianten, also die Etablierung gattungsspezifischer Kommunikationsqualitäten, ist je-

---

580   Schmidt spricht in diesem Zusammenhang auch von Modalisierungen von Wirklichkeitserfahrungen
      (vgl. Schmidt 1994b: 281ff.).

581   Siehe zum Switchen Schmidt 1994b: 285ff. mit Bezug auf Winkler (1990; 1990a; 1991).

582   Dieses Konzept ist von Spangenberg im Anschluß an konstruktivistische Überlegungen entwickelt
      und vorgestellt worden (vgl. Spangenberg 1993; 1995; Schmidt 1994b: 295ff.).

583   Spangenberg geht dabei davon aus, daß die Attraktivität der massenmedialen Kommunikationsqua-
      litäten in Zusammenhang steht mit der Ähnlichkeit der Gattungen (vgl. Spangenberg 1993: 77).

584   Diese Semantisierungen von Wahrnehmungen können dabei auch auf einer emotionalen Ebene vor-
      genommen werden (siehe zum Themenkomplex massenmediale Kommunikationsangebote und Ge-
      fühle auch Schmidt 1994b: 292ff.).

doch auch keine Ausdifferenzierung der massenmedial generalisierten Kommunikationsqualitäten als kulturelle Größe oder die Zuschreibung von Verstehen möglich. Der letzte Aspekt verweist ähnlich wie im Zusammenhang mit der Ausdifferenzierung individueller Rezeptionsstrategien darauf, daß durch die „verstehensfreie" Konzentration auf massenmedial generalisierte Kommunikationsqualitäten ein notwendiges Element massenmedialer Kommunikation ausgeblendet wird, so daß nicht mehr von massenmedialer Kommunikation gesprochen werden kann.

Zu den bereits genannten Einflüssen der individuellen Rezeption massenmedialer Kommunikationsangebote auf die Kulturen einer Gesellschaft tritt schließlich ein Aspekt hinzu, der sich bereits in einer Veränderung der gesellschaftlich akzeptierten Wirklichkeitsmodelle niederschlägt. Aufgrund der räumlichen und u.U. zeitlichen Trennung der Kommunikationsteilnehmer gewinnen *virtuelle Strukturen* für die individuellen Wirklichkeitskonstruktionen an Relevanz.[585] Unter virtuellen Strukturen werden dabei im Anschluß an die vorausgegangenen Ausführungen Vorstellungen über die Wirklichkeitskonstruktionen nicht anwesender Anderer verstanden. Aufgrund der Nicht-Anwesenheit derjenigen, auf deren Wirklichkeitskonstruktionen sich die virtuellen Strukturen beziehen, ist eine kommunikative Stabilisierung und soziale Kontrolle dieser virtuellen Strukturen nur bedingt in Form der Metakommunikation über virtuelle Strukturen möglich. Wie aus den bisherigen Ausführungen deutlich wurde, unterstützen die Besonderheiten massenmedialer Kommunikation die Ausbildung virtueller Strukturen[586], so daß es in der Folge von Rezeption vermehrt zu Anschlußhandlungen kommen kann, die sich auf virtuelle Strukturen beziehen. Insofern hat die individuelle Rezeption massenmedialer Kommunikationsangebote auf die Kulturen moderner westlicher Gesellschaft bereits dahingehend Einfluß genommen, daß inzwischen auch in den gesellschaftlichen Wirklichkeitsmodellen Verweise und die Bezugnahmen auf virtuelle Strukturen akzeptiert sind.

Zusammenfassend kann somit für die kulturellen Folgen der individuellen Rezeption massenmedialer Kommunikationsangebote festgehalten werden, daß sich in den Medienkulturen Umfangsformen mit massenmedialen Kommunikationsangeboten etabliert haben, die zur Ausdifferenzierung von Subkulturen führen. Insofern lädt massenmediale Kommunikation offensichtlich zum Spiel mit gesellschaftlich akzeptierten Wirklichkeitsmodellen ein, wobei dieses Spiel nur so lange funktioniert, wie es eben gesellschaftlich akzeptierte Wirklichkeitsmodelle und Kulturen als Hintergrund und „Sicherungsnetz" gibt. Daß dieses Spiel kulturell etabliert ist, zeigt nicht zuletzt die Produktion von massenmedialen Kommunikationsangeboten, die zu diesem Spiel auffordern[587]; daß das Sicherungsnetz stabil ist, zeigen die Be-

---

585   Auf dieses Phänomen hat Merten bereits 1977 hingewiesen (vgl. Merten 1977: 150 und ergänzend dazu Merten 1992).

586   So z.B. bei den Produzenten in Form der Vorstellungen über das Publikum (vgl. S. 149) oder bei den Publikumsmitgliedern in Form der Vorstellungen von anderen Publikumsmitgliedern (vgl. S. 164).

587   Als Beispiele können Parodien und Satiren auf Kommunikationsangebote bzw. ganze Gattungen angeführt werden, die bis zur Manipulation reichende Einbindung „dokumentarischer" Elemente in

obachtungen, daß die Unterscheidung zwischen Medienwelt und Lebenswelt in den Wirklichkeitsmodellen einer Gesellschaft nicht in Frage gestellt wird[588] und daß individuelle Wirklichkeitskonstruktionen, die dies tun, sanktioniert werden.[589] Die Akzeptanz des Spiels mit Wirklichkeitsmodellen, die Brechung massenmedialer Kommunikation und die Akzeptanz der Verwendung von virtuellen Strukturen zur individuellen Wirklichkeitskonstruktion verweisen zudem auf den Aspekt, daß die individuelle Rezeption massenmedialer Kommunikationsangebote die gesellschaftlichen Wirklichkeitsmodelle um Bereiche erweitert, die sich z.T. der sozialen Kontrolle durch Kommunikation entziehen.

Ähnlich wie in Zusammenhang mit den kognitiven und kommunikativen Aspekten massenmedialer Kommunikation ergeben sich somit auch aus der Betrachtung der kulturellen Aspekte eine Reihe von Besonderheiten massenmedialer Kommunikation, die es für eine alternative Konzeption zu berücksichtigen gilt. Im Rahmen der Ausführungen zum Verhältnis von Massenmediensystem und Gesellschaft wurde bereits darauf verwiesen, daß massenmediale Kommunikationsangebote für die Rezipienten ein Fenster zu den Kulturen der Gesellschaft darstellen und daß zugleich die individuelle Rezeption massenmedialer Kommunikationsangebote Veränderungen von Kultur nach sich ziehen kann. Neben der Ausbildung von medienspezifischen Subkulturen und der Akzeptanz von verstehensfreien Umgangsformen mit massenmedialen Kommunikationsangeboten, also der Aufhebung von Kommunikation, spielt für die kulturelle Veränderung durch individuelle Rezeption insbesondere die Etablierung virtueller Strukturen in den individuellen Wirklichkeitskonstruktionen eine Rolle.

4.3.2.2 Besondere Aspekte

Aus der Betrachtung der allgemeinen Aspekte massenmedialer Kommunikation, die für eine alternative Konzeption der individuellen Rezeption zu berücksichtigen sind, ergeben sich eine Reihe von besonderen Aspekten massenmedialer Kommunikation, auf die im folgenden nochmals näher eingegangen wird. Dabei werden insbesondere die Aspekte berücksichtigt, die auf Elemente des Beobachtungsrasters verweisen.

„fiktionale" Kommunikationsangebote oder auch die Produktion von Kommunikationsangeboten, die bewußt der Wahrnehmungsfaszinationen dienen sollen.

[588] Vgl. Schmidt 1994b: 268. An anderer Stelle hebt Schmidt mit Verweis auf Meyrowitz (1990; 1990a) hervor, „daß dahinter [sich verändernde Umgangsformen mit Fernsehen, Rollenvorstellungen etc., B.G.] der größte Teil unserer sozialen Ordnung unberührt bleibt und Interaktionen noch immer das beste Mittel sind, Erfahrungen zu machen" (Schmidt 1994b: 301). Außerdem wurde bereits in Zusammenhang mit den Ausführungen zum Massenmediensystem darauf hingewiesen, daß eine Ausdifferenzierung, Pluralisierung und Ironisierung gesellschaftlich akzeptierter Unterscheidungen zu beobachten ist, nicht aber eine Aufhebung dieser Unterscheidungen (vgl. S. 153).

[589] Vgl. Schmidt 1994b: 138.

Zunächst wird deshalb der Frage nachgegangen, worin sich die Mitteilungen - also die Kommunikationsangebote - verschiedener Gattungen unterscheiden und welche Möglichkeiten zur Stabilisierung selbst-zugeschriebenen Verstehens zur Verfügung gestellt werden. Im Anschluß daran wird nochmals auf die Besonderheiten der Rezipientenrolle und der daraus resultierenden Konsequenzen eingegangen, bevor abschließend die virtuellen Strukturen massenmedialer Kommunikation einer differenzierten Betrachtung unterzogen werden.

4.3.2.2.1 Massenmediale Kommunikationsangebote

Wie bereits in Zusammenhang mit den allgemeinen Aspekten deutlich wurde, beeinflussen neben den systemspezifischen Aspekten insbesondere Gattungen die Produktion massenmedialer Kommunikationsangebote. Da zudem Gattungen auch als Instrument der sozialen Kontrolle der Rezeption fungieren und somit zur Stabilisierung selbst-zugeschriebenen Verstehens beitragen, erscheint es angebracht, der Frage nachzugehen, welche unterschiedlichen Varianten der Wirklichkeitsbezüge und Zuordnungen zu thematischen Räumen auszumachen sind und welche Zeichensysteme zur Signalisierung dieser Bezüge und Zuordnungen verwendet werden.[590]

Zur Erläuterung werden dabei im folgenden einige spezifische Wirklichkeitsbezüge, thematische Zuordnungen und Zeichensysteme vorgestellt. Es ist jedoch zu berücksichtigen, daß es sich dabei nicht um eine umfassende Klassifizierung massenmedialer Gattungen handelt, sondern um eine exemplarische Skizze verschiedener gattungsspezifischer Aspekte. Am Ende des Kapitels wird ergänzend dazu nochmals ausführlicher auf die Problematik der Klassifizierung und Beschreibung von Gattungen eingegangen.

Wirklichkeitsbezüge

Wie in den vorangegangenen Ausführungen deutlich wurde, organisieren die Gattungen die individuellen Referenzen, also die Bezüge auf gesellschaftlich akzeptierte Wirklichkeitsmodelle anläßlich massenmedialer Kommunikationsangebote. Die Wirklichkeitsmodelle sind dabei als gesellschaftlich akzeptierte Invarianten der individuellen Wirklichkeitskonstruktionen zu verstehen, wobei verschiedenen Bereichen unterschiedliche soziale Verbindlichkeiten zukommen. So sind in den Wirklichkeitsmodellen Unterscheidungen vorzufinden, die als unbedingt notwendig für den Erhalt

---

590   Bei den anschließenden Erläuterungen wird aus folgenden Gründen bewußt auf die Verwendung des Begriffspaar ,Information' und ,Unterhaltung' verzichtet: Trotz der häufigen Verwendung in kommunikationswissenschaftlicher Literatur liegt m.W. bisher keine eindeutige Definition dieser Begriffe vor. Außerdem bezeichnet im Rahmen dieser Arbeit der Informationsbegriff bereits ein Element von Kommunikation (vgl. S. 120), so daß eine Verwendung desselben Begriffs in anderen Zusammenhängen zu Verwirrungen führen könnte. Schließlich könnte aufgrund der häufigen Verwendung dieser Begriffe in Zusammenhang mit der Beschreibung der Kommunikationsangebote des Fernsehens fälschlicherweise der Eindruck entstehen, die Ausführungen würden sich nur auf die Kommunikationsangebote des Fernsehens beziehen.

der Gesellschaft erachtet werden[591] und die deshalb von allen Gesellschaftsmitgliedern berücksichtigt werden sollen. Der Verbindlichkeitsdruck hinsichtlich der Integration dieser Unterscheidungen in die individuellen Wirklichkeitskonstruktionen ist somit sehr hoch und ihm kann u.U. durch Sanktionen Nachdruck verliehen werden. Aufgrund dieser hohen sozialen Verbindlichkeit erlauben diese Unterscheidungen unabhängig von der Zugehörigkeit zu bestimmten sozialen Systemen die Durchführung akzeptierter Anschlußhandlungen und sichern so die Vernetzung der Gesellschaft. Im Anschluß an diese Unterscheidungen haben sich zudem weitere Differenzen etablieren können, die z.T. in den verschiedenen Wirklichkeitsmodellen gleich sind, z.T. aber auch gerade die Unterschiede dieser Wirklichkeitsmodelle kennzeichnen. Der Verbindlichkeitsdruck hinsichtlich dieser Unterscheidungen besteht für Interaktionen in bezug auf diese Wirklichkeitsmodelle. Mit anderen Worten: Wer zu einem sozialen System gehören möchte, ist gehalten, die Unterscheidungen des Wirklichkeitsmodells des sozialen Systems in seine eigene Wirklichkeitskonstruktion zu integrieren. Je nach Komplexität und Stabilität des sozialen Systems kann dabei die Stärke des Verbindlichkeitsdrucks variieren. Schließlich stellen die Wirklichkeitsmodelle Unterscheidungen zur individuellen Wirklichkeitskonstruktion zur Verfügung, die zur Ausbildung sozialer Bereiche führen, deren Verbindlichkeitsdruck jedoch deutlich schwächer ist als bei den anderen Unterscheidungen.

Im Anschluß an diese Überlegungen ist davon auszugehen, daß die Gattungen die Referenzen auf die verschiedenen Ebenen der Wirklichkeitsmodelle organisieren und daß sich infolgedessen auch für unterschiedliche Gattungen differierende soziale Verbindlichkeiten in bezug auf die Integration der präsentierten Unterscheidungen in individuelle Wirklichkeitskonstruktionen ergeben. Dabei ist zusätzlich zu beachten, daß mit zunehmender sozialer Verbindlichkeit aufgrund der Dynamik der Wirklichkeitsmodelle auch die Aktualität der Präsentation an Relevanz gewinnt.

So ist beispielsweise in Zusammenhang mit dem Grundkonzept des Massenmediensystems bereits erläutert worden, daß sich das Subsystem Journalismus mit der Herstellung von Kommunikationsangeboten befaßt, denen die Qualitäten der Faktizität und Neuigkeit zugeschrieben werden.[592] Im Anschluß an die vorangegangenen Ausführungen kann Faktizität auch als Hinweis auf die Verbindlichkeit der präsentierten Unterscheidungen verstanden werden und Neuigkeit als Hinweis auf die Dynamik der gesellschaftlichen Wirklichkeitsmodelle. Zur Signalisierung der Wirklichkeitsbezüge werden dabei vor allem visuelle Zeichenkomplexe[593] sowie Verweise auf

---

[591]   Schmidt spricht in diesem Zusammenhang auch von den *Basisdichotomien* einer Gesellschaft (vgl. Schmidt 1994b: 279).

[592]   Siehe dazu die Ausführungen auf S. 145. Als einzelne Darstellungsformen bzw. Gattungen journalistischer Kommunikationsangebote - und insofern als weitere Differenzierungen der Möglichkeit der Wirklichkeitsbezüge - werden dabei Meldung und Bericht, Kommentar und Glosse sowie Reportage und Feature genannt (vgl. Schmidt/Weischenberg 1994: 232ff.).

[593]   Vgl. Spangenberg 1993: 87; 1995: 42f.; Schmidt 1994b: 271ff.

nicht-massenmediale[594] und andere journalistische Kommunikationsangebote[595] verwendet.[596] Aufgrund der Bezugnahme auf gesellschaftlich verbindliche Unterscheidungen verringern sich zudem die Freiheitsgrade der Kommunikatbildung, d.h. durch die Signalisierung der Bezugnahme auf gesellschaftlich verbindliche Unterscheidungen werden die Prozesse der Selbstzuschreibung von Verstehen stabilisiert.

Als „Gegenstück" zu journalistischen Gattungen sind Gattungen auszumachen, die sich auf gesellschaftlich akzeptierte Konstruktionen gattungsspezifischer Wirklichkeitsmodelle beziehen.[597] Die soziale Verbindlichkeit bezieht sich dabei vor allem auf die strikte Trennung zwischen gesellschaftlich akzeptierten und gattungsspezifischen Wirklichkeitsmodellen; darüber hinaus steht es den Rezipienten zunächst frei, sich an den Unterscheidungen der gattungsspezifischen Wirklichkeitsmodelle zu orientieren. Bei einer Orientierung an den gattungsspezifischen Wirklichkeitsmodellen nimmt die Verbindlichkeit der Übernahme bestimmter Unterscheidungen jedoch zu und es eröffnen sich für die Rezipienten Möglichkeiten von Anschlußhandlungen im sozialen Bereich. Der Reiz der gattungsspezifischen Wirklichkeitsmodelle liegt dabei vermutlich in den Spielräumen für individuelle Rezeptionsstrategien bei gleichzeitiger Etablierung von bestimmten Unterscheidungen, die Kommunikation über diese Spielräume ermöglichen. Für die Entwicklung gattungsspezifischer Wirklichkeitsmodelle haben sich zudem spezifische Zeichensysteme entwickelt, deren Entwicklungsspielraum von den technischen Möglichkeiten des jeweiligen Massenmediums begrenzt wird. Ähnlich wie im Laufe der Sozia-

---

594 „Journalismus besteht zu einem erheblichen Teil aus der Bearbeitung und Wiedergabe von Aussagen unterschiedlicher Personen und Organisationen." (Weischenberg [2]1988: 42) In letzter Zeit wird insbesondere an dieser Stelle eine Möglichkeit des Einflusses auf journalistische Prozesse durch sogenannte Public Relations gesehen (vgl. Baerns 1985; Marcinkowski 1993: 224; Weischenberg 1995a: 207ff.).

595 Siehe allgemein zur Selbstreferentialität massenmedialer Kommunikationsangebote Bleicher 1993; 1994a; Schmidt 1996: 47ff. und zur Selbstreferentialität des Journalismus Weischenberg 1990: 27ff.; 1995a: 162. Ergänzend dazu ist darauf hinzuweisen, daß sich im System Journalismus mit den Nachrichten- und Medienagenturen ein Subsystem etabliert hat, das sich allein dem systeminternen Zur-Verfügung-Stellen von journalistischen Informationen widmet (vgl. Weischenberg 1995a: 192ff.).

596 Zu weiteren strategischen Prozeduren der Erzeugung von Objektivität siehe Weischenberg 1995a: 165ff. und zu Aspekten des journalistischen Umgangs mit dem sprachlichen Zeichensystem Weischenberg 1995a: 179ff. Durch die Möglichkeit der Konstruktion des Gefühls des authentischen Dabeiseins erzeugen insbesondere die journalistischen Kommunikationsangebote die Unterstellung eines allen gemeinsamen Wirklichkeitsmodells (vgl. Schmidt 1991: 41f.; 1992b: 440; 1993a: 110), auf das in Anschlußhandlungen Bezug genommen werden kann. An anderer Stelle wird darauf hingewiesen, daß „Welt" immer weniger durch gemeinsames, interaktives Handeln erzeugt wird, als vielmehr durch die Fiktion des gemeinsamen Wahrnehmens (Schmidt 1994b: 289).

597 Anders als für die journalistischen Gattungen läßt sich diesen Gattungen kein einzelnes Subsystem des Massenmediensystems zuordnen. Vielmehr sind ein Reihe unterschiedlicher Subsysteme an der Produktion eines Kommunikationsangebotes beteiligt, wobei aufgrund wechselnder Partnerschaften die Verbindungen zwischen den Subsystemen deutlich schwächer und flüchtiger sind als etwa im Journalismus. Auf das Defizit hinsichtlich der kommunikationswissenschaftlichen Beschäftigung mit diesen Strukturen des Massenmediensystems wurde bereits hingewiesen (vgl. S. 144, 145).

lisation der Umgang mit Zeichen und damit auch der Umgang mit Unterscheidungen der gesellschaftlich akzeptierten Wirklichkeitsmodelle erlernt wird, so erlernen die Rezipienten im Laufe ihrer Mediensozialisation den Umgang mit gattungsspezifischen Zeichensystemen und damit auch die Konstruktion gattungsspezifischer Wirklichkeitsmodelle.[598]

Eine weitere Gruppe von Gattungen umfaßt die Inszenierung von „Erlebniswelten" als soziales Ereignis.[599] Als Präsentationen von Ereignissen in der Umwelt der Rezipienten verweisen die Kommunikationsangebote dieser Gattungen auf gesellschaftlich akzeptierte Wirklichkeitsmodelle und grenzen somit die Freiheitsgrade der Kommunikatbildung ein. *Ein Kommunikationsangebot bezieht sich dabei i.d.R. auf ein Ereignis*, wobei die Kommunikationsangebote häufig zeitliche Kongruenz zum Ereignis auszeichnet. Als Elemente der gesellschaftlichen Wirklichkeitsmodelle kann dabei durchaus von journalistischen Kommunikationsangeboten auf diese Inszenierungen Bezug genommen werden. Im Unterschied dazu vermitteln jedoch die Kommunikationsangebote, in denen diese Inszenierungen präsentiert werden, den Eindruck des Dabei-Seins, der Teilhabe an diesen sozialen Ereignissen.[600]

Wie die obigen Ausführungen verdeutlichen, wird durch die Bezüge auf gesellschaftlich akzeptierte Wirklichkeitsmodelle zugleich auch auf Verbindlichkeiten hinsichtlich der Übernahme der präsentierten Unterscheidungen verwiesen. Insofern sind die Kommunikationsangebote der unterschiedlichen Gattungen mit Hinweisen hinsichtlich des gesellschaftlich akzeptierten Spielraums der Freiheitsgrade der individuellen Kommunikatbildung ausgestattet. Dabei verhält sich die Höhe der Freiheitsgrade offensichtlich umgekehrt proportional zu den Möglichkeiten der Anschlußhandlungen in sozialen Bereichen: je höher die Freiheitsgrade, desto geringer die Möglichkeiten zu Anschlußhandlungen, je geringer die Freiheitsgrade, desto höher die Möglichkeiten zu Anschlußhandlungen. Aus diesen Überlegungen ergibt sich, daß die Gattungen u.a. zur Stabilisierung selbst-zugeschriebenen Ver-

---

[598]   Unterstützt werden diese Prozesse zunächst durch Rezeption begleitende Fremdzuschreibung von Verstehen und später dann durch den Verbindlichkeitsdruck bezüglich des Umgangs mit diesen Wirklichkeitsmodellen aufgrund der Unterstellung von Bekanntheit (vgl. S. 152f.).

[599]   Der Begriff ‚Erlebniswelt' bezieht sich auf die Definition von Unterhaltungswelten durch Stumm (1996: 147): *„Unterhaltungswelten sind grundsätzlich »Als-ob-Welten«, und zwar in dem Sinne, daß sie eine von der Wirklichkeit des Alltags abgeleitete, eigene Wirklichkeit erschaffen, in der jeweils bestimmte Handlungen nach jeweils bestimmten »Regeln« oder »Gesetzen« erfolgen."* (Hervorhebungen im Original) Im Anschluß an Caillois lassen sich dabei Formen der Mimicry (Handlungsnachahmungen), des Agon (leistungsorientierte Wettkampfspiele) und der Alea (leistungsunabhängige Glücksspiele) ausmachen (vgl. Stumm 1996: 99), die um die Form der Präsentation von Musik ergänzt werden können.

[600]   Um diesen Eindruck zu verstärken, werden bestimmte Formen der Präsentation dieser Inszenierungen verwendet, wie z.B. der Fokus auf die Hauptakteure und bestimmte Kameraperspektiven. Insofern ähneln sich die Zeichensysteme dieser und journalistischer Gattungen, da in beiden Fällen Authentizität vermittelt werden soll. Eine besondere Form der Inszenierung dieser Erlebniswelten ist zudem die massenmediale Inszenierung solcher Ereignisse, also die Inszenierung von Erlebniswelten für ein massenmediales Publikum. Zu diesen Inszenierungen gehören dabei i.d.R. anwesende Zuschauer, die als Repräsentanten des Publikums fungieren und das Gefühl der Zugehörigkeit zu einer Gemeinschaft stärken (vgl. Wulff 1988).

stehens beitragen, indem sie durch ihre Wirklichkeitsbezüge auf die soziale Verbindlichkeit bestimmter Unterscheidungen verweisen und so die Freiheitsgrade der individuellen Kommunikatbildung in unterschiedlichem Maß und auf verschiedenen Ebenen einschränken.

Zuordnungen zu thematischen Räumen

Neben den unterschiedlichen Varianten der Wirklichkeitsbezüge organisieren die Gattungen zudem die Zuordnung der Kommunikationsangebote zu bestimmten thematischen Räumen. Wie bereits in Zusammenhang mit den Ausführungen zu den allgemeinen theoretischen Annahmen angesprochen, dienen thematische Räume zur Organisation von Kommunikation, indem sie aufgrund von formalen und inhaltlichen Merkmalen der Kommunikationsangebote den Anschluß an vorausgegangene Kommunikation ähnlicher Kommunikationsangebote ermöglichen.[601] Da Kommunikation jedoch immer auf gesellschaftlich akzeptierte Wirklichkeitsmodelle Bezug nimmt, können thematische Räume auch als kulturspezifische Ordnungen von Kommunikation bezeichnet werden, wobei die Kommunikationsangebote eines thematischen Raums auf dieselben Bereiche gesellschaftlich akzeptierter Wirklichkeitsmodelle Bezug nehmen. Gattungen organisieren somit nicht nur die Wirklichkeitsbezüge massenmedialer Kommunikationsangebote, sondern dadurch auch die Anschlußmöglichkeiten an vorangegangene Kommunikation.

Durch ihren uneingeschränkten Bezug auf alle Bereiche gesellschaftlich akzeptierter Wirklichkeitsmodelle stehen massenmedialen Kommunikationsangeboten journalistischer Gattungen dabei nahezu alle thematischen Räume offen.[602] Neben Gattungen, die diese Möglichkeit wahrnehmen und deren Wirklichkeitsbezüge mit einem gesellschaftsweiten Verbindlichkeitsdruck ausgestattet sind, haben sich zudem journalistische Gattungen entwickelt, die von dieser Möglichkeit des uneingeschränkten Bezugs keinen Gebrauch machen, sondern sich vielmehr auf bestimmte Bereiche gesellschaftlich akzeptierter Wirklichkeitsmodelle spezialisiert haben.[603]

Je geringer jedoch der Verbindlichkeitsdruck hinsichtlich der Wirklichkeitsbezüge ist, desto größer ist die Möglichkeit der individuellen Zuordnung von Kommunikationsangeboten zu thematischen Räumen. So schränken die Kommunikationsangebote der Erlebniswelten präsentierenden Gattungen durch ihren Bezug auf ein bestimmtes soziales Ereignis die Möglichkeit der Zuordnung zu thematischen Räumen deutlich stärker ein als Gattungen mit Bezug auf gesellschaftlich akzeptierte Formen der Konstruktion gattungsspezifischer Wirklichkeitsmodelle. Bei Kom-

---

601   Vgl. Schmidt 1994b: 104f. und die Erläuterungen auf S. 123f.

602   In Zusammenhang mit den Ausführungen zum Journalismus wurde bereits darauf hingewiesen, daß dem Journalismus nahezu keine thematischen Grenzen gesetzt sind (vgl. S. 151).

603   Siehe z.B. zur Entwicklung und Ausdifferenzierung von Special Interest-Zeitschriften Rolf 1995; Gruß 1995. U.U. kann es im Zuge der Ausdifferenzierung dieser Gattungen auch zur Entwicklung gattungsspezifischer Zeichensysteme kommen, deren kompetente Verwendung nicht von allen Gesellschaftsmitgliedern im Rahmen ihrer Mediensozialisation erworben wird.

munikationsangeboten der zweiten Gattungsgruppe werden den Rezipienten einerseits Zuordnungen zu Kommunikationen, die sich auf dieselben gattungsspezifischen Wirklichkeitsmodelle beziehen, nahegelegt.[604] Andererseits eröffnen sich aufgrund der Spielräume der individuellen Kommunikatbildungsprozesse durchaus Möglichkeiten der nicht gesellschaftsweit anerkannten Zuordnung zu thematischen Räumen. Insofern zeigen sich Gattungen, die sich auf gattungsspezifische Wirklichkeitsmodelle beziehen, deutlich offener gegenüber der Ausdifferenzierung kulturspezifischer Gattungsvarianten bzw. individueller Medienschemata.

Ergänzend zu den Ausführungen in Zusammenhang mit den Wirklichkeitsbezügen kann demnach festgehalten werden, daß auch durch die gattungsspezifischen Zuordnungen massenmedialer Kommunikationsangebote zu bestimmten thematischen Räumen selbst-zugeschriebenes Verstehen stabilisiert wird. Dabei ist darauf hinzuweisen, daß in Medienkulturen moderner westlicher Gesellschaften nahezu allen thematischen Räumen massenmediale Kommunikationsangebote zugeordnet werden können.[605] Dies unterstreicht nochmals die Relevanz massenmedialer Kommunikation und die zentrale Rolle des Massenmediensystems für die Entwicklung moderner westlicher Gesellschaften.

Zeichensysteme

Wirklichkeitsbezüge und Zuordnungen zu thematischen Räumen werden mit Hilfe von medienspezifischen Zeichensystemen signalisiert. Diese medienspezifischen Zeichensysteme sind eingeschränkt durch die unterschiedlichen technischen Möglichkeiten der einzelnen Massenmedien und beinhalten Elemente nicht-medienspezifischer Zeichensysteme[606] und medienübergreifender Zeichensysteme.[607] Durch die Zuordnung massenmedialer Kommunikationsangebote zu bestimmten Gattungen werden zudem die Möglichkeiten der Gestaltung weiter eingegrenzt. Insofern kann in Zusammenhang mit der Produktion massenmedialer Kommunikationsangebote auch von medienspezifischen Stilen der Umsetzung gattungsspezifischer

---

[604] Dabei kann in Form der Serienhaftigkeit von Kommunikationsangeboten diese thematische Selbstreferentialität selbst wieder einen Aspekt der Gattungen ausmachen.

[605] In Zusammenhang mit dem Verhältnis von Massenmediensystem und Gesellschaft wurde bereits darauf hingewiesen, daß im Rahmen von Medienkulturen nahezu alle gesellschaftlichen Themen in massenmedialen Kommunikationsangeboten präsentiert werden und daß die Inszenierung von Themen durch das Massenmediensystem zunimmt (siehe dazu die Erläuterungen zu Medienkulturen S. 124, 152 und zur Selbstreferentialität des Massenmediensystems S. 171). Schmidt weist zudem darauf hin, daß Veränderungen in gesellschaftlichen Wirklichkeitsmodellen in Verbindung stehen mit der Dynamik von Gattungskonzepten, der Entwicklung von Medientechnik und der Entfaltung von Kommunikationsmöglichkeiten (vgl. Schmidt 1994b: 183).

[606] Zu nennen wären hier beispielsweise geschriebene und gesprochene Sprache oder auch Mimik und Gestik.

[607] Je ähnlicher sich die technischen Möglichkeiten der einzelnen Massenmedien sind, desto eher können sich medienübergreifende Zeichensysteme entwickeln. So z.B. bei Film und Fernsehen oder bei Buch und Presse.

Zeichensysteme gesprochen werden.[608] Wie bereits in Zusammenhang mit den Ausführungen zu den allgemeinen Aspekten erläutert wurde, stellt die Bezugnahme auf Gattungen bei der Produktion von Kommunikationsangeboten für Produzenten und Rezipienten gleichermaßen die Gewähr der Anschlußmöglichkeit an individuelle Medienschemata dar. Aufgrund der Rezeptionserfahrungen kann es dabei seitens der Rezipienten durchaus zu einer Verknüpfung von Erwartungen hinsichtlich der Struktur von Kommunikationsangeboten bzw. hinsichtlich der individuellen und sozialen Folgen der Rezeption mit Vorstellungen von den Produzenten der Kommunikationsangebote kommen. Insofern kann dann auch von produzentenspezifischen Stilen der Umsetzung gattungsspezifischer Zeichensysteme gesprochen werden.[609] Aus Sicht der Produzenten erlaubt wiederum die Bezugnahme auf gattungsspezifische Zeichensysteme im Anschluß an Ergebnisse der Medienforschung und an eigene Rezeptionserfahrungen die Vorstellungen vom Publikum der von ihnen produzierten Kommunikationsangebote zu konkretisieren.[610]

Im Rahmen der gattungsspezifischen Zeichensysteme kann zudem zwischen Zeichensystemen zur Signalisierung von Wirklichkeitsbezügen und Zeichensystemen zur Signalisierung von Zuordnungen zu thematischen Räumen unterschieden werden.[611] Dabei ist zu berücksichtigen, daß mit zunehmender sozialer Verbindlichkeit der Wirklichkeitsbezüge auch der Verbindlichkeitsdruck in bezug auf den kompetenten Umgang mit gattungsspezifischen Zeichensystemen zunimmt. Die Kompetenz im Umgang mit Zeichensystemen wird durch die Fremdzuschreibung von Verstehen sozial kontrolliert; im Zusammenhang mit der Rezeption massenmedialer Kommunikationsangebote ist fremdzugeschriebenes Verstehen jedoch nur im Rahmen von Anschlußhandlungen außerhalb massenmedialer Kommunikation möglich. Daraus ergibt sich die Schlußfolgerung, daß die Kompetenz im Umgang mit gattungsspezifischen Zeichensystemen insbesondere dann sozial kontrolliert ist, wenn die Gattungen Anschlußhandlungen außerhalb massenmedialer Kommunikation nahelegen.[612]

Zusammenfassend läßt sich somit für gattungsspezifische Zeichensysteme festhalten, daß sie sich in medienspezifischen und u.U. sogar in produzentenspezifi-

---

[608] In Zusammenhang mit den Erläuterungen zum Massenmediensystem ist zudem bereits darauf hingewiesen worden, daß die Produktion massenmedialer Kommunikationsangebote vor allem durch systeminterne Prozesse organisiert ist (vgl. S. 143ff.). Insofern sind die medienspezifischen Stile auch und vor allem durch die produzierenden Systeme geprägt.

[609] Siehe ergänzend dazu auch die Ausführungen zur Selbstdarstellung von Fernsehsendern in Bleicher 1997a: 32ff.

[610] Siehe ergänzend dazu auch die Ausführungen zu virtuellen Strukturen S. 179ff.

[611] In den vorangegangenen Ausführungen wurde bereits auf Zeichensysteme journalistischer Gattungen und auf Zeichensysteme zur Konstruktion gattungsspezifischer Wirklichkeitsmodelle hingewiesen.

[612] Wie die vorangegangenen Ausführungen zeigen, gilt dies vor allem für die Kompetenz im Umgang mit journalistischen Zeichensystemen. Ergänzend ist zudem anzumerken, daß die Möglichkeiten zu Anschlußhandlungen - und damit auch der Verbindlichkeitsdruck in bezug auf den kompetenten Umgang mit gattungsspezifischen Zeichensystemen - aufgrund der Mitgliedschaft in sozialen Systemen durchaus variieren können.

schen Stilen der Umsetzung dieser Zeichensysteme manifestieren. Die individuelle Kompetenz der Rezipienten im Umgang mit diesen Zeichensystemen unterliegt dabei der sozialen Kontrolle durch die Fremdzuschreibung von Verstehen, wobei der Verbindlichkeitsdruck in bezug auf den kompetenten Umgang in Zusammenhang steht mit der Verbindlichkeit der Wirklichkeitsbezüge der jeweiligen Gattungen.

Probleme der Klassifizierung und Beschreibung von Gattungen

Aufgrund der Freiheitsgrade der individuellen Kommunikatbildung und der daraus resultierenden Divergenzen der individuellen Medienschemata sowie aufgrund der Optionalität von Anschlußhandlungen ergeben sich eine Reihe von Problemen bei der Klassifizierung und Beschreibung von Gattungen, auf die im folgenden kurz eingegangen werden soll.

Als Invarianten von Medienschemata können Gattungen nur durch Kommunikation über Medienschemata ermittelt werden. Dabei ergeben sich eine Reihe von allgemeinen Problemen der Kommunikation über kognitive Schemata, wie z.B. die kommunikative Unzugänglichkeit unbewußter Vorgänge oder die Mitteilung von Emotionen o.ä. Insofern dürften eine Reihe von gattungsspezifischen Elementen der Medienschemata nicht bzw. nur schwer kommunizierbar sein. Ein weiteres Problem ergibt sich aus der Kulturspezifik von Gattungen, die zu einer dynamischen Umstrukturierung und Ausdifferenzierung und damit zu einer unüberschaubaren Fülle von Gattungen führt. Bestimmte Gemeinsamkeiten von Gattungen lassen sich dabei durchaus feststellen; problematisch erscheint in diesem Zusammenhang jedoch eine Abgrenzung und Spezifizierung einzelner Gattungen. Schließlich erlauben die Freiheitsgrade der Kommunikatbildung und die Optionalität der Anschlußhandlungen einen kreativen Umgang mit Elementen verschiedener Gattungen. Da zur Emergenz eines kohärenten Kommunikats nicht unbedingt die eindeutige Zuordnung eines Kommunikationsangebotes zu einer Gattung notwendig ist, ermöglicht der kreative Umgang mit Gattungen u.a. die selbständige Elaboration von Medienschemata bei in massenmedialer Kommunikation Unerfahrenen, die Kommunikation über unbekannte Gattungen und nicht zuletzt die Elaboration von neuen Gattungen.

Aus diesen Überlegungen ergibt sich, daß die einzelnen Elemente von Gattungen nur schwer zu erfassen sind und daß eine eindeutige Zuordnung eines Kommunikationsangebots zu einer Gattung nicht immer möglich ist. Im Anschluß an die vorangegangenen Ausführungen zu Wirklichkeitsbezügen, Zuordnungen zu thematischen Räumen und Zeichensystemen kann jedoch davon ausgegangen werden, daß die Kommunikation über Gattungen insbesondere dann in gewissem Maß erfolgreich ist, wenn die Gattungen auf verbindliche Elemente gesellschaftlich akzeptierter Wirklichkeitsmodelle verweisen.[613]

---

[613] Dabei kann der Bezug auf gesellschaftlich akzeptierte Wirkichkeitsmodelle direkt erfolgen oder auch in Form der gesellschaftlich akzeptierten Möglichkeiten der Konstruktion gattungsspezifischer Wirklichkeitsmodelle. Die Ergebnisse der exemplarischen Untersuchung von Fernsehgattungen bestätigen

Die Überlegungen lassen zudem ebenfalls den Schluß zu, daß sich aus Sicht der Rezipienten das Problem der eindeutigen Bestimmung einzelner Gattungen und der eindeutigen Zuordnung von massenmedialen Kommunikationsangeboten zu einzelnen Gattungen gar nicht stellt. Gattungen sind Hilfestellungen im Umgang mit massenmedialen Kommunikationsangeboten; sie stellen jedoch kein apodiktisches Regelwerk dar.

Zusammenfassend kann somit für die massenmedialen Kommunikationsangebote als einem besonderen Aspekt massenmedialer Kommunikation festgehalten werden, daß die gattungsspezifische Organisation durch verschiedene Aspekte zur Stabilisierung selbst-zugeschriebenen Verstehens beiträgt. So wird insbesondere durch Verweise auf die soziale Verbindlichkeit von Wirklichkeitsmodellen und durch die Zuordnung der Kommunikationsangebote zu spezifischen thematischen Räumen versucht, die Freiheitsgrade individueller Kommunikatbildungsprozesse zu kanalisieren bzw. einzugrenzen. Als Instrumente der Signalisierung von Wirklichkeitsbezügen und Zuordnungen zu thematischen Räumen fungieren dabei spezifische Zeichensysteme, die z.T. massenmediale Grenzen übergreifend, z.T. spezifisch für einzelne Massenmedien sind. Der Umgang mit diesen Zeichensystemen und infolgedessen auch der Umgang mit den verschiedenen Gattungen wird von den Rezipienten während ihrer Mediensozialisation erlernt und durch die Prozesse der massenmedialen Kommunikation fortwährend differenziert und neu organisiert.

Wie bereits in Zusammenhang mit den allgemeinen Aspekten massenmedialer Kommunikation erläutert wurde, sind individuelle Medienschemata und Gattungen nicht kongruent; Gattungen bestimmen die individuelle Rezeption massenmedialer Kommunikationsangebote somit nicht, sondern dienen nur als Leitfaden. Trotz aller Bemühungen der Kanalisation und Einschränkung der Freiheitsgrade der Kommunikatbildung kann es aufgrund der Besonderheiten massenmedialer Kommunikation somit nie zu einer derart verbindlichen und sozial kontrollierten Kommunikatbildung wie im Rahmen nicht-massenmedialer Kommunikation kommen.

4.3.2.2.2 Rezipientenrolle

Einen weiteren besonderen Aspekt massenmedialer Kommunikation, auf den bereits in unterschiedlichen Zusammenhängen hingewiesen worden ist, stellt die Rezipientenrolle dar. Unter einer Rolle werden dabei die mit der Position in einer Gruppe oder Institution verbundenen Verhaltenserwartungen verstanden[614], so daß die Rezipientenrolle auch als Erwartungen gegenüber dem Verhalten von Rezipienten beschrieben werden kann.

---

diese Vermutung. Bei freier Auswahl wurden am häufigsten eine Gruppe von Kommunikationsangeboten näher beschrieben, die als „Nachrichten" bezeichnet wurde, gefolgt von „Spielfilmen", „Sport", „Unterhaltung", „Serien", „Krimis", „politischen Magazinen", „Musik", „Tiersendungen", „Ratgebersendungen", „Talkshows" und „Informationssendungen" (vgl. Rusch/Großmann 1998: A-1).

614   Vgl. zu Verhaltenserwartungen auf S. 146.

Für die Konzeption der Rezipientenrolle ist jedoch zu berücksichtigen, daß die Rezeption massenmedialer Kommunikationsangebote nicht zur Ausbildung eines stabilen sozialen Systems mit spezifischen Strukturen führt, die zur Ableitung von Erwartungen hinsichtlich des Verhaltens der Rezipienten herangezogen werden können. Wie bereits angesprochen, sind Rezipienten vielmehr in Publika organisiert, für die insbesondere die Merkmale der Flüchtigkeit, der geringen Komplexität und der Anonymität des Gros ihrer Mitglieder charakteristisch sind.[615] Insofern zeichnet sich die Rezipientenrolle in der konkreten Rezeptionssituation durch die Freiheit von Verpflichtungen zu Anschlußhandlungen bzw. durch die Freiheit von spezifischen Erwartungen gegenüber dem Verhalten der Rezipienten aus.[616]

Aufgrund der kulturellen Prägung von Publika, bei der insbesondere die Gattungen eine Rolle spielen, lassen sich jedoch Erwartungen hinsichtlich des Umgangs mit massenmedialen Kommunikationsangeboten und der Anschlußhandlungen an die individuelle Rezeption von massenmedialen Kommunikationsangeboten spezifizieren. So sind z.B. Kommunikationsangebote von Gattungen mit einer hohen Verbindlichkeit hinsichtlich ihres Wirklichkeitsbezugs mit einer gesellschaftsweit verbreiteten Erwartung in bezug auf die Rezeption solcher Kommunikationsangebote verknüpft.[617] Aufgrund dieser Erwartung wird häufig im Rahmen nicht-massenmedialer Kommunikation auf die Rezeption von Kommunikationsangeboten dieser Gattungen Bezug genommen, ohne sich tatsächlich der vorausgegangenen Publikumsmitgliedschaft der Kommunikationsteilnehmer zu vergewissern. Aufgrund der Mitgliedschaft in sozialen Systemen kann es zudem zu Erwartungen hinsichtlich der Rezeption von Kommunikationsangeboten kommen, die aufgrund ihrer Gattungszugehörigkeit die Zuordnungen zu bestimmten thematischen Räumen erlauben. Dabei kann im extremen Fall sogar die Publikumsmitgliedschaft als notwendige Voraussetzung für akzeptierte Anschlußhandlungen für die Mitgliedschaft in einem sozialen System entscheidend sein.

Aus diesen Überlegungen ergibt sich, daß sich aufgrund der Einbettung der individuellen Rezeption massenmedialer Kommunikationsangebote in den Lebenszusammenhang der Individuen und damit in die Kulturen einer Gesellschaft trotz der Unverbindlichkeit der Erwartungen hinsichtlich des Verhaltens in der konkreten Rezeptionssituation und trotz der Optionalität von Anschlußhandlungen durchaus kulturspezifische Erwartungen in bezug auf den Umgang mit massenmedialen Kommunikationsangeboten und in bezug auf konkrete Anschlußhandlungen erkennen lassen.[618] Diese Erwartungen nehmen sowohl Einfluß auf die Entscheidungsprozesse,

---

[615]   Siehe ergänzend dazu die Ausführungen auf S. 163ff.

[616]   Berghaus spricht in Zusammenhang mit der Rezeption von Kommunikationsangeboten des Fernsehens sogar von „Medien als gesellschaftlich konzessioniertem Mittel zur Kommunikationsvermeidung" (vgl. Berghaus 1988: 39).

[617]   In politischen Zusammenhängen findet sich diese Erwartungshaltung im Ausdruck des „gut informierten Bürgers" wieder (vgl. kritisch dazu Brosius 1997: 94ff.).

[618]   Zu ähnlichen Schlußfolgerungen kommt auch Jäckel, der im Anschluß an Untersuchungen zum Verhalten des Fernsehpublikums nicht von einer zunehmenden „Individualisierung der Massenkom-

die zur Rezeption massenmedialer Kommunikationsangebote führen, als auch auf die Rezeptionsprozesse und die sich daran anschließenden individuellen und sozialen Folgen der individuellen Rezeption massenmedialer Kommunikationsangebote. Insofern trägt also auch die Rezipientenrolle aufgrund der Strukturierung durch kulturspezifische Erwartungen hinsichtlich des Umgangs mit massenmedialen Kommunikationsangeboten zur Stabilisierung selbst-zugeschriebenen Verstehens bei.

4.3.2.2.3 Virtuelle Strukturen

Wie bereits in Zusammenhang mit den allgemeinen Aspekten massenmedialer Kommunikation kurz erläutert, gewinnen in Mediengesellschaften virtuelle Strukturen - also Vorstellungen über die Wirklichkeitskonstruktionen nicht anwesender Anderer - für individuelle Wirklichkeitskonstruktionen an Relevanz und sind in gesellschaftlich akzeptierten Wirklichkeitsmodellen integriert.[619] Im Rahmen massenmedialer Kommunikation sind virtuelle Strukturen für die Stabilisierung selbstzugeschriebenen Verstehens von Bedeutung und tragen zum Zustandekommen von Kommunikation bei. Da massenmediale Kommunikation aufgrund ihrer Besonderheiten zudem zur Ausbildung und Differenzierung virtueller Strukturen beiträgt, läßt sich an dieser Stelle das Phänomen beobachten, daß massenmediale Kommunikation die Etablierung von Strukturen fördert, die ihrerseits massenmediale Kommunikation unterstützen. Virtuelle Strukturen und massenmediale Kommunikation stehen somit in einem besonderen Verhältnis zueinander, das sich aufgrund der Medienkulturen moderner westlicher Gesellschaften auch in gesellschaftlichen Entwicklungen niederschlägt.

Im folgenden werden zunächst exemplarisch einige Beispiele virtueller Strukturen vorgestellt, bevor im Anschluß daran auf das Verhältnis von Öffentlichkeit, massenmedialer Kommunikation und virtuellen Strukturen eingegangen wird.

Beispiele für virtuelle Strukturen

Als ein Beispiel für virtuelle Strukturen können sogenannte „*Images*" angeführt werden.[620] Unter einem Image wird ein „Vorstellungsbild, das sich als eine Summe von Meinungen, Vorurteilen, Erfahrungen oder Erwartungen bei einzelnen oder Gruppen [...] über eine natürliche oder juristische Person oder irgendein anderes Objekt entwickelt hat", verstanden.[621] Als sozial kontrollierte kognitive Struktu-

---

munikation" ausgeht, sondern vielmehr von einem weiterhin durch Habitualisierung und gemeinsame Interessen geprägten Nutzungsverhalten von Fernsehzuschauern (vgl. Jäckel 1996: 277ff.).

[619] Siehe dazu die Ausführungen auf S. 167f.

[620] Die folgenden Ausführungen beziehen sich auf die Argumentation Mertens, der allerdings nicht den Begriff der ‚virtuellen Strukturen', sondern den der ‚fiktiven Strukturen' verwendet (vgl. Merten 1990b: 34ff.; 1992; Merten/Westerbarkey 1994: 206ff.).

[621] Oeckel 1964: 347 zitiert nach Merten 1990b: 36.

ren[622] verweisen Images zudem immer auch auf die Phänomene der sozialen Akzeptanz und kulturellen Prägung, also auf Wirklichkeitskonstruktionen nicht anwesender Anderer bzw. auf gesellschaftlich akzeptierte Wirklichkeitsmodelle. Dabei werden für die individuellen Wirklichkeitskonstruktionen Images insbesondere dann relevant, wenn nicht die Möglichkeit eigener Erfahrungen besteht.[623] Diese imagebasierten Bereiche der individuellen Wirklichkeitskonstruktionen tragen u.a. dazu bei, daß in unbekannten Situationen Erwartungen hinsichtlich des Geschehens sowie des eigenen Verhaltens und des Verhaltens anderer entwickelt werden können. Aufgrund der Komplexität und Dynamik moderner Gesellschaften stellen Images somit unverzichtbare Bestandteile der individuellen Wirklichkeitskonstruktionen dar, die zur Stabilisierung von Gesellschaft beitragen. Obgleich Images keine spezifischen virtuellen Stukturen massenmedialer Kommunikation sind, sind sie in Medienkulturen durch massenmediale Kommunikation geprägt und tragen als virtuelle Strukturen zur Stabilität selbst-zugeschriebenen Verstehens bei.

In Zusammenhang mit den vorangegangenen Ausführungen wurde zudem schon auf eine Reihe spezifischer virtueller Strukturen massenmedialer Kommunikation hingewiesen. Dazu gehören insbesondere die Vorstellungen der Produzenten massenmedialer Kommunikationsangebote von „ihrem" Publikum sowie die Vorstellungen der Publika von sich selbst, von anderen Publika und von den Produzenten. Im Anschluß an die vorangegangenen Erläuterungen zum Imagebegriff kann somit in diesen Zusammenhängen auch von *„medienspezifischen Images"* gesprochen werden. Für die Images bezüglich der Produzenten massenmedialer Kommunikation gilt es zudem zu berücksichtigen, daß sich aufgrund der Anonymität der Kommunikationsteilnehmer und der Institutionalisierung von einigen Subsystemen des Massenmediensystems die Images auch auf die produzierenden Subsysteme beziehen können. Images können somit zur Komplexitätsreduktion und dadurch zur Kohärenz der individuellen Wirklichkeitskonstruktionen beitragen. Zu beachten ist jedoch außerdem, daß die Images bezüglich der Produzenten durchaus gattungs- und kulturspezifische Varianzen aufweisen, so daß demselben produzierenden massenmedialen Subsystem eine ganze Reihe von divergenten Images zugeschrieben werden können.

Zusammenfassend kann somit für medienspezifische Images festgehalten werden, daß ohne sie massenmediale Kommunikation nicht möglich wäre. Indem sie zur Entwicklung von Erwartungen hinsichtlich des Verhaltens der räumlich und u.U. zeitlich getrennten Kommunikationsteilnehmer beitragen, dienen sie den Produzenten massenmedialer Kommunikationsangebote ebenso zur Orientierung und zur Organisation ihres Handelns wie den Rezipienten.

---

622   Vgl. Merten/Westerbarkey 1994: 206.

623   Vgl. Merten 1992: 39.

Öffentlichkeit, massenmediale Kommunikation und virtuelle Strukturen

Aufgrund der freien Zugänglichkeit massenmedialer Kommunikationsangebote ist massenmediale Kommunikation in starkem Maß an der Konstitution von Öffentlichkeit beteiligt. Deshalb wird an dieser Stelle ein Exkurs zum Verhältnis von massenmedialer Kommunikation und Öffentlichkeit eingeschoben, an den sich eine Betrachtung der Relevanz virtueller Strukturen für Öffentlichkeit anschließt.

In Zusammenhang mit den Ausführungen zum Verhältnis von Massenmedien und Gesellschaft wurde Öffentlichkeit bereits als frei zugängliche Kommunikation definiert.[624] Als solche ist Öffentlichkeit zentraler Bestandteil von Gesellschaften, in deren Wirklichkeitsmodellen der Demokratiegedanke eine zentrale Rolle spielt.[625] Als Kommunikation ist Öffentlichkeit zudem an Kognitionen und Kulturen gekoppelt, so daß der Begriff ‚Öffentlichkeit' auch auf die an der Kommunikation beteiligten Individuen und die Kulturen, deren Bestandteil öffentliche Kommunikation ist, verweist.

Wie bereits angesprochen, ist massenmediale Kommunikation aufgrund ihrer Besonderheit der freien Zugänglichkeit Öffentlichkeit. Da aber auch außerhalb massenmedialer Kommunikation Öffentlichkeit möglich ist, kann man zur genaueren Differenzierung massenmediale Kommunikation auch als *„medienspezifische Öffentlichkeit"* bezeichnen. Wie aus den vorangegangenen Ausführungen hervorgeht, ist diese medienspezifische Öffentlichkeit durch Gattungen geprägt, denen Kommunikationsangebote zugeordnet werden können. Dabei ist in Zusammenhang mit Öffentlichkeit festzuhalten, daß mit zunehmender Verbindlichkeit der gattungsspezifischen Wirklichkeitsbezüge auch die Unterstellung von Bekanntheit zunimmt.[626] Dieses Phänomen der Unterstellung von Bekanntheit ist letztlich jedoch nichts anderes als ein Aspekt des medienspezifischen Images des Publikums von sich selbst und von anderen Publika. Insofern ist für medienspezifische Öffentlichkeit, die auf Gattungen mit verbindlichen Wirklichkeitsbezügen verweist, festzuhalten, daß sich die Images der Rezipienten bezüglich der Publika insbesondere durch den Aspekt der Unterstellung von Bekanntheit auszeichnen. Aufgrund der Verbindlichkeit der Wirklichkeitsbezüge läßt sich zudem die Ausbildung einer besonderen virtuellen Struktur beobachten, die Struktur der *„öffentlichen Meinung"*. Dabei bezieht sich das kognitive Konstrukt der öffentlichen Meinung auf die Vorstellungen von Meinungen anderer, wobei die Vorstellungen im Rahmen der Teilnahme an frei zugänglicher Kom-

---

624   Siehe dazu die Ausführungen auf S. 151.

625   Vgl. Faulstich 1992: 29; Schmidt 1992b: 493; 1994b: 263f. Rühl verweist zudem darauf, daß Öffentlichkeit als „thematischer Resonanzboden" der Gesellschaft aufgefaßt werden kann (vgl. Rühl 1993: 142: 1993a: 95ff.).

626   Siehe dazu auch die Ausführungen in Zusammenhang mit dem Verhältnis von Massenmediensystem und Gesellschaft, S. 152. Luhmann verweist zudem darauf, daß die Rolle der Massenmedien darin bestehe, Öffentlichkeit zu repräsentieren, indem sie Wirklichkeitskonstruktionen anbietet, an denen alle gesellschaftlichen Teilsysteme bzw. alle Rezipienten teilhaben können (vgl. Luhmann [2]1996: 188). Westerbarkey bezeichnet Öffentlichkeit auch als unterstellbare Verbreitung und Akzeptanz von Kommunikationsangeboten (vgl. Westerbarkey 1993: 95).

munikation entwickelt werden.[627] Insofern kann öffentliche Meinung auch als virtuelle Struktur bezüglich der Meinungen anderer verstanden werden, die in gesellschaftlich akzeptierte Wirklichkeitsmodelle integriert ist. Aufgrund dieser Integration nimmt öffentliche Meinung zudem Einfluß auf die Entwicklung moderner westlicher Gesellschaften. Dabei gilt es zu berücksichtigen, daß moderne westliche Gesellschaften sich insbesondere durch Medienkulturen auszeichnen, so daß Öffentlichkeiten in Medienkulturen i.d.R. medienspezifische Öffentlichkeiten sind. Insofern ist öffentliche Meinung in modernen westlichen Gesellschaften insbesondere durch medienspezifische Öffentlichkeiten geprägt,[628] d.h. die öffentliche Meinung bezieht sich heute vor allem auf veröffentlichte Meinungen.[629]

Wie die Ausführungen verdeutlichen, ist Öffentlichkeit in modernen westlichen Gesellschaften offenbar bestimmt durch massenmediale Kommunikation und infolgedessen immer stärker geprägt durch virtuelle Strukturen. Als Teile der gesellschaftlich akzeptierten Wirklichkeitsmodelle sind diese virtuellen Strukturen jedoch keineswegs willkürliche Konstruktionen der Individuen, sondern sozial kontrollierte Orientierungshilfen zur individuellen Wirklichkeitskonstruktion. Aufgrund der Kulturspezifik der Rezeption massenmedialer Kommunikationsangebote und aufgrund der zunehmenden Kontingenz gesellschaftlich akzeptierter Wirklichkeitsmodelle ist zudem von einer zunehmenden Pluralität virtueller Strukturen auszugehen. Dies gilt insbesondere für die Bereiche massenmedialer Kommunikation, deren Kommunikationsangebote Gattungen mit weniger verbindlichen Wirklichkeitsbezügen zugeordnet werden.

Im Anschluß an die Ausführungen zum Verhältnis von Massenmediensystem und Gesellschaft läßt sich somit festhalten, daß eine Gesellschaft, die sich den Luxus massenmedialer Kommunikation leistet, auch den Luxus aushalten muß, den die Verwendung virtueller Strukturen zur individuellen Wirklichkeitskonstruktion mit sich bringt.[630]

Aus den Ausführungen zu den allgemeinen und besonderen Aspekten massenmedialer Kommunikation sind folgende Zusammenhänge deutlich geworden: Im Laufe der Entwicklung massenmedialer Kommunikation haben sich Strukturen etabliert, die den Besonderheiten massenmedialer Kommunikation angepaßt sind und die somit zur fortwährenden Prosperität massenmedialer Kommunikation beitragen. So fördern beispielsweise alle hier näher besprochenen besonderen Aspekte massenmedialer Kommunikation die Stabilisierung selbst-zugeschriebenen Verstehens und somit auch das Zustandekommen von massenmedialer Kommunikation. Aufgrund

---

[627]   „Man weiß nicht, was *andere* wissen oder meinen, aber man *meint* zu wissen, was andere meinen, was *man* meint." (Merten/Westerbarkey 1994: 202, Hervorhebungen im Original)

[628]   Vgl. Merten 1992: 39; Merten/Westerbarkey 1994: 202f.

[629]   Vgl. Faulstich 1992: 30. In diesem Zusammenhang ist zudem auf die Phänomene der virtuellen Meinungsführer und der Meinungsführer-Medien hinzuweisen (vgl. Eisenstein 1994: 164ff.).

[630]   Siehe dazu auch das Zitat von Schmidt, Fußnote 549, S. 153.

der Koevolution von Kommunikation und Gesellschaft sind diese für massenmediale Kommunikation notwendigen und förderlichen Strukturen in die gesellschaftlich
akzeptierten Wirklichkeitsmodelle integriert und werden im Rahmen von Medienkulturen in individuelles Handeln umgesetzt. In modernen westlichen Gesellschaften sind massenmediale Kommunikation und gesellschaftliche Entwicklung somit
untrennbar miteinander verwoben. Die Flexibilität massenmedialer Kommunikation in bezug auf Wirklichkeitsbezüge und Zuordnungen zu thematischen Räumen
erlaubt dabei offenbar nahezu unbegrenzte Ausdifferenzierungen kulturspezifischer
Varianten massenmedialer Kommunikation. Insofern ist es kein Widerspruch, daß
massenmediale Kommunikation sowohl zur Verbreitung und Akzeptanz gesellschaftlich akzeptierter Wirklichkeitsmodelle beiträgt als auch zur Entwicklung individueller Umgangsformen und Rezeptionsstrategien, die u.U. sogar zum Bruch
massenmedialer Kommunikation führen können. Solange durch diese Ausdifferenzierungen die Basiskonstanten gesellschaftlich akzeptierter Wirklichkeitsmodelle
nicht in Frage gestellt werden, werden die neuen Umgangsformen und Rezeptionsstrategien toleriert und in die gesellschaftlichen Wirklichkeitsmodelle integriert.
Dies führt, wie bereits angesprochen, zu zunehmenden Kontingenzerfahrungen der
Gesellschaftsmitglieder und letztlich zum Eindruck der zunehmenden individuellen
Verantwortung für die eigene Wirklichkeitskonstruktion.

Für eine alternative Konzeption der individuellen Rezeption massenmedialer
Kommunikationsangebote ergibt sich daraus die Notwendigkeit, die Einbettung der
Rezeptionsprozesse in kultur- und gattungsspezifische Umgangsformen mit mas-
senmedialen Kommunikationsangeboten sowie die Kopplung von massenmedialer
Kommunikation und gesellschaftlicher Entwicklung in Betracht zu ziehen. Diese
Einsicht liegt auch anderen Ansätzen zur individuellen Rezeption massenmedialer
Kommunikationsangebote zugrunde und kann insofern keine Originalität bean-
spruchen. Da sie jedoch aus den Vorüberlegungen hinsichtlich der allgemeinen
theoretischen Annahmen und der Grundkonzepte einer konstruktivistischen Alternative hervorgeht, kann im Rahmen dieser Arbeit bei der Formulierung der konkreten Konzeption auf ein ausgearbeitetes theoretisches Fundament verwiesen werden, das zudem den bestehenden kommunikationswissenschaftlichen Erkenntnis-
stand berücksichtigt. Dies wiederum ist originell, wie die Ausführungen im ersten
Teil dieser Arbeit zeigen.

Bevor im Anschluß an die theoretischen Vorüberlegungen die konkrete alternative
Konzeption vorgestellt wird, gilt es jedoch zunächst einer weiteren, sich aus der
Betrachtung der bestehenden Ansätze ergebenden Anforderung gerecht zu werden:
der Skizzierung von Anschlußmöglichkeiten an diese alternative Konzeption auf-
grund von ähnlichen Überlegungen innerhalb anderer Ansätze hinsichtlich der
Grundkonzepte.

4.3.3 Anschlußmöglichkeiten an andere Positionen

Neben den Aspekten der theoretischen Fundierung und der Klärung der verwendeten Begrifflichkeiten gehört zu den Anforderungen an eine alternative Konzeption der individuellen Rezeption massenmedialer Kommunikationsangebote das Kriterium der Bezugnahme auf andere Ansätze an. Dieser Forderung wird im folgenden entsprochen, wobei zunächst auf Parallelen zu Grundkonzepten der im ersten Teil dieser Arbeit besprochenen Rezeptionsansätze eingegangen wird und im Anschluß daran auf Parallelen zu anderen kommunikationswissenschaftlichen Arbeiten.

4.3.3.1 Verbindungen zu bestehenden Rezeptionsansätzen

Anders als im Rahmen der Auseinandersetzung mit den allgemeinen theoretischen Annahmen lassen sich für die Grundkonzepte der bestehenden Ansätze durchaus genügend Aussagen zusammenstellen, die eine Spezifizierung konzeptbezogener Anschlußmöglichkeiten erlauben. Da zudem die Betrachtung der bestehenden Ansätze die Anforderungen an eine alternative Konzeption der individuellen Rezeption massenmedialer Kommunikationsangebote spezifizierte, ist die Bezugnahme auf bestehende Ansätze konstitutiv für die Entwicklung einer alternativen Konzeption.

Um den Unterschieden der bestehenden Ansätze gerecht zu werden, erscheint es zudem sinnvoll, die Ansätze *einzeln* hinsichtlich der Parallelen zu den vorgestellten Grundkonzepten der konstruktivistischen alternativen Konzeption zu analysieren. Dabei ist die Bezugnahme auf die konkreten Konzeptionen unumgänglich, da die Ausführungen zu den Grundkonzepten in die Überlegungen hinsichtlich der konkreten Konzeptionen eingebunden sind. Insofern eröffnen die im folgenden skizzierten Parallelen auch Möglichkeiten der Integration der im nächsten Kapitel vorzustellenden konstruktivistischen Alternative in kommunikationswissenschaftliche Diskussionszusammenhänge.[631]

Im Anschluß an die Ausführungen zu den Parallelen auf der theoretischen Ebene ist anzunehmen, daß sich konzeptuelle Gemeinsamkeiten insbesondere dann ergeben, wenn auf den Symbolischen Interaktionismus, auf Überlegungen hinsichtlich der sozialen Konstruktion von Wirklichkeit, auf diskursanalytische Argumentationen oder auf die Grundannahmen der Cultural Studies Bezug genommen wird.[632] Es ist jedoch nochmals darauf hinzuweisen, daß keiner der besprochenen Ansätze alle im Rahmen dieser Arbeit berücksichtigten Aspekte der Grundkonzepte Massenmedien und massenmediale Kommunikation resp. Rezeption thematisiert und daß insbesondere Ausführungen zum Medienbegriff und zu den Besonderheiten massenmedialer Kommunikation rar sind. Im folgenden stehen jedoch weniger die

---

[631]   Um Redundanzen zu vermeiden, wird deshalb im Anschluß an die Vorstellung der konstruktivistischen Alternative auf eine Skizze der Parallelen zu bestehenden Ansätzen verzichtet.

[632]   Siehe dazu auch die Ausführungen in Kapitel 4.2.5, S. 135ff.

Defizite der bestehenden Ansätze im Mittelpunkt, als vielmehr die erkennbaren Gemeinsamkeiten zu den Grundkonzepten der konstruktivistischen Alternative.[633]

Dynamisch-transaktionales Modell

Im Rahmen der Erläuterungen zu den Grundkonzepten des Dynamisch-transaktionalen Modells wurden elf der fünfzehn im Beobachtungsraster berücksichtigten Aspekte angesprochen.[634] Da das Beobachtungsraster auch zur Entwicklung der Grundkonzepte der alternativen Konzeption als Leitfaden herangezogen wurde, lassen sich eine Reihe von Gemeinsamkeiten feststellen.

In Zusammenhang mit der Definition des *Medienbegriffs* werden im Rahmen des Dynamisch-transaktionalen Modells sowohl technische als auch semiotische und soziologische Aspekte angesprochen. Die technischen und semiotischen Aspekte des Mediums bilden zusammen mit den Elementen der Aussage die Einheit ‚Medienbotschaft', wobei die Produktion der einzelnen Medienbotschaften im Rahmen systemisch organisierter Handlungszusammenhänge stattfindet. Diese Überlegungen sind voll kompatibel mit dem konstruktivistischen Grundkonzept und auch die Erläuterungen zur Transaktion zwischen Aussage und Medium lassen sich durchaus in konstruktivistische Argumentationen integrieren. Die Transaktionen zwischen Aussage und Medium stellt sich dabei allerdings als kultur- und gattungsspezifische Einflüsse auf die systemisch organisierten Prozesse der Herstellung massenmedialer Kommunikationsangebote dar. Die Überlegung, daß Medien einen bestimmten Informationsgehalt haben, führt somit aus Sicht des konstruktivistischen Grundkonzepts der Massenmedien zur Formulierung, daß bestimmte Subsysteme des Massenmediensystems sich auf die Herstellung von Kommunikationsangeboten spezialisiert haben, die Gattungen mit verbindlichen Wirklichkeitsbezügen zugeordnet werden können.

In Zusammenhang mit den Ausführungen zur *massenmedialen Kommunikation bzw. Rezeption* ist festzuhalten, daß im Rahmen des Dynamisch-transaktionalen Modells ähnlich zu den konstruktivistischen Überlegungen individuelle, sozial geprägte Realitätsmodelle angenommen werden, die u.a. durch kognitive Stile der Such- und Verarbeitungsstrategien von „Informationen" organisiert sind. Die Prozesse der individuellen Rezeption sind zudem ereignishaft, also an Raum und Zeit gebunden, und finden in einer bestimmten soziokulturellen Umgebung statt, die sich insbesondere durch Rollenstrukturen auszeichnet. Auch an dieser Stelle sind die Parallelen zu den konstruktivistischen Grundkonzepten unverkennbar. Besonderes Augenmerk wird dabei im Rahmen der Ausführungen zum Dynamisch-transaktionalen Modell auf die Habitualisierungsaspekte individuellen Verhaltens gelegt, die auch den Umgang mit massenmedialen Kommunikationsangeboten beeinflussen. Dies ist ein Indiz dafür,

---

633   Aus Gründen der Übersichtlichkeit wird im folgenden auf eine Ausweisung der expliziten Textstellen, an denen die angesprochenen Aspekte der einzelnen Ansätze erläutert werden, verzichtet und stattdessen auf die entsprechenden kompletten Kapitel im ersten Teil dieser Arbeit verwiesen.

634   Siehe zur Vorstellung des Dynamisch-transaktionalen Ansatzes Kapitel 2.3.1, S. 26ff.

daß im Rahmen des Dynamisch-transaktionalen Modells der Begriff ‚Rezeption' eher umfassend als Umgang mit massenmedialen Kommunikationsangeboten verstanden wird und weniger spezifisch als Kommunikatbildung, die in die Prozesse des Umgangs mit massenmedialen Kommunikationsangeboten eingebettet ist. Insofern machen sich an dieser Stelle die unterschiedlichen theoretischen Ausgangspositionen des Dynamisch-transaktionalen Modells und der konstruktivistischen Überlegungen bemerkbar. Während letztere unter Berücksichtigung der Kopplung von Kognition, Kommunikation und Kultur von der individuellen Wirklichkeitskonstruktion geschlossener kognitiver Systeme ausgehen, stehen beim Dynamisch-transaktionalen Modell Transaktionen als universale Beobachtungskategorie im Mittelpunkt. Da auch in Zusammenhang mit konstruktivistischen Überlegungen die Habitualisierungsaspekte des Umgangs mit massenmedialen Kommunikationsangeboten berücksichtigt werden, ergeben sich aus den unterschiedlichen Ausgangspositionen keine Widersprüche, sondern nur Akzentverschiebungen. Diese Argumentation wird u.a. dadurch gestützt, daß im Rahmen der Ausführungen zum Dynamisch-transaktionalen Modell in Zusammenhang mit den Erläuterungen zur Transaktion zwischen Aktivation und Wissen explizit der Einfluß vorausgegangener massenmedialer Kommunikation thematisiert wird. Dieser Aspekt spielt auch in konstruktivistischen Überlegungen für die Entwicklung von Medienschemata und im Anschluß daran für die Kompetenz im Umgang mit Gattungen eine entscheidende Rolle, so daß sich an diesem Punkt wiederum Parallelen erkennen lassen.

In Zusammenhang mit den besonderen Aspekten massenmedialer Kommunikation unterscheidet sich das Dynamisch-transaktionale Modell von den anderen besprochenen Rezeptionsansätzen vor allem durch die Thematisierung virtueller Aspekte. So wird explizit auf die Rezeption beinflussende, vertikale Transaktion zwischen Rezipienten und dispersem Publikum und auf Para-Feedbackprozesse zwischen Rezipienten und Produzenten massenmedialer Kommunikationsangebote hingewiesen. Da im Rahmen der Ausführungen zu den konstruktivistischen Grundkonzepten u.a. das besondere Verhältnis von massenmedialer Kommunikation und virtuellen Strukturen hervorgehoben wurde, lassen sich also auch an dieser Stelle Parallelen erkennen.

Zusammenfassend läßt sich somit für die Anschlußmöglichkeiten der konstruktivistischen Grundkonzepte an die Grundkonzepte des Dynamisch-transaktionalen Modells festhalten, daß keine Inkompatibilitäten, sondern vielmehr eine Reihe von Gemeinsamkeiten auszumachen sind. Infolgedessen steht auch die konkrete Konzeption des Dynamisch-transaktionalen Modells der noch vorzustellenden alternativen konstruktivistischen Konzeption nahe. Erkenntnisse, die in Zusammenhang mit der empirischen Überprüfung des Dynamisch-transaktionalen Modells gewonnen wurden, erscheinen somit auch aus Sicht der konstruktivistischen Konzeption interessant.

Referenzmodell der Mediennutzung

Obgleich das Referenzmodell der Mediennutzung vor dem theoretischen Hintergrund des Symbolischen Interaktionismus und insofern von einem handlungstheoretischen Standpunkt aus formuliert wurde, lassen sich doch eine Reihe von Parallelen zu den konstruktivistischen Grundkonzepten erkennen.[635] Für die folgenden Ausführungen erscheint es zudem durchaus legitim, auch die im Rahmen des Nutzenansatzes angesprochenen Aspekte zu berücksichtigen, da das Referenzmodell der Mediennutzung an den Nutzenansatz anschließt bzw. aus diesem hervorgegangen ist. Dabei ist ergänzend dazu darauf hinzuweisen, daß weder im Rahmen der Ausführungen zum Nutzenansatz noch in Zusammenhang mit den Erläuterungen zum Referenzmodell der Mediennutzung Überlegungen hinsichtlich des Grundkonzepts der Medien resp. Massenmedien zu finden waren. Insofern beziehen sich alle folgenden Ausführungen auf das Grundkonzept der *massenmedialen Kommunikation resp. Rezeption.*

Ähnlich wie den konstruktivistischen Überlegungen, so liegt auch dem Nutzenansatz die Annahme zugrunde, daß die individuellen Handlungen durch ein Wirklichkeitsmodell organisiert sind, wobei auch die individuelle Rezeption massenmedialer Kommunikationsangebote wie alle anderen Handlungen als persönlichkeitsbildender Vorgang aufzufassen ist. Da die individuelle Rezeption als Handlung konzipiert wird, ist auch für das Referenzmodell der Mediennutzung festzuhalten, daß der Rezeptionsbegriff offensichtlich die komplexen Prozesse des Umgangs mit massenmedialen Kommunikationsangeboten umfaßt und sich nicht nur auf Kommunikatbildungsprozesse bezieht. Insofern ist es nicht verwunderlich, daß spezifizierende Aspekte der kognitiven Prozesse im Umgang mit massenmedialen Kommunikationsangeboten im Rahmen des Referenzmodells der Mediennutzung kaum angesprochen werden. Im Mittelpunkt der Ausführungen zu den individuellen Wirklichkeitsmodellen stehen vor allem die Rollen als sozial kontrollierte Sinnstrukturen in bezug auf die Einschätzung von Personen und Handlungen. Ausgehend von den Annahmen des Symbolischen Interaktionismus dienen diese Rollen vor allem zur Elaboration und Supervision des eigenen Verhaltens in einer symbolischen Umwelt. Diese Überlegungen weisen durchaus Parallelen zu den konstruktivistischen Grundannahmen auf, die davon ausgehen, daß die individuellen Wirklichkeitskonstruktionen durch das Verhalten der Individuen fortwährend einem Viabilitätstest unterzogen werden. Ebenfalls kompatibel mit den konstruktivistischen Annahmen ist die Einbettung des Rezeptionshandelns in eine konkrete soziale Situation, wobei die Situationsdefinition und das Handeln i.d.R. unbewußte Vorgänge aufgrund von Handlungsroutinen sind. Beeinflußt wird das Rezeptionshandeln von individuellen und soziokulturellen Faktoren, so daß sich für das Konzept des Rezeptionshandelns im Rahmen des Referenzmodells der Mediennutzung und für das Konzept des Umgangs mit massenmedialen Kommunikationsangeboten im Rahmen der konstruktivistischen Überlegungen durchaus eine Reihe von Parallelen erkennen lassen. Dieser Eindruck wird insbesondere durch die in den Nutzenansatz integrierten Überlegungen hinsichtlich der para-sozialen Interaktionen verstärkt. Die Annahmen in Zusammenhang mit dem Konzept der para-sozialen Interaktion verweisen auf den besonderen Aspekt massenmedialer Kommunikation, daß gesellschaftliche Rollen präsentiert werden, ohne daß für die Rezipienten eine Handlungs-

---

[635] Siehe zur Vorstellung des Referenzmodells der Mediennutzung Kapitel 2.3.2, S. 38ff.

verpflichtung besteht. Aus dieser Situation heraus ergibt sich ein besonderes Spannungsverhältnis, das mit den Begriffen ‚Teilhabe' und ‚Distanz' umschrieben wird: Zum einen ermöglichen Rezeptionshandlungen den Individuen die Identifizierung mit den präsentierten Handlungsrollen (Teilhabe), zum anderen ermöglichen sie den Rezipienten aber auch aufgrund der Befreiung von der Bestätigungspflicht bezüglich der Teilnahme an Kommunikation die Reflektion über ihre eigenen Handlungsentwürfe (Distanz). Im Rahmen der konstruktivistischen Überlegungen wird auf dieses oszillierende Spannungsverhältnis zwischen Teilhabe und Distanz nicht explizit eingegangen. Es sind aber durchaus Parallelen zum Konzept der Freiheitsgrade der Kommunikatbildung und zum Konzept des selbst-zugeschriebenen Verstehens zu erkennen. Während sich die Überlegungen in Zusammenhang mit der para-sozialen Interaktion jedoch vor allem auf den Umgang mit Rollen beziehen, beziehen sich die Konzepte der Freiheitsgrade und des selbst-zugeschriebenen Verstehens auf alle Bereiche der Integration von Unterscheidungen gesellschaftlich akzeptierter Wirklichkeitsmodelle, sind also insofern umfassender. Die Bezugnahme auf das Konzept der para-sozialen Interaktion führt zudem in Zusammenhang mit Aussagen zur Rezipientenrolle zur Berücksichtigung von weiteren besonderen Aspekten massenmedialer Kommunikation wie z.B. der räumlichen Distanz zwischen den Kommunikationsteilnehmern und der Gefangenheit in der Rezipientenrolle.

Zusammenfassend bleibt somit für die Gemeinsamkeiten der Grundkonzepte des Referenzmodells der Mediennutzung bzw. des Nutzenansatzes und der konstruktivistischen Grundkonzepte festzuhalten, daß in beiden Fällen die Rezeptionshandlungen bzw. der Umgang mit massenmedialen Kommunikationsangeboten als eine Möglichkeit des Erwerbs gesellschaftlichen Wissens - und insofern als Ausdifferenzierung individueller kognitiver Strukturen - verstanden werden. Gemeinsam ist beiden Grundkonzepten zudem der Verweis auf die besondere Situation der Rezipienten, die sich insbesondere durch die Befreiung von der Verpflichtung zu kommunikativen Anschlußhandlungen auszeichnet.

Die Anschlußmöglichkeiten der konkreten konstruktivistischen Alternative an das Referenzmodell der Mediennutzung liegen somit insbesondere im Bereich der kulturspezifischen Konventionen des Umgangs mit massenmedialen Kommunikationsangeboten. Aufgrund der Vernachlässigung medienspezifischer und kognitiver Aspekte der individuellen Rezeptionshandlungen im Rahmen der Ausführungen zum Referenzmodell der Mediennutzung eröffnen sich in diesen Bereichen jedoch keine Anschlußmöglichkeiten.

Das Struktur- und Prozeßmodell des Medienrezeptionshandelns

Die Grundkonzepte des Struktur- und Prozeßmodells des Medienrezeptionshandelns sind geprägt vom Fokus auf die allgemeinen Aspekten massenmedialer Kommuni-

kation. Es lassen sich jedoch durchaus auch für die anderen Bereiche der Grundkonzepte Parallelen zu den konstruktivistischen Überlegungen finden.[636]
So werden *Medien* allgemein als Mittel zur individuellen Lebensbewältigung konzipiert, die sowohl technische als auch semiotische Merkmale aufweisen. Zu den semiotischen Merkmalen zählen dabei insbesondere Deutungsschemata und Skripts, also invariante rezeptionsstrukturierende Muster. Die Gemeinsamkeiten zu den konstruktivistischen Annahmen sind unverkennbar, wobei die medialen Schemata allerdings als Gattungen konzipiert werden, die Invarianten individueller Medienschemata darstellen und die auf die Kopplung von Kognition, Kommunikation und Kultur verweisen. Aufgrund der Einbettung der Medien in die individuellen Prozesse der Lebensbewältigung wird Medien im Rahmen der Ausführungen zum Struktur- und Prozeßmodell des Medienrezeptionshandelns zudem die Eigenschaft des Gestaltungsmittels nicht-massenmedialer Kommunikationsprozesse zugeschrieben. Auch dieser Aspekt spielt in konstruktivistischen Überlegungen eine Rolle, wenn die Möglichkeit von Anschlußhandlungen als beeinflussende Größe konzipiert wird. Hinzu kommt die Einsicht, daß Kulturen moderner westlicher Gesellschaften als Medienkulturen zu verstehen sind, daß also die Entwicklungen von Gesellschaft und massenmedialer Kommunikation untrennbar miteinander verknüpft sind. Schließlich verweist die Bezeichnung von Medien als „Agenturen der Sinnproduktion" im Rahmen der Ausführungen zum Struktur- und Prozeßmodell des Medienrezeptionshandelns auf die Funktion der Massenmedien, Fenster zu den Kulturen einer Gesellschaft zu öffnen und sich dabei an gesellschaftlich akzeptierten Wirklichkeitsmodellen zu orientieren. Obgleich keine explizite Definition des Begriffs der ‚Massenmedien' in Zusammenhang mit den Ausführungen zum Struktur- und Prozeßmodell des Medienrezeptionshandelns vorliegt, lassen sich somit eine Reihe von Parallelen zwischen den Grundkonzepten feststellen. Diese Gemeinsamkeiten beziehen sich dabei vor allem auf mediale Merkmale, die in Zusammenhang mit der Sozialisationsfunktion massenmedialer Kommunikationsangebote stehen.
Wie die Bezeichnung des Ansatzes bereits andeutet, stehen im Rahmen des Struktur- und Prozeßmodells des Medienrezeptionshandelns Rezeptionshandlungen im Mittelpunkt, aus Sicht der konstruktivistischen Überlegungen somit die verschiedenen Möglichkeiten des Umgangs mit massenmedialen Kommunikationsangeboten. Aufgrund dieses Schwerpunktes verwundert es nicht, daß nahezu keine detaillierten Ausführungen zu Kommunikatbildungsprozessen, also der Rezeption aus konstruktivistischer Sicht, zu finden sind. Das Grundkonzept der *massenmedialen Kommunikation* resp. *Rezeption* ist im Anschluß an die strukturanalytische Rezeptionsforschung geprägt von den Prozessen der individuellen Verarbeitung der in den massenmedialen Kommunikationsangeboten präsentierten Sinnentwürfe. Im Mittelpunkt der Auseinandersetzung mit den Sinnenwürfen steht dabei vor allem das Interesse an sozialen Sachverhalten, oder aus konstruktivistischer Sicht formu-

---

[636] Siehe zur Vorstellung des Struktur- und Prozeßmodells des Medienrezeptionshandelns Kapitel 2.3.3, S. 48ff.

liert,das Interesse an gesellschaftlich akzeptierten Wirklichkeitsmodellen, an denen sich die individuelle Wirklichkeitskonstruktion orientiert. Insofern lassen sich für die beiden Grundkonzepte massenmedialer Kommunikation dahingehend Gemeinsamkeiten feststellen, daß massenmediale Kommunikationsangebote die Rezipienten zur Auseinandersetzung mit sich selbst anregen sowie Anschlußmöglichkeiten außerhalb massenmedialer Kommunikation eröffnen. Im Rahmen des Struktur- und Prozeßmodells wird zudem explizit darauf hingewiesen, daß massenmediale Kommunikation selbst auch als Instrument der Gestaltung sozialer Beziehungen eingesetzt werden kann. Wie auch im Rahmen der konstruktivistischen Überlegungen spielt somit die Einbettung des individuellen Rezeptionshandelns bzw. des Umgangs mit massenmedialen Kommunikationsangeboten in den individuellen Lebenszusammenhang für die Rezeption bzw. den Umgang mit massenmedialen Kommunikationsangeboten eine entscheidende Rolle.

Im Anschluß an diese Grundannahmen rückt im Rahmen des Struktur- und Prozeßmodells des Medienrezeptionshandelns das Konzept des handlungsleitenden Themas in den Mittelpunkt. Handlungsleitende Themen führen zur thematischen Voreingenommenheit des Rezeptionshandelns, das zudem durch unterschiedliche Steuerungsmechanismen und durch die Prozesse der Spiegelung geprägt ist. Obgleich im Rahmen der konstruktivistischen Überlegungen dieses Konzept des Rezeptionshandelns resp. des Umgangs mit massenmedialen Kommunikationsangeboten so nicht wiederzufinden ist, lassen sich doch die einzelnen Elemente dieses Konzepts erkennen. So wird explizit auf die Ereignishaftigkeit des Umgangs mit massenmedialen Kommunikationsangeboten hingewiesen und auf die Einbindung des Umgangs in die Prozesse der Autopoiese des lebenden Systems. Zugleich wurde die Relevanz individueller Medienschemata für die Organisation des Umgangs mit massenmedialen Kommunikationsangeboten sowie die Eigentümlichkeit und besondere Funktion selbst-zugeschriebenen Verstehens hervorgehoben. Insofern lassen sich durchaus Parallelen erkennen, auch wenn diese Gemeinsamkeiten in unterschiedliche Konzeptionen des Umgangs mit massenmedialen Kommunikationsangeboten eingebettet sind.

Aufgrund der bereits skizzierten Gemeinsamkeiten überrascht es nicht, daß im Rahmen des Struktur- und Prozeßmodell des Medienrezeptionshandelns nahezu alle besonderen Aspekte massenmedialer Kommunikation thematisiert werden. Aus konstruktivistischer Sicht stellen sich die objektiven Sinnstrukturen der Medienangebote allerdings als gattungsspezifische Elemente massenmedialer Kommunikationsangebote dar, die als Invarianten individueller Medienschemata zum einen eine gewisse Stabilität aufweisen, zum anderen aber auch aufgrund der Dynamik massenmedialer Kommunikationsprozesse einem fortwährenden Wandel ausgesetzt sind.

Zusammenfassend kann somit für die Anschlußmöglichkeiten der konstruktivistischen Grundkonzepte an die Ausführungen zum Struktur- und Prozeßmodell des Medienrezeptionshandelns festgehalten werden, daß sich insbesondere aufgrund der gemeinsamen Betonung der Einbettung des Umgangs mit massenmedialen Kommunikationsangeboten in individuelle, soziokulturell geprägte Lebenszusammenhänge eine Reihe von Anschlußmöglichkeiten ergeben. Diese Schlußfolgerung wird zudem durch die zentrale Rolle, die massenmedialen Kommunikationsangeboten für die Vermittlung sozialen Wissens im Rahmen der Erläuterungen zu den Grundkonzepten beider Ansätze eingeräumt wird, gefestigt. Insofern ergeben sich auch für die konkrete Konzeption der konstruktivistischen Alternative eine Reihe von Adaptionsmöglichkeiten an das Struktur- und Prozeßmodell des Medienrezeptionshandelns, obgleich aufgrund der unterschiedlichen theoretischen Voraussetzungen und Schwerpunktsetzungen notwendigerweise Differenzen in den konkreten Konzeptionen bestehen bleiben.

Verstehen von Mediendiskursen

Da Schmidt in seinen Ausführungen zu den Kommunikatbildungsprozessen auf die Überlegungen van Dijks Bezug nimmt, ist es nicht verwunderlich, daß sich hinsichtlich der Grundkonzepte des Ansatzes des Verstehens von Mediendiskursen und der konstruktivistischen Grundkonzepte eine Reihe von Parallelen ergeben.[637] Gemeinsame Ausgangsbasis ist beispielsweise die Annahme, daß man nur durch die Berücksichtigung der Kopplung von Produktionsprozessen, den entstehenden massenmedialen Kommunikationsangeboten und den Prozessen der Rezeption dem Phänomen ‚Discourse' bzw. ‚massenmediale Kommunikation' gerecht werden kann.

Für das Grundkonzept der *Massenmedien* werden im Rahmen der Ausführungen zum Verstehen von Mediendiskursen zwar die aufgeführten Aspekte - institutionelle und industrielle Produktion, gesellschaftsweite Distribution - angesprochen; eine intensive Auseinandersetzung mit dem Massenmediensystem und den Einflußfaktoren auf die Gestaltung massenmedialer Kommunikationsangebote findet gleichwohl nicht statt. Ähnlich wie in Zusammenhang mit dem konstruktivistischen Grundkonzept wird jedoch massenmedialen Kommunikationsangeboten eine gewisse Sozialisierungsfunktion zugeschrieben, wenn sie als Grundlage der Entwikklung und Aktivierung ähnlicher Situationsmodelle konzipiert werden.

Im Rahmen der Ausführungen zur *massenmedialen Kommunikation resp. Rezeption* ist zunächst festzuhalten, daß der Ansatz des Verstehens von Mediendiskursen der einzige der besprochenen Ansätze ist, der sich intensiv mit den Kommunikatbildungsprozessen anläßlich massenmedialer Kommunikationsangebote auseinandergesetzt hat. Insofern ergeben sich auch aufgrund dieses gemeinsamen Fokus Parallelen hinsichtlich der Grundkonzepte. Gemeinsamer Ausgangspunkt beider Grundkonzepte ist zudem die Annahme, daß der Diskursgebrauch als sozialer Akt resp. massenmediale Kommunikation nur unter Berücksichtigung von Merkmalen des Textes resp. der massenmedialen Kommunikationsangebote sowie von Merkmalen des kognitiven und soziokulturellen Kontextes zu konzipieren ist. Während im Rahmen der konstruktivistischen Grundkonzepte der Versuch unternommen wird, diesem Anspruch gerecht zu werden, liegt der Fokus des Ansatzes des Verstehens von Mediendiskursen auf den kognitiven Aspekten des Diskursgebrauchs. Die Ausführungen hinsichtlich der kognitiven Dimensionen des Verstehens von Medien-

---

637   Siehe zur Vorstellung des Ansatzes Verstehen von Mediendiskursen Kapitel 2.3.4, S. 62ff.

diskursen erweisen sich dabei als voll kompatibel mit den allgemeinen theoretischen Annahmen und Grundkonzepten der konstruktivistischen Alternative. Es ist jedoch zu berücksichtigen, daß sich der Ansatz des Verstehens von Mediendiskursen auf sprachliche Zeichensysteme beschränkt, also auch in dieser Hinsicht ein engerer Fokus als im Rahmen der konstruktivistischen Überlegungen gewählt wurde.

Die Parallelen der beiden Grundkonzepte zeigen sich u.a. in der Annahme der Organisation des Diskursverstehens durch kognitive Schemata, wobei die Verstehensprozesse eine kohärente Interpretation der Texte zum Ziel haben. Die Interpretation der einzelnen Texte ist dabei nicht nur von der Kompetenz im Umgang mit Zeichensystemen beeinflußt, sondern von themen- und strukturspezifischen Makro- und Superstrukturen. Hinzu kommt der Einfluß des aktivierten Situationsmodells, das die Einbettung des Diskursverstehens in den Lebenszusammenhang der Individuen ermöglicht. Diese Überlegungen weisen eindeutig Parallelen zum Einfluß von Medienschemata und Gattungen auf individuelle Kommunikatbildungsprozesse sowie zur Integration der emergierenden Kommunikate in individuelle Wirklichkeitskonstruktionen auf. Gleiches gilt für das Konzept der gesellschaftlich akzeptierten Wirklichkeitsmodelle, wenn im Rahmen des Ansatzes des Verstehens von Mediendiskursen davon ausgegangen wird, daß die kognitiven Prinzipien des Diskursverstehens von allen Sprachnutzern geteilt werden und die Verständigung auf einer elementaren Ebene ermöglichen. Parallelen zum Konzept der gesellschaftlich akzeptierten Wirklichkeitsmodelle sind zudem im Konzept der Situationsmodelle zu erkennen, die aufgrund von ähnlichen Erfahrungen in der gleichen soziokulturellen Umgebung soziokulturell geprägte, interindividuelle Gemeinsamkeiten aufweisen.

Neben den kognitiven Aspekten des Diskursverstehens wird im Rahmen der Ausführungen zum Verstehen von Mediendiskursen jedoch ausdrücklich auf weitere soziale Aspekte - wie z.B. auf Freundschaft, Macht, Eigenheiten einer sozialen Gruppe - hingewiesen, die die Verstehensprozesse beeinflussen können. Diese sozialen Aspekte spiegeln sich insbesondere in den kognitiven Konstrukten von Meinungen, Einstellungen und Ideologien wider, so daß diesen Konstrukten für das Verstehen von Mediendiskursen eine besondere Relevanz zukommt. Auch diese Überlegungen sind mit den Ausführungen im Rahmen der konstruktivistischen Grundkonzepte kompatibel und verweisen auf die Einbettung der individuellen Rezeption massenmedialer Kommunikationsangebote in die individuellen Wirklichkeitskonstruktionen. Aufgrund dieser Parallelen ist es somit nicht verwunderlich, daß auch im Rahmen der Explikationen zum Ansatz des Verstehens von Mediendiskursen auf die gegenseitige Beeinflussung von Diskursverstehen resp. massenmedialer Kommunikation und individuellen Wirklichkeitskonstruktionen hingewiesen wird.

Zusammenfassend läßt sich somit für den Ansatz des Verstehens von Mediendiskursen festhalten, daß er vor allem im Bereich der Kommunikatbildungsprozesse eine Reihe von Anschlußmöglichkeiten für die alternative konstruktivistische Konzeption bereitstellt. Insbesondere im Bereich der medienspezifischen Aspekte und der Besonderheiten massenmedialer Kommunikation erweisen sich die konstruktivistischen Grundkonzepte jedoch als deutlich differenzierter als die Ausführungen hinsichtlich des Ansatzes des Verstehens von Mediendiskursen. Diese Differenzierungen lassen jedoch bisher keine Widersprüche zu den Überlegungen bezüglich des Diskursverstehens erkennen.

Media System Dependency Theory

Aufgrund des Fokus der Media System Dependency Theory auf Relationen des Mediensystems eröffnen sich insbesondere zu den konstruktivistischen Überlegungen hinsichtlich des Verhältnisses von Massenmediensystem und Gesellschaft eine Reihe von Anknüpfungspunkten.[638]

So werden ähnlich wie im Rahmen des konstruktivistischen Grundkonzepts *Medien* als soziales System verstanden, das zu anderen sozialen Systemen und zu den Individuen einer Gesellschaft in Beziehung steht. Die Annahme, daß sich aufgrund der gesellschaftlichen Entwicklung insbesondere Mediendependenzen als eine besondere Beziehungsvariante entwickelt haben, ist mit der konstruktivistischen Annahme der Medienkulturen moderner westlicher Gesellschaften voll kompatibel. Gleiches gilt für die Überlegungen, daß für die Individuen Medien insbesondere als Bezugsquelle für gesellschaftlich akzeptierte Vorstellungen von Relevanz sind, während die Prozesse der Produktion und Distribution aus Sicht der Rezipienten weniger von Interesse sind. Eine weitere Gemeinsamkeit zu konstruktivistischen Überlegungen läßt sich zudem in der Konzeption der gemeinsamen Entwicklung von Mediensystem und Gesellschaft erkennen. Aufgrund der Evolution von sozialen Phänomenen ist zudem auch aus konstruktivistischer Sicht davon auszugehen, daß die Individuen in bestehende Mediensysteme „hineingeboren" werden, wobei die bestehenden Mediensysteme den Spielraum für die Entwicklung individueller Dependenzen begrenzen. Insofern ist davon auszugehen, daß trotz eines gemeinschaftlichen Mediensystems die individuellen Mediendependenzen und infolgedessen auch die Nutzung von massenmedialen Kommunikationsangeboten differieren. Diesem Gedanken der Elaboration individueller Mediennutzungsstrategien wird auch in Zusammenhang mit den konstruktivistischen Überlegungen in Form der Medienschemata Rechnung getragen, so daß sich an dieser Stelle ebenfalls Gemeinsamkeiten der beiden Grundkonzepte erkennen lassen.

Aufgrund der offensichtlichen Parallelen der Mediengrundkonzepte sind auch für die Konzepte der *massenmedialen Kommunikation resp. Rezeption* Gemeinsamkeiten zu erwarten. Diese Erwartung erfüllt sich insofern, als im Rahmen der Ausführungen zur Media System Dependency Theory verschiedene Ziele der individuellen Medienrezeption angenommen werden - Verstehen, Orientierung und Spiel -, die durchaus in Zusammenhang mit den Konzepten der gattungsspezifischen Wirklichkeitsbezüge und des selbst-zugeschriebenen Verstehens zu bringen sind. Weitere Bezugsmöglichkeiten zum Konzept der gattungsspezifischen Wirklichkeitsbezüge lassen sich zudem in der Konzeption der Rezeptionsprozesse erkennen, wenn davon ausgegangen wird, daß die Intensität der Mediendependenzen differieren kann und daß mit zunehmender

---

638   Siehe zur Vorstellung der Media System Dependency Theory Kapitel 2.3.5, S. 71ff.

Intensität auch die individuelle Anspannung und infolgedessen auch das individuelle Involvement zunehmen. Aus Sicht der konstruktivistischen Überlegungen führt diese Argumentation zur Aussage, daß mit zunehmender Verbindlichkeit der gattungsspezifischen Wirklichkeitsbezüge auch die Wahrscheinlichkeit der Integration der präsentierten Unterscheidungen in die individuelle Wirklichkeitskonstruktion und die Wahrscheinlichkeit von Anschlußhandlungen außerhalb massenmedialer Kommunikation zunimmt. Das Konzept der Mediendependenzen kann somit durchaus in Zusammenhang gebracht werden mit dem Konzept der Verbindlichkeit von Wirklichkeitsbezügen, ohne daß die beiden Konzepte als kongruent anzusehen sind.

Schließlich sind aufgrund der im Anschluß an den Symbolischen Interaktionismus formulierten Annahme der sozialen Konstruktion von Welt Gemeinsamkeiten zu konstruktivistischen Grundannahmen auszumachen, wobei auch im Rahmen der Media System Dependency Theory auf die zentrale Rolle der Medien für diese soziale Konstruktion hingewiesen wird. Die Media System Dependency Theory ist zudem der einzige Ansatz, der reflexive Strukturen des Mediensystems thematisiert: Durch die Produktion massenmedialer Kommunikationsangebote, die von den Individuen als Orientierungshilfen für gesellschaftlich akzeptiertes Verhalten genutzt werden, verstärkt das Mediensystem die Dependenzen und die Nachfrage nach seinen Produkten.

Zusammenfassend kann also für die Anschlußmöglichkeiten der konstruktivistischen Grundkonzepte an Grundkonzepte der Media System Dependency Theory festgehalten werden, daß sich aufgrund des Fokus der Media System Dependency Theory insbesondere Parallelen zum Medienkonzept ergeben, während Anschlußmöglichkeiten in Zusammenhang mit kognitiven und besonderen Aspekten massenmedialer Kommunikation kaum möglich sind. Insofern ergeben sich für die noch vorzustellende konstruktivistische Alternative insbesondere im Bereich der Einbettung der individuellen Rezeptionsprozesse in eine von Medien geprägte soziokulturelle Umwelt Möglichkeiten zur Adaption an die Media System Dependency Theory.

Making Sense of Television

Wesentlich stärker eingeschränkt als die Anschlußmöglichkeiten zu den Grundkonzepten der Media System Dependency Theory stellen sich die Anschlußmöglichkeiten zum Ansatz des Making Sense of Television dar.[639] Diesmal liegt der Fokus allerdings auf den kognitiven Aspekten der individuellen Rezeption massenmedialer Kommunikationsangebote, so daß allein Parallelen für die Grundkonzepte der *massenmedialen Kommunikation resp. Rezeption* ausgemacht werden können.

Gemeinsamkeiten der beiden Grundkonzepte lassen sich dahingehend feststellen, daß das Konzept des Making Sense sowohl Prozesse des kompetenten Umgangs mit gesellschaftlich akzeptierten Zeichensystemen (comprehension) als auch der Integration in individuelle Wirklichkeitsmodelle (understanding) umfaßt, wobei die individuellen Wirklichkeitsmodelle durch die soziokulturelle Umgebung geprägt werden und sich auf sogenannte Social Representations resp. Elemente gesellschaft-

---

[639] Siehe zur Vorstellung des Ansatzes Making Sense of Television Kapitel 2.3.6, S. 82ff.

lich akzeptierter Wirklichkeitsmodelle beziehen. Insofern sind im Rahmen des Ansatzes des Making Sense of Television die individuellen Rezeptionsprozesse massenmedialer Kommunikationsangebote ähnlich strukturiert zu Prozessen der Wahrnehmung bzw. den Prozessen des Making Sense of the World. Aus konstruktivistischer Sicht ist dieser Argumentation ebenfalls zuzustimmen, wobei jedoch die Besonderheiten massenmedialer Kommunikation, die sich auch auf die individuelle Rezeption massenmedialer Kommunikationsangebote niederschlagen, berücksichtigt werden müssen. Eine weitere Gemeinsamkeit läßt sich zudem in der Konzeption der Organisation der Rezeptionsprozesse durch individuelle, sozial kontrollierte kognitive Schemata erkennen, wobei die Schemata insbesondere durch vorangegangene Medienerfahrungen geprägt worden sind. Insofern zeigen die Ausführungen in Zusammenhang mit dem Ansatz des Making Sense of Television also deutliche Parallelen zum Konzept der individuellen Medienschemata.

Neben den Parallelen hinsichtlich der kognitiven Organisation von Rezeptionsprozessen wird zudem in den Ausführungen zu beiden Grundkonzepten auf die Relevanz der Texte resp. der massenmedialen Kommunikationsangebote für die individuelle Rezeption hingewiesen. Dabei stellen sich die Texte im Rahmen des Ansatzes des Making Sense of Television als strukturierte und durch Social Representations geprägte symbolische Produkte dar, die den Spielraum der individuellen Bedeutungskonstruktion begrenzen. An dieser Stelle sind ebenfalls deutlich Parallelen zum Konzept der Gattungen als Referenzgrößen für Produzenten und Rezipienten sowie zum Konzept der Freiheitsgrade der individuellen Kommunikatbildungsprozesse zu erkennen, die auf Anschlußmöglichkeiten hindeuten.

Aufgrund des diffusen und z.T. undifferenzierten Charakters der Ausführungen zum Ansatz des Making Sense of Television bleibt ansonsten festzuhalten, daß die Überlegungen nicht den Argumentationen im Rahmen der konstruktivistischen Grundkonzepte widersprechen, daß sich aber keine weiteren konkrete Parallelen bzw. Anschlußmöglichkeiten spezifizieren lassen.

Sozio-kognitiver Ansatz der Medienrezeption

Obgleich auch im Rahmen der Ausführungen zum Sozio-kognitiven Ansatz der Medienrezeption einige Aspekten des Beobachtzungsrasters nicht thematisiert wurden, lassen sich doch eine Reihe von Anschlußmöglichkeiten konstruktivistischer Überlegungen hinsichtlich des Grundkonzepts der *massenmedialen Kommunikation resp. Rezeption* feststellen.[640] Dabei lassen sich die Parallelen vor allem auf den gemeinsamen Anspruch, soziokulturelle, textbezogene und psychische Aspekte bei der Konzeption der individuellen Rezeption massenmedialer Kommunikationsangebote gleichermaßen zu berücksichtigen, zurückführen.

Ähnlich wie in Zusammenhang mit den konstruktivistischen Grundkonzepten, wird auch im Rahmen der Ausführungen zum Sozio-kognitiven Ansatz der Medienrezeption Rezeption als kognitiver Prozeß verstanden, der verschiedene Aspekte

---

640   Siehe zur Vorstellung des Sozio-kognitiven Ansatzes der Medienrezeption Kapitel 2.3.7, S. 90ff.

umfaßt und in die individuelle Lebensführung integriert ist. Organisiert werden die Rezeptionsprozesse dabei durch ein komplexes Netz kognitiver Strukturen, das sich im Laufe der individuellen Sozialisationsprozesse entwickelt hat und allgemein menschliche, soziokulturelle und individuell-biographische Erfahrungen repräsentiert. Die Grenzen zwischen diesen verschiedenen Erfahrungsbereichen sind fließend, so daß letztlich das individuelle Bewußtsein als untrennbar mit der soziokulturellen Umgebung verknüpft angesehen werden muß. Das Netz kognitiver Strukturen ist zudem in kognitiven Schemata organisiert, die verschiedenen Erfahrungsbereichen - der Medien-/Diskurssphäre, der privaten Sphäre und der berufliche bzw. erzieherischen Sphäre - zugeordnet werden können. Die Parallelen zu den individuellen Wirklichkeitskonstruktionen, die auf gesellschaftlich akzeptierte Wirklichkeitsmodelle Bezug nehmen, sind unverkennbar.

Ausgangspunkt der Rezeptionsprozesse ist eine kognitive Repräsentation des Kommunikationsangebots, die aus den Prozessen des kompetenten Umgangs mit gesellschaftlich akzeptierten Zeichensystemen hervorgegangen ist. Diese ursprüngliche Repräsentation wird im weiteren Verlauf der Rezeption fortwährend ergänzt und modelliert, wobei die kognitiven Schemata der verschiedenen Erfahrungsbereiche zur Organisation der Rezeptionsprozesse und zur Integration der Repräsentation in das Netz kognitiver Strukturen herangezogen werden. Auch an dieser Stelle zeigen sich die Ausführungen zum Grundkonzept des Sozio-kognitiven Ansatzes der Medienrezeption voll kompatibel mit dem konstruktivistischen Grundkonzept, zumal explizit darauf hingewiesen wird, daß die Rezeptions- resp. die Kommunikatbildungsprozesse großenteils unbewußt erfolgen. Eine weitere Gemeinsamkeit läßt sich in der Betonung des Einflusses medienspezifischer Erfahrung auf nachfolgende Rezeptionsprozesse erkennen. So wird im Rahmen der Erläuterungen zum Sozio-kognitiven Ansatz der Medienrezeption darauf hingewiesen, daß insbesondere Erfahrungen, die der Diskurssphäre zugeordnet werden, die Rezeption von Texten beeinflussen. Da im Rahmen des Sozio-kognitiven Ansatzes der Medienrezeption auf diskursanalytische Ausführungen Bezug genommen wird und das theoretische Konzept der Diskursanalyse durchaus einige Parallelen mit den konstruktivistischen allgemeinen theoretischen Grundannahmen aufweist, überraschen diese Gemeinsamkeiten nicht.

Wie auch im Rahmen des konstruktivistischen Grundkonzepts wird zudem auch im Rahmen der Ausführungen zum Sozio-kognitiven Ansatz der Medienrezeption der Text als Auslöser der Rezeptionsprozesse verstanden, der aufgrund seiner Strukturen den Spielraum der individuellen Bedeutungskonstruktionen eingrenzt. Insofern lassen sich in den individuellen Kommunikaten Spuren der Textstrukturen, Spuren von sozialem Wissen und Spuren biographischer Erfahrungen ausmachen. Dabei spielt - parallel zu den Ausführungen bezüglich des konstruktivistischen Gattungskonzeptes - das Genre, dem der Text zugeordnet wird, für die Kommunikatbildung resp. für die Integration der Repräsentation des Textes in das individuelle kognitive Netz eine entscheidende Rolle. An diese Überlegung wird im Rahmen des Sozio-kognitiven Ansatzes der Medienrezeption das Konzept der narrativen Wahrscheinlichkeiten angeschlossen, das seinerseits Parallelen zum konstruktivistischen Konzept der Verbindlichkeit der Wirklichkeitsbezüge aufweist. Insofern kann zusammenfassend für die Anschlußmöglichkeiten der konstruktivistischen Grundkonzepte an die Grundkonzepte des Sozio-kognitiven Ansatzes der Medienrezeption festgehalten werden, daß die Aspekte, die thematisiert wurden, auf eine Vollkompatibilität der Grundkonzepte schließen lassen. Infolgedessen kann auch für die konkreten Konzeptionen eine gewisse Nähe zueinander angenommen werden, wenngleich an dieser Stelle nochmals einschränkend auf die unberücksichtigten Aspekte im Rahmen der Ausführungen zum Sozio-kognitiven Ansatz der Medienrezeption hingewiesen werden muß.

Da die Betrachtung der bestehenden Ansätze Ausgangspunkt für die Entwicklung einer konstruktivistischen alternativen Konzeption der individuellen Rezeption massenmedialer Kommunikationsangebote war, sind die Anschlußmöglichkeiten der konstruktivistischen Alternative an die bestehenden Ansätze - wie bereits eingangs erwähnt - konstitutiv für diese Alternative. Insofern ist es nicht verwunderlich, daß alle Grundkonzepte der bestehenden Ansätze in irgendeiner Art und Weise Parallelen zu den konstruktivistischen Grundkonzepten aufweisen. Dabei nehmen die eher handlungstheoretisch bzw. soziologisch orientierten Ansätze aus konstruktivistischer Sicht vor allem Bezug auf Prozesse des individuellen Umgangs mit massenmedialen Kommunikationsangeboten, während sich die eher kognitionspsychologisch orientierten Ansätze vor allem mit den Prozessen der Kommunikatbildung auseinandersetzen. Trotz der Gemeinsamkeiten mit den Grundkonzepten der bestehenden Ansätze zeichnen sich die konstruktivistischen Grundkonzepte dabei jedoch durchaus durch ein charakteristisches Profil aus, das vor allem auf die allgemeinen theoretischen Annahmen zurückzuführen ist.

Aufgrund der Einbettung der Rezeption in die Prozesse des Umgangs mit massenmedialen Kommunikationsangeboten werden im Rahmen der konstruktivistischen Grundkonzepte zudem beide Perspektiven - handlungstheoretischer und kognitionspsychologischer Fokus - berücksichtigt. Damit eröffnet sich nicht nur die Möglichkeit der Bezugnahme der konstruktivistischen Alternative auf andere Ansätze, die Berücksichtigung beider Perspektiven erlaubt vielmehr auch eine Verknüpfung der bestehenden Ansätze zu einer Art Netz der Rezeptionsforschung, ohne die Differenzen zwischen den unterschiedlichen Ansätzen zu nivellieren. Dieser Eindruck wird verstärkt durch Anschlußmöglichkeiten an Forschungsarbeiten, die sich mit Teilbereichen der individuellen Rezeption resp. des Umgangs mit massenmedialen Kommunikationsangeboten auseinandergesetzt haben und auf die bisher noch nicht ausführlicher eingegangen worden ist. Exemplarisch werden im folgenden einige dieser Anschlußmöglichkeiten skizziert, bevor schließlich das alternative konstruktivistische Konzept der individuellen Rezeption massenmedialer Kommunikationsangebote vorgestellt wird.

4.3.3.2 Verbindungen zu anderen Arbeiten

Neben Möglichkeiten der Bezugnahme auf bestehende Ansätze zur individuellen
Rezeption massenmedialer Kommunikationsangebote ergeben sich aus der Darstellung der konstruktivistischen Grundkonzepte eine Reihe von Aspekten, die die
Bezugnahme auf Erkenntnisse, die im Rahmen anderer Forschungsarbeiten gewonnen wurden, erlauben. Da diese Erkenntnisse i.d.R. als Hypothesen formuliert
worden sind, die empirisch überprüft werden sollen, und sich großenteils mit einzelnen Aspekten der individuellen Rezeption bzw. des Umgangs mit massenmedialen Kommunikationsangeboten auseinandersetzen, stellen diese Erkenntnisse
gleichwohl keine weiteren ganzheitlichen Konzeptionen der individuellen Rezeption
bzw. des Umgangs mit massenmedialen Kommunikationsangeboten dar. Nichts-
destoweniger können diese Forschungsarbeiten zur Differenzierung der theoretischen Konzeptionen beitragen und insofern das Netz kommunikationswissenschaftlicher Forschung verdichten. Aus diesem Grund erscheint es durchaus angebracht,
auf einige Bezugsmöglichkeiten hinzuweisen, zumal sich dadurch sowohl auf der
theoretischen als auch auf der empirischen Ebene weitere Forschungsperspektiven
ergeben. Einschränkend ist jedoch anzumerken, daß es sich bei den folgenden Ausführungen um eine exemplarische Darstellung von Anschlußmöglichkeiten an die
konstruktivistischen Grundkonzepte handelt und nicht um eine repräsentative Skizze der kommunikationswissenschaftlichen Rezeptionsforschung.

Selektion massenmedialer Kommunikationsangebote

Im Rahmen der kommunikationswissenschaftlichen Forschung zur individuellen
Rezeption gibt es eine Reihe von Arbeiten, die sich mit Aspekten der Selektion
massenmedialer Kommunikationsangebote auseinandergesetzt haben. Das Gros der
Arbeiten bezieht sich dabei auf das massenmediale Subsystem Fernsehen, so daß
auch die folgenden Überlegungen sich vor allem auf Aspekte des Umgangs mit
massenmedialen Kommunikationsangeboten des Fernsehens beziehen. Während
zunächst die Annahme der rationalen Auswahl bestimmter Kommunikationsangebote aufgrund von individuellen Präferenzen die Forschungsarbeiten dominierte[641],
wurden aufgrund von Problemen bei der Erarbeitung von Prognosen komplexere
Modelle entwickelt, die unbewußte Aspekte mitberücksichtigen.[642] Obgleich diese
Arbeiten u.a. strukturelle Phänomene des Umgangs mit Programmen wie Channel
Loyalty, Vererbungseffekte und wiederholtes Sehen[643] sowie die individuelle Ver-

---

641   Vgl. Webster/Wakshlag 1983: 431.

642   Siehe dazu beispielsweise die Modelle von Webster/Wakshlag (1983a: 433) oder von Van den
      Bulck (1995: 156).

643   Vgl. Webster/Wakshlag 1983: 434; Van den Bulck 1995: 149f. und ergänzend dazu Bro-
      sius/Wober/Weimann 1992; Jäckel 1992: 256ff. In den näheren Erläuterungen zur Channel Loyalty
      wird dabei u.a. darauf hingewiesen, daß dieses Phänomen u.a. in Zusammenhang gebracht werden

fügbarkeit über Programme in ihre Überlegungen einbeziehen[644], stehen auch diese Weiterentwicklungen vor dem Problem der individuellen Differenzen bei der Auswahl von Kommunikationsangeboten des Fernsehens. Aufgrund dieser individuellen Differenzen bleibt es somit weiterhin schwierig, individuelle Programmselektionen zu prognostizieren.

Im Anschluß an die Überlegung, daß der Umgang mit massenmedialen Kommunikationsangeboten des Fernsehens in konkreten Lebenssituationen vollzogen wird, ist zudem eine Konzeption der individuellen Selektion von Programmen als situationsangemessenes Verhalten entwickelt worden.[645] Dieses Konzept geht ähnlich wie die Überlegungen in Zusammenhang mit den konstruktivistischen Grundkonzepten von einer Einbettung des Umgangs mit massenmedialen Kommunikationsangeboten in individuelle Lebenszusammenhänge aus und verknüpft verschiedene Einflußgrößen auf die individuelle Selektion von Programmen mit soziologischen Überlegungen hinsichtlich des Kosten-Nutzen-Kalküls in bezug auf das eigene Handeln.

Einige Forschungsarbeiten in Zusammenhang mit der individuellen Selektion massenmedialer Kommunikationsangebote des Fernsehens kommen somit zu ähnlichen Schlußfolgerungen, wie sie im Rahmen der Elaboration der konstruktivistischen Grundkonzepte vorgestellt worden sind: Obgleich sich durchaus Einflußfaktoren auf die individuelle Selektionsentscheidung und bestimmte Selektionsmuster ausmachen lassen, erlaubt die Ereignishaftigkeit der einzelnen Auswahlentscheidungen nur in eingeschränktem Maß eine Vorhersage über das individuelle Selektionsverhalten. Außerdem gilt es, die Habitualisierung des Umgangs mit massenmedialen Kommunikationsangeboten in Betracht zu ziehen, die oftmals unabhängig von den zur Auswahl stehenden Kommunikationsangeboten die Entscheidungen beeinflußt.[646]

Besonderes Interesse wird in neueren Arbeiten zudem der individuellen Rezeptionsstrategie des *Zappens* zuteil, wobei das Zappen u.a. mit dem Querlesen von gedrucktem Material in Zusammenhang gebracht wird.[647] Die Forschungsarbeiten zu diesem Themenbereich verweisen auf unterschiedliche Formen des Zappens - sich einen Überblick über das aktuelle Programm verschaffen, mehrere Handlungsstränge parallel zueinander verfolgen, fortwährendes selbstbestimmtes Erzeugen von Überraschungen[648] -, wobei das Phänomen des Zappens mit gesellschaftlichen Entwick-

---

kann mit bestimmten Medienimages (vgl. Jäckel 1992: 256f.). Insofern ergeben sich durchaus Anküpfungspunkte zu den spezifischen massenmedialen virtuellen Strukturen.

644   Vgl. Webster/Wakshlag 1983: 437ff.; Van den Bulck 1995: 150f.

645   Vgl. Jäckel 1992.

646   Als Indiz hierfür können die Beobachtungen angeführt werden, daß oftmals die Entscheidung, *daß* und weniger *was* ferngesehen werden soll, im Mittelpunkt von Entscheidungsprozessen steht (vgl. Webster/Wakshlag 1982: 448; Van den Bulck 1995: 151).

647   Vgl. Seemann 1990: 49; Winkler 1991: 30. Einige Autoren verwenden synonym zum Begriff ‚Zappen' den Begriff ‚Switchen' (vgl. Winkler 1990: 5). Zu einem Versuch der Abgrenzung dieser Begriffe siehe Burkhart [2]1995:342f.

648   Vgl. Heeter/Greenberg 1985: 16; Winkler 1990; Winkler 1991; Landwehrmann/Jäckel 1991; Mikos 1994; Schmitz 1996.

lungen in Zusammenhang gebracht wird. So wird das Zappen als „befreiende" Reaktion auf zunehmenden gesellschaftlichen Verbindlichkeiten konzipiert[649] oder als Folge einer größeren Distanz zum Fernsehen und seinen Kommunikationsangeboten.[650] In Zusammenhang mit den konstruktivistischen Grundkonzepten lassen diese Überlegungen den Schluß zu, daß Zappen sich als Form des individuellen Umgangs mit der Pluralität der Programmangebote bzw. als Form des individuellen Umgangs mit kontingenten Wirklichkeitsmodellen entwickelt hat. Insofern stützen die kommunikationswissenschaftlichen Forschungsarbeiten zum Zappen die Überlegungen hinsichtlich der konstruktivistischen Grundkonzepte.

Prozesse der individuellen Rezeption und
der Integration von Kommunikaten in kognitive Strukturen

Neben den bereits genannten Forschungsbereichen üben offenbar die Prozesse der individuellen Rezeption resp. die Kommunikatbildungsprozesse weiterhin eine ungebrochene Faszination auf kommunikationswissenschaftliche Forschung aus. Dabei kann jedoch vorab festgehalten werden, daß die Kommunikatbildungsprozesse aufgrund ihrer Komplexität und ihrer Unzugänglichkeit der kommunikationswissenschaftlichen Forschung auch weiterhin eine Reihe von Rätseln aufgeben. Außerdem steht - ähnlich wie bei den Arbeiten zur Auswahl von massenmedialen Kommunikationsangeboten - vor allem die individuelle Rezeption massenmedialer Kommunikationsangebote des Fernsehens im Mittelpunkt des kommunikationswissenschaftlichen Forschungsinteresses. Insofern sind also auch die folgenden Ausführungen auf diesen Bereich beschränkt.

Ähnlich wie die Arbeiten zur Auswahl von Programmangeboten, so lassen auch die neueren Arbeiten, die sich mit Aspekten der Kommunikatbildung oder der Integration der Kommunikate in individuelle Wirklichkeitskonstruktionen auseinandersetzen, die Tendenz zu komplexeren Hypothesen erkennen. Insofern werden die im folgenden vorgestellten Aspekte eben als einzelne Aspekte komplexer Prozesse konzipiert, die bisher aufgrund ihrer Komplexität und der Interdependenzen zu anderen kognitiven Prozessen unüberschaubar geblieben sind. So scheint inzwischen eine Art Konsens darüber zu bestehen, daß die Verfügbarkeit (*Availability*) von kognitiven Strukturen für die Kommunikatbildung und die Integration in individuelle Wirklichkeitskonstruktionen ebenso von Relevanz ist[651] wie die Verwendung von Faustregeln und vereinfachenden Modellen.[652] Ebenfalls als Einflußgrößen für die kognitiven Prozesse anerkannt sind offenbar die Lebhaftigkeit (*Vividness*) der prä-

---

[649]   Vgl. Seemann 1990: 50.

[650]   Vgl. Winkler 1991: 153. Offensichtlich wird dabei die Nicht-Kommunizierbarkeit der entstehenden Kommunikate in Kauf genommen (vgl. Winkler 1990: 7; 1991: 64).

[651]   Vgl. Taylor/Thompson 1982: 155; Brosius/Mundorf 1990: 398; Shrum/O'Guinn 1993: 440ff.; Shrum 1995: 406; Brosius 1997: 99. Grundlegend zum Konzept der Availability siehe Tversky/Kahneman 1973; 1974.

[652]   Vgl. Taylor/Thompson 1982: 155; Brosius/Mundorf 1990: 398; Brosius 1997: 99.

sentierten Kommunikationsangebote und deren Bedeutsamkeit (*Salience*) für die Rezipienten.[653] All diese Erkenntnisse lassen keinen Widerspruch zu den konstruktivistischen Grundkonzepten erkennen, sondern lassen sich ohne weiteres in die vorangegangenen Überlegungen integrieren.

Gleiches gilt für Erkenntnisse von Arbeiten, die sich mit dem Aspekt des *Framing* beschäftigen. Ähnlich wie im Rahmen der konstruktivistischen Überlegungen zu gesellschaftlich akzeptierten Wirklichkeitsmodellen stellen die sogenannten „Frames" Strukturen geteilten sozialen Wissens über bestimmte Situationen dar[654], die bei der Integration in individuelle Wirklichkeitskonstruktionen von biographischen Aspekten beeinflußt werden.[655] Auf diese kognitiven Strukturen sozialen Wissens, die Frames, wird zudem in einigen Arbeiten auch das Phänomen des *Priming* zurückgeführt, das sich auf die Strukturierung kognitiver Prozesse durch vorangegangene kognitive Prozesse bezieht[656] und insofern auch auf den Aspekt der Aktualität der Verwendung kognitiver Strukturen verweist.[657] Wie bereits angedeutet, erscheinen die Überlegungen hinsichtlich des Framing resp. des Priming somit durchaus kompatibel mit den konstruktivistischen Grundkonzepten.

In Zusammenhang mit der Frage der Beeinflussung von individuellen Einstellungen durch die Rezeption von massenmedialen Kommunikationsangeboten ist zudem ein Modell der Elaborationswahrscheinlichkeit entwickelt worden (*Elaboration*

---

[653]   Da der Nachweis des Effekts der Lebhaftigkeit sich offenbar schwierig gestaltet (vgl. Taylor/ Thompson 1982: 170ff.; Brosius/Mundorf 1990: 399) und sich zwischen den beiden genannten Konzepten durchaus einige Berührungspunkte erkennen lassen, wird inzwischen für eine Einbindung beider Konzepte in ein komplexeres Modell plädiert, das mit dem Begriff der ,*differentiellen Aufmerksamkeit*' umschrieben wird (vgl. Taylor/Thompson 1982: 175ff.; Brosius/Mundorf 1990: 399ff.; siehe als Überblick über den Bereich der Aufmerksamkeitsforschung Reeves/Thorson/ Schleuderer 1986). Erläuternd zum Konzept der Lebhaftigkeit siehe Nisbett/Ross 1980; Fiske/Taylor [2]1991; Brosius/Kayser 1991; Gaßner/Menning-Heinemann 1992 und zum Konzept der Bedeutsamkeit Taylor/Fiske 1975; Taylor/Fiske 1978.

[654]   Vgl. Entman 1993: 52; Shah/Domke/Wackman 1996: 510ff. Siehe erläuternd zum Konzept des Framings McLeod/Kosicki/McLeod 1994; McQuail [3]1994: 332; Neumann/Charlton 1988: 17f. Die Parallelen zu den konstruktivistischen Grundkonzepten sind dabei insofern nicht überraschend, als sowohl in den Forschungsarbeiten zum Framing als auch im Rahmen konstruktivistischer Überlegungen auf dieselben textlinguistischen Überlegungen Bezug genommen wird (Beaugrande/Dressler 1981: 95f.).

[655]   Vgl. Shah/Domke/Wackman 1996: 512f.

[656]   Vgl. Brosius/Mundorf 1990: 401. Siehe erläuternd zum Konzept des Priming Berkowitz/Heimer/ Rogers 1986; Iyengar/Kinder 1986; Severin/Tankard [3]1992: 215ff.; Iyengar 1994; Jo/Berkowitz 1994.

[657]   Häufigkeit und Aktualität der Verwendung kognitiver Strukturen stellen neben Lebhaftigkeit, Kontrastschärfe und Relationen zu anderen zugänglichen kognitiven Strukturen einen Faktor für den Grad der Zugänglichkeit zu kognitiven Strukturen dar (vgl. Shrum/O'Guinn 1993: 441: Shrum 1995: 408). Insofern zeigen sich an dieser Stelle zusätzliche Verknüpfungsmöglichkeiten der unterschiedlichen nicht-konstruktivistischen Forschungsarbeiten und Hypothesen. Da im Rahmen dieses Kapitels jedoch die Verknüpfungsmöglichkeiten zu den konstruktivistischen Grundkonzepten im Mittelpunkt stehen, wird auf weiterführende Überlegungen hinsichtlich der Verknüpfungsmöglichkeiten nicht-konstruktivistischer Ansätze verzichtet.

Likelihood Model)[658], auf das in unterschiedlichen Zusammenhängen verwiesen wird[659] und das insofern als in gewissem Maß anerkannt angenommen werden kann. Zentrale Annahme des Modells ist die These, daß der Entstehung von Einstellungen zwei unterschiedliche Routinen kognitiven Prozessierens zugrunde liegen: zum einen die „zentrale Route", die zu einer bewußten Auseinandersetzung mit dem in Frage stehenden Thema führt, und zum anderen eine „periphere Route", bei der durch sogenannte „cues" kognitive Prozesse aktiviert werden, die ebenfalls zu einer Einstellung führen, ohne daß sich das Individuum bewußt mit dem Thema auseinandersetzt. Einstellungen, denen kognitive Prozesse der zentralen Route vorangegangen sind, haben sich dabei in empirischen Untersuchungen als stabiler erwiesen als Einstellungen, denen kognitive Prozesse der peripheren Route zugrunde liegen.

Die Wahrscheinlichkeit, daß die zentrale Route ausgewählt wird, wird von Variablen aus den Bereichen der individuellen Motivation und Zugänglichkeit kognitiver Strukturen beeinflußt[660], die zudem in verschiedenen Stadien der Einstellungselaboration Einfluß nehmen können. Insofern versucht auch das Elaboration Likelihood Model der Komplexität kognitiver Prozesse gerecht zu werden, wobei das Modell allein eine Skizze der kognitiven Prozesse der Einstellungselaboration darstellt. Diese Skizze erklärt jedoch nicht, *warum* die einzelnen Variablen für die Entwicklung von Einstellungen von Relevanz sind.[661]

Parallelen zu den konstruktivistischen Grundkonzepten lassen sich für das Elaboration Likelihood Model dabei vor allem in der Differenzierung zwischen bewußten und unbewußten Entwicklungsvarianten kognitiver Strukturen und im Hinweis auf die Vernetzung unterschiedlicher kognitiver Prozesse erkennen. Da zudem keine Widersprüche zu den konstruktivistischen Grundkonzepten auszumachen sind, erscheint eine Adaption der Überlegungen des Elaboration Likelihood Model an konstruktivistische Überlegungen durchaus sinnvoll und vielversprechend.

Ebenfalls für eine Berücksichtigung der Komplexität kognitiver Prozesse plädieren die Ausführungen im Rahmen der Überlegungen zum *Sense Making*.[662] Gemeinsamkeiten zu den konstruktivistischen Grundkonzepten sind dabei vor allem in den Grundannahmen des Sense Making zu erkennen, die sich auf die These der ereignishaften individuellen Konstruktion sinnhafter Welten beziehen.[663] Aufgrund der Dynamik der individuellen Umwelt, die immer wieder zu Lücken in der

---

[658]   Vgl. Petty/Cacioppo 1986; Cacioppo/Petty 1989; Petty/Priester 1994; Petty/Schumann/Richman/ Strathman 1993. Zur Kritik am Elaboration Likelihood Model siehe Witte 1992.

[659]   Vgl. Chaffee/Roser 1986: 376f.; Thorson 1989; Bock 1990; Wartella/Middelstadt 1991: 211; Bryant/Zillmann 1994; Baran/Davis 1995; Donnerstag 1996; Faerber 1996: 89ff.; Brosius 1997: 100.

[660]   Vgl. Cacioppo/Petty 1989: 77; Petty/Priester 1994: 98ff.

[661]   Vgl. Faerber 1996: 93.

[662]   Vgl. Dervin 1980; 1981; ²1989. Dabei versteht Dervin ihr Konzept eher als Methodologie, denn als ein theoretisches Konzept bzw. Modell kognitiver Prozesse (vgl. Dervin ²1989: 77).

[663]   Vgl. Dervin 1980: 102ff.; 1981: 77ff.; ²1989: 70.

individuellen sinnhaften Weltkonstruktion führt, sind die Individuen auf Informationen in ihrer Umwelt hingewiesen, die ihnen helfen, durch sinnhafte Konstruktionen diese Lücken adäquat zu füllen. Massenmediale Kommunikationsangebote stellen dabei eine von mehreren möglichen Informationsquellen dar, wobei der Umgang mit massenmedialen Kommunikationsangeboten von den soziokulturell geprägten Biographien der Individuen beeinflußt ist. Aufgrund der deutlich erkennbaren Parallelen erscheinen die Ausführungen zum Sense Making durchaus integrierbar in konstruktivistische Überlegungen. Da die theoretische Konzeption jedoch bisher zugunsten empirischer Arbeiten in den Hintergrund gerückt wurde, beziehen sich die Adaptionsmöglichkeiten somit vor allem auf die Erkenntnisse in Zusammenhang mit der Empirie eines solchen Ansatzes.

Obgleich im Rahmen der verschiedenen Forschungsarbeiten immer wieder auf die Relevanz emotionaler Aspekte hingewiesen wird, sind Arbeiten, die sich intensiv mit emotionalen Aspekten der individuellen Rezeption massenmedialer Kommunikationsangebote auseinandersetzen, eher selten.[664] Hinzu kommt, daß die Hypothesen, die sich auf emotionale Aspekte beziehen, oftmals nicht die Komplexität des Umgangs mit massenmedialen Kommunikationsangeboten berücksichtigen.[665] Die vorliegenden Forschungsarbeiten verweisen dabei auf Aspekte, die durchaus mit den konstruktivistischen Grundkonzepten vereinbar erscheinen; es wurden jedoch bisher keine weiterführenden theoretischen Konzeptionen erarbeitet. In Zusammenhang mit Prozessen der Angstbewältigung wird beispielsweise darauf hingewiesen, daß der Umgang mit emotionalen Erlebnissen ebenso im Rahmen der individuellen Sozialisation erlernt wird, wie der Umgang mit Informationen, und daß diese Strukturen des Umgangs mit Emotionen auch die individuelle Rezeption von Kommunikationsangeboten des Fernsehens beeinflussen.[666] Neuere Arbeiten, die sich mit dem Phänomen der Spannung auseinander gesetzt haben, verweisen zudem darauf, daß der „Als ob"-Charakter der erlebten Emotionen charakteristisch für die individuelle Rezeption massenmedialer Kommunikationsangebote ist[667] und daß die Intensität des Erlebens von Emotionen offenbar von größerer Relevanz ist als die Richtung.[668]

Zusammenfassend läßt sich somit für kommunikationswissenschaftliche Forschungsarbeiten, die sich mit Kommunikatbildungsprozessen oder der Integration der Kommunikate in individuelle Wirklichkeitskonstruktionen auseinandergesetzt

---

[664] Vgl. mit Bezug auf Fernsehen Krotz 1993.

[665] So konnten Schmitz/Lewandrowski (1993) die Thesen des von Zillmann (Zillmann/Bryant 1985) entwickelten *Moodmanagement* nicht empirisch eindeutig nachweisen. Weitere Hinweise auf Untersuchungen mit Bezug auf den Einfluß von Stimmungen auf die individuelle Rezeption finden sich bei Stewart/Ward 1994 und Anderson/Collins/Schmitt/Smith/Jacobvitz 1996.

[666] Vgl. Vitouch 1993; 1995, der dieses Phänomen in Anlehung an die Arbeiten zur Wissenskluft (*Knowledge Gap*) auch als *Emotional Gap* bezeichnet.

[667] Vgl. Vorderer 1994: 337.

[668] Vgl. Vorderer 1997: 251f.

haben, festhalten, daß sich für die konstruktivistischen Grundkonzepte eine Reihe von Anschlußmöglichkeiten erkennen lassen. Insofern erscheint auch in diesem Bereich eine Einbettung der konstruktivistischen Alternative in bestehende kommunikationswissenschaftliche Diskussionszusammenhänge möglich.

Konstruktion sozialer Wirklichkeiten

Anschlußmöglichkeiten ergeben sich auch für Forschungsarbeiten, die sich mit dem Verhältnis von individuellen Wirklichkeitskonstruktionen und gesellschaftlich akzeptierten Wirklichkeitsmodellen bzw. mit der Konstruktion sozialer Wirklichkeiten auseinandergesetzt haben. Dabei stehen auch in diesem Forschungsbereich insbesondere die massenmedialen Kommunikationsangebote des Fernsehens im Mittelpunkt der meisten Forschungsarbeiten. Obgleich sich inzwischen im Rahmen der sogenannten *„Kultivierungsanalysen"* eine gewisse Tradition der Erforschung des Verhältnisses von individueller Rezeption massenmedialer Kommunikationsangebote und Konstruktion sozialer Wirklichkeiten entwickelt hat[669], sind die Erkenntnisse der einzelnen Forschungsarbeiten nicht unumstritten. Als Konsens der neueren Arbeiten lassen sich somit nur eine Reihe von allgemeinen Überlegungen zusammenstellen, die eher auf die Schwierigkeiten dieses Forschungsbereiches hinweisen als auf gesicherte Erkenntnisse.

Ähnlich wie in anderen Forschungsbereichen wird beispielsweise auf die Komplexität der Prozesse, die in die Konstruktion sozialer Wirklichkeiten involviert sind, verwiesen[670] und auf die Einbettung dieser Prozesse in individuelle Lebenszusammenhänge.[671] Die Komplexität der kognitiven Prozesse zeigt sich beispielsweise daran, daß die Konstruktion sozialer Wirklichkeiten nicht explizit auf die individuelle Rezeption einzelner Kommunikationsangebote zurückgeführt werden kann, sondern daß sie u.a. aus dem alltäglichen Umgang mit massenmedialen Kommunikationsangeboten emergieren, der insbesondere auch die Rezeption „fiktionaler" Kommunikationsangebote umfaßt.[672]

Zu ähnlichen Schlußfolgerungen kommen auch neuere Forschungsarbeiten aus dem Bereich des *Agenda-Setting*, also Arbeiten, die sich mit dem Einfluß der Themenagenden massenmedialer Kommunikationsangebote auf die Themenagenden

---

[669]   Die Kultivierungsanalysen haben ihren Ursprung in einem mehrjährigen Forschungsprogramm unter der Leitung von George Gerbner an der Annaberg School of Communications, University of Pennsylvania, in dem insbesondere gewalthaltige Programme und das Phänomen der Vielseher analysiert wurden (für einen Überblick über verschiedene Forschungsarbeiten siehe Hawkins/Pingree 1983; Schenk 1987: 344ff.; McQuail ³1994: 331f.; Gerbner/Gross/Morgan/Signorelli 1994; Kliment 1994: 485ff.).

[670]   Vgl. Hawkins/Pingree/Adler 1987: 575; Shapiro/Lang 1991: 686.

[671]   So wird inzwischen von der Vorstellung Abstand genommen, daß massenmediale Kommunikationsangebote des Fernsehens die entscheidenden Informationsquellen für die Konstruktion sozialer Wirklichkeiten darstellen (vgl. Hawkins/Pingree/Adler 1987: 559f.; Shapiro/Lang 1991: 690). Ähnliche Argumentationen lassen sich im Bereich der Nachrichtenrezeptionsforschung erkennen, wenn sich Brosius (1995; 1997) bei der Vorstellung seines *Modells der Alltagsrationalität* ebenfalls für eine Berücksichtigung der jeweiligen Lebensumstände der Rezipienten ausspricht.

[672]   Vgl. Hawkins/Pingree/Adler 1987: 555; Shapiro/Lang 1991: 698f.

der Rezipienten auseinandersetzen.[673] Die Themenagenden der Rezipienten werden nicht mehr als primär durch massenmediale Kommunikationsangebote bestimmt verstanden, sondern als Produkte individueller Erfahrungen, zu denen massenmediale und interpersonale Kommunikation gleichermaßen zu zählen sind.[674]

Zusammenfassend kann somit für Anschlußmöglichkeiten festgehalten werden, daß ähnlich wie im Rahmen der konstruktivistischen Grundkonzepte die Konstruktion sozialer Wirklichkeiten als Produkt individueller Lebenszusammenhänge verstanden wird. Für diese individuellen Lebenszusammenhänge spielt dabei die Rezeption massenmedialer Kommunikationsangebote ebenso eine Rolle, wie andere Erfahrungen. Insofern lassen sich auch Gemeinsamkeiten hinsichtlich des Konzepts von Medienkulturen moderner westlicher Gesellschaften erkennen. Auch im Bereich der Forschungsarbeiten zur Konstruktion sozialer Wirklichkeit eröffnen sich somit für die konstruktivistischen Grundkonzepte eine Reihe von Anschlußmöglichkeiten, wenngleich sich diese Anschlußmöglichkeiten weniger auf konkrete Hypothesen als auf gemeinsame Grundannahmen stützen.

Massenmediale Kommunikation als Element sozialen Handelns

Im Anschluß an die Erkenntnis, daß beobachtbare Anschlußhandlungen an die individuelle Rezeption massenmedialer Kommunikationsangebote nicht ohne andere Faktoren der individuellen Lebenzusammenhänge zu konzipieren sind, hat sich ein Forschungsbereich entwickelt, der sich mit kommunikativen *Netzwerken* auseinandersetzt.[675] Parallelen zu den konstruktivistischen Grundkonzepten lassen sich für diese Forschungsarbeiten vor allem in eben der Einbettung der individuellen Rezeption in soziokulturell geprägte, individuelle Lebenszusammenhänge[676] und in der Konzeption sozial ausgehandelter Bedeutungen im Rahmen von Kommunikationsereignissen[677] erkennen.

Ähnliche Argumentationen, wie sie im Rahmen der Forschungsarbeiten zu kommunikativen Netzwerken formuliert werden, sind zudem im Rahmen einiger Cultural Studies wiederzufinden. Dabei steht der Umgang mit massenmedialen Kommunikationsangeboten als verbindendes Element *interpretativer Gemeinschaften* im Mittelpunkt der Überlegungen; der Fokus liegt also stärker als im Rahmen der Netzwerk-

---

[673] Für einen Überblick über die Entwicklung dieser Tradition und die verschiedenen Forschungsarbeiten siehe Schenk 1987: 194ff.; Kaase/Schulz 1989: 473ff.; Windahl/Signitzer 1992: 208ff.; Severin/ Tankard ³1992: 207ff.; McQuail/Windahl ²1993: 105ff.; McCombs 1994; McQuail ³1994: 356ff.; Schenk 1997.

[674] Vgl. Erbring/Goldenberg/Miller 1980: 18; Hügel/Degenhardt/Weiß 1992: 157; Zhu/Watt/Snyder/ Yan/Jiang 1993: 15ff. Als Konsequenz aus diesen Erkenntnissen haben sich eine Reihe von Forschungsarbeiten mit den Strukturen kommunikativer Netzwerke auseinandergesetzt, in die die individuelle Rezeption massenmedialer Kommunikationsangebote eingebunden ist. Auf diese Arbeiten wird im folgenden Abschnitt kurz eingegangen.

[675] Für einen Überblick über die Forschungsarbeiten in diesem Bereich siehe Schenk 1984; 1994; 1995.

[676] Vgl. Schenk 1994: 81.

[677] Siehe dazu das *Convergence Model* von Rogers/Kincaid (1981: 43ff.).

analysen auf massenmedialer Kommunikation.[678] Ähnlich wie im Rahmen der konstruktivistischen Grundkonzepte spielen dabei u.a. Gattungskonzepte als differenzierende Merkmale interpretativer Gemeinschaften eine zentrale Rolle, wobei diese Gattungskonzepte Aspekte der Kommunikationsangebote, des Umgangs mit massenmedialen Kommunikationsangeboten und der Anschlußhandlungen umfassen.[679]

Abschließend ist zudem auf eine Art allgemeiner Forschungshaltung hinzuweisen, die sich ebenfalls weniger auf einzelne Aspekte der individuellen Rezeption massenmedialer Kommunikationsangebote bezieht, als vielmehr auf die Einbettung der Rezeptionsprozesse in die Prozesse der individuellen Lebensführung und der soziokulturellen Entwicklung. Diese Forschungshaltung wird auch als *Medienökologie* bezeichnet, wobei insbesondere die Frage nach der Rolle des Umgangs mit massenmedialen Kommunikationsangeboten für die Gestaltung der individuellen Lebenswelt im Mittelpunkt steht.[680] Ähnlich wie in Zusammenhang mit der konstruktivistischen Konzeption von Medienkulturen wird dabei angenommen, daß die Entwicklungen moderner westlicher Gesellschaften und massenmedialer Kommunikation untrennbar miteinander verknüpft sind[681] und daß deshalb massenmediale Kommunikation ein zentraler Bestandteil individueller Lebenswelten darstellt.[682] Die Parallelen zu konstruktivistischen Überlegungen sind offensichtlich, auch wenn es sich bei der medienökologischen Forschungshaltung eher um einige gemeinsame Grundannahmen handelt, auf die Wissenschaftler verschiedenster Disziplinen Bezug nehmen[683], und weniger um ein kohärentes theoretisches Konstrukt.

Zusammenfassend bleibt festzuhalten, daß sich somit auch im Bereich der eher soziologisch orientierten kommunikationswissenschaftlichen Arbeiten einige Aspekte erkennen lassen, die auf Parallelen zu den konstruktivistischen Grundkonzepten hindeuten.

Abschließend ist nochmals darauf hinzuweisen, daß es sich bei der Betrachtung der Anschlußmöglichkeiten der konstruktivistischen Grundkonzepte an andere kommunikationswissenschaftliche Arbeiten um eine exemplarische Darstellung der Parallelen zu einigen Forschungsarbeiten handelt und keineswegs um eine Verortung der im Anschluß an dieses Kapitel vorzustellenden konstruktivistischen Alternative in den kommunikationswissenschaftlichen „Gesamtdiskurs". Ziel der obigen Ausführungen

---

[678]   Für einen kritischen Überblick über die verschiedene Konzepte, die unter der Bezeichnung „Interpretative Communities" firmieren, siehe Schrøder 1994.

[679]   Vgl. Lindlof 1988: 94ff.

[680]   Vgl. Lüscher/Wehrspaun 1985: 187f. Lebenswelten werden dabei als „pragmatisch-anthropologische Fundierung der Kulturen" konzipiert (Lüscher/Wehrspaun 1985: 202).

[681]   Vgl. Lüscher/Wehrspaun 1985: 198.

[682]   Vgl. Lüscher/Wehrspaun 1985: 200. Zugleich wird ähnlich wie im Rahmen der Media System Dependency Theory darauf hingewiesen, daß das *Zusammenspiel* der Nutzung von massenmedialen Kommunikationsangeboten unterschiedlicher Subsysteme des Massenmediensystems für die individuelle Lebensgestaltung von Relevanz ist (vgl. Lüscher/Wehrspaun 1985: 197f.).

[683]   Siehe dazu beispielsweise die Beiträge in Franzmann/Fröhlich/Hoffmann/Spörri/Zitzlsperger 1995.

war, diese Anschlußmöglichkeiten aufzuzeigen; Ziel war es jedoch nicht, die konstruktivistischen Überlegungen bereits in kommunikationswissenschaftliche Traditionen zu integrieren. Letzteres setzt eine ungleich differenziertere Auseinandersetzung mit den verschiedenen Forschungsarbeiten voraus, die im Rahmen dieser Arbeit nicht geleistet werden kann. Die verschiedenen Verweise auf die Anschlußmöglichkeiten verdeutlichen jedoch, daß unabhängig von Aspekten der Einbindung konstruktivistischer Überlegungen in kommunikationswissenschaftliche Forschung generell eine Betrachtung der Vernetzung kommunikationswissenschaftlicher Arbeiten durchaus sinnvoll erscheint. So ist in den verschiedenen Bereichen eine Tendenz zu komplexeren Konzepten hinsichtlich der Teilprozesse der individuellen Rezeption massenmedialer Kommunikationsangebote zu beobachten, die oftmals mit der Einbettung dieser Teilprozesse in individuelle Lebenszusammenhänge einhergeht. Trotzdem wird jedoch erst in wenigen Fällen zur Entwicklung von Hypothesen oder zur Erklärung von Beobachtungen auf Arbeiten aus anderen Forschungsbereichen Bezug genommen.

Als Fazit für die Betrachtung der Anschlußmöglichkeiten der bisherigen konstruktivistischen Überlegungen bleibt somit sowohl in bezug auf die besprochenen bestehenden Ansätze als auch in bezug auf andere kommunikationswissenschaftliche Arbeiten festzuhalten, daß sich für die konstruktivistische Alternative offenbar eine Reihe von Adaptions- und Integrationsoptionen eröffnen. Aufgrund der spezifischen theoretischen Grundannahmen und Grundkonzepte zeichnet sich die konstruktivistische Alternative zudem durch ein unverwechselbares theoretisches Profil aus, das sie von anderen kommunikationswissenschaftlichen Konzepten und Forschungsarbeiten unterscheidet.

4.4 Eine alternative Konzeption individueller Rezeption massenmedialer Kommunikationsangebote

Aus den bisherigen Ausführungen zu den konstruktivistischen Grundannahmen und -konzepten sowie zur kommunikationswissenschaftlichen Auseinandersetzung mit den Prozessen der individuellen Rezeption massenmedialer Kommunikationsangebote ist deutlich geworden, daß die individuelle Rezeption nicht ohne die Prozesse des Umgangs mit massenmedialen Kommunikationsangeboten zu konzipieren ist und daß die individuelle Rezeption als ereignishaft und in die individuellen Lebensprozesse eingebettet zu verstehen ist. Diese Erkenntnisse bergen eine Reihe von problematischen Aspekten, die sich u.a. in der Komplexität der zu berücksichtigenden, miteinander vernetzten Prozesse, in der Einzigartigkeit der individuellen Wirklichkeitskonstruktionen und in der partiellen Unzugänglichkeit kognitiver Prozesse zeigen. Für diese problematischen Aspekte kann auch eine konstruktivistische alternative Konzeption keine endgültigen Lösungen bereitstellen.

Die folgenden Überlegungen stellen insofern eine Möglichkeit dar, vor dem Hintergrund der konstruktivistischen Grundannahmen und Grundkonzepte trotz dieser problematischen Aspekte eine Konzeption der individuellen Rezeption massenmedialer Kommunikationsangebote unter besonderer Berücksichtigung der Prozesse des Umgangs mit massenmedialen Kommunikationsangeboten und der Besonderheiten massenmedialer Kommunikation zu entwickeln. Dabei ergibt sich aus den bisherigen Ausführungen, daß es sich bei dieser Konzeption weder um die einzig mögliche, noch um einen geschlossenen, alles umfassenden Ansatz handelt. Die alternative konstruktivistische Konzeption ist vielmehr als ein Angebot zu verstehen, das zur Differenzierung, Weiterentwicklung und vor allem zur Diskussion anregen soll und das nicht als unveränderbares Konstrukt anzusehen ist.[684]

Die Prozesse der individuellen Rezeption massenmedialer Kommunikationsangebote sind eingebettet in die Prozesse des Umgangs mit massenmedialen Kommunikationsangeboten, so daß für eine Konzeption der individuellen Rezeption die Prozesse des Umgangs mitberücksichtigt werden müssen. Zu den Umgangsformen sind neben den Entscheidungsprozessen für oder gegen eine Auseinandersetzung mit massenmedialen Kommunikationsangeboten vor allem die Umsetzung kommunikativer Konventionen der Handhabe massenmedialer Kommunikationsangebote und des Ambientes, in dem massenmediale Kommunikation stattfindet, sowie die soziokulturell geprägten Verwendungszwecke massenmedialer Kommunikation zu zählen. Beeinflußt werden die verschiedenen Prozesse des Umgangs mit massenmedialen Kommunikationsangeboten u.a. von individuellen Routinen, Erwartungen hinsichtlich der Kommunikationsangebote und hinsichtlich der individuellen und sozialen Folgen der Auseinandersetzung mit massenmedialen Kommunikationsangeboten sowie Bedingungen der aktuellen Rezeptionssituation im Hinblick auf Raum und Zeit, auf die soziale Umwelt und auf individuelle Befindlichkeiten.

Der Umgang mit massenmedialen Kommunikationsangeboten ist demnach ein Ereignis in individuellen Lebenszusammenhängen, so daß es keine jeweils völlig identischen Strukturen des Umgangs mit bzw. der Rezeption von massenmedialen Kommunikationsangeboten gibt. Aufgrund der strukturellen Kopplung von Kognition, Kommunikation und Kultur sind jedoch individuelle Muster und interindividuelle Ähnlichkeiten hinsichtlich der Umgangsformen mit massenmedialen Kommunikationsangeboten und der Kommunikatbildungsprozesse anläßlich massenmedialer Kommunikationsangebote zu beobachten bzw. anzunehmen.

Die Prozesse der individuellen Rezeption sind zudem unverzichtbarer Bestandteil massenmedialer Kommunikation und als solche an der Integration gesellschaftlich anerkannter Unterscheidungen in individuelle Wirklichkeitskonstruktionen beteiligt. Die Besonderheiten massenmedialer Kommunikation haben dabei im Laufe der Koevolution von Kognition, Kommunikation und Kultur zur Ausbildung von gesellschaftlich anerkannten Umgangsformen mit und soziokulturell geprägten Bedeutungen von massenmedialen Kommunikationsangeboten geführt, die die bereits

---

684   In Zusammenhang mit diesen Überlegungen kommt den skizzierten Parallelen zu anderen Konzeptionen und Arbeiten zur individuellen Rezeption besondere Relevanz zu, da sie auf verschiedenen Ebenen auf vielfältige Ansatzpunkte zur weiterführenden Diskussion hinweisen.

angesprochenen individuellen Muster und interindividuellen Ähnlichkeiten ermöglichen. Zu diesen Besonderheiten massenmedialer Kommunikation sind vor
allem zu zählen

- die relativ strikte Trennung zwischen herstellenden und rezipierenden
  Prozessen, die i.d.R. auch eine räumliche und u.U. zeitliche Distanz zwischen den Produzenten und Rezipienten umfaßt, die ihrerseits wiederum
  die Anonymität der Kommunikationsteilnehmer nach sich zieht,
- die Professionalität der Herstellung und gesellschaftsweiten Distribution
  massenmedialer Kommunikationsangebote und
- die Freiheitsgrade der individuellen Bedeutungszuweisung resp. Kommunikatbildung aufgrund der Optionalität von Anschlußhandlungen.

Diese Besonderheiten massenmedialer Kommunikation führen dazu, daß im Rahmen massenmedialer Kommunikation die Produzenten den Rezipienten tatsächlich
nur Kommunikations*angebote* unterbreiten können, die die Rezipienten aus verschiedenen Gründen annehmen oder ablehnen. Ebensowenig haben die Produzenten i.d.R. die Möglichkeit, den Rezipienten aufgrund von Verhaltensbeobachtungen
Verstehen zuzuschreiben. Die Einheit massenmedialer Kommunikation kann somit
nicht durch die Fremdzuschreibung von Verstehen gebildet werden, sondern allein
durch die Simulation von Verstehen im Rahmen selbst-zugeschriebenen Verstehens. Massenmediale Kommunikation ist somit auch von den allein von den Rezipienten zu treffenden Entscheidungen über die Teilhabe an massenmedialer Kommunikation und die weitere Verwendung der entstehenden Kommunikate geprägt.
   Da individuelles Verhalten auf individuelle Wirklichkeitskonstruktionen zurückgeführt werden kann, die schematisch organisiert sind, erscheint es plausibel, im
Laufe der Mediensozialisation die Ausbildung von Medienschemata zur Organisation des Umgangs mit resp. der Rezeption von massenmedialen Kommunikationsangeboten anzunehmen. Da Medienschemata zudem ein Produkt der Koevolution von
Kognition, Kommunikation und Kultur darstellen, lassen sich in ihnen interindividuell stabile Strukturen erkennen: Gattungen. Medienschemata sind somit einerseits
geprägt von Elementen der individuellen Biographie und andererseits von Elementen
der Kulturen, an denen das Individuum teilhat.
   Medienschemata erlauben die Entwicklung von Erwartungen hinsichtlich der Rezeption massenmedialer Kommunikationsangebote sowie hinsichtlich der individuellen und sozialen Folgen der Rezeption und organisieren somit teilweise die Entscheidungsprozesse, die zur individuellen Rezeption führen. In Zusammenhang mit
den Rezeptions- resp. den Kommunikatbildungsprozessen organisieren Medienschemata resp. Gattungen individuelle Bedeutungskonstruktionen sowie die Integration
der entstehenden Kommunikate in individuelle Wirklichkeitskonstruktionen und ermöglichen so die Simulationsprozesse im Rahmen subjektiven Verstehens. Aufgrund
der Organisation der Integration entstehender Kommunikate in individuelle Wirklichkeitskonstruktionen strukturieren Medienschemata schließlich die Möglichkeiten der Bezugnahme auf vorangegangene Rezeptionsprozesse. Als im Rahmen der

individuellen Mediensozialisation entwickelte kognitive Strukturen erlauben somit Medienschemata den Individuen auf den verschiedenen Ebenen des Umgangs mit massenmedialen Kommunikationsangeboten die Orientierung anhand vorangegangener Erfahrungen ohne dabei den aktuellen Umgang zu determinieren.

Obgleich die individuelle Rezeption massenmedialer Kommunikationsangebote aufgrund der Besonderheiten massenmedialer Kommunikation deutlich schwächer sozial kontrolliert ist als Kommunikatbildungsprozesse im Rahmen von nicht-massenmedialer Kommunikation und obgleich Gattungen nur als Hilfestellungen, niemals jedoch als Determinanten für individuelle Kommunikatbildungsprozesse dienen können, lassen sich durchaus kulturspezifische Formen des Umgangs mit massenmedialen Kommunikationsangeboten ausmachen. Für die Entwicklung kulturspezifischer Gattungen spielt dabei das Konzept der Verbindlichkeit der Wirklichkeitsbezüge massenmedialer Kommunikationsangebote und das Konzept der Zuordnung zu thematischen Räumen eine Rolle. Durch gattungsspezifische Zeichensysteme, die im Rahmen der Mediensozialisation erlernt werden, werden massenmediale Kommunikationsangebote mit Verweisen auf die Verbindlichkeit der Wirklichkeitsbezüge und auf die Wirklichkeitsbezüge selbst sowie mit Verweisen auf die Zuordnungen zu thematischen Räumen ausgestattet. Je höher dabei die Verbindlichkeit der Bezüge zu gesellschaftlich akzeptierten Wirklichkeitsmodellen ist, desto höher ist zugleich auch die Möglichkeit von Anschlußhandlungen außerhalb massenmedialer Kommunikation. Je geringer die Verbindlichkeit, desto stärker ist der Rezipient bei Anschlußhandlungen auf weitere massenmediale Kommunikationsangebote angewiesen. Durch die Organisation der Wirklichkeitsbezüge und Zuordnungen zu thematischen Räumen unter Bezugnahme auf gattungsspezifische Zeichensysteme tragen Gattungen somit zur Stabilisierung selbst-zugeschriebenen Verstehens - und damit auch zur Stabilisierung massenmedialer Kommunikation - bei und ermöglichen Anschlußhandlungen auch außerhalb massenmedialer Kommunikation. Gattungen dienen somit nicht nur der individuellen Orientierung bei Kommunikatbildungsprozessen, sondern ermöglichen trotz der Besonderheiten massenmedialer Kommunikation die Bezugnahme auf massenmediale Kommunikation in nicht-massenmedialen Handlungszusammenhängen. Gattungen stellen somit die Voraussetzung für soziales Handeln im Anschluß an die individuelle Rezeption massenmedialer Kommunikationsangebote dar.

Massenmediale Kommunikation resp. die individuelle Rezeption massenmedialer Kommunikationsangebote selbst führt jedoch - anders als nicht-massenmediale Kommunikation - nicht zur Ausbildung eines sozialen Systems, da die Kommunikationsteilnehmer nicht in bezug auf ein Kommunikationsangebot interagieren. Vielmehr bilden die Rezipienten als soziale Struktur das Publikum eines massenmedialen Kommunikationsangebotes, das sich von anderen sozialen Strukturen insbesondere durch die Aspekte der Flüchtigkeit, der Anonymität der Kommunikationsteilnehmer und der Freiheitsgrade der entstehenden Kommunikate der einzelnen Publikumsmitglieder unterscheidet. Obgleich Publika somit deutlich schwächer strukturiert sind als soziale Systeme, lassen sich dennoch durchaus kulturell geprägte Strukturen der Publika verschiedener Kommunikationsangebote ausmachen, die u.a. auf die Gattungen, denen die Kommunikationsangebote zugeordnet werden, zurückgeführt werden können. Publika können somit als kulturell strukturiert konzipiert werden.

Aus den bisherigen Argumentationen resultiert, daß die individuelle Rezeption massenmedialer Kommunikationsangebote sowohl zur Auseinandersetzung mit gesellschaftlich akzeptierten Wirklichkeitsmodellen als auch zur Ausdifferenzierung individueller Wirklichkeitskonstruktionen resp. Medienschemata genutzt werden kann. Bei der Elaboration individuenspezifischer Rezeptionsstrategien kann es dabei u.U. zum Bruch der Einheit Kommunikation kommen, wenn die entstehenden Kommunikate der Kontrolle durch Verstehen entzogen werden. Trotz dieser Bandbreite der Umgangsformen lassen sich doch eine Reihe von Gemeinsamkeiten des Umgangs mit massenmedialen Kommunikationsangeboten erkennen. So ist jegliche Form des Umgangs und damit auch jede Rezeptionsstrategie Anwendung von Kultur. Dies impliziert einerseits die Akzeptanz bzw. das Nicht-in-Frage-Stellen gesellschaftlicher Basisdichotomien als Grenzen massenmedialer Kommunikation und andererseits die Veränderung und Ausdifferenzierung gesellschaftlich akzeptierter Wirklichkeitsmodelle. Als Teil der Einheit massenmediale Kommunikation trägt somit jede Form der individuellen Rezeption zur Entwicklung von Gesellschaft bei.

Als Beispiel für derartige gesellschaftliche Entwicklungen, die u.a. auf Prozesse massenmedialer Kommunikation resp. individueller Rezeption zurückgeführt werden können, ist die Etablierung virtueller Strukturen in gesellschaftlich akzeptierten Wirklichkeitsmodellen zu nennen. Verweise auf Wirklichkeitskonstruktionen nicht anwesender Anderer sind in Wirklichkeitsmodellen moderner westlicher Gesellschaften als anschlußfähige Elemente akzeptiert, obgleich die Abwesenheit derjenigen, auf deren Wirklichkeitskonstruktionen sich die Verweise beziehen, die soziale Kontrolle virtueller Strukturen nur in eingeschränktem Maß zuläßt. Da virtuelle Strukturen aufgrund der Besonderheiten massenmedialer Kommunikation insbesondere zur Stabilisierung selbst-zugeschriebenen Verstehens beitragen, sich also insofern in gesellschaftlich akzeptierten Wirklichkeitsmodellen Strukturen etablieren konnten, die insbesondere massenmedialer Kommunikation entgegenkommen, zeigt sich an dieser Stelle ein weiteres Indiz für die Koevolution von Kognition, Kommunikation und Kultur.

Ein ähnlicher Zusammenhang läßt sich auch für das Phänomen der zunehmenden Verantwortung für individuelle Wirklichkeitskonstruktionen feststellen. Aufgrund der Besonderheiten massenmedialer Kommunikation ist die Rezipientenrolle geprägt von der Befreiung von kommunikativen Pflichten in der konkreten Situation. Die Kommunikatbildungsprozesse unterliegen aufgrund der Simulation von Verstehen einer schwächeren sozialen Kontrolle, weisen somit deutlich mehr Freiheitsgrade auf als Kommunikatbildungsprozesse im Rahmen nicht-massenmedialer Kommunikation, und Anschlußhandlungen sind nicht verpflichtend, sondern optional. Demnach kann die individuelle Rezeption massenmedialer Kommunikationsangebote zunächst als gesellschaftlich akzeptierte Möglichkeit unverbindlicher Kommunikatbildung und insofern als Entlastung von der individuellen Verantwortung für die eigene Wirklichkeitskonstruktion aufgefaßt werden. Andererseits trägt gerade massenmediale Kommunikation zu einer Zunahme von Kontingenzerfahrungen bei, die ihrerseits wiederum auf die individuelle Verantwortung verweisen. Durch die gattungsspezifi-

sche Organisation der Wirklichkeitsbezüge massenmedialer Kommunikationsangebote - inklusive deren Verbindlichkeit - steht den Rezipienten jedoch eine Orientie-
rungshilfe hinsichtlich der sozialen Konsequenzen ihrer Wirklichkeitskonstruktionen
zur Verfügung. Je geringer die soziale Verbindlichkeit hinsichtlich der Bezüge zu gesellschaftlich akzeptierten Wirklichkeitsmodellen ist, desto größer ist demnach die
Entlastung von der Verantwortung hinsichtlich individueller Wirklichkeitskonstruktionen. Massenmediale Kommunikation (bestimmter Gattungen) kann somit als gesellschaftlich akzeptierte Form der Entlastung von der individuellen Verantwortung
für die eigenen Wirklichkeitskonstruktionen verstanden werden, die vor allem durch
massenmediale Kommunikation (anderer Gattungen) in den Vordergrund rückt.
Auch an dieser Stelle zeigt sich somit die strukturelle Kopplung von Kognition, Kommunikation und Kultur, wobei insbesondere die vielfältige Vernetzung von Massenmediensystem und Gesellschaft im Rahmen von Medienkulturen evident wird.

Als gemeinsames Merkmal der verschiedenen Facetten der alternativen konstruktivistischen Konzeption kristallisiert sich somit die kulturelle Prägung des Umgangs
mit bzw. der individuellen Rezeption von massenmedialen Kommunikationsangeboten heraus: Der Umgang mit massenmedialen Kommunikationsangeboten einschließlich der Prozesse der individuellen Rezeption kann als an Gattungen orientierte Anwendung von Kultur konzipiert werden, die durch die Anwendung zur Wieiter-
entwicklung von Kultur beiträgt. Die alternative konstruktivistische Konzeption trägt
somit den Konsequenzen der konstruktivistischen Grundannahmen und -konzepte
Rechnung, da sie eine Möglichkeit der Spezifizierung der strukturellen Kopplung
von Kognition, Kommunikation und Kultur für die Prozesse der individuellen Rezeption massenmedialer Kommunikationsangebote darstellt.

Aufgrund der theoretischen Fundierung und der Einbettung der entwickelten Alternative in den kommunikationswissenschaftlichen Diskurs um die individuelle Rezeption massenmedialer Kommunikationsangebote genügt diese Konzeption somit den
geforderten Ansprüchen. Inwieweit dieses Diskussionsangebot jedoch aufgenommen
und in der wissenschaftlichen Auseinandersetzung weiterentwickelt wird, ist an dieser
Stelle nicht zu entscheiden. Im abschließenden Ausblick sollen deshalb einige Anregungen zusammengestellt werden, die einer Fortsetzung der kommunikationswissenschaftlichen Diskussion um die individuelle Rezeption massenmedialer Kommunikationsangebote zuträglich erscheinen.

5   Ausblick

Da in Zusammenhang mit den Ausführungen zu den Anschlußmöglichkeiten der konstruktivistischen Grundannahmen und -konzepte an bestehende Theorien, Ansätze und Forschungsarbeiten bereits auf eine Reihe von Verknüpfungsmöglichkeiten hingewiesen wurde, stehen im Rahmen dieses Ausblicks eher allgemeine Überlegungen hinsichtlich zukünftiger kommunikationswissenschaftlicher Forschung zur individuellen Rezeption massenmedialer Kommunikationsangebote im Vordergrund.

Angesichts der Komplexität von Prozessen der Rezeption von bzw. des Umgangs mit massenmedialen Kommunikationsangeboten, die nicht zuletzt auf die Vernetzung der Prozesse mit individuellen Biographien verweist, erscheint die Forderung nach Zusammenarbeit innerhalb der Kommunikationswissenschaft sowie über ihre Grenzen hinweg immer dringlicher zu werden. Das Spektrum möglicher Kooperationen reicht dabei von gemeinsamen empirischen Arbeiten über theoretische Diskussionsforen bis hin zur Elaboration einzelner Ansätze, die an gemeinsame theoretische Grundlagen oder empirische Erkenntnisse anschließen. Der Reflektion über die eigenen oftmals impliziten theoretischen Annahmen kommt dabei besondere Relevanz zu, da sie sowohl die Verortung des eigenen Standpunktes im wissenschaftlichen Diskurs verdeutlicht als auch mögliche Kooperationen aufgrund gemeinsamer Annahmen eröffnet. Zugleich darf dieses Plädoyer für eine Auseinandersetzung mit theoretischen Annahmen nicht als Freibrief für eine Mißachtung empirischer Forschungsarbeit verstanden werden. Obgleich der Schwerpunkt der vorliegenden Arbeit bei der Betrachtung theoretischer Konzepte zur individuellen Rezeption massenmedialer Kommunikationsangebote liegt, wird damit in keinster Weise die notwendige Ergänzung theoretischer Überlegungen durch empirische Arbeiten als zweitrangig oder gar irrelevant betrachtet. Rückt jedoch ein Bereich in den Hintergrund - diese Vermutung wird durch den ersten Teil dieser Arbeit bestätigt - so beraubt sich die kommunikationswissenschaftliche Rezeptionsforschung selbst einer Möglichkeit der Differenzierung, Konkretisierung und Konnektion ihrer Erkenntnisse, die wiederum neue Horizonte eröffnen kann.

Dabei zeigen die Ausführungen in Zusammenhang mit den Anschlußmöglichkeiten an andere Forschungsarbeiten, daß eine neu etwickelte Konzeption durchaus mit bestehenden empirischen Erkenntnissen in Einklang gebracht werden kann. Die Entwicklung eines eigenen, theoretisch fundierten Standpunktes läßt somit vorhandene Erkenntnisse nicht zu Makulatur werden, sondern erlaubt eine neue Betrachtung dieser Erkenntnisse, die einerseits den entwickelten Standpunkt in kommunikationswissenschaftliche Diskussionen einbettet und andererseits diese Diskussionen um neue Perspektiven erweitert.

Der kooperationswillige Forscher sieht sich allerdings angesichts der unüberschaubaren Fülle (kommunikations-) wissenschaftlicher Arbeiten einer schier unüber-
windbaren Hürde gegenüber. Insofern erscheint es angebracht, zunächst die Möglichkeiten für wissenschaftliche Kooperationen zu verbessern. So könnte beispielsweise eine zentrale Datenbank kommunikationswissenschaftlicher Forschungsarbeiten und Literatur, die bibliometrische Analysen der Datenbestände zuläßt, entscheidend zur Orientierung beitragen resp. die Suche nach Kooperationspartnern erleichtern. Bei der Organisation und Gestaltung der Kooperation können zudem die bestehenden Möglichkeiten der Förderung wissenschaftlicher Zusammenarbeit durch wissenschaftliche Institutionen um nicht-wissenschaftliche Möglichkeiten der Förderung, etwa durch Sponsoring seitens wirtschaftlicher Organisationen, ergänzt werden. Derartige Einrichtungen und Zuwendungen können sich jedoch nur dann als
sinnvoll und fruchtbar erweisen, wenn bei den Beteiligten auch tatsächlich die Bereitschaft vorhanden ist, aufeinander zuzugehen und auf die Beiträge anderer Bezug zu
nehmen und einzugehen. Gerade Kommunikationswissenschaftler sollten nicht nur
Kommunikation erforschen, sondern auch durch Kommunikation Forschung weiter-
entwickeln.

6 Literatur

Die Literatur, die der Auswahl der bestehenden Ansätze zur individuellen Rezeption massenmedialer Kommunikationsangebote zugrunde liegt, ist mit einem (*) gekennzeichnet.

ADONI, Hanna/MANE, Sherrill (1984): Media and the Social Construction of Reality. in: Communication Research, Jg. 11, Heft 3, S. 323-340.

ALFES, Henrike F. (1986): Explorative Studie zur theoretischen Konzeptionalisierung emotiver, imaginativer und assoziativer Konstituenten im literarischen Verstehensprozeß am Beispiel der Mayröckerrezeption. Siegen: Magisterarbeit.

ALFES, Henrike F. (1992): Literatur und Gefühl. Emotionale Aspekte literarischen Schreibens und Lesens. Essen: Universität-GH, Phil. Diss.

ALTMEPPEN, Klaus Dieter (Hg.) (1996): Ökonomie der Medien und des Mediensystems. Opladen: Westdeutscher.

ANDERSON, Daniel R./COLLINS, Patricia A./SCHMITT, Kelly L./SMITH JACOBVITZ, Robin (1996): Stressfull Life Events and Television Viewing. in: Communication Research, Jg. 23, Heft 3, S. 243-260. (*)

ANDERSON, Daniel R./LORCH, Elizabeth P. (1983): Looking at Television: Action or Reaction? in: Jennings Bryant/Daniel R. Anderson (Hg.): Childrens Understanding of Television: Research on Attention. New York: Academic Press, S. 1-33.

ANDERSON, James A./MEYER, Timothy P. (1988): Mediated Communication: A Social Action Perspective. Newbury Park/Beverly Hills/London/New Delhi: Sage.

ANG, Ien (1985): Watching Dallas. London: Methuen.

ANG, Ien (1986): Das Gefühl Dallas: Zur Produktion des Trivialen. Bielefeld: Daedalus.

ANG, Ien (1990): Culture and Communication: Towards an Ethnographic Critique of Media Consumption in the Transnational Media System. in: European Journal of Communication, Jg. 5, Heft 2-3, S. 239-260.

ANGERER, Marie-Louise (1994): „Was, wenn nur der Hund fernsieht?" Anmerkungen zu aktuellen Tendenzen in der TV-Forschung im Rahmen der Cultural Studies. in: Medien Journal, Jg. 18, Heft 1, S. 3-9.

ATTALLAH, Paul (1984): The Unworthy Discourse. Situation Comedy in Television. in: Willard D. Rowland jr./Bruce Watkins (Hg.): Interpreting Television: Current Research Perspectives. London/Beverly Hills: Sage, S. 222-249.

BAACKE, Dieter/SANDER, Uwe/VOLLBRECHT, Ralf (1988): Sozialökologische Jugendforschung und Medien. in: Publizistik, Jg. 33, Heft 2-3, S. 223-242.

BAACKE, Dieter/SANDER, Uwe/VOLLBRECHT, Ralf (1990): Lebenswelten sind Medienwelten. Opladen: Leske & Budrich.

BACHMAIR, Ben (1990): Alltag als Gegenstand von Fernsehforschung. in: Michael Charlton/Ben Bachmair (Hg.): Medienkommunikation im Alltag. Interpretative Studien zum Medienhandeln von Kindern und Jugendlichen. München/New York/London/Paris: Saur, S. 57-75.

BACHMAIR, Ben (1990a): Interpretations- und Ausdrucksfunktion von Fernseherlebnissen und Fernsehsymbolik. in: Michael Charlton/Ben Bachmair (Hg.): Medienkommunikation im Alltag. Interpretative Studien zum Medienhandeln von Kindern und Jugendlichen. München/New York/London/Paris: Saur, S. 103-145.

BAERNS, Barbara (1985): Öffentlichkeitsarbeit oder Journalismus? Zum Einfluß im Mediensystem. Köln: Verlag Wissenschaft und Politik.

BALL-ROKEACH, Sandra J. (1985): The Origings of the Individual Media-System Dependency. A Sociological Framework. in: Communication Research, Jg. 12, Heft 4, S. 485-510.

BALL-ROKEACH, Sandra/DEFLEUR, Melvin L. (1976): A dependency model of mass media effects. in: Communication Research, Jg. 3, Heft 1, S. 3-21.

BANDURA, Albert (1978): Social Learning Theory of Aggression. in: Journal of Communication, Jg. 28, Heft 3, S. 12-29.

BANDURA, Albert (1994): Social Cognitive Theory of Mass Communication. in: Jennings Bryant/Dolf Zillmann (Hg.): Media Effects. Advances in Theory and Research. Hillsdale/Hove: Erlbaum, S. 61-90.

BARAN, Stanley J./DAVIS, Dennis K. (1995): Mass Communication Theory. Foundations Ferment and Future. Belmont: Wadsworth. (*)

BARNETT, George A./CHANG, Hsiu-Jung/FINK, Edward/RICHARDS, William D. jr. (1991): Seasonality in Television Viewing. A Mathematical Model of Cultural Processes. in: Communication Research, Jg. 18, Heft 6, S. 755-772.

BARSCH, Achim (1996): Angst vor einem neuen Paradigma? Replik auf Ralph Gehrkes „Was leistet der Radikale Konstruktivismus für die Literaturwissenschaft?". in: Deutsche Vierteljahres Schrift für Literaturwissenschaft und Geistesgeschichte, Jg. 70, Heft 2, S. 313-321.

BARTH, Michael/GÄRTNER, Christel/NEUMANN-BRAUN, Klaus (1997): Spielräume der Faszination oder die Zuschauerirritation als dramaturgisches Prinzip in modernen Filmen. Betrachtungen zur Funktion von binären Oppositionen, narrativen Lücken und intertextuellen Referenzen am Beispiel des Kinofilms „Angel Heart". in: Michael Charlton/Silvia Schneider (Hg.): Rezeptionsforschung: Theorien und Untersuchungen zum Umgang mit Massenmedien. Opladen: Westdeutscher, S. 170-194.

BARTHES, Roland (1983): Mythen des Alltags. Frankfurt a.M.: Suhrkamp.

BARTLETT, Frederic C. (1967): Remembering. A Study in Experimental and Social Psychology. Cambridge: Cambridge University Press.

BARWISE, Patrick/EHRENBERG, Andrew (1988): Television and its Audience. London/Beverly Hills/New Delhi: Sage.

BASIL, Michael D. (1994): Multiple Resource Theory I: Application to Television Viewing. in: Communication Research, Jg. 21, Heft 2, S. 177-207. (*)

BASIL, Michael D. (1994a): Multiple Resource Theory II: Empirical Examination of Modality-Specific Attention to Television Scenes. in: Communication Research, Jg. 21, Heft 2, S. 208-231.

BATESON, Gregory (1981): Ökologie des Geistes. Anthropologische, psychologische, biologische und epistemologische Perspektiven. Frankfurt a.M.: Suhrkamp.

BAUER, Raymond A. (1963): The Initiative of the Audience. in: Journal of Advertising Research, Jg. 3, S. 2-7.

BAUER, Raymond A. (1964): The Obstinate Audience: The Influence Process from the Point of View of Social Communication. in: American Psychologist, Jg. 19, Heft 5, S. 319-328.

BAUER, Raymond A. (1976): Das widerspenstige Publikum: Der Einflußprozeß aus der Sicht sozialer Kommunikation. in: Dieter Prokop (Hg.): Massenkommunikationsforschung 2: Konsumtion. Frankfurt a.M.: Fischer, S. 152-166.

BEAUGRANDE, Alain de/DRESSLER, Wolfgang Ulrich (1981): Einführung in die Textlinguistik. Tübingen: Niemeyer.

BECK, Klaus (1994): Medien und die soziale Konstruktion von Zeit. Über die Vermittlung von gesellschaftlicher Zeitordnung und sozialem Zeitbewußtsein. Opladen: Westdeutscher.

BENIGER, James R. (1986): The control revolution. Technological and economic origins of the information society. Cambridge/London: Harvard University Press

BENIGER, James R. (1988): Information and Communication. The New Convergence. in: Communication Research, Jg. 15, Heft 2, S. 198-218. (*)

BENIGER, James R. (1990): Who Are the Most Important Theorists of Communication? in: Communication Research, Jg. 17, Heft 5, S. 698-715.

BENTE, Gary/FREY, Siegfried (1992): „Visuelle Zitate" als Mittel der Fernsehberichterstattung in der Bundesrepublik, Frankreich und den USA. in: Winfried Schulz (Hg.): Medienwirkungen. Einflüsse von Presse, Radio und Fernsehen auf Individuum und Gesellschaft. DFG Forschungsbericht. Weinheim: VCH Verlagsgesellschaft, S. 191-222.

BENTE, Gary/STEPHAN, Egon/JAIN, Anita/MUTZ, Gerhard (1992): Fernsehen und Emotion. Neue Perspektiven der psychologischen Wirkungsforschung. in: Medienpsychologie, Jg. 4, Heft 3, S. 186-204.

BENTELE, Günter (1993): Wie wirklich ist die Medienwirklichkeit? Einige Anmerkungen zum Konstruktivismus und Realismus in der Kommunikationswissenschaft. in: Günter Bentele/Manfred Rühl (Hg.): Theorien öffentlicher Kommunikation. München: Ölschläger, S. 152-171.

BENTELE, Günter (1996): Public Relations. Ein konstruktives Element demokratischer Kommunikationsgesellschaften. Thesen zur Zukunftsperspektive der Öffentlichkeitsarbeit. Bonn: Zeitungs-Verlag Service.

BENTELE, Günter/BECK, Klaus (1994): Information - Kommunikation - Massenkommunikation: Grundbegriffe und Modelle der Publizistik- und Kommunikationswissenschaft. in: Ottfried Jarren (Hg.): Medien und Journalismus 1, Opladen: Westdeutscher, S. 15-50.

BENTELE, Günter/RÜHL, Manfred (Hg.) (1993): Theorien öffentlicher Kommunikation. München: Ölschläger.

BERG, Henk de/PRANGEL, Matthias (Hg.) (1993): Kommunikation und Differenz. Systemtheoretische Ansätze in der Literatur- und Kunstwissenschaft. Opladen, Westdeutscher.

BERG, Klaus/KIEFER, Marie-Luise (Hg.) (1996): Massenkommunikation V. Eine Langzeitstudie zur Mediennutzung und Medienbewertung 1964-1995. Baden-Baden: Nomos.

BERGER, Arthur Asa (1995): Essentials of mass communication theory. Thousand Oaks/London/New Delhi: Sage. (*)

BERGER, Charles R./CHAFFEE, Steven H. (Hg.) (1987): Handbook of Communication Science. Newbury Park/London/New Delhi: Sage. (*)

BERGER, Peter L./LUCKMANN, Thomas (⁵1989): Die gesellschaftliche Konstruktion von Wirklichkeit. Eine Theorie der Wissenssoziologie. Frankfurt: Fischer.

BERGHAUS, Margot (1988): „Nicht-Kommunikation" durch Fernsehen. in: Alexander Deichsel/Bernd Thuns (Hg.): Formen und Möglichkeiten des Soziales. Gedenkschrift für Janpeter Kob. Hamburg, S. 29-48.

BERGHAUS, Margot (1994): Multimedia-Zukunft. Herausforderung für die Medien- und Kommunikationswissenschaft. in: Rundfunk und Fernsehen, Jg. 42, Heft 3, S. 404-412.

BERGHAUS, Margot (1994a): Wohlgefallen am Fernsehen. Eine Theorie des Gefallens in Anlehnung an Immanuel Kant. in: Publizistik, Jg. 39, Heft 2, S. 141-160.

BERGHAUS, Margot/HOCKER, Ursula/STAAB, Joachim Friedrich (1994): Fernseh-Shows im Blick der Zuschauer. Ergebnisse einer qualitativen Befragung zum Verhalten des Fernseh-Publikums. in: Rundfunk und Fernsehen, Jg. 42, Heft 1, S. 24-36.

BERKOWITZ, Leonard/HEIMER ROGERS, Karen (1986): A Priming Effect Analysis of Media Influences. in: Jennings Bryant/Dolf Zillmann (Hg.): Perspectives on Media Effects. Hillsdale/London: Erlbaum, S. 57-81.

BILTEREYST, Daniël (1995): Qualitive Audience Research and Transnational Media Effects. in: European Journal of Communication, Jg. 10, Heft 2, S. 245-270.

BIOCCA, Frank A. (1988): The Breakdown of the „Canonical Audience". in: Communication Yearbook, Jg. 11, S. 127-132.

BLEICHER, Joan Kristin (1993): Ereignisfernsehen ohne Ereignisse. Oder: Vom Scheitern eines Werbeslogans. in: Medien und Erziehung, Jg. 38, Heft 3, S. 156-159.

BLEICHER, Joan Kristin (1994): Anmerkungen zur Rolle der Autoren in der historischen Entwicklung des deutschen Fernsehens. in: Werner Faulstich (Hg.): Vom >Autor< zum Nutzer: Handlungsrollen im Fernsehen. München: Wilhelm Fink. (Geschichte des Fernsehens in der Bundesrepublik Deutschland, Bd. 5), S. 27-62.

BLEICHER, Joan Kristin (1994a): Fernsehen über Fernsehen. Formen und Funktionen selbstreferentieller Sendungen im Unterhaltungsprogramm der öffentlich-rechtlichen Sendeanstalten in den achtziger Jahren. in: Louis Bosshart/Wolfgang Hoffmann-Riem (Hg.): Medienlust und Mediennutz. Unterhaltung als öffentliche Kommunikation. München: Ölschläger, S. 147-161.

BLEICHER, Joan Kristin (Hg.) (1996): Fernseh-Programme in Deutschland. Konzeptionen, Diskussionen, Kritik (1935 - 1993). Opladen: Westdeutscher.

BLEICHER, Joan Kristin (Hg.) (1997): Programmprofile kommerzieller Anbieter. Analysen zur Entwicklung von Fernsehsendern seit 1984. Opladen: Westdeutscher.

BLEICHER, Joan Kristin (1997a): Programmprofile kommerzieller Anbieter seit 1984. in: Joan Kristin Bleicher (Hg.): Programmprofile kommerzieller Anbieter. Analysen zur Entwicklung on Fernsehsendern seit 1984. Opladen: Westdeutscher, S. 9-40.

BLÖBAUM, Bernd (1994): Journalismus als soziales System. Opladen: Westdeutscher.

BLUMER, Herbert (1973): Der methodologische Standort des Symbolischen Interaktionismus. in: Alltagswissen, Interaktion und gesellschaftliche Wirklichkeit. Bd. 1: Symbolischer Interaktionismus und Ethnomethodologie. hg. verf. und übers. von einer Arbeitsgruppe Bielefelder Soziologen. Reinbek: Rowohlt, S. 80-100; 144-146. wieder abgedruckt in: Roland Burkart/Walter Hömberg (Hg.) (1992): Kommunikationstheorien. Ein Textbuch zur Einführung. Wien: Braumüller, S. 23-89.

BLUMER, Herbert ([3]1974): Society as Symbolic Interaction. in: Jerome G. Manis/Bernard N. Meltzer (Hg.): Symbolic Interaction. A Reader in Social Psychology. Boston: Allyn and Bacon, S. 145-153.

BOCK, Michael (1990): Medienwirkungen aus psychologischer Sicht: Aufmerksamkeit und Interesse, Verstehen und Behalten, Emotionen und Einstellungen. in: Dietrich Meutsch/Bärbel Freund (Hg.): Fernsehjournalismus und die Wissenschaften. Opladen: Westdeutscher, S. 58-88.

BOCK, Michael (1990a): Wirkungen von Werbung und Nachrichten im Druckmedium und Fernsehen. Bericht über eine experimentelle Untersuchungsreihe. in: Medienpsychologie, Jg. 2, Heft 2, S. 132-147. (*)

BÖHME-DÜRR, Karin (1997): Technische Medien der Semiose. in: Roland Posner/Klaus Robering/Thomas A. Sebeok (Hg.): Semiotik. Ein Handbuch zu den zeichentheoretischen Grundlagen von Natur und Kultur. Teilband 1. Berlin/New York: de Gruyter, S. 357-384.

BÖHME-DÜRR, Karin/EMIG, Jürgen/SEEL, Norbert M. (Hg.) (1990): Wissensveränderung durch Medien. München/London/New York/Paris: Sauer.

BÖHME-DÜRR, Karin/GRAF, Gerhard (Hg.) (1995): Auf der Suche nach dem Publikum. Medienforschung für die Praxis. Konstanz: Universitätsverlag. (*)

BOHN, Rainer/MÜLLER, Eggo/RUPPERT, Rainer (Hg.) (1988): Ansichten einer zukünftigen Medienwissenschaft. Berlin: Ed. Sigma.

BONFADELLI, Heinz (1994): Die Wissenskluft-Perspektive. Massenmedien und gesellschaftliche Information. Konstanz: UVK-Medien/Ölschläger.

BOSCH, Eva-Maria (1986): Ältere Menschen und Fernsehen. Eine Analyse der Konstruktion von Altersdarstellungen in unterhaltenden Programmen und ihrer Rezeption durch ältere Menschen. Frankfurt a.M.: Lang.

BOSSHART, Louis/HOFFMANN-RIEM, Wolfgang (Hg.) (1994): Medienlust und Mediennutz. Unterhaltung als öffentliche Kommunikation. München: Ölschläger.

BOVENTER, Herrmann (1992): Der Journalist in Platons Höhle. Zur Kritik des Konstruktivismus. in: Communicatio Socialis, Jg. 25, Heft 2, S. 157-167.

BOWER, G.H. (1976): Experiments on Story Understanding and Recall. in: Quaterly Journal of Experimental Physiology, Jg. 61, S. 511-534.

BREEN, Myles/CORCORAN, Farrel (1986): Myth, Drama, Fantasy Theme, and Ideology in Mass Media Studies. in: Brenda Dervin/Melvin J. Voigt (Hg.): Progress in Communication Sciences. Volume III. Norwood: Ablex, S. 196-223.

BROSIUS, Hans-Bernd (1991): Schema-Theorie - ein brauchbarer Ansatz in der Wirkungsforschung. in: Publizistik, Jg. 36, Heft 3, S. 285-297.

BROSIUS, Hans-Bernd (1994): Agenda-Setting nach einem Vierteljahrhundert Forschung: Methodischer und theoretischer Stillstand? in: Publizistik, Jg. 39, Heft 3, S. 269-288. (*)

BROSIUS, Hans-Bernd (1995): Alltagsrationalität in der Nachrichtenrezeption. Ein Modell zur Wahrnehmung und Verarbeitung von Nachrichteninhalten. Opladen: Westdeutscher.

BROSIUS, Hans-Bernd (1997): Der gut informierte Bürger? Rezeption von Rundfunknachrichten in der Informationsgesellschaft. in: Michael Charlton/Silvia Schneider (Hg.): Rezeptionsforschung: Theorien und Untersuchungen zum Umgang mit Massenmedien. Opladen: Westdeutscher, S. 92-104.

BROSIUS, Hans-Bernd/KAYSER, Susanne (1991): Der Einfluß von emotionalen Darstellungen im Fernsehen auf Informationsaufnahme und Urteilsbildung. in: Medienpsychologie, Jg. 3, Heft 3, S. 236-253. (*)

BROSIUS, Hans-Bernd/MUNDORF, Norbert (1990): Ein und eins ist ungleich zwei: Differentielle Aufmerksamkeit, Lebhaftigkeit von Informationen und Medienwirkungen. in: Publizistik, Jg. 35, Heft 4, S. 398-407.

BROSIUS, Hans-Bernd/WEIMANN, Gabriel (1995): Medien oder Bevölkerung: Wer bestimmt die Agenda? Ein Beitrag zum Zwei-Stufen-Fluß von Agenda-Setting. in: Rundfunk und Fernsehen, Jg. 43, Heft 3, S. 312-329.

BROSIUS, Hans-Bernd/WOBER, Mallory/WEIMANN, Gabriel (1992): The Loyalty of Television Viewing: How Consistent ist TV-Viewing Behavior. in: Journal of Broadcasting and Electronic Media, Jg. 36, Heft 3, S. 321-336.

BROWN, Jane D./WALSH-CHILDERS, Kim (1994): Effects of Media on Personal and Public Health. in: Jennings Bryant/Dolf Zillmann (Hg.): Media Effects. Advances in Theory and Research. Hillsdale/Hove: Erlbaum, S. 389-415. (*)

BRUNER, Jerome S. (1990): Acts of meaning. Cambridge: Harvard University Press.

BRUNSDON, Charlotte (1987): Men's Genres for Women. in: Helen Baehr/Gillian Dyer (Hg.): Boxed in: Women and Television. New York/London: Pandora Press, S. 184-202.

BRUNSDON, Charlotte/MORLEY, David (1978): Everyday Television: Nationwide. London: British Film Institute.

BRYANT, Jennings/ANDERSON, Daniel R. (Hg.) (1983): Childrens Understanding of Television: Research on attention. New York: Academic Press.

BRYANT, Jennings/ZILLMANN, Dolf (Hg.) (1986): Perspectives on Media Effects. Hillsdale/Hove/London: Erlbaum. (*)

BRYANT, Jennings/ZILLMANN, Dolf (Hg.) (1994): Media Effects. Advances in Theory and Research. Hillsdale/Hove: Erlbaum. (*)

BURKART, Roland (Hg.) (1987): Wirkungen der Massenkommunikation. Theoretische Ansätze und empirische Ergebnisse. Wien: Braumüller. (*)

BURKART, Roland (1996): Verständigungsorientierte Öffentlichkeitsarbeit. Der Dialog als PR-Konzeption. in: Günter Bentele/Horst Steinmann/Ansgar Zerfaß (Hg.): Dialogorientierte Unternehmenskommunikation. Grundlagen - Praxiserfahrungen - Perspektiven. Berlin: Vistas, S. 245-270.

BURKART, Roland (^{2}1995): Kommunikationswissenschaft. Grundlagen und Problemfelder. Wien/Köln/Wieimar: Böhlau. (*)

BURKART, Roland/HÖMBERG, Walter (Hg.) (1992): Kommunikationstheorien: Ein Textbuch zur Einführung. Wien: Braumüller. (*)

BURKART, Roland/HÖMBERG, Walter (1997): Massenkommunikation und Publizistik. Eine Herausforderung für die kommunikationswissenschaftliche Modellbildung. in: Hermann Fünfgeld/Claudia Mast (Hg.): Massenkommunikation. Ergebnisse und Perspektiven. Opladen: Westdeutscher, S. 71-88. (*)

BURNS, John J./ANDERSON, Daniel R. (1993): Attentional Inertia and Recognition Memory in Adult Television Viewing. in: Communication Research, Jg. 20, Heft 6, S. 777-799.

BUß, Michael (1985): Die Vielseher. Fernseh-Zuschauerforschung in Deutschland. Theorie, Praxis, Ergebnisse. Frankfurt a.M.: Metzner.

BUß, Michael (1994): Die AGF/GfK-Fernsehforschung 1995 bis 1999. Methodische Vorbereitungen für eine neue Phase. in: Mediaperspektiven, Heft 12, S. 614-619.

CACIOPPO, John T./PETTY, Richard E. (1989): The Elaboration Likelihood Model: The Role of Affect and Affect-Laden Information Processing in Persuasion. in: Particia Cafferata/Alice M. Tybout (Hg.): Cognitive and Affective Responses to Advertising. Lexington: Lexington Books, S. 69-89

CANTOR, Joanne (1994): Fright Reactions to Mass Media. in: Jennings Bryant/Dolf Zillmann (Hg.): Media Effects. Advances in Theory and Research. Hillsdale/Hove: Erlbaum, S. 213-245.

CHAFFEE, Steven H./ROSER, Connie (1986): Involvement and the Consistency of Knowledge, Attitudes, and Behaviors. in: Communication Research, Jg. 13, Heft 3, S. 373-399. (*)

CHARLTON, Michael (1995): Media Communications: Research in Psychology, Sociology, and Linguistic Conversation Analysis. in: Peter Winterhoff-Spurk (Hg.): Psychology of Media in Europe. The State of the Art - Perspectives for the Future. Opladen: Westdeutscher, S. 31-41. (*)

CHARLTON, Michael (1997): Rezeptionsforschung als Aufgabe einer interdisziplinären Medienwissenschaft. in: Michael Charlton/Silvia Schneider (Hg.): Rezeptionsforschung: Theorien und Untersuchungen zum Umgang mit Massenmedien. Opladen: Westdeutscher, S. 16-39.

CHARLTON, Michael/BORCSA, Maria (1997): Thematische Voreingenommenheit, Imvolvement und Formen der Identifikation. Diskussion eines Modells für das aktive Zuschauerhandeln anhand eines empirischen Beispiels. in: Michael Charlton/Silvia Schneider (Hg.): Rezeptionsforschung: Theorien und Untersuchungen zum Umgang mit Massenmedien. Opladen: Westdeutscher, S. 254-267.

CHARLTON, Michael/GOETSCH, Paul/HÖMBERG, Walter/HOLLY, Werner/NEUMANN-BRAUN, Klaus/VIEHOFF, Reinhold (1997): A Programmatic Outline of Interdisciplinary Reception Studies. in: Communications, Jg. 22, Heft 2, S. 205-222.

CHARLTON, Michael/NEUMANN, Klaus (1986): Medienkonsum und Lebensbewältigung in der Familie. Methode und Ergebnisse der strukturanalytischen Rezeptionsforschung - mit fünf Falldarstellungen. München/Weinheim: Psychologie Verlags Union.

CHARLTON, Michael/NEUMANN, Klaus (1988): Mediensozialisation im Kontext. der Beitrag des Kontextualismus und der Strukturanalyse für die Medienforschung. in: Publizistik, Jg. 33, Heft 2, S. 297-315.

CHARLTON, Michael/NEUMANN, Klaus (1990): Rezeptionsforschung als Strukturanalyse. Diskussion einer Forschungsmethode am Beispiel der Freiburger Längsschnittuntersuchung zur Medienrezeption von Kindern. in: Michael Charlton/Ben Bachmair (Hg.): Medienkommunikation im Alltag. Interpretative Studien zum Medienhandeln von Kindern und Jugendlichen. München/New York/London/Paris: Saur, S. 25-56.

CHARLTON, Michael/NEUMANN, Klaus (1990a): Medienrezeption und Identitätsbildung. Kulturpsychologische und kultursoziologische Befunde zum Gebrauch von Massenmedien im Vorschulalter. Tübingen: Narr.

CHARLTON, Michael/NEUMANN-BRAUN, Klaus (1992): Medienkindheit - Medienjugend. Eine Einführung in die aktuelle kommunikationswissenschaftliche Forschung. München: Quintessenz.

CHARLTON, Michael/NEUMANN-BRAUN, Klaus (1992a): Medienthemen und Rezipiententhemen. Einige Ergebnisse der Freiburger Längsschnittuntersuchung zur Medienrezeption von Kindern. in: Winfried Schulz (Hg.): Medienwirkungen. Einflüsse von Presse, Radio und Fernsehen auf Individuum und Gesellschaft. DFG Forschungsbericht. Weinheim: VCH Verlagsgesellschaft, S. 9-23.

CHARLTON, Michael/NEUMANN-BRAUN, Klaus/AUFENANGER, Stefan/HOFFMANN-RIEM, Wolfgang (1995): Fernsehwerbung und Kinder. Das Werbeangebot in der Bundesrepublik Deutschland und seine Verarbeitung durch Kinder. Band 1. Opladen: Leske & Budrich.

CHARLTON, Michael/NEUMANN-BRAUN, Klaus/AUFENANGER, Stefan/HOFFMANN-RIEM, Wolfgang (1995a): Fernsehwerbung und Kinder. Das Werbeangebot in der Bundesrepublik Deutschland und seine Verarbeitung durch Kinder. Band 2. Opladen: Leske & Budrich.

CHARLTON, Michael/RAPP, Ruthild/SIEGRIST, Barbara (1986): Vielseher: Wie eine Familie versucht, sich sprachlos nahe zu sein. in: Michael Charlton/Klaus Neumann: Medienkonsum und Lebensbewältigung in der Familie. Methode und Ergebnisse der strukturanalytischen Rezeptionsforschung. München/Weinheim: Psychologie Verlags Union, S. 161-188.

CHARLTON, Michael/SCHNEIDER, Silvia (Hg.) (1997): Rezeptionsforschung: Theorien und Untersuchungen zum Umgang mit Massenmedien. Opladen: Westdeutscher.

CIOMPI, Luc (1986): Zur Integration von Fühlen und Denken im Licht der „Affektlogik". Die Psyche als Teil eines autopoietischen Systems. in: K. P. Kisker/H. Lauter/J.-E. Meyer/C. Müller/E. Stömgren (Hg.): Psychatrie der Gegenwart 1. Neurosen Psychosomatische Erkrankungen Psychotherapie. dritte, völlig neu gestaltete Auflage. Berlin/Heidelberg/New York/Tokyo: Springer, S. 373-410.

COLEMAN, John/TOMKA, Miklós (Hg.) (1993): Mass Media. Concilium, Heft 6. (*)

CONWAY, Joseph, C./RUBIN, Alan M. (1991): Psychological Predictors of Television Viewing Motivation. in: Communication Research, Jg. 18, Heft 4, S. 443-463. (*)

CORCORAN, Farrell (1989): Cultural Studies: From Old World to New World. in: Communication Yearbook, Jg. 12, S. 601-617.

CORNER, John (1991): Meaning, Genre and Context: The Problematics of Public Knowledge in the New Audience Studies. in: James Curran/Michael Gurevitch (Hg.): Mass Media and Society. London/New York/Melbourne/Auckland: Arnold, S. 267-284. (*)

CROWLEY, David/MITCHELL, David (Hg.) (1994): Communication Theory Today. Cambridge: Polity Press. (*)

CULBERTSON, Hugh M./STEMPLE, Guido H. III. (1986): How Media Use and Reliance affect Knowledge Level. in. Communication Research, Jg. 13, Heft 4 S. 579-602. (*)

CURRAN, James (1990): The New Revisionism in Mass Communication Research: A Reappraisal. in: European Journal of Communication, Jg. 5, Heft 2-3, S. 135-164. (*)

CURRAN, James/GUREVITCH, Michael (Hg.) (1991): Mass Media and Society. London/New York/Melbourne/Auckland: Arnold. (*)

DAHLGREN, Peter (1988): What's the Meaning of This? in: Media, Culture & Society, Jg. 10, Heft 3, S. 285-301.

DAVIS, Dennis K./BARAN, Stanley J. (1981): Mass Communication and everyday life. A perspective on theory and effects. Belmont: Wadsworth.

DEFLEUR, Melvin L./BALL-ROKEACH, Sandra J. (^{5}1989): Theories of Mass Communication. New York/London: Longman. (*)

DEHM, Ursula (1984): Fernseh-Unterhaltung. Zeitvertreib, Flucht oder Zwang. Eine sozialpsychologische Studie zum Fernseherleben. Mainz: v. Hase & Koehler.

DEPPERMANN, Arnulf (1997): Verwirrung als Rezeptionsproblem und -attraktion. Der Film „Angel Heart" im Gespräch Jugendlicher. in: Michael Charlton/Silvia Schneider (Hg.): Rezeptionsforschung: Theorien und Untersuchungen zum Umgang mit Massenmedien. Opladen: Westdeutscher, S. 196-218.

DERVIN, Brenda (1980): Communication Gaps and Inequities: Moving Toward a Reconceptualization. in: Brenda Dervin/Melvin J. Voigt (Hg.): Progress in Communication Sciences. Norwood: Ablex, S. 73-112.

DERVIN, Brenda (1981): Mass Communication: Changing Conceptions of the Audience. in: Ronald E. Rice/William J. Paisley (Hg.): Public Communication Campaigns. Newbury Park/Beverly Hills/London/New Delhi: Sage, S. 71-87.

DERVIN, Brenda (^{2}1989): Audiences as Listener and Learner, Teacher and Confidant: The Sense-Making Approach. in: Ronald E. Rice/Charkes K. Atkin (Hg.): Public Communication Campaings. Newbury Park/London/New Delhi: Sage, S. 67-86.

DERVIN, Brenda/GROSSBERG, Lawrence/O'KEEFE, Barbara/WARTELLA, Ellen (Hg.) (1989): Rethinking Communication. Volume I Paradigm Issues. Newbury Park/London/New Delhi: Sage. (*)

DERVIN, Brenda/GROSSBERG, Lawrence/O'KEEFE, Barbara/WARTELLA, Ellen (Hg.) (1989a): Rethinking Communication. Volume II Paradigm Examples. Newbury Park/London/New Delhi: Sage. (*)

Deutsches Institut für Fernstudien der Universität Tübingen (Hg.) (1990/1991): Funkkolleg Medien und Kommunikation. Konstruktionen von Wirklichkeit. Weinheim/Basel: Beltz. 12 Studienbriefe.

DONNERSTAG, Joachim (1996): Der engagierte Mediennutzer. Das Involvement-Konzept in der Massenkommunikationsforschung. München: Fischer.

DONSBACH, Wolfgang (1989): Selektive Zuwendung zu Medieninhalten. Einflußfaktoren auf die Auswahlentscheidungen der Rezipienten. in: Max Kaase/Winfried Schulz (Hg.): Massenkommunikation. Theorie, Methoden, Befunde. Opladen: Westdeutscher, S. 392-405.

DONSBACH, Wolfgang (1992): Die Selektivität der Rezipienten. Faktoren, die die Zuwendung zu Zeitungsinhalten beeinflussen. in: Winfried Schulz (Hg.): Medienwirkungen. Einflüsse von Presse, Radio und Fernsehen auf Individuum und Gesellschaft. DFG Forschungsbericht. Weinheim: VCH Verlagsgesellschaft, S. 25-70.

DRABCYNSKI, Michael (1982): Motivationale Ansätze in der Kommunikationswissenschaft. Berlin: Volker Spiess.

DRESCHER, Karl Heinz. (1997): Erinnern und Verstehen von Massenmedien. Empirische Untersuchungen zur Text-Bild-Schere. Wien: WUV-Universitätsverlag.

DZIEWAS, Ralf (1992): Der Mensch - ein Konglomerat autopoietischer Systeme? in: Werner Krawietz/Michael Welker (Hg.): Kritik der Theorie sozialer Systme. Auseinandersetzungen mit Luhmanns Hauptwerk. Frankfurt a.M.: Suhrkamp, S. 113-132.

ECO, Umberto (1972): Einführung in die Semiotik. München: Fink.

ECO, Umberto (1987): Semiotik: Entwurf einer Theorie der Zeichen. München: Fink.

ECO, Umberto (1990): Lector in fabula. Die Mitarbeit der Interpretation in erzählenden Texten. München: dtv.

ECO, Umberto (1992): Die Grenzen der Interpretation. München: Hanser.

ECO, Umberto (1994): Im Wald der Fiktionen. Sechs Streifzüge durch die Literatur. München: Hanser.

EHLERS, Renate (1983): Themenstrukturierung durch Massenmedien. Zum Stand der empirischen Agendasetting Forschung. in: Publizistik, Jg. 28, Heft 2, S. 167-186.

EISENSTEIN, Cornelia (1994): Meinungsbildung in der Mediengesellschaft. Eine Analyse zum Multi-Step Flow of Communication. Opladen: Westdeutscher.

ELSNER, Monika/GUMBRECHT, Hans Ulrich/MÜLLER, Thomas/SPANGENBERG, Peter M. (1994): Von Revolution zu Revolution. Zur Kulturgeschichte der Medien. in: Klaus Merten/Siegfried J. Schmidt/Siegfried Weischenberg (Hg.): Die Wirklichkeit der Medien. Eine Einführung in die Kommunikationswissenschaft. Opladen: Westdeutscher, S. 163-187.

ELSNER, Monika/MÜLLER, Thomas (1988): Der angewachsene Fernseher. in: Hans-Ulrich Gumbrecht/Ludwig K. Pfeiffer (Hg.): Materialität der Kommunikation. Frankfurt a.M.: Suhrkamp, S. 392-415.

ENGELKAMP, Johannes (1990): Das menschliche Gedächtnis. Göttingen: Hogrefe.

ENGELKAMP, Johannes (1991): Bild und Ton aus Sicht der kognitiven Psychologie. in: Medienpsychologie, Jg. 3, Heft 4, S. 278-299. (*)

ENGELKAMP, Johannes (1991a): Levels of Text Comprehension and Systems of Cognitive Information Processing. in: Dieter Stein (Hg.): Cooperating with written texts: Pragmatics and Comprehension of written Texts. Berlin: Mouton de Gruyter, S. 129-159.

ENGELL, Lorenz (1989): Vom Widerspruch zur Langeweile. Logsche und temporale Begründungen des Fernsehens. Frankfurt a.M./Bern/New York/Paris: Lang.

ENTMAN, Robert M. (1993): Framing: Toward Clarification of a Fractured Paradigm. in: Journal of Communication, Jg. 43, Heft 4, S. 51-58.

ERBRING, Lutz (1993): Kommentar zu Klaus Krippendorff. in: Günter Bentele/Manfred Rühl (Hg.): Theorien öffentlicher Kommunikation. München: Ölschläger, S. 59-64.

ERBRING, Lutz/GOLDENBERG, Edie N./MILLER, Arthur H. (1980): Front-Page News and the Real-World Cues: A New Look at Agenda-Setting by the Media. in: American Journal of Political Science, Jg. 24, Heft 1, S. 16-49.

FAERBER, Tina (1996): Werbewirtschaftliche Praxis. Eine Analyse unter besonderer Berücksichtigung kommunikationstheoretischer und werbepsychologischer Aspekte. Siegen: Diplomarbeit im Diplomstudiengang Medien-Planung, -Entwicklung und -Beratung an der Universität-Gesamthochschule Siegen.

FAßLER, Manfred (1997): Was ist Kommunikation? München: Fink.

FAULSTICH, Werner (1991): Medientheorien. Einführung und Überblick. Göttingen: Vandenhoeck & Ruprecht. (*)

FAULSTICH, Werner (1992): Grundwissen Öffentlichkeitsarbeit. Kritische Einführung in Problemfelder der Public Relations. Bardowick: Wissenschaftler-Verlag.

FAULSTICH, Werner (1993): Konzepte von Öffentlichkeit. 3. Lüneburger Kolloquium zur Medienwissenschaft. Bardowick: Wissenschaftler-Verlag.

FAULSTICH, Werner (1994): Fernsehgeschichte als Erfolgsgeschichte: Die Sendungen mit den höchsten Einschaltquoten. in: Werner Faulstich (Hg.): Vom >Autor< zum Nutzer: Handlungsrollen im Fernsehen. München: Wilhelm Fink. (Geschichte des Fernsehens in der Bundesrepublik Deutschland, Bd. 5), S. 217-236.

FAULSTICH, Werner (Hg.) (1994a): Grundwissen Medien. München: Fink. (*)

FAULSTICH, Werner (Hg.) (1994b): Vom >Autor< zum Nutzer: Handlungsrollen im Fernsehen. München: Wilhelm Fink. (Geschichte des Fernsehens in der Bundesrepublik Deutschland, Bd. 5).

FAULSTICH, Werner (1997): Das Medium als Kult. Göttingen: Vandenhoeck & Ruprecht.

FEILKE, Helmuth (1994): Common Sense-Kompetenz. Überlegungen zu einer Theorie des >sympathischen< und >natürlichen< Meinens und Verstehens. Frankfurt a.M.: Suhrkamp.

FINDAHL, Olle (1992): Audience and Programme Research in Sweden. in: Medienpsychologie, Jg. 4, Heft 2, S. 137-155. (*)

FINDAHL, Olle (1995): Media Psychology in Sweden and the Nordic Countries. in: Peter Winterhoff-Spurk (Hg.): Psychology of Media in Europe. The State of the Art - Perspectives for the Future. Opladen: Westdeutscher, S. 139-150. (*)

FINDAHL, Olle/HÖIJER, Birgitta (1985): Some Characteristics of News Memory and Comprehension. in: Journal of Broadcasting and Electronic Media, Jg. 29, Heft 4, S. 379-396.

FINK, Edward L. (1993): Mathematical Models for Communication: An Introduction. in: Journal of Communication, Jg. 43, Heft 1, S. 4-7. (*)

FISCHER, Hans Rudi (Hg.) (^{2}1993): Autopoiesis. Eine Theorie im Brennpunkt. Heidelberg: Carl Auer.

FISCHER, Hans Rudi (^{2}1993a): Information, Kommunikation und Sprache. Fragen eines Beobachters. in: Hans Rudi Fischer (Hg.): Autopoiesis. Eine Theorie im Brennpunkt. zweite korrigierte Auflage, Heidelberg: Carl Auer, S. 67-119.

FISCHER, Hans Rudi (^{2}1993b): Murphys Geist oder die glücklich abhanden gekommene Welt. Zur Einführung in die Theorie autopoietischer Systeme. in: Hans Rudi Fischer (Hg.): Autopoiesis. Eine Theorie im Brennpunkt. zweite korrigierte Auflage, Heidelberg: Carl Auer, S. 9-37.

FISH, Stanley (1980): Is There a Text in This Class? The Authority of Interpretive Communities. Cambridge: Harvard University Press.

FISKE, John (1985): The Semiotics of Television. in: Critical Studies in Mass Communication, Jg. 2; S. 176-183.

FISKE, John (1987): Television Culture. London/New York: Routledge.

FISKE, John (1991): Semiological Struggles. in: Communication Yearbook, Jg. 14, S. 33-39.

FISKE, John (1992): Audiencing: A cultural studies approach to watching television. in: Poetics, Jg. 21, S. 345-359.

FISKE, Susan T./TAYLOR, Shelley E. (^{2}1991): Social cognition. New York: McGraw-Hill.

FOERSTER, Heinz von (1973): Das Konstruieren einer Wirklichkeit. Orginal in: Envrionmental Design Research, Bd. 2. S. 35-46, übersetzt in: Heinz von Foerster (1985). Sicht und Einsicht. Braunschweig: Vieweg, S. 25-41.

FOERSTER, Heinz von (1974): Kybernetik einer Erkenntnistheorie. Original in: Wolf D. Keidel et. al. (Hrsg): Kybernetik und Bionik. München: Oldenborug, S. 24-46, wieder abgedruckt in: Heinz von Foerster (1985): Sicht und Einsicht. Braunschweig: Vieweg, S. 65-79.

FOERSTER, Heinz von (1979): Cybernetics of Cybernetics. in: Klaus Krippendorff (Hg.): Communication and Control in Society. New York: Gordon & Breach, S. 5-8.

FOERSTER, Heinz von (1981): On Cybernetics of Cybernetics and Social Theory. in: Gerhard Roth/Helmut Schwegler (Hg.): Self-Organizig Systems. An Interdisciplinary Approach. Frankfurt/New York: Campus, S. 102-105.

FOERSTER, Heinz von (1984): Erkenntnistheorien und Selbstorganisation. in: DELFIN, Heft IV, S. 6-19, wieder abgedruckt in: Siegfried J. Schmidt (Hg.) (1987): Der Diskurs des Radikalen Konstruktivismus. Frankfurt a.M.: Suhrkamp, S. 133-158.

FOERSTER, Heinz von (1985): Sicht und Einsicht. Versuche zu einer operativen Erkenntnistheorie. Braunschweig/Wiesbaden: Vieweg.

FOERSTER, Heinz von (1992): Entdecken oder Erfinden - Wie läßt sich Verstehen verstehen? in: Heinz Gumin/Heinrich Meier (Hg.): Einführung in den Konstruktivismus. München: Piper, S. 41-88.

FOERSTER, Heinz von (1993): Das Gleichnis vom Blinden Fleck. Über das Sehen im allgemeinen. in: Gerhard Johann Lischka (Hg.): Der entfesselte Blick. Symposion Workshops Ausstellung. Bern: Benteli Verlag, S. 15-47.

FOERSTER, Heinz von (1993a): Wissen und Gewissen. Versuch einer Brücke. Frankfurt a.M.: Suhrkamp.

FOERSTER, Heinz von (^{2}1984): On Self-Organizing Systems and Their Environments. in: Heinz von Foerster: Observing Systems. Seaside: Intersystems Publications, S. 2-22.

FRANZMANN, Bodo/FRÖHLICH, Werner D./HOFFMANN, Hilmar/SPÖRRI, Balz/ZITZLSPERGER, Rolf (Hg.) (1995): Auf den Schultern von Gutenberg. Medienökologische Perspektiven der Fernsehgesellschaft. Berlin/München: Quintessenz.

FRITZ, Angela (1987): Vier Wochen mit Fernsehen. in: Publizistik, Jg. 32, Heft 2, S. 159-165.

FRÜH, Werner (1980): Lesen, Verstehen, Urteilen. Untersuchungen über Zusammenhang von Textgestaltung und Textwirkung. Freiburg/München: Alber.

FRÜH, Werner (1991): Medienwirkungen: Das Dynamisch-Transaktionale Modell. Opladen: Westdeutscher.

FRÜH, Werner (1992): Realitätsvermittlung durch Massenmedien. Abbild oder Konstruktion? in: Winfried Schulz (Hg.): Medienwirkungen. Einflüsse von Presse, Radio und Fernsehen auf Individuum und Gesellschaft. DFG Forschungsbericht. Weinheim: VCH Verlagsgesellschaft, S. 71-90. (*)

FRÜH, Werner/SCHÖNBACH, Klaus (1982): Der dynamisch-transaktionale Ansatz. Ein neues Paradigma der Medienwirkungen. in: Publizistik, Jg. 27, Heft 1-2, S. 74-88.

FRÜH, Werner/WIRTH, Werner (1990): Looking into the Black Box: Intolerance of Ambiguity and Dynamic-transactional Processes in the Development of Issue-related Images. in: European Journal of Communication, Jg. 7, Heft 4, S. 541-569.

FRY, Donald L./FRY, Virginia H. (1986): A Semiotic Model for the Study of Mass Communication. in: Communication Yearbook, Jg. 9, S. 443-462.

FÜNFGELD, Hermann/MAST, Claudia (Hg.) (1997): Massenkommunikation. Ergebnisse und Perspektiven. Opladen: Westdeutscher. (*)

GALTUNG, Johan/RUGE, Mari Holmboe (1965): The Structure of Foreign News. The Presentation of the Congo, Cuba and the Cyprus Crisis in Four Norwegian Newspapers. in: Journal of Peace Research, Jg. 2, S. 64-91.

GARAVENTA, Andreas (1993): Showmaster, Gäste und Publikum: Über das Dialogische in Unterhaltungsshows. Frankfurt a.M./Bern/New York/Paris: Lang.

GARRAMONE, Gina M. (1992): A Broader and „Warmer" Approach to Schema Theory. in: Communication Yearbook, Jg. 15, S. 146-154.

GAßNER, Hans-Peter/MENNING-HEINEMANN, Renate (1992): Medium und Anschaulichkeit als Faktoren differentieller Medienwirkungen. in: Medienpsychologie, Jg. 4, Heft 4, S. 287-303. (*)

GEHRKE, Ralph (1994): Was leistet der Radikale Konstruktivismus für die Literaturwissenschaft. in: Deutsche Vierteljahres Schrift für Literaturwissenschaft und Geistesgeschichte, Jg. 68, Heft 1, S. 170-188.

GERBNER, George (1956): Toward a general model of communication. in: Audio-Visual Communication Review, Jg. 4, S. 171-199.

GERBNER, George/GROSS, Larry (1976): Living with Television: The Violence Profile. in: Journal of Communication, Jg. 26, Heft 2, S. 172-199.

GERBNER, George/GROSS, Larry/ELEEY, Michael F./JACKSON-BEECK, Marilyn/JEFFRIES-FOX, Suzanne/ SIGNORIELLI, Nancy (1977): TV Violence Profile No. 8: The Highlights. in: Journal of Communication, Jg. 27, Heft 2, S. 171-180.

GERBNER, George/GROSS, Larry/JACKSON-BEECK, Marilyn/JEFFRIES-FOX, Suzanne/SIGNORIELLI, Nancy (1978): Cultural Indicators: Violence Profile No. 9. in: Journal of Communication, Jg. 28, Heft 3, S. 176-207.

GERBNER, George/GROSS, Larry/MORGAN, Michael/SIGNORELLI, Nancy (1980): The „Mainstreaming" of America: Violence Profile No. 11. in: Journal of Communication, Jg. 30, Heft 3, S. 10-29.

GERBNER, George/GROSS, Larry/MORGAN, Michael/SIGNORELLI, Nancy (1981): A Curious Journey Into The Scary World Of Paul Hirsch. in: Communication Research, Jg. 8, Heft 1, S. 39-72.

GERBNER, George/GROSS, Larry/MORGAN, Michael/SIGNORELLI, Nancy (1982): Charting the Mainstream: Television's Contributions to Political Orientations. in: Journal of Communication, Jg. 32, Heft 2, S. 100-127.

GERBNER, George/GROSS, Larry/MORGAN, Michael/SIGNORELLI, Nancy (1986): Living with Television: The Dynamics of the Cultivation Process. in: Jennings Bryant/Dolf Zillmann (Hg.): Perspectives on Media Effects. Hillsdale/London: Erlbaum, S. 17-40.

GERBNER, George/GROSS, Larry/MORGAN, Michael/SIGNORELLI, Nancy (1994): Growing up with Television: The Cultivation Perspective. in: Jennings Bryant/Dolf Zillmann (Hg.): Media Effects. Advances in Theory and Research. Hillsdale/Hove: Erlbaum, S. 17-41.

GERBNER, George/GROSS, Larry/MORGAN, Michael/SIGNORIELLI, Nancy (1984): Political Correlates of Television Viewing. in: Public Opinion Quaterly, Jg. 48, Heft 1B, S. 283-300.

GERBNER, George/SCHRAMM, Wilbur (1989): Communications, Study of. in: International Encyclopedia of Communications. Bd 1. ACTI-DECO. New York/Oxford: Oxford University Press, S. 358-368.

GERBNER, George/SIGNORELLI, Nancy/MORGAN, Michael/JACKSON-BEEK, Marilyn (1979): The Demonstration of Power: Violence Profil No. 10. in: Journal of Communication, Jg. 29, Heft 3, S. 177-196.

GLASERSFELD, Ernst von (1970): The problem of syntactic complexity in reading and readability. in: Journal of Reading Behaviour, 3 (2), S. 1-14, deutsche Fassung: Ernst von Glasersfeld 1987: Wissen, Sprache und Wirklichkeit, Braunschweig/Wiesbaden: Vieweg, S. 3-15.

GLASERSFELD, Ernst von (1971): Reading, understanding, and conceptual situations. Vortrag auf National Reding Conference, Tampa/Florida, veröffentlicht in: F.P. Greene (Hg.) 1972: 21st Yearbook of the N.R.C., Milwaukee/Wisc. S. 11-127, deutsche Fassung: Ernst von Glasersfeld 1987: Wissen, Sprache und Wirklichkeit, Braunschweig/Wiesbaden: Vieweg, S. 16-23.

GLASERSFELD, Ernst von (1972): Semantic analysis of verbs in terms of conceptual situations. in: Linguistics 94, S. 90-107, deutsche Fassung: Ernst von Glasersfeld 1987: Wissen, Sprache und Wirklichkeit, Braunschweig/Wiesbaden: Vieweg, S. 24-38.

GLASERSFELD, Ernst von (1974): „Because" and the concepts of causation. in: Semiotica, Jg. 12, Heft 2, S. 129-144, deutsche Fassung: Ernst von Glasersfeld 1987: Wissen, Sprache und Wirklichkeit, Braunschweig/Wiesbaden: Vieweg, S. 39-51.

GLASERSFELD, Ernst von (1974a): Piaget and the Radical Constructivist Epistemologie. in: Charles D. Schmock/Ernst von Glasersfeld (Hg.): Epistemology and Education. Mathemagenic Activities Program, Research Report 14, S. 1-26, (Deutsche Fassung: Ernst von Glasersfeld 1987: Wissen, Sprache und Wirklichkeit. Braunschweig/Wiesbaden: Vieweg, S. 99-112).

GLASERSFELD, Ernst von (1974b): Signs, communication, and language. in: Journal of Human Evolution,3, S. 465-474, deutsche Fassung: Ernst von Glasersfeld 1987: Wissen, Sprache und Wirklichkeit, Braunschweig/Wiesbaden: Vieweg, S. 52-62.

GLASERSFELD, Ernst von (1976): The construct of identity or the art of disregarding a difference. Vortrag auf Fourth Biennial Southeastern Conference on Human Development, Nashville/Tennessee, deutsche Fassung: Ernst von Glasersfeld 1987: Wissen, Sprache und Wirklichkeit, Braunschweig/Wiesbaden: Vieweg, S. 113-121.

GLASERSFELD, Ernst von (1976a): The development of language as purposive behavior. Vortrag auf Conference on Origins and Evolution of Speech and Language, New York, veröffentlicht in: Annals of the New York Academy of Sciences 280, S. 212-226, deutsche Fassung: Ernst von Glasersfeld 1987: Wissen, Sprache und Wirklichkeit, Braunschweig/Wiesbaden: Vieweg, S. 63-79.

GLASERSFELD, Ernst von (1977): A radical constructivist view of knowledge. Vortrag auf Annual Meeting of the American Educational Research Association (Symposium on Implications of Constructivism for Human Development), New York, deutsche Fassung: Ernst von Glasersfeld 1987: Wissen, Sprache und Wirklichkeit, Braunschweig/Wiesbaden: Vieweg, S. 131-136.

GLASERSFELD, Ernst von (1977a): Notes on the epistemological revolution. Vortrag auf SGSR/AAAS Symposium on the General Systems Paradigm: Model for a Changing Science, Denver/Colorado, deutsche Fassung: Ernst von Glasersfeld 1987: Wissen, Sprache und Wirklichkeit, Braunschweig/Wiesbaden: Vieweg, S. 122-130.

GLASERSFELD, Ernst von (1977b): The concepts of adaptation and viability in a radical constructivist theory of knowledge. Vortrag auf Annual Meeting of the Jean Piaget Society, Philadelphia, veröffentlicht in: Irving E. Sigl et. al. (Hg.) 1981: New Directions in Piagetian Theory and Practice, Hillsdale/New Jersey: Erlbaum, S. 87-95, deutsche Fassung: Ernst von Glasersfeld 1987: Wissen, Sprache und Wirklichkeit, Braunschweig/Wiesbaden: Vieweg, S.137-143.

GLASERSFELD, Ernst von (1978): Adaptation and viability. Vortrag auf APA Symposium „on the Proposal to 'Cannibalize' Comparative Psychology", Toronto, veröffentlicht in: American Psychologist, Jg. 35, Heft 11, S. 970-974, deutsche Fassung: Ernst von Glasersfeld 1987: Wissen, Sprache und Wirklichkeit, Braunschweig/Wiesbaden: Vieweg, S. 80-85.

GLASERSFELD, Ernst von (1979): An epistemology for cognitive systems. Vortrag auf International Symposium on Problems of the Theory of Self-Organizing Systems, Bremen, veröffentlicht in: Gerhard Roth/Helmut Schwegler (Hg.) 1981: Self-Organizing Systems. An Interdisciplinary Approach. Frankfurt/New York: Campus, S. 121-131, deutsche Fassung: Ernst von Glasersfeld 1987: Wissen, Sprache und Wirklichkeit, Braunschweig/Wiesbaden: Vieweg, S. 176-185.

GLASERSFELD, Ernst von (1979a): Cybernetics, experience and the concept of self. in: Mark N. Ozer (Hg.): A Cybernetic Approach to the Assessment of Children: Toward a more Human Use of Human beings, Boulder/Colorado: Westview Press, S. 67-113, deutsche Fassung: Ernst von Glasersfeld 1987: Wissen, Sprache und Wirklichkeit, Braunschweig/Wiesbaden: Vieweg, S. 144-175.

GLASERSFELD, Ernst von (1979b): The concept of equilibration in a constructivist theory of knowledge. Vortrag auf International Symposium on Communication and Society. The Theory of Autopoietic Systems as a Foundation of the Social Sciences, Paderborn, veröffentlicht in: Frank Benseler/Peter M. Hejl/Wolfram K.Köck (Hg.): Autopoiesis, Communication, and Society. The Theory of Autopoietic Systems in the Social Sciences. Frankfurt/New York: Campus, deutsche Fassung: Ernst von Glasersfeld 1987: Wissen, Sprache und Wirklichkeit, Braunschweig/Wiesbaden: Vieweg, S. 186-197.

GLASERSFELD, Ernst von (1980): Feedback, induction, and epistemology. Vortrag auf International Congress on Applied Systems Research and Cybernetics, Acapulco, veröffentlicht in: George E. Lasker (Hg.) 1981: Applied Systems and Cybernetics, New York: Pergamon Press, S. 712-719, deutsche Fassung: Ernst von Glasersfeld 1987: Wissen, Sprache und Wirklichkeit, Braunschweig/Wiesbaden: Vieweg, S. 213-220.

GLASERSFELD, Ernst von (1981): An attentional model for the conceptual constructions of units and number. in: Journal for Research in Mathematics Education, Jg. 12, Heft 3, S. 83-94, deutsche Fassung: Ernst von Glasersfeld 1987: Wissen, Sprache und Wirklichkeit, Braunschweig/Wiesbaden: Vieweg, S. 243-253.

GLASERSFELD, Ernst von (1981a): An Epistemology for Cognitive Systems. in: Gerhard Roth/Helmut Schwegler (Hg.): Self-Organizig Systems. An Interdisciplinary Approach. Frankfurt/New York: Campus, S. 121-131.

GLASERSFELD, Ernst von (1981b): Einführung in den Konstruktivismus. in: Paul Watzlawick (Hg.): Die erfundene Wirklichkeit. Wie wissen wir, was wir zu wissen glauben? Beiträge zum Konstruktivismus. München: Piper, S. 16-38.

GLASERSFELD, Ernst von (1982): An interpretation of Piaget's constructivism. in: Revue International de Philosophie (Invitational Piaget Issue), Jg. 36, Heft 4, 1982, S. 612-635, deutsche Fassung: Ernst von Glasersfeld 1987: Wissen, Sprache und Wirklichkeit, Braunschweig/Wiesbaden: Vieweg, S. 221-240.

GLASERSFELD, Ernst von (1982a): Subtizing - the role of figural patterns in the development of numerical concepts. in: Archives de Psychologie, Jg. 50, S. 191-218, deutsche Fassung: Ernst von Glasersfeld 1987: Wissen, Sprache und Wirklichkeit, Braunschweig/Wiesbaden: Vieweg, S. 254-274.

GLASERSFELD, Ernst von (1983): Learning as constructive activity. in: Proceedings of the 5th Annual Meeting of the International Group for Psychology in Mathematics Education, Montreal, deutsche Fassung: Ernst von Glasersfeld 1987: Wissen, Sprache und Wirklichkeit, Braunschweig/Wiesbaden: Vieweg, S. 275-292.

GLASERSFELD, Ernst von (1983a): On the concept of interpretation. in: Poetics 12, S. 207-218, deutsche Fassung: Ernst von Glasersfeld 1987: Wissen, Sprache und Wirklichkeit, Braunschweig/Wiesbaden: Vieweg, S. 86-96.

GLASERSFELD, Ernst von (1986): Wissen ohne Erkenntnis. in: DELFIN, Heft VII , S. 20-23.

GLASERSFELD, Ernst von (1987): Siegener Gespräche über Radikalen Konstruktivismus. in: Siegfried J. Schmidt (Hg.): Der Diskurs des Radikalen Konstruktivismus. Frankfurt a.M.: Suhrkamp. S. 401-440.

GLASERSFELD, Ernst von (1987a): Wissen, Sprache und Wirklichkeit. Arbeiten zum radikalen Konstruktivismus. Braunschweig/Wiesbaden: Vieweg.

GLASERSFELD, Ernst von (1990): Die Unterscheidung des Beobachters: Versuch einer Auslegung. in: Volker Riegas/Christian Vetter (Hg.): Zur Biologie der Kognition. Ein Gespräch mit Humberto R. Maturana und Beiträge zur Diskussion seines Werkes. Frankfurt a.M.: Suhrkamp, S. 281-295.

GLASERSFELD, Ernst von (1992): Aspekte des Konstruktivismus: Vico, Berkeley, Piaget. in: Gebhard Rusch/ Siegfried J. Schmidt (Hg.): Konstruktivismus: Geschichte und Anwendung. DELFIN 1992. Frankfurt a.M.: Suhrkamp, S. 20-33.

GLASERSFELD, Ernst von (1992a): Konstruktion der Wirklichkeit und des Begriffs der Objektivität. in: Heinz Gumin/Heinrich Meier (Hg.): Einführung in den Konstruktivismus. München: Piper, S. 9-39.

GLASERSFELD, Ernst von (1993): Learning and adaption in the theory of constructivism. in: Communication and Cognition, Jg. 26, Heft 3-4, S. 393-402.

GLEICH, Uli/BURST, Michael (1996): Parasoziale Beziehungen von Fernsehzuschauern mit Personen auf dem Bildschirm. in: Medienpsychologie, Jg. 8, Heft 3, S. 182-200.

GLEICH, Uli/GROEBEL, Jo (1992): ARD-Forschungsdienst. Wahrnehmung und Verarbeitung medialer Informationen. in: Mediaperspektiven, Heft 7, S. 457-462. (*)

GLOTZ, Peter (1990): Von der Zeitungs- und die Publizistik- zur Kommunikationswissenschaft. in: Publizistik, Jg. 35, Heft 3, S. 249-256. (*)

GÖDDE, Ralf (1992): Radikaler Konstruktivismus und Journalismus. Die Berichterstattung über den Golfkrieg - Das Scheitern eines Wirklichkeitsmodells. in: Gebhard Rusch/Siegfried J. Schmidt (Hg.): Konstruktivismus: Geschichte und Anwendung. DELFIN 1992. Frankfurt a.M.: Suhrkamp, S. 269-288.

GOFFMAN, Erving (1974): Frame Analysis: An Essay on the Organization of Experience. New York: Harper/ Row. dt: (1977): Rahmen-Analyse: Ein Versuch über die Organisation von Alltagserfahrungen. Frankfurt a.M.: Suhrkamp.

GÖRKE, Alexander/KOHRING, Matthias (1996): Unterschiede, die Unterschiede machen: Neue Theorieentwürfe zu Publizistik, Massenmedien und Journalimus. in: Publizistik, Jg. 41, Heft 1, S. 15-31.

GOTTSCHLICH, Maximilian (1987): Massenkommunikationsforschung: Theorieentwicklung und Problemperspektiven. Wien: Braumüller. (*)

GRABER, Doris A. (1989): An Information Processing Approach to Public Opinion Analysis. in: Brenda Dervin/Lawrence Grossberg/Barbara O'Keefe/Ellen Wartella (Hg.): Rethinking Communication, Volume 2 Paradigm Exemplars. Newbury Park/London/New Delhi: Sage, S. 103-116.

GRABER, Doris A. (^{2}1988): Processing the News. How People Tame the Information Tide. New York/ London: Longman.

GRAF, Pedro (1994): Gegen den Radikalen Konstruktivismus - für eine kritisch realistische Systemtheorie. in: Zeitschrift für systemische Therapie, Jg. 12, Heft 1, S. 44-57.

GRAF, Pedro (1994a): Taschenspielertricks, Physik und Postmoderne? Eine Antwort auf Zitterbarths „unfrisierte" Gedanken zu meiner Konstruktivismuskritik. in: Zeitschrift für systemische Therapie, Jg. 12, Heft 2, S. 112-116.

GRIPSRUD, Jostein (1995): The Dynasty Years. Hollywood television and critical media studies. London: Routledge.

GROEBEN, Norbert (1982): Leserpsychologie: Textverständnis - Textverständlichkeit. Münster: Aschendorff.

GROEBEN, Norbert (1997): (Meta-)Theoretische Desiderata der Medien(wirkungs-)forschung unter der Perspektive der Text-Leser-Wechselwirkung. in: Michael Charlton/Silvia Schneider (Hg.): Rezeptionsforschung: Theorien und Untersuchungen zum Umgang mit Massenmedien. Opladen: Westdeutscher, S. 40-58.

GROEBEN, Norbert/VORDERER, Peter (1988): Leserpsychologie: Lesemotivation - Lektürewirkung. Münster: Aschendorff.

GROSSBERG, Lawrence (1993): Can Cultural Studies Find True Happiness in Communication? in: Journal of Communication, Jg. 43, Heft 4, S. 89-97.

GROSSBERG, Lawrence/NELSON, Cary/TREICHLER, Paula (Hg.) (1992): Cultural Studies. New York/London: Routledge.

GROßMANN, Brit (1998): Der Einfluß des Radikalen Konstruktivismus auf kommunikationswissenschaftliche Überlegungen. Manuskript, voraussichtliche Veröffentlichung in: Gebhard Rusch/Siegfried J. Schmidt (Hg.): Konstruktivismus in der Medien- und Kommunikationswissenschaft. DELFIN 1997/ 1998, Frankfurt a.M.: Suhrkamp.

GROTHE, Thorsten/SCHULZ, Wolfgang (1993): Politik und Medien in systemtheoretischer Perspektive, oder: Was sieht die Wissenschaft, wenn die Politik sieht, wie die Medien die Gesellschaft sehen? Eine Auseinandersetzung mit Frank Marcinkowskis „Publizistik als autopoietisches System". in: Rundfunk und Fernsehen, Jg. 41, Heft 4, S. 563-576.

GRUß, Burkhard (1995): Eine Analyse der inhaltlichen und formalen Konzeption dreier very-special-interest Zeitschriften: am Beispiel von bike, bike-sport news und Mountain Bike. Köln: Dt. Sporthochschule, Dipl.-Arb.

GÜDLER, Jürgen (1996): Dynamik der Medienforschung. Eine szientometrische Analyse auf der Grundlage sozialwissenschaftlicher Fachdatenbanken. Bonn: Informationszentrum Sozialwissenschaften.

GUMBRECHT, Hans-Ulrich/PFEIFFER, Ludwig K. (Hg.) (1988): Materialität der Kommunikation. Frankfurt a.M.: Suhrkamp.

GUMIN, Heinz/MEIER, Heinrich (Hg.) (1992): Einführung in den Konstruktivismus. München: Piper.

GUNTER, Barrie (1987): Poor reception: Misunderstanding and Forgetting Broadcast News. Hillsdale/Hove Erlbaum.

GUNTER, Barrie (1988): Findig the Limits of Audience Activity. in: Communication Yearbook, Jg. 11, S. 108-126.

GUNTER, Barrie (1994): The Question of Media Violence. in: Jennings Bryant/Dolf Zillmann (Hg.): Media Effects. Advances in Theory and Research. Hillsdale/Hove: Erlbaum, S. 163-211.

HACHMEISTER, Lutz (1992): Das Gespenst des Radikalen Konstruktivismus. Zur Analyse des Funkkollegs „Medien und Kommunikation". in: Rundfunk und Fernsehen, Jg. 40, Heft 1, S. 5-21.

HALL, Stuart (1980): Cultural Studies: Two Paradigms. in: Media, Culture & Society, Jg. 2, Heft 1, S. 57-72.

HALL, Stuart (1980a): Encoding and Decoding in Television Discourse. in: Stuart Hall/Dorothy Hobson/Andrew Lowe/Paul Willis (Hg.): Culture, Media, Language. London: Hutchinson, S. 128-138.

HALLORAN, James D. (1982): The Context of Mass Communication Research. in: Mass Communication Review Yearbook, Jg. 3, S. 163-205.

HALLORAN, James D. (1995): Some Problems in International Comparative Research. in: Communications, Jg. 20, Heft 1, S. 101-111. (*)

HARDT, Hanno (1989): The Return of the „Critical" and the Challenge of Radical Dissent: Critical Theory, Cultural Studies, and American Mass Communication Research. in: Communication Yearbook, Jg. 12, S. 558-600.

HARDT, Hanno (1992): Critical Communication Studies. Communication, History and Theory in America. London/New York: Routledge. (*)

HARRIS, Richard Jackson (1994): The Impact of Sexually Explicit Media. in: Jennings Bryant/Dolf Zillmann (Hg.): Media Effects. Advances in Theory and Research. Hillsdale/Hove: Erlbaum, S. 247-272.

HARRIS, Richard Jackson (^{2}1994): A Cognitive Psychology of Mass Communication. Hillsdale/Hove: Erlbaum. (*)

HASLAM, Cheryl (Hg.) (1994): Social Scientists meet the media. London: Routledge. (*)

HAUPTMEIER, Helmut (1987): Sketches of Theories of Genre. in: Poetics, Jg. 16, S. 397-430.

HAWKINS, Robert P./PINGREE, Suzanne (1983): Television's influence on social reality. in: Mass Communication Review Yearbook, Jg. 5, S. 53-76.

HAWKINS, Robert P./PINGREE, Suzanne (1986): Activity in the Effects of Television on Children. in: Jennings Bryant/Dolf Zillmann (Hg.): Perspectives on Media Effects. Hillsdale/London: Erlbaum, S. 233-250. (*)

HAWKINS, Robert P./PINGREE, Suzanne/ADLER, Ilya (1987): Searching for Cognitive Processes in the Cultivation Effect. in: Human Communication Research, Jg. 13, Heft 4 S. 553-577.

HEETER, Carrie/GREENBERG, Bradley S. (1985): Profiling the Zappers. in: Journal of Advertising Research, Jg. 25, Heft 2, S. 15-19.

HEETER, Carrie/GREENBERG, Bradley S. (1988): Cableviewing. Norwood, New Jersey: Ablex.

HEJL, Peter M. (1980): The Problem of a Scientific Description of Society. in: Frank Benseler/Peter M. Hejl/ Wolfram K.Köck (Hg.): Autopoiesis, Communication, and Society. The Theory of Autopoietic Systems in the Social Sciences. Frankfurt/New York: Campus, S. 147-161.

HEJL, Peter M. (1981): The Definition of System and the Problem of the Observer: The Example of the Theory of Society. in: Gerhard Roth/Helmut Schwegler (Hg.): Self-Organizig Systems. An Interdisciplinary Approach. Frankfurt/New York: Campus, S. 170-185.

HEJL, Peter M. (1982): Sozialwissenschaft als Theorie selbstreferentieller Systeme. Frankfurt a.M./New York: Campus.

HEJL, Peter M. (1986): Soziale Systeme: Körper oder Gehirne ohne Körper. in: DELFIN, Heft VI, S. 56-67.

HEJL, Peter M. (1987): Zum Begriff des Individuums. Bemerkungen zum ungeklärten Verhältnis von Psychologie und Soziologie. in: Günter Schiepek (Hg.): Systeme erkennen Systeme. Individuelle, soziale und methodische Bedingungen systemischer Diagnostik. München/Weinheim: Psychologie Verlags Union, S. 115-154.

HEJL, Peter M. (1988): Gibt es eine Medienwirkung. in: Deutsches Jugendinstitut (Hg.): Medien im Alltag von Kindern und Jugendlichen. Methoden, Konzepte, Projekte. Weinheim/München: Juventa, S. 59-72.

HEJL, Peter M. (1991): Wie Gesellschaft Erfahrungen machen oder: Was Gesellschaftstheorie zum Verständnis des Gedächtnisproblems beitragen kann. in: Siegfried J. Schmidt (Hg.): Gedächtnis. Probleme und Perspektiven der interdisziplinären Gedächtnisforschung. Frankfurt a.M.: Suhrkamp, S.293-326.

HEJL, Peter M. (1992): Culture as a network of socially constructed realities. Bielefeld: Zentrum für interdisziplinäre Forschung.

HEJL, Peter M. (1992a): Die zwei Seiten der Eigengesetzlichkeit. Zur Konstruktion natürlicher Sozialsysteme und zum Problem ihrer Regelung. in: Siegfried J. Schmidt (Hg.): Kognition und Gesellschaft. Der Diskurs des Radikalen Konstruktivismus 2. Frankfurt a.M.: Suhrkamp, S. 167-213.

HEJL, Peter M. (1992b): Konstruktion der sozialen Konstruktion: Grundlinien einer konstruktivistischen Sozialtheorie. in: Heinz Gumin/Heinrich Meier (Hg.): Einführung in den Konstruktivismus. München: Piper, S. 85-115, wieder abgedruckt in: Siegfried J. Schmidt (Hg.) (1987): Der Diskurs des Radikalen Konstruktivismus. Frankfurt a.M.: Suhrkamp. S. 109-146.

HEJL, Peter M. (1994): Die Entwicklung der Organisation von Sozialsystemen und ihr Beitrag zum System-verhalten. in: Gebhard Rusch/Siegfried J. Schmidt (Hg.): Konstruktivismus und Sozialtheorie. DELFIN 1993. Frankfurt a.M.: Suhrkamp, S. 109-132.

HEJL, Peter M. (1994a): Soziale Konstruktion von Wirklichkeit. in: Klaus Merten/Siegfried J. Schmidt/Siegfried Weischenberg (Hg.): Die Wirklichkeit der Medien. Eine Einführung in die Kommunikationswissenschaft. Opladen: Westdeutscher, S. 43-59.

HEJL, Peter M. (1996): Aufklärung oder Romantik? Deutsche Vierteljahres Schrift für Literaturwissenschaft und Geistesgeschichte, Jg. 70, Heft 2, S. 298-312.

HEJL, Peter M./SCHMIDT, Siegfried J. (1992): Bibliographie zum Konstruktivismus. in: Heinz Gumin/Heinrich Meier (Hg.): Einführung in den Konstruktivismus. München: Piper, S. 167-180.

HEWES, Dean E./PLANALP, Sally (1987): The Individual's Place in Communication Science. in: Charles R. Berger/Steven H. Chaffee (Hg.): Handbook of Communication Science. Newbury Park/London/New Delhi: Sage, S. 146-183. (*)

HICKETHIER, Knut (1988): Das „Medium", die „Medien" und die Medienwissenschaft. in: Rainer Bohn/Eggo Müller/Rainer Ruppert (Hg.): Ansichten einer zukünftigen Medienwissenschaft. Berlin: Ed. Sigma, S. 51-74.

HICKETHIER, Knut (Hg.) (1992): Fernsehen: Wahrnehmungswelten, Programminstitution und Marktkonkurrenz. Frankfurt a.M./Berlin/Bern/New York/Paris/Wien: Lang.

HICKETHIER, Knut (Hg.) (1993): Institutionen, Technik und Programm. Rahmenaspekte der Programmgeschichte des Fernsehens. München: Wilhelm Fink, (Geschichte des Fernsehens in der Bundesrepublik Deutschland, Bd. 1).

HILLMANN, Karl-Heinz (⁴1994): Wörterbuch der Soziologie. Stuttgart: Kröner.

HIRSCH, Paul M. (1980): The „Scary World" Of The Nonviewer And Other Anomalies. A Reanalysis of Gerbner et al's Findings on Cultivation Hypothesis. Part I. in: Communication Research, Jg. 7, Heft 4, S. 403-456.

HIRSCH, Paul M. (1981): Distinguishing Good Speculation from Bad Theory. Rejoinder to Gerbner et al. in: Communication Research, Jg. 8, Heft 1, S. 73-95.

HIRSCH, Paul M. (1981a): On Not Learning From One's Own Mistakes. A Reanalysis of Gerbner et al's Findings on Cultivation Hypothesis. Part II. in: Communication Research, Jg. 8, Heft 1, S. 3-37.

HOFFMANN-NOWOTNY, Hans Joachim (1991): Lebensformen und Lebensstile unter den Bedingungen der (Post-)Moderne. in: Familiendynamik, Jg. 16, Heft 4, S. 299-321.

HÖFLICH, Joachim R. (1995): Vom dispersen Publikum zu „elektronischen Gemeinschaften". Plädoyer für einen erweiterten kommunikationswissenschaftlichen Blickwinkel. in: Rundfunk und Fernsehen, Jg. 43, Heft 4, S. 518-537.

HÖIJER, Birgitta (1989): Television-Evoked Thoughts and Their Relation to Comprehension. in: Communication Research, Jg. 16, Heft 2, S. 179-203. (*)

HÖIJER, Birgitta (1990): Reliability, Validity and Generalizability. Three Questions for Qualitative Reception Research. in: The Nordicom Review of Nordic Mass Communication Research, Heft 1, S. 15-20.

HÖIJER, Birgitta (1990a): Studying Viewers' Reception of Television Programms: Theoretical and Methodological Considerations. in: European Journal of Communication, Jg. 5, Heft 1, S. 29-56. (*)

HÖIJER, Birgitta (1992): Reception of television narration as a socio-cognitive process: A schema-theoretical outline. in: Poetics, Jg. 21, S. 283-304.

HÖIJER, Birgitta (1992a): Socio-cognitive Structures and Television Reception. in: Media, Culture & Society, Jg. 14, Heft 4, S. 583-603.

HÖIJER, Birgitta (1996): Audiences' expectations on and interpretations of different television genres: A socio-cognitive approach. Sydney: IAMCR/AIERI/AIECS XX Scientific Conference, August 18-22, 1996, Manuskript.

HÖIJER, Birgitta (1996a): Publikumserwartungen und Interpretationen von Fernsehgenres. Ein sozio-kognitiver Ansatz. in: Siegener Periodicum zur Internationalen Empirischen Literaturwissenschaft, Jg. 15, Heft 2, S. 235-251.

HÖIJER, Birgitta/NOWAK, Kjel/ROSS, Sven (1992): Reception of Television as a Cognitive and Cultural Process (REKK). in: The Nordicom Review of Nordic Mass Communication Research, Heft 1, S. 1-14.

HOLLY, Werner/PÜSCHEL, Ulrich Hg. (1993): Medienrezeption als Aneignung. Methoden und Perspektiven qualitativer Medienforschung. Opladen: Westdeutscher.

HOLTZ-BACHA, Christina (1988): Unterhaltung ist nicht nur lustig. in: Publizistik, Jg. 33, Heft 2-3, S. 493-504.

HOLTZ-BACHA, Christina (1989): Unterhaltung ernst nehmen. Warum sich die Kommunikationswissenschaft um den Unterhaltungsjournalismus kümmern muß. in: Mediaperspektiven, Heft 4, S. 200-206.

HOLUB, Robert C. (1984): Reception Theory: A Critical Introduction. London: Methuen.

HOLZER, Horst (1994): Medienkommunikation. Eine Einführung. Opladen: Westdeutscher. (*)

HORTON, Donald/WOHL, Richard L. (1956): Mass-Communication and Para-Social Communication. in: Psychiatry, Jg. 19, Heft 3, S. 215-299.

HUESCA, Robert/DERVIN, Brenda (1994): Theory and Practice in Latin America Alternative Communication Research. in: Journal of Communication, Jg. 44, Heft 4, S. 53-73. (*)

HÜGEL, Rolf/DEGENHARDT, Werner/WEIß, Hans-Jürgen (1992): Strukturgleichungsmodelle für die Analyse des Agenda Setting-Prozesses. in: Winfried Schulz (Hg.): Medienwirkungen. Einflüsse von Presse, Radio und Fernsehen auf Individuum und Gesellschaft. DFG Forschungsbericht. Weinheim: VCH Verlagsgesellschaft, S. 143-159.

HULETT, Edward J. jr. (1966): A Symbolic Interactionist Model of Human Communication - Part One: The General Model of Social Behavior; The Message-Generating Process. in: Audio-Visual Communication Review, Jg. 14, Heft 1, S. 5-33.

HULETT, Edward J. jr. (1966a): A Symbolic Interactionist Model of Human Communication - Part Two: The Receivers Function; Pathology of Communication; Noncommunication. in: Audio-Visual Communication Review, Jg. 14, Heft 2, S. 203-220.

HUNZIKER, Peter (²1996): Medien, Kommunikation und Gesellschaft: Einführung in die Soziologie der Massenkommunikation. Darmstadt: Wissenschaftliche Buchgesellschaft. (*)

HUNZIKER, Peter/KOHLI, Martin/LÜSCHER, Kurt (1973): Fernsehen im Alltag der Familie. in: Rundfunk und Fernsehen, Jg. 21, Heft 4, S. 283-405.

HUNZIKER, Peter/LÜSCHER, Kurt/FAUSER, R. (1975): Fernsehen im Alltag der Kinder. in: Rundfunk und Fernsehen, Jg. 23, Heft 3-4, S. 284-313.

INTERNATIONAL ENCYCLOPEDIA OF COMMUNICATIONS (1989) New York/Oxford: Oxford University Press.

IYENGAR, Shanto (1988): New Directions of Agenda-Setting Research. Commentary on Rogers and Dearing. in: Communication Yearbook. Jg. 11, S. 595-602.

IYENGAR, Shanto (1991): Is anyone responsible? How television frames political issues. Chicago: University of Chicago Press.

IYENGAR, Shanto/KINDER, Donald R. (1986): More than Meets the Eye: TV News, Priming, and Public Evaluations of the President. in: George Comstock (Hg.): Public Communication and Behavior, Volume 1. New York: Academic Press, S. 136-171.

IYENGAR, Shanto/SIMON, A. (1994): News coverage of the Gulf crisis and public opinion: A study of agenda-setting, priming, and framing. in: W. Lance Bennett/David L. Paletz (Hg.): Taken by storm. Chicago: University of Chicago Press, S. 167-185.

JÄCKEL, Michael (1992): Mediennutzung als Niedrigkostensituation. Anmerkungen zum Nutzen-Belohnungsansatz. in: Medienpsychologie, Jg. 4, Heft 4, S. 246-266.

JÄCKEL, Michael (1993): Fernsehwanderungen: Eine empirische Untersuchung zum Zapping. München: Fischer.

JÄCKEL, Michael (1996): Wahlfreiheit in der Fernsehnutzung: Eine soziologische Analyse zur Individualisierung der Massenkommunikation. Opladen: Westdeutscher.

JANICH, Peter (1992): Die methodische Ordnung von Konstruktionen. Der Radikale Konstruktivismus aus der Sicht des Erlanger Konstruktivismus. in: Siegfried J. Schmidt (Hg.): Kognition und Gesellschaft. Der Diskurs des Radikalen Konstruktivismus 2. Frankfurt a.M.: Suhrkamp, S. 24-41.

JANICH, Peter (Hg.) (1992a): Entwicklungen der methodischen Philosophie. Frankfurt a.M.: Suhrkamp.

JANOWITZ, Morris (1968): The Study of Mass Communication. in: David Lawrence Sills (Hg.): International Encyclopedia of the Social Sciences. New York: Macmillan and Free Press, Volume 3, S. 41-55.

JENSEN, Klaus Bruhn (1986): Making Sense of the News. Århus: Århus University Press.

JENSEN, Klaus Bruhn (1987): News as Ideology: Economic Statistics and Political Ritual in Television Network News. in: Journal of Communication, Jg. 37, Heft 1, S. 8-27.

JENSEN, Klaus Bruhn (1988): Answering The Question: What Is Reception Analysis? in: The Nordicom Review of Nordic Mass Communication Research, Heft 1, S. 3-5.

JENSEN, Klaus Bruhn (1989): Discourses of Interviewing: Validating Qualitative Research Findings through Textual Analysis. in: Steinar Kvale (Hg.): Issues of Validity in Qualitative Research, Lund: Studentlitteratur, S. 93-108.

JENSEN, Klaus Bruhn (1991): When is Meaning? Communication Theory, Pragmatism and Mass Media Reception. in: Communication Yearbook, Jg. 14, S. 3-32.

JENSEN, Klaus Bruhn (1993): The Past in the Future: Problems and Potentials of Historical Reception Studies. in: Journal of Communication, Jg. 43, Heft 4, S. 20-28.

JENSEN, Klaus Bruhn (1995): Social Semiotics of Mass Communication. Thousand Oaks: Sage. (*)

JENSEN, Klaus Bruhn (1996): Media Effects: Convergence Within Separate Corners. in: Journal of Communication, Jg. 46, Heft 2, S. 138-144. (*)

JENSEN, Klaus Bruhn (1996a): The Empire's Last Stand: Reply to Rosengren. in: European Journal of Communication, Jg. 11, Heft 2, S. 261-267.

JENSEN, Klaus Bruhn/ROSENGREN, Karl Erik (1990): Five Traditions in Search of the Audience. in: European Journal of Communication, Jg. 5, Heft 2-3, S. 207-238. (*)

JENSEN, Klaus Bruhn/SCHRØDER, Kim Christian/STAMPE, Tine/SØNDERGAARD, Henrik/TOPSØE-JENSEN, Jørgen (1994): Super Flow, Channel Flow, and Audience Flows. A Study of Viewers' Reception of Television as Flow. in: The Nordicom Review of Nordic Mass Communication Research, Heft 2, S. 1-13.

JO, Eunkyung/BERKOWITZ, Leonard (1994): A Priming Effect Analysis of Media Influences: An Update. in: Jennings Bryant/Dolf Zillmann (Hg.): Media Effects. Advances in Theory and Research. Hillsdale/Hove: Erlbaum, S. 43-60

JOUßEN, Wolfgang (1990): Massen und Kommunikation. Zur soziologischen Kritik der Wirkungsforschung. Weinheim: VCH Verlagsgesellschaft. (*)

KAASE, Max/SCHULZ, Winfried (Hg.) (1989): Massenkommunikation. Theorie, Methoden, Befunde. Opladen: Westdeutscher. (*)

KAASE, Max/SCHULZ, Winfried (1989a): Perspektiven der Kommunikationsforschung. in: Max Kaase/Winfried Schulz (Hg.): Massenkommunikation. Theorie, Methoden, Befunde. Opladen: Westdeutscher, S. 9-27.

KAPLAN, Barry M. (1985): Zapping - The real Issue is Communication. in: Journal of Advertising Research, Jg. 25, Heft 2, S. 9-12.

KATZ, Elihu (1978): Of Mutual Interest. in: Journal of Communication, Jg. 28, Heft 2, S. 133-141.

KATZ, Elihu (1988): On Conceptualizing Media Effects: Another Look. in: Stuart Oskamp (Hg.): Television as a Social Issue. Newbury Park/London/New Delhi: Sage, S. 361-374.

KATZ, Elihu/BLUMLER, Jay G./GUREVITCH, Michael (1974): Utilization of Mass Communication by the Individual. in: Jay G. Blumler/Elihu Katz (Hg.): The Uses of Mass Communications. Current Perspectives on Gratification Research. Beverly Hills/London: Sage, S. 19-32.

KATZ, Elihu/FOULKES, Davis (1962): On the Use of the Mass Media as „Escape". Clarification of a Concept. in: Public Opinion Quaterly, Jg. 26, Heft 3, S. 377-388.

KATZ, Elihu/GUREVITCH, Michael/HAAS, Hadassah (1973): On the Use of the Mass Media for Important Things. in: Studies of Broadcasting, Jg. 9, S. 31-65.

KATZ, Elihu/LAZARSFELD, Paul (1962): Persönlicher Einfluß und Meinungsbildung. München: Oldenbourg.

KATZ, Elihu/LIEBES, Tamar (1984): Once Upon a Time, in Dallas. in: Intermedia, Jg. 12, Heft 3, S. 28-32.

KELLNER, Douglas (1995): Media Communications vs. Cultural Studies: Overcoming the Divide. in: Communication Theory, Jg. 5, Heft 2, S. 162-177.

KEMPTER, Guido (1996): Persönlichkeitsunterschiede bei der Rezeption von Fernsehszenen. in: Medienpsychologie, Jg. 8, Heft 4, S. 273-287.

KEPPLINGER, Hans Mathias (1993): Erkenntnistheorie und Forschungspraxis des Konstruktivismus. in: Günter Bentele/Manfred Rühl (Hg.): Theorien öffentlicher Kommunikation. München: Ölschläger, S. 118-125.

KEPPLINGER,Hans Mathias/BROSIUS, Hans-Bernd/STAAB, Joachim Friedrich/LINKE, Günter (1992): Instrumentelle Aktualisierung. Grundlagen einer Theorie kognitiv-affektiver Medienwirkungen. in: Winfried Schulz (Hg.): Medienwirkungen. Einflüsse von Presse, Radio und Fernsehen auf Individuum und Gesellschaft. DFG Forschungsbericht. Weinheim: VCH Verlagsgesellschaft, S. 161-189.

KIEFER, Marie-Luise (1987): Massenkommunikation 1964 bis 1985. Trendanalyse zur Mediennutzung und Medienbewertung. in: Mediaperspektiven, Heft 3, S. 137-148. (*)

KIEFER, Marie-Luise (1991): Massenkommunikation 1990. in: Mediaperspektiven, Heft 4, S. 244-261. (*)

KIM, Min-Sun/HUNTER, John E. (1993): Attitude - Behavoir Relations: A Meta-Analysis of Attitudinal Relevance and Topic. in: Journal of Communication, Jg. 43, Heft 1, S. 101-142.

KINTSCH, Walter (1974): The Representation of Meaning in Memory. Hillsdale: Erlbaum.

KLIMENT, Tibor (1994): Fernsehnutzung in Ostdeutschland und das Bild von der Bundesrepublik. Ein Beitrag zur Kultivierungshypothese. in: Rundfunk und Fernsehen, Jg. 42, Heft 4, S. 483-509.

KLOOCK, Daniela/SPOHR, Angela (1997): Medientheorien. Eine Einführung. München: Fink.

KNOCHE, Manfred/LIDGENS, Monika/SCHABEDOTH, Eva/ZERDICK, Axel (1992): Nicht-Veränderung als langfristige Medienwirkung. Einfluß der Presse auf Vorstellungen und Einstellungen zur Politik der GRÜNEN. in: Winfried Schulz (Hg.): Medienwirkungen. Einflüsse von Presse, Radio und Fernsehen auf Individuum und Gesellschaft. DFG Forschungsbericht. Weinheim: VCH Verlagsgesellschaft, S. 121-141.

KNORR-CETINA, Karin (1989): Spielarten des Konstruktivismus. Einige Notizen und Anmerkungen. in: Soziale Welt, Jg. 40, Heft 1-2, S. 86-96.

KOB, Janpeter (1978): Die gesamtgesellschaftliche Bedeutung der Massenmedien. Kritische Reflexionen zu einem alten Thema. in: Rundfunk und Fernsehen, Jg. 26, Heft 4, S. 391-398.

KÖCK, Wolfram K. (1978): Kognition - Semantik - Kommunikation. in: Peter M. Hejl/Wolfram K. Köck/Gerhard Roth (Hg.): Wahrnehmung und Kommunikation. Frankfurt a.M./New York: Lang, S. 187-313, wieder abgedruckt in: Siegfried J. Schmidt (Hg.) (1987): Der Diskurs des Radikalen Konstruktivismus. Frankfurt a.M.: Suhrkamp, S. 340-373.

KÖCK, Wolfram K. (1980): Autopoiesis and Communication. in: Frank Benseler/Peter M. Hejl/Wolfram K. Köck (Hg.): Autopoiesis, Communication, and Society. The Theory of Autopoietic Systems in the Social Sciences. Frankfurt/New York: Campus, S. 87-112.

KÖCK, Wolfram K. (1981): On Communication and the Stability of Social Systems. in: Gerhard Roth/Helmut Schwegler (Hg.): Self-Organizig Systems. An Interdisciplinary Approach. Frankfurt/New York: Campus, S. 145-169.

KÖCK, Wolfram K. (1984): Menschliche Kommunikation: Theorie und Empirie. in: Helmut Schauer/Michael J. Tauber (Hg.): Psychologie der Computerbenutzung. Wien/München: Oldenbourg, S. 20-54.

KÖCK, Wolfram K. (1990): Autopoiese, Kognition und Kommunikation. in: Volker Riegas/Christian Vetter (Hg.): Zur Biologie der Kognition. Ein Gespräch mit Humberto R. Maturana und Beiträge zur Diskussion seines Werkes. Frankfurt a.M.: Suhrkamp, S. 159-188.

KOHLI, Martin (1977): Fernsehen und Alltagswelt. in: Rundfunk und Fernsehen, Jg. 25, Heft 1-2, S. 70-85.

KORZENNY, Felipe/TING-TOOMEY, Stella (Hg.) (1993): Mass Media Effects across Cultures. Newbury Park/London/New Delhi: Sage. (*)

KOSYK, Kurt/PRUYS, Karl Hugo (1981): Handbuch der Massenkommunikation. München: dtv-Wissenschaft.

KRAMASCHKI, Lutz (1993): Zur Integration von Systemkonzepten in eine Empirische Literaturwissenschaft als kritische Sozialwissenschaft. in: Siegfried J. Schmidt (Hg.): Literaturwissenschaft und Systemtheorie. Positionen, Kontroversen, Perspektiven. Opladen: Westdeutscher, S. 101-143.

KRAMASCHKI, Lutz (1995): Das einmalige Aufleuchten der Literatur. Zu einigen Problemen im 'Leidener Modell' systemtheoretischen Textverstehens. in: Henk de Berg/Matthias Prangl (Hg.): Differenzen. Systemtheorie zwischen Dekonstruktion und Konstruktivismus: Tübingen/Basel: Francke, S. 275-301.

KRÄMER, Reinhold (1986): Massenmedien und Wirklichkeit. Zur Soziologie publizistischer Produkte. Bochum: Studienverlag Brockmeyer.

KRAWIETZ, Werner/WELKER, Michale (Hg.) (1992): Kritik der Theorie sozialer Systeme. Frankfurt a.M.: Suhrkamp.

KRIPPENDORFF, Klaus (1989): Eine häretische Kommunikation über Kommunikation über Kommunikation über Realität. in: DELFIN, Heft XII, S .52-67.

KRIPPENDORFF, Klaus (1989a): On the Ethics of Constructing Comunication. in: Brenda Dervin/Lawrence Grossberg/Barbara O'Keefe/Ellen Wartella (Hg.): Rethinking Communication, Volume 1 Paradigm Issues. Newbury Park/London/New Delhi: Sage, S. 66-96.

KRIPPENDORFF, Klaus (1993): Schritte zu einer konstruktivistischen Erkenntnistheorie der Massenkommunikation. in: Günter Bentele/Manfred Rühl (Hg.): Theorien öffentlicher Kommunikation. München: Ölschläger, S. 19-51.

KRIPPENDORFF, Klaus (1994): Der verschwundene Bote. Metaphern und Modelle der Kommunikation. in: Klaus Merten/Siegfried J. Schmidt/Siegfried Weischenberg (Hg.): Die Wirklichkeit der Medien. Eine Einführung in die Kommunikationswissenschaft. Opladen: Westdeutscher, S. 79-113.

KROHN, Wolfgang/KÜPPERS, Günther/PASLACK, Rainer (1987): Selbstorganisation - Zur Genese und Entwicklung einer wissenschaftlichen Revolution. in: Siegfried J. Schmidt (Hg.): Der Diskurs des Radikalen Konstruktivismus. Frankfurt a.M.: Suhrkamp. S. 441-466.

KROTZ, Friedrich (1991): Lebensstile, Lebenswelten und Medien: Zur Theorie und Empirie individuenbezogener Forschungsansätze des Mediengebrauchs. in: Rundfunk und Fernsehen, Jg. 39, Heft 3, S. 317-342. (*)

KROTZ, Friedrich (1993): Fernsehen fühlen. Auf der Suche nach einem handlungstheoretischen Konzept für das emotionale Erleben des Fernsehens. in: Rundfunk und Fernsehen, Jg. 41, Heft 4, S. 477-496.

KROTZ, Friedrich (1994): Alleinseher im „Fernsehfluß". Rezeptionsmuster aus dem Blickwinkel individueller Fernsehnutzung. in: Mediaperspektiven, Heft 10, S. 505-516.

KROTZ, Friedrich (1995): Fernsehrezption kultursoziologisch betrachtet. Der Beitrag der cultural studies zur Konzeption und Erforschung des Mediengebrauchs. in: Soziale Welt, Jg. 46, Heft 3, S. 245-265.

KROTZ, Friedrich (1997): Kontexte des Verstehens audiovisueller Kommunikate. Das soziale positionierte Subjekt der Cultural Studies und die kommunikativ konstruierte Identität des Symbolischen Interaktionismus. in: Michael Charlton/Silvia Schneider (Hg.): Rezeptionsforschung: Theorien und Untersuchungen zum Umgang mit Massenmedien. Opladen: Westdeutscher, S. 73-89.

KRUGMAN, Herbert E. (1977): Memory without recall, exposure without perception. in: Journal of Advertising Reserach, Jg. 11, Heft 4, S. 7-12.

KRUSE, Peter/STADLER, Michael (1994): Der psychische Apparat des Menschen. in: Klaus Merten/Siegfried J. Schmidt/Siegfried Weischenberg (Hg.): Die Wirklichkeit der Medien. Eine Einführung in die Kommunikationswissenschaft. Opladen: Westdeutscher, S. 20-42.

KUBEY, Robert W. (1986): Television Use in Everyday Life: Coping with Unstructured Time. in: Journal of Communication, Jg. 36, Heft 3, S. 108-123.

KÜBLER, Hans-Dieter (1994): Kommunikation und Massenkommunikation. Ein Studienbuch. Münster/Hamburg: LIT. (*)

KUHN, Annette (1984): Women's genres. in: Screen, Jg. 25, Heft 1, S. 18-29.

KUNCZIK, Michael (1984): Kommunikation und Gesellschaft. Theorien zur Massenkommunikation. Köln/Wien: Böhlau. (*)

KUNCZIK, Michael (1993): Gewalt im Fernsehen. in: Mediaperspektiven, Heft 3, S. 98-107.

KUNCZIK, Michael (1993a): Gewaltdarstellungen - ein Thema seit der Antike. in: Mediaperspektiven, Heft 3, S. 108-113.

KÜNZLER, Jan (1987): Grundlagenprobleme der Theorie symbolisch generalisierter Kommunikationsmedien bei Niklas Luhmann. in: Zeitschrift für Soziologie, Jg. 16, Heft 5, S. 317-333.

LANDWEHRMANN, Friedrich/JÄCKEL, Michael (1991): Kabelfernsehen - von der Skepsis zur Akzeptanz. Das erweiterete Programmangebot im Urteil der Zuschauer. München Fischer.

LANGENBUCHER, Wolfgang (Hg.) (1994): Publizistik- und Kommunikationswissenschaft: Ein Textbuch zur Einführung. Wien: Braumüller. (*)

LÄSKER, Lothar (1992): Votum zu Gerhard Roth/Helmut Schwegler. in: Hans Jörg Sandkühler (Hg.): Wirklichkeit und Wissen. Realismus, Antirealismus und Wirklichkeits-Konzeptionen in Philosophie und Wissenschaften. Frankfurt a.M./Berlin/Bern/New York/Paris/Wien: Peter Lang, S. 131-136.

LASSWELL, Harold D. (1948): The Structure and Function of Communication in Society. in: Bryson, Lyman (Hg.): The Communication of Ideas. New York: Harper and Brothers, S. 37-51.

LEVY, Mark R./WINDAHL, Sven (1985): The Concept of Audience Activity. in: Karl Erik Rosengren/Lawrence A. Wenner/Philip Palmgreen (Hg.): Media Gratifications Research. Current Perspectives. Beverly Hills/London/New Delhi: Sage, S. 109-112.

LIEBES, Tamar/KATZ, Elihu (1986): Patterns of Involvement in Television Fiction: A Comparative Analysis. in: European Journal of Communication, Jg. 1, Heft 2, S. 151-71.

LIEBES, Tamar/KATZ, Elihu (1993): The Export of Meaning. Cross-Cultural Readings of „Dallas". Cambridge: Polity Press.

LINDLOF, Thomas R. (Hg.) (1987): Natural Audiences. Norwood: Ablex.

LINDLOF, Thomas R. (1988): Media Audiences as Interpretive Communities. in: Communication Yearbook, Jg. 11, S. 81-107.

LINDLOF, Thomas R. (1988a): The Practice of Attendance and the Forms of the Audience. in: Communication Yearbook, Jg. 12, S. 133-145.

LIVINGSTONE, Sonia M. (1990): Interpreting a Television Narrative: How Different Viewers See a Story. in: Journal of Communication, Jg. 40, Heft 1, S: 72-85.

LIVINGSTONE, Sonia M. (1990a): Making Sense of Television. The Psychology of Audience Interpretation. Oxford/New York/Beijng/Frankfurt/Sao Paulo/Sydney/Tokyo/Toronto: Pergamon.

LIVINGSTONE, Sonia M. (1991): Audience Reception: The Role of the Viewer in Retelling Romantic Drama. in: James Curran/Michael Gurevitch (Hg.): Mass Media and Society. London/New York/Melbourne/Auckland: Arnold, S. 285-306. (*)

LIVINGSTONE, Sonia/LUNDT, Peter (1996): Rethinking the Focus Group in Media and Communications Research. in: Journal of Communication, Jg. 46, Heft 2, S. 79-98.

LOHMANN, Georg (1994): „Beobachtung" und Konstruktivismus von Wirklichkeit. Bemerkungen zum Luhmannschen Konstruktivismus. in: Gebhard Rusch/Siegfried J. Schmidt (Hg.): Konstruktivismus und Sozialtheorie. DELFIN 1993. Frankfurt a.M.: Suhrkamp, S. 205-219.

LORIMER, Rowland M. (1994): Mass Communications. A comparative introduction. Manchester: University Press. (*)

LOWERY, Shearon/DEFLEUR, Melvin L. (^{2}1988): Milestones in Mass Communication Research. Media Effects. New York/London: Longman. (*)

LUCKMANN, Thomas (1989): Kultur und Kommunikation. in: Max Haller/Hans-Jürgen Hoffmann-Nowotny/Wolfgang Zapf (Hg.): Kultur und Gesellschaft. Frankfurt a.M./New York: Campus, S. 33-45.

LUDES, Peter (1993): Auf dem Weg zu einer „fünften Gewalt". Die Auflösung von Öffentlichkeit in Public Relations. in: Medium, Jg. 23, Heft 2, S. 8-11.

LUDES, Peter (1993a): Scheinöffentlichkeiten. Medienwissenschaftliche Aufklärungsversuche. in: Werner Faulstich (Hg.): Konzepte von Öffentlichkeit. 3. Lüneburger Kolloquium zur Medienwissenschaft. Bardowick: Wissenschaftler-Verlag, S. 58-82.

LUDES, Peter (Hg.) (1996): Informationskontexte für Massenmedien: Theorien und Trends. Opladen: Westdeutscher.

LUHMANN, Niklas (1990): Die Wissenschaft der Gesellschaft. Frankfurt a.M.: Suhrkamp.

LUHMANN, Niklas (1990a): Soziologische Aufklärung 5. Konstruktivistische Perspektiven. Opladen: West-deutscher.

LUHMANN, Niklas (1994): Der „Radikale Konstruktivismus" als Theorie der Massenmedien? Bemerkungen zu einer irreführenden Debatte. in: Communicatio Socialis, Jg. 27, Heft 1, S. 7-12.

LUHMANN, Niklas (1994a): Die Tücke des Subjekts und die Frage nach dem Menschen. wieder abgedruckt in: Niklas Luhmann (1995): Soziologische Aufklärung 6. Die Soziologie und der Mensch. Opladen: Westdeutscher, S. 155-168.

LUHMANN, Niklas (1995): Die Kunst der Gesellschaft. Frankfurt a.M.: Suhrkamp.

LUHMANN, Niklas (1995a): Die Realität der Massenmedien. Opladen: Westdeutscher. (Nordrhein-Westfäli-sche Akademie der Wissenschaften, Vorträge G333).

LUHMANN, Niklas (^{5}1994): Soziale Systeme. Frankfurt a.M., Suhrkamp.

LUHMANN, Niklas (^{2}1996): Die Realität der Massenmedien. Opladen: Westdeutscher.

LULL, James (1980): The Social Uses of Television. in: Human Communication Research, Jg. 6, Heft 3, S. 197-208.

LULL, James (Hg.) (1988): World Families Watch Television. Newbury Park/Beverly Hills/London/New Delhi: Sage.

LULL, James (1991): China turned on. Television, Reform, and Resistance. London/New York: Routledge.

LUNDBERG, Dan/HULTÉN, Olof (1968): Individuen och Massmedia. Stockholm: Norsteds.

LÜSCHER, Kurt/WEHRSPAUN, Michael (1985): Medienökologie: Der Anteil der Medien an unserer Gestal-tung der Lebenswelten. in: Zeitschrift für Sozialisationsforschung und Erziehungssoziologie, Jg. 5, Heft 2, S. 187-204.

MALETZKE, Gerhard (1963): Psychologie der Massenkommunikation. Theorie und Systematik. Hamburg: Hans-Bredow-Institut.

MALETZKE, Gerhard (1988): Massenkommunikationstheorien. Tübingen: Niemeyer. (*)

MALETZKE, Gerhard (1995): Kultur oder Unterhaltung - eine fragwürdige Alternative. in: Gerhard Malet-zke/Rüdiger Steinmetz (Hg.): Zeiten und Medien - Medienzeiten: Festschrift zum 60. Geburtstag von Karl Friedrich Reimers. Leipzig: Leipziger Universitätsverlag, S. 88-101.

MANCINI, Paolo (1986): Between Normative Research and Theory of Forms and Content: Italian Studies on Mass Communication. in: European Journal of Communication, Jg. 1, Heft 1, S. 97-115. (*)

MANCINI, Paolo/WOLF, Mauro (1990): Mass-Media Research in Italy: Culture and Politics. in: European Journal of Communication, Jg. 5, Heft 2-3, S. 187-205. (*)

MARCINKOWSKI, Frank (1993): Publizistik als autopoietisches System. Politik und Massenmedien. Eine sy-stemtheoretische Analyse. Opladen: Westdeutscher.

MATHIEN, Michel (1988): Une Approche des rapports médias er société. La systémique de la communication de masse. in: Communications, Jg. 14, Heft 3, S. 65-69. (*)

MATURANA, Humberto R. (1970): Biologie der Kognition. Original: Biology of Cognition, Urbana: Univer-sity of Illinois, übersetzt in: Humberto R. Maturana (1982): Erkennen: Die Organisation und Verkörpe-rung von Wirklichkeit, Braunschweig/Wiesbaden: Vieweg, S. 32-80.

MATURANA, Humberto R. (1972): Kognitive Strategien. Original: Cognitive strategies, unveröffentl. Manu-skript, übersetzt in: Humberto R. Maturana (1982): Erkennen: Die Organisation und Verkörperung von Wirklichkeit, Braunschweig/Wiesbaden: Vieweg, S. 297-318.

MATURANA, Humberto R. (1975): Die Organisation des Lebendigen: Eine Theorie der lebendigen Organis-men. Original:The organisation of the living: A theory of the living organisation. in: International Jour-nal of Man - Machine Studies, Heft 7, übersetzt in: Humberto R. Maturana (1982): Erkennen: Die Orga-nisation und Verkörperung von Wirklichkeit, Braunschweig/Wiesbaden: Vieweg, S. 138-156.

MATURANA, Humberto R. (1978): Biologie der Sprache: Die Epistemologie der Sprache. Original: Biology of language: the epistemology of reality. in: George A. Miller/Elizisabeth Lenneberg (Hg.): Psychology and Biology of Language and Thought. Essays in honor of Eric Lenneberg. New York: Academic Press, S. 27-63, übersetzt in: Humberto R. Maturana (1982): Erkennen: Die Organisation und Verkörperung von Wirklichkeit, Braunschweig/Wiesbaden: Vieweg, S. 236-271.

MATURANA, Humberto R. (1978a): Kognition. wieder abgedruckt in: Siegfried J. Schmidt (Hg.) (1987): Der Diskurs des Radikalen Konstruktivismus. Frankfurt a.M.: Suhrkamp. S. 89-118.

MATURANA, Humberto R. (1978b): Repräsentation und Kommunikation. Original: Representation and communication functions, Urbana: University of Illinois, übersetzt in: Humberto R. Maturana (1982): Erkennen: Die Organisation und Verkörperung von Wirklichkeit, Braunschweig/Wiesbaden: Vieweg, S. 272-296.

MATURANA, Humberto R. (1980): Man and Society. in: Frank Benseler/Peter M. Hejl/Wolfram K.Köck (Hg.): Autopoiesis, Communication, and Society. The Theory of Autopoietic Systems in the Social Sciences. Frankfurt/New York: Campus, S. 11-43.

MATURANA, Humberto R. (1982): Erkennen: Die Organisation und Verkörperung von Wirklichkeit. Braunschweig/Wiesbaden: Vieweg.

MATURANA, Humberto R. (1985): Biologie der Sozialität. in: DELFIN, Heft V, S. 6-14. wieder abgedruckt in: Siegfried J. Schmidt (Hg.) (1987): Der Diskurs des Radikalen Konstruktivismus. Frankfurt a.M.: Suhrkamp, S. 287-302.

MATURANA, Humberto R. (1986): Information - Mißverständnisse ohne Ende. in: DELFIN, Heft VII, S. 24-27.

MATURANA, Humberto R. (1988): Elemente einer Ontologie des Beobachtens. in: Hans-Ulrich Gumbrecht/Ludwig K. Pfeiffer (Hg.): Materialität der Kommunikation. Frankfurt a.M.: Suhrkamp, S. 830-845.

MATURANA, Humberto R. (1990): The Biological Foundation of Self Consciousness and the Physical Domain of Existenz. in: Niklas Luhmann/Humberto R. Maturana/Mikio Namiki/Volker Redder/Francisco J. Varela (Hg.): Beobachter: Konvergenz der Erkenntnistheorie? München: Wilhelm Fink Verlag, S. 47-117.

MATURANA, Humberto R. (²1993): The Origin of the Theory of Autopoietic Systems. in: Hans Rudi Fischer (Hg.): Autopoiesis. Eine Theorie im Brennpunkt. zweite korrigierte Auflage, Heidelberg: Carl Auer, S. 121-123.

MATURANA, Humberto R./URIBE, Gabriela/FRENK, Sammy G. (1968): Eine biologische Theorie der relativistischen Farbkodierung in der Primatenretina. Original: A biological theory of relativistic colour coding in the primate retina. Santiago: Universidad de Chile, übersetzt in: Humberto R. Maturana (1982): Erkennen: Die Organisation und Verkörperung von Wirklichkeit, Braunschweig/Wiesbaden: Vieweg, S. 88-137.

MATURANA, Humberto R./VARELA, Francisco J. (1975): Autopoietische Systeme: Eine Bestimmung der lebendigen Organisation. Original: Autopoietic Systems. A charakterization of the living organization, Urbana: University of Illinois, übersetzt in: Humberto R. Maturana (1982): Erkennen: Die Organisation und Verkörperung von Wirklichkeit, Braunschweig/Wiesbaden: Vieweg, S. 170-235.

MATURANA, Humberto R./VARELA, Francisco J. (1987): Der Baum der Erkenntnis. Bern: Scherz.

MATURANA, Humberto R./VARELA, Francisco J./FRENK, Sammy G. (1972): Größenkonstanz und das Problem der Wahrnehmungsräume. Original: Size constancy and the problem of perceptual space. in: Cognition, Jg. 1, Heft 1, S. 97-104, übersetzt in: Humberto R. Maturana (1982): Erkennen: Die Organisation und Verkörperung von Wirklichkeit, Braunschweig/Wiesbaden: Vieweg, S. 81-137.

MATURANA, Humberto R./VARELA, Francisco J./URIBE, R. (1975): Autopoiese: Die Organisation lebender Systeme, ihre nähere Bestimmung und ein Modell. Original: Autopoiesis: The organization of living systems, its charakterization and a model. in: Biosystems, Jg. 5, Heft 4, S. 187-196, übersetzt in: Humberto R. Maturana (1982): Erkennen: Die Organisation und Verkörperung von Wirklichkeit, Braunschweig/Wiesbaden: Vieweg, S. 157-169.

McCAIN, Thomas (1986): Patterns of Media Use in Europe: Identifying Country Clusters. in: European Journal of Communication, Jg. 1, Heft 2, S. 231-250.

McCombs, Maxwell (1994): News Influence on our Pictures of the World. in: Jennings Bryant/Dolf Zillmann (Hg.): Media Effects. Advances in Theory and Research. Hillsdale/Hove: Erlbaum, S. 1-16.

McLeod, Jack M./Brown, Jane Delano (1979): Familiale Kommunikationsmuster und die Fernsehnutzung Jugendlicher. in: Hertha Sturm/J. Ray Brown (Hg.): Wie Kinder mit dem Fernsehen umgehen. Nutzen und Wirkungen eines Mediums. Stuttgart: Klett-Cotta, S. 215-251.

McLeod, Jack M./Kosicki, Gerald M./McLeod, Douglas M. (1994): The Expanding Boundaries of Political Communication Effects. in: Jennings Bryant/Dolf Zillmann (Hg.): Media Effects. Advances in Theory and Research. Hillsdale/Hove: Erlbaum, S. 123-162.

McLeod, Jack M./Kosicki, Gerald M./Pan, Zhondang (1991): On Understanding and Misunderstanding Media Effects. in: James Curran/Michael Gurevitch (Hg.): Mass Media and Society. London/New York/ Melbourne/Auckland: Arnold, S. 235-266. (*)

McQuail, Denis (1984): With the benefit of hindsight: refelctions on uses and gratifications research. in: Critical Studies in Mass Communication, Jg. 1, Heft 2, S. 177-193.

McQuail, Denis (1997): Audience Analysis. London: Sage.

McQuail, Denis (^{2}1987): Mass Communication Theory. London: Sage.

McQuail, Denis/Blumler, Jay G./Brown, J. (1972): The television audience: A revised perspective. in: Denis McQuail (Hg.): Sociology of Mass Communications. Harmondsworth: Penguin, S. 135-165.

McQuail, Denis/Windahl, Sven (^{2}1993): Communication Models for the Study of Mass Communications. London/New York: Longman. (*)

Meadowcroft, Jeanne M./Zillmann, Dolf (1987): Women's Comedy Preferences During the Menstrual Cycle. in: Communication Research, Jg. 14, Heft 2, S. 204-218.

Mellor, Adrian (1992): Discipline and punish? Cultural studies at the crossroads. in: Media, Culture & Society, Jg. 14, Heft 4, S. 663-670.

Mendelsohn, Harold (1989): Socio-Psychological Construction and the Mass Communication Effects Dialectic. in: Communication Research, Jg. 16, Heft 6, S. 813-823. (*)

Merkert, Rainald (1991): Medien und Kommunikation. Einige Anmerkungen zum Abschluß des gleichnamigen Funkkollegs. in: Funk-Korrespondenz, Jg. 39, Heft 28, S. 15-16.

Merkert, Rainald (1991a): Warum so radikal? Zu den ersten zehn Studieneinheiten des Funkkollegs Medien und Kommunikation. in: Funk-Korrespondenz, Jg. 39, Heft 3, S. 11-13.

Merten, Klaus (1977): Kommunikation. Eine Begriffs- und Prozeßanalyse. Opladen: Westdeutscher.

Merten, Klaus (1990): Allmacht oder Ohnmacht der Medien? Erklärungsmuster der Medienwirkungsforschung. in: Deutsches Institut für Fernstudien (Hg.): Funkkolleg Medien und Kommunikation. Weinheim/Basel: Beltz, SB 9. S. 38-73.

Merten, Klaus (1990a): Inszenierung von Alltag. Kommunikation, Massenkommunikation, Medien. in: Deutsches Institut für Fernstudien (Hg.): Funkkolleg Medien und Kommunikation. Weinheim/Basel: Beltz, SB 1, S. 79-108.

Merten, Klaus (1990b): Unsere tägliche Wirklichkeit heute. in: Deutsches Institut für Fernstudien (Hg.): Funkkolleg Medien und Kommunikation. Weinheim/Basel: Beltz, SB 5. S. 11-40.

Merten, Klaus (1991): Artefakte der Medienwirkungsforschung: Kritik klassischer Annahmen. in: Publizistik, Jg. 36, Heft 1, S. 36-55.

Merten, Klaus (1992): Begriff und Funktion von Public Relations. in: pr magazin, Jg. 23, Heft 11, S. 35-46.

Merten, Klaus (1994): Evolution der Kommunikation. in: Klaus Merten/Siegfried J. Schmidt/Siegfried Weischenberg (Hg.): Die Wirklichkeit der Medien. Eine Einführung in die Kommunikationswissenschaft. Opladen: Westdeutscher, S. 141-162.

Merten, Klaus (1994a): Konvergenz der deutschen Fernsehprogramme. Eine Langzeituntersuchung 1980-1993. Münster/Hamburg: LIT.

Merten, Klaus (1994b): Wirkungen von Kommunikation. in: Klaus Merten/Siegfried J. Schmidt/Siegfried Weischenberg (Hg.): Die Wirklichkeit der Medien. Eine Einführung in die Kommunikationswissenschaft. Opladen: Westdeutscher, S. 291-328. (*)

MERTEN, Klaus (1995): Konstruktivismus als Theorie für die Kommunikationswissenschaft. Eine Einführung. in: Medien Journal, Jg. 19, Heft 4, S. 3-20.

MERTEN, Klaus (1995a): Konstruktivismus in der Wirkungsforschung. in: Siegfried J. Schmidt (Hg.): Empirische Literatur- und Medienforschung. Beobachtet aus Anlaß des 10jährigen Bestehens des LUMIS-Instituts 1994. Siegen: LUMIS, S. 72-86.

MERTEN, Klaus/SCHMIDT, Siegfried J./WEISCHENBERG, Siegfried (Hg.) (1994): Die Wirklichkeit der Medien. Eine Einführung in die Kommunikationswissenschaft. Opladen: Westdeutscher.

MERTEN, Klaus/WESTERBARKEY, Joachim (1994): Public Opinion und Public Relations. in: Klaus Merten/Siegfried J. Schmidt/Siegfried Weischenberg (Hg.): Die Wirklichkeit der Medien. Eine Einführung in die Kommunikationswissenschaft. Opladen: Westdeutscher, S. 188-211.

MEUTSCH, Dietrich (1987): Literatur verstehen. Eine empirische Studie. Braunschweig/Wiesbaden: Vieweg.

MEUTSCH, Dietrich (1990): Ein Bild sagt mehr als tausend Worte. Befunde zum Bildverstehen. in: Deutsches Institut für Fernstudien (Hg.): Funkkolleg Medien und Kommunikation. Weinheim/Basel: Beltz, SB 4, S. 45-83.

MEUTSCH, Dietrich/MÜLLER, Sabine (1987): Verständnis und Verständlichkeit von Fernsehen. in: Unterrichtswissenschaft, Jg. 15, Heft 3, S. 27-42.

MEYER, Benno (1994): Analyse und Kritik der Grundlagen der Luhmannschen Theorie sozialer Systeme aus der Sicht der allgemeinen Systemtheorie. Leipzig: Universität, Phil. Diss.

MEYROWITZ, Joshua (1990): Überall und nirgends dabei. Die Fernsehgesellschaft I. Weinheim/Basel: Beltz.

MEYROWITZ, Joshua (1990a): Wie Medien unsere Welt verändern. Die Fernsehgesellschaft II. Weinheim/Basel: Beltz.

MIKOS, Lothar (1991): Ein Medium thematisiert sich selbst. Die Konstruktionen des Funkkollegs „Medien und Kommunikation". in: Weiterbildung und Medien, Heft 3, S. 44-45.

MIKOS, Lothar (1994): Fernsehen im Erleben der Zuschauer. Vom lustvollen Umgang mit einem populären Medium. München: Quintessenz.

MIKUNDA, Christian (1990): Psychologie macht Dramaturgie. Ein Hoffnungsgebiet? in: Medienpsychologie, Jg. 2, Heft 4, S. 243-257.

MIKUNDA, Christian (1996): Der verbotene Ort oder die inszenierte Verführung: unwiderstehliches Marketing durch strategische Dramaturgie. Düsseldorf: Econ.

MIOT, Walter (1993): Medienforschung und Medienpraxis. Frankfurt a.M.: Deutsches Institut für Internationale Pädagogische Forschung. (*)

MODLESKI, Tania (1982a): Loving with a Vengeance: Mass-Produced Fantasies for women. Hamden: Archon Books.

MOLES, Abraham A./MATHIEN, Michel (1986): Théorie de la communication et modèled systémiques. in: Communications, Jg. 12, Heft 1, S. 105-117. (*)

MOORES, Shaun (1993): Interpreting Audience. London/Thousand Oaks/New Delhi: Sage.

MORLEY, David (1986): Family Television: Cultural Power and Domestic Leisure. London: Comedia.

MORLEY, David (1992): Populism, revisionism and the 'new' audience research. in: Poetics, Jg. 21, S. 329-344.

MOSCOVICI, Serge (1991): Silent majorities and loud minorities. in: Communication Yearbook, Jg. 14, S. 298-308.

NEALE, Steve (1990): Questions of Genre. in: Screen, Jg. 31, Heft 1, S. 45-66.

NEUMANN, Klaus/CHARLTON, Michael (1988): Massenkommunikation als Dialog. Zum aktuellen Diskussionsstand der handlungstheoretisch orientierten Rezeptionsforschung. in: Communications, Jg. 14, Heft 3, S.7-38. (*)

NEUMANN, Klaus/CHARLTON, Michael (1989): Massen- und Interpresonale Kommunikation im Alltag von Kind und Familie. Ergebnisse der Freiburger Längsschnittuntersuchung zur Medienrezeption von Kindern. in: Max Kaase/Winfried Schulz (Hg.): Massenkommunikation. Theorie, Methoden, Befunde. Opladen: Westdeutscher, S. 364-378.

NEUMANN, W. Russell (1991): The Future of the Mass Audience. Cambridge: Cambridge University Press. (*)

NEUMANN-BRAUN, Klaus (1993): Rundfunkunterhaltung. Zur Inszenierung publikumsnaher Kommunikationsereignisse. Tübingen: Narr.

NEWCOMB, Horace M. (1991): The Search for Media Meaning. in: Communication Yearbook, Jg. 14, S. 40-47.

NIGHTINGALE, Virginia (1996): Studying the Audiences. The Shock of the Real. London/New York: Routledge. (*)

NISBETT, Richard E./ROSS, Lee (1980): Human Inference: Strategies and Shortcomings of Social Judgment. Englewood Cliffs: Prentice-Hall.

NOELLE-NEUMANN, Elisabeth/SCHULZ, Winfried/WILKE, Jürgen (1989): Fischer Lexikon Publizistik Massenkommunikation. Frankfurt a.M.: Fischer. (*)

NOELLE-NEUMANN, Elisabeth/SCHULZ, Winfried/WILKE, Jürgen (1994): Fischer Lexikon Publizistik Massenkommunikation. Frankfurt a.M.: Fischer. (*)

NÜSE, Ralf/GROEBEN, Norbert/FREITAG, Burkhard/SCHREIER, Margit (1991): Über die Erfindung/en des radikalen Konstruktivismus. Kritische Gegenargumente aus psychologischer Sicht. Weinheim: Deutscher Studien Verlag.

OEVERMANN, U./ALLERT, T./KONAU, E/KRAMBECK, J. (1979): Die Methodologie einer ‚Objektiven Hermeneutik' und ihre allgemeine forschungslogische Bedeutung in den Sozialwissenschaften. in: Hans-Georg Soeffner (Hg.): Interpretative Verfahren in den Sozial- und Textwissenschaften. Stuttgart: Metzler, S. 352-434.

OEVERMANN, Ulrich (1986): Kontroversen über sinnverstehende Soziologie. in: Stefan Aufenanger/M. Lensen (Hg.): Handlung und Sinnstruktur. Bedeutung und Anwendung der objektiven Hermeneutik. München: Kindt, S. 19-83.

ORTONY, Andrew/CORE, Gerald L. /COLLINS, Allan (1988): The cognitive structure of emotions. Cambridge/New York/Port Chester/Melbourne/Sydney: Cambridge University Press.

PALMGREEN, Philip (1984): Der „Uses and Gratifications Approach". Theoretische Perspektiven und praktische Relevanz. in: Rundfunk und Fernsehen, Jg. 32, Heft 1, S. 51-62.

PALMGREEN, Philip/RAYBURN II, J.D. (1985): An Expectancy-Value Approach to Media Gratifications. in: Karl Erik Rosengren/Lawrence A. Wenner/Philip Palmgreen (Hg.): Media Gratifications Research. Current Perspectives. Beverly Hills/London/New Delhi: Sage, S. 61-72.

PAN, Zhongdang/KOSICKI, Gerald M. (1993): Framing analysis: An approach to news discourse. in: Political Communication, Jg. 10, Heft 1, S. 55-76.

PETERSON, Richard A. (1992): Understanding audience segmentation: From elite and mass to omnivore and univore. in: Poetics, Jg. 21, S. 243-258.

PETTY, Richard E./CACIOPPO, John T. (1986): Communicaton and Persuasion: Central and Peripheral Routes to Attitude Change. New York/Berlin/Heidelberg/London/Paris/Tokyo: Springer.

PETTY, Richard E./PRIESTER, Jospeh R. (1994): Mass Media Attitude Change: Implications of the Elaboration Likelihood Model of Persuasion. in: Jennings Bryant/Dolf Zillmann (Hg.): Media Effects. Advances in Theory and Research. Hillsdale/Hove: Erlbaum, S. 91-122.

PETTY, Richard E./SCHUMANN, David W./RICHMAN, Steven A./STRATHMAN, Alan J. (1993): Positive Mood and Persuasion: Different roles of affect under high- and low-elaboration conditions. in: Journal of Personality and Social Psychology, Jg. 64, Heft 1, S. 5-20.

PFEIFFER, K. Ludwig (1988): Materialität der Kommunikation? in: Hans-Ulrich Gumbrecht/Ludwig K. Pfeiffer (Hg.): Materialität der Kommunikation. Frankfurt a.M.: Suhrkamp, S. 15-28.

PIETILÄ, Veikko/MALMBERG, Tarmo/NORDENSTRENG, Kaarle (1990): Theoretical Convergences and Contrasts: A View from Finland. in: European Journal of Communication, Jg. 5, Heft 2-3, S. 165-185. (*)

PINGREE, Suzanne (1983): Children's Cognitive Processes in Constructing Social Reality. in: Journalism Quaterly, Jg. 60, Heft 3, S. 415-422. (*)

PINGREE, Suzanne/HAWKINS, Robert P./JOHNSSON-SMARAGDI, Ulla/ROSENGREN, Karl-Erik/REYNOLDS, Nancy (1991): Television Structures and Adolescent Viewing Patterns: A Swedish-American Comparison. in: European Journal of Communication, Jg. 6, Heft 4, S. 417-440. (*)

POTTER, James W./COOPER, Roger/DUPAGNE, Michael (1993): The Three Paradigms of Mass Media Research in Mainstream Communication Journals. in: Communication Theory, Jg. 3, Heft 4, S. 317-335. (*)

POTTER, James W./COOPER, Roger/DUPAGNE, Michael (1995): Is Media Research Scientific? Reply to Spark's Critique. in: Communication Theory, Jg. 5, Heft 3, S. 280-285.

PRICE, Vincent/RITCHIE, L. David/EULAU, Heinz (1991): Cross-Level Challenges for Communication Research. Epilogue. in: Communication Research, Jg. 18, Heft 2, S. 262-271. (*)

PROKOP, Dieter (Hg.) (1973): Massenkommunikationsforschung. Bd. 2 Konsumtion. Frankfurt a.M.: Fischer.

PROKOP, Dieter (Hg.) (1985): Medienforschung. Bd. II: Wünsche, Zielgruppen, Wirkungen. Frankfurt a.M.: Fischer.

PROTT, Jürgen (1994): Ökonomie und Organisation der Medien. in: Klaus Merten/Siegfried J. Schmidt/Siegfried Weischenberg (Hg.): Die Wirklichkeit der Medien. Eine Einführung in die Kommunikationswissenschaft. Opladen: Westdeutscher, S. 481-505.

PÜRER, Heinz (⁵1993): Einführung in die Publizistikwissenschaft. München: Ölschläger. (*)

RADWAY, Janice A. (1987): Reading the Romance. Women, Patriarchy, and Popular Literature. London/New York: Verso.

RAPP, Uri (1973): Handeln und Zuschauen. Darmstadt: Luchterhand.

REEVES, Byron/ANDERSON, Daniel R. (1991): Media Studies and Psychology. in: Communication Research, Jg. 18, Heft 5, S. 597-600. (*)

REEVES, Byron/THORSON, Esther (1986): Watching Television. Experiments on the Viewing Process. in: Communication Research, Jg. 13, Heft 3, S. 343-361. (*)

REEVES, Byron/THORSON, Esther/SCHLEUDER, Joan (1986): Attention to Television: Psychological Theories and Chronometric Measures. in: Jennings Bryant/Dolf Zillmann (Hg.): Perspectives on Media Effects. Hillsdale/London: Erlbaum, S. 251-279. (*)

REIMANN, Horst (1993): Kommentar zu Klaus Krippendorff. in: Günter Bentele/Manfred Rühl (Hg.): Theorien öffentlicher Kommunikation. München: Ölschläger, S. 56-58.

RENCKSTORF, Karsten (1973): Alternative Ansätze der Massenkommunikationsforschung: Wirkungs- vs. Nutzenansatz. in: Rundfunk und Fernsehen, Jg. 21, Heft 2-3, S. 183-197.

RENCKSTORF, Karsten (1977): Neue Perspektiven in der Massenkommunikationsforschung. in: Karsten Renckstorf: Neue Perspektiven in der Massenkommunikationsforschung. Beiträge zur Begründung eines alternativen Forschungsansatzes. Berlin: Volker Spiess, S. 7-59.

RENCKSTORF, Karsten (1980): Nachrichtensendungen im Fernsehen (1): Zur Wirkung von Darstellungsformen in Fernsehnachrichten. Berlin:

RENCKSTORF, Karsten (1989): Mediennutzung als soziales Handeln. Zur Entwicklung einer handlungstheoretischen Perspektive der empirischen (Massen-)Kommunikationsforschung. in: Max Kaase/Winfried Schulz (Hg.): Massenkommunikation. Theorie, Methoden, Befunde. Opladen: Westdeutscher, S. 314-336

RENCKSTORF, Karsten (1996): Media use as social action: a theoretical perspective. in: Karsten Renckstorf/Denis McQuail/Nicholas Jankowski (Hg.): Media Use as Social Action. An European Approach to Audience Studies. London: Libbey, S. 18-31.

RENCKSTORF, Karsten/HENDRIKS VETTEHEN, Paul (1996): Non-viewers in The Netherlands. in: Karsten Renckstorf/Denis McQuail/Nicholas Jankowski (Hg.): Media Use as Social Action. An European Approach to Audience Studies. London: Libbey, S. 71-86.

RENCKSTORF, Karsten/MCQUAIL, Denis (1996): Social Action Perspectives in Mass Communication Research. in: Communications, Jg. 21, Heft 1, S. 5-26. (*)

RENCKSTORF, Karsten/MCQUAIL, Denis (1996a): Social action perspectives in mass communication research: an introduction. in: Karsten Renckstorf/Denis McQuail/Nicholas Jankowski (Hg.): Media Use as Social Action. An European Approach to Audience Studies. London: Libbey, S. 1-17.

RENCKSTORF, Karsten/MCQUAIL, Denis/JANKOWSKI, Nicholas (Hg.) (1996): Media Use as Social Action. A European Approach to Audience Studies. London: Libbey. (*)

RENCKSTORF, Karsten/TEICHERT, Will (Hg.) (1984): Empirische Publikumsforschung. Fragen der Medienpraxis - Antworten der Medienwissenschaft. Hamburg: Hans-Bredow-Institut.

RENCKSTORF, Karsten/WESTER, Fred (1992): Die handlungstheoretische Perspektive empirischer (Massen-) Kommunikationsforschung. Theoretischer Ansatz, methodische Implikationen und forschungspraktische Konsequenzen. in: Communications, Jg. 17, Heft 2, S. 177-195.

RICE, Ronald E./ATKIN, Charles (1994): Principles of Successful Public Communication Campaigns. in: Jennings Bryant/Dolf Zillmann (Hg.): Media Effects. Advances in Theory and Research. Hillsdale/Hove: Erlbaum, S. 365-387.

RICHARDS, John/GLASERSFELD, Ernst von (1984): Die Kontrolle von Wahrnehmung und die Konstruktion von Realität. Erkenntnistheoretische Aspekte des Rückkoppelungs-Kontroll-Systems. in: DELFIN, Heft III, S. 4-25, wieder abgedruckt in: Siegfried J. Schmidt (Hg.) (1987): Der Diskurs des Radikalen Konstruktivismus. Frankfurt a.M.: Suhrkamp, S. 192-228.

RIEDEL, Hergen (1990): Zur Erforschung von Wirkungen. Über den kritischen Rationalismus in der Sozialwissenschaft und dessen Adaption in der Medienwirkungsforschung der Bundesrepublik Deutschland. Frankfurt a.M./Bern/New York/Paris: Lang. (*)

RIEGAS, Volker (1990): Glossar. in: Volker Riegas/Christian Vetter (Hg.): Zur Biologie der Kognition. Ein Gespräch mit Humberto R. Maturana und Beiträge zur Diskussion seines Werkes. Frankfurt a.M.: Suhrkamp, S. 329-337.

RIEGAS, Volker/VETTER, Christian (Hg.) (1990): Zur Biologie der Kognition. Ein Gespräch mit Humberto R. Maturana und Beiträge zur Diskussion seines Werkes. Frankfurt a.M.: Suhrkamp.

RIEGAS, Volker/VETTER, Christian (1990): Gespräch mit Humberto R. Maturana. in: Volker Riegas/Christian Vetter (Hg.): Zur Biologie der Kognition. Ein Gespräch mit Humberto R. Maturana und Beiträge zur Diskussion seines Werkes. Frankfurt a.M.: Suhrkamp, S. 11-90.

RILEY, John W./RILEY, Mathilda W. (1951): A Sociological Approach to Communication Research. in: Public Opinion Quaterly, Jg. 15, Heft 3, S. 444-450.

RILEY, John W./RILEY, Mathilda W. (1959): Mass Communication and Social Systems. in: Robert K. Merton/Leonard Broom/Leonard S. Cottrell (Hg.): Sociology Today: Problems and Prospects New York: Basic Books, S. 537-578.

RÍO, Pablo del (1995): Some Effects of Media on Representation: A Line of Reserach. in: Peter Winterhoff-Spurk (Hg.): Psychology of Media in Europe. The State of the Art - Perspectives for the Future. Opladen: Westdeutscher, S. 175-186. (*)

RÍO, Pablo del/ALVAREZ, Amelia (1995): Tossing, praying, and thinking: the changing architectures of mind and agency. in: James V. Wertsch/Pablo del Río/Amelia Alvarez (Hg.): Sociocultural Studies of Mind. Cambridge: Cambridge University Press, S. 215-247.

ROBERTS, Donald F./BACHEN, Christine M. (1981): Mass Communication Effects. in: Annual Review of Psychology Jg. 32, S. 307-356.

ROE, Keith (1987): Culture and Media Research. in: The Nordicom Review of Nordic Mass Communication Research, Heft 2, S. 9-12.

ROGERS, Everett M./KINCAID, D. Lawrence (1981): Communication Networks. Toward a New Paradigm for Research. New York/London: Free Press.

ROGGE, Jan Uwe (1995): „Das hätte es früher nicht gegeben" - Anmerkungen zur Generationsspezifik in der Medienaneignung. in: Gerhard Maletzke/Rüdiger Steinmetz (Hg.): Zeiten und Medien - Medienzeiten: Festschrift zum 60. Geburtstag von Karl Friedrich Reimers. Leipzig: Leipziger Universitätsverlag, S. 125-133.

ROLF, Nina (1995): Special Interest-Zeitschriften. Münster/Hamburg: LIT.

RONGE, Volker (1984): Massenmedienkonsum und seine Erforschung - eine Polemik gegen „Uses and Gratifications". in. Rundfunk und Fernsehen, Jg. 32, Heft 1, S. 73-82.

RONGE, Volker (1987): Mediennutzung versus personale Kommunikation. Grenzen der Prägung der sozialen Kommunikation durch Massenmedien. in: Rundfunk und Fernsehen, Jg. 35, Heft 4, S. 461-477. (*)

RONNEBERGER, Franz (1971): Sozialisation durch Massenkommunikation. in: Franz Ronneberger (Hg.): Sozialisation durch Massenkommunikation. Stuttgart: Ferdinand Enke, S. 32-101.

RONNEBERGER, Franz (1991): Medienforschung und Medienentwicklung von der Nachkriegszeit bis heute. in: Rundfunk und Fernsehen, Jg. 39, Heft 1, S. 7-16. (*)

RONNEBERGER, Franz/RÜHL, Manfred (1992): Theorie der Public Relation. Opladen: Westdeutscher.

RÖPER, Horst (1994): Das Mediensystem der Bundesrepublik Deutschland. in: Klaus Merten/Siegfried J. Schmidt/Siegfried Weischenberg (Hg.): Die Wirklichkeit der Medien. Eine Einführung in die Kommunikationswissenschaft. Opladen: Westdeutscher, S. 506-543.

ROS, Arno (1983): Die genetische Epistemologie Jean Piagets: Resultate und offene Probleme. Tübingen: Mohr.

ROS, Arno (1994): „Konstruktion" und „Wirklichkeit". Bemerkungen zu einigen erkenntnistheoretischen Grundannahmen des Radikalen Konstruktivismus. in: Gebhard Rusch/Siegfried J. Schmidt (Hg.): Piaget und der Radikale Konstruktivismus. DELFIN 1994. Frankfurt a.M.: Suhrkamp, S. 176-213.

ROSCOE, Jane/MARSHALL, Harriette/GLEESON, Kate (1995): The Television Audience: A Reconsideration of the Taken-for-granted Terms 'Active', 'Social' and 'Critical'. in: European Journal of Communication, Jg. 10, Heft 1, S. 87-108 (*)

ROSENGREN, Karl Erik (1974): Uses and Gratifications: A Paradigm Outlined. in: Jay G. Blumler/Elihu Katz (Hg.): The Uses of Mass Communications. Current Perspectives on Gratification Research. Beverly Hills/London: Sage, S. 269-286.

ROSENGREN, Karl Erik (1989): Media Use in Childhood und Adolescence: Invariant Change? Some Results from a Swedish Research Program. Lund: Universitet.

ROSENGREN, Karl Erik (1989a): Paradigms Lost and Regained. in: Brenda Dervin/Lawrence Grossberg/ Barbara O'Keefe/Ellen Wartella (Hg.): Rethinking Communication, Volume 1 Paradigm Issues. Newbury Park/London/New Delhi: Sage, S. 21-39. (*)

ROSENGREN, Karl Erik (1992): Audience research: Back to square one - At a higher level of insight. in: Poetics, Jg. 21, S. 239-241.

ROSENGREN, Karl Erik (1995): Substantive Theories and Formal Models - Bourdieu Confronted. in: European Journal of Communication, Jg. 10, Heft 1, S. 7-39.

ROSENGREN, Karl Erik (1995a): Three Perspectives on Media and Communication Studies in Europe. in: Peter Winterhoff-Spurk (Hg.): Psychology of Media in Europe. The State of the Art - Perspectives for the Future. Opladen: Westdeutscher, S. 15-29.

ROSENGREN, Karl Erik (1996): Review Article. Klaus Bruhn Jensen, The Social Semiotics of Mass Communication. London: Sage, 1995. in: European Journal of Communication, Jg. 11, Heft 1, S. 129-141.

ROSENGREN, Karl Erik (1989): Paradigms Lost and Regained. in: Brenda Dervin/Lawrence Grossberg/Barbara O'Keefe/Ellen Wartella (Hg.): Rethinking Communication, Volume 1 Paradigm Issues. Newbury Park/London/New Delhi: Sage, S. 21-39.

ROSENGREN, Karl Erik/WINDAHL, Sven (1972): Funktionale Aspekte bei der Nutzung der Massenmedien. in: Gerhard Maletzke: Einführung in die Massenkommunikationsforschung. Berlin: Spiess, S. 169-185.

ROSENGREN, Karl, Erik/WENNER, Lawrence A./PALMGREEN, Philip (Hg.) (1985): Media Gratifications Research. Current Perspectives. Beverly Hills/London/New Delhi: Sage.

ROSS, Sven (1993): Television and Interpretation of Class: Some Preliminary Findings. Trondheim: Manuskript des Vortrags präsentiert im Rahmen der XI Nordiska konferensen för masskommunikationsforskning, Trondheim, 8. - 11. August 1993, Gruppe 4B.

ROTH, Gerhard (1981): Biological Systems Theory and the Problem of Reductionism. in: Gerhard Roth/Helmut Schwegler (Hg.): Self-Organizig Systems. An Interdisciplinary Approach. Frankfurt/New York: Campus, S. 106-120.

ROTH, Gerhard (1984): Erkenntnis und Realität: Das reale Gehirn und seine Wirklichkeit. in: Gerhard Pas-
ternack (Hg.): Erklären. Verstehen. Begründen. Bremen: Zentrum Philosophischer Grundlagen der Wissenschaften Universität Bremen, S. 87-109, wieder abgedruckt in: Siegfried J. Schmidt (Hg.) (1987):
Der Diskurs des Radikalen Konstruktivismus. Frankfurt a.M.: Suhrkamp. S. 229-255.

ROTH, Gerhard (1986): Autopoiese und Kognition: Die Theorie H.R. Maturanas und die Notwendigkeit ihrer Weiterentwicklung. in: Günter Schiepek (Hg.): Systemische Diagnostik in der klinischen Psychologie. Weinheim/Basel: Beltz, S. 256-286., wieder abgedruckt in: Siegfried J. Schmidt (Hg.) (1987): Der
Diskurs des Radikalen Konstruktivismus. Frankfurt a.M.: Suhrkamp, S. 256-286.

ROTH, Gerhard (1988): Wissenschaftlicher Rationalismus und holistische Weltdeutung. in: Gerhard Paster-
nack (Hg.): Rationalität und Wissenschaft. Bremen: Zentrum Philosophische Grundlagen der Wissenschaft, S. 81-95.

ROTH, Gerhard (1992): Das konstruktive Gehirn: Neurobiologische Grundlagen von Wahrnehmung und Erkenntnis. in: Siegfried J. Schmidt (Hg.): Kognition und Gesellschaft. Der Diskurs des Radikalen Konstruktivismus 2. Frankfurt a.M.: Suhrkamp, S. 277-337.

ROTH, Gerhard/SCHWEGLER, Helmut (1992): Kognitive Referenz und Selbstreferentialität des Gehirns. Ein
Beitrag zur Klärung des Verhältnisses zwischen Erkenntnistheorie und Hirnforschung. in: Hans Jörg
Sandkühler (Hg.): Wirklichkeit und Wissen. Realismus, Antirealismus und Wirklichkeits-Konzeptionen
in Philosophie und Wissenschaften. Frankfurt a.M./Berlin/Bern/New York/Paris/Wien: Peter Lang, S.
105-117.

ROTH, Gerhard/SCHWEGLER, Helmut (Hg.) (1981): Self-organizig Systems. An Interdisciplinary Approach.
Frankfurt/New York: Campus.

RUBIN, Alan M. (1984): Ritualized and Instrumental Television Viewing. in: Journal of Communication, Jg.
34, Heft 3, S. 67-77.

RUBIN, Alan M. (1986): Uses, Gratifications, and Media Effects Research. in: Jennings Bryant/Dolf Zillmann (Hg.): Perspectives on Media Effects. Hillsdale/London: Erlbaum, S. 281-301. (*)

RUBIN, Alan M. (1994): Media Uses and Effects: A Uses-And-Gratifications Perspective. in: Jennings Bry-
ant/Dolf Zillmann (Hg.): Media Effects. Advances in Theory and Research. Hillsdale/Hove: Erlbaum, S.
417-436. (*)

RUBIN, Alan M./PERSE, Elizabeth M. (1987): Audience Activity and Soap Opera Involvements: A Uses and
Effects Investigation. in: Human Communication Research, Jg. 14, Heft 2, S. 246-268.

RUBIN, Alan M./PERSE, Elizabeth M. (1987a): Audience Activity and Television News Gratifications. in:
Communication Reserach, Jg. 14, Heft 1, S. 58-84.

RUBIN, Alan M./WINDAHL, Sven (1986): The uses and dependency model of mass communication. in: Critical Studies in Mass Communication, Jg. 3, S. 184-199.

RÜHL, Manfred (1980): Journalismus und Gesellschaft. Bestandsaufnahme und Theorieentwurf. Mainz: Hase und Koehler.

RÜHL, Manfred (Hg.) (1987): Kommunikation und Erfahrung. Wege anwendungsbezogener Kommunikationsforschung. Erlangen: Verlag der Kommunikationswissenschaftlichen Forschungsvereinigung. (*)

RÜHL, Manfred (1989): Organisatorischer Journalismus. Tendenzen der Redaktionsforschung. in: Max Kaa-
se/Winfried Schulz (Hg.): Massenkommunikation. Theorie, Methoden, Befunde. Opladen: Westdeutscher, S. 253-269.

RÜHL, Manfred (1992): Public Relations ist, was Public Relations tut. in: pr magazin, Jg. 23, Heft 4, S. 35-
46.

RÜHL, Manfred (1992a): Theorie des Journalismus. in: Roland Burkart/Walter Hömberg (Hg.): Kommunikationstheorien. Ein Textbuch zur Einführung. Wien: Braumüller, S. 117-133.

RÜHL, Manfred (1993): Kommunikation und Öffentlichkeit. Schlüsselbegriffe zur kommunikationswissenschaftlichen Rekonstruktion der Publizistik. in: Günter Bentele/Manfred Rühl (Hg.): Theorien öffentlicher Kommunikation. München: Ölschläger, S. 77-102.

RÜHL, Manfred (1993a): Marktpublizistik. Oder: Wie alle - reihum - Presse und Rundfunk bezahlen. in:
Publizistik, Jg. 38, Heft 2, S. 125-152.

RÜHL, Manfred (1996): Systemtheoretische Erkenntnisgrenzen. Zum Aufsatz von Alexander Görke und Matthias Kohring „Unterschiede, die Unterschiede machen. Neuere Theorieentwürfe zu Publizistik, Massenmedien und Journalismus". in: Publizistik, Jg. 41, Heft 2, S. 225-227.

RÜHL, Manfred (²1979): Die Zeitungsredaktion als organisiertes soziales System. Fribourg: Universitätsverlag.

RUHRMANN, Georg (1989): Rezipient und Nachricht. Struktur und Prozeß der Nachrichtenrekonstruktion. Opladen: Westdeutscher.

RUHRMANN, Georg (1994): Ereignis, Nachricht und Rezipient. in: Klaus Merten/Siegfried J. Schmidt/Siegfried Weischenberg (Hg.): Die Wirklichkeit der Medien. Eine Einführung in die Kommunikationswissenschaft. Opladen: Westdeutscher, S. 237-256.

RUSCH, Gebhard (1983): Autopoiese, Literatur, Wissenschaft. Was die Kognitionstheorie für die Literaturwissenschaft besagt. in: Siegener Studien 1983/84, Bd. 35, S. 20-44, wieder abgedruckt in: Siegfried J. Schmidt (Hg.) (1987): Der Diskurs des Radikalen Konstruktivismus. Frankfurt a.M.: Suhrkamp, S. 374-400.

RUSCH, Gebhard (1987): Cognition, Media Use, Genres. in: Poetics, Jg. 16, S. 431-469.

RUSCH, Gebhard (1987a): Erkenntnis - Wissenschaft - Geschichte. Von einem konstruktivistischen Standpunkt. Frankfurt a.M.: Suhrkamp.

RUSCH, Gebhard (1987b): Kognition, Mediennutzung, Gattungen. in: Siegener Periodicum zur Internationalen Empirischen Literaturwissenschaft, Jg. 6, Heft 2, S. 227-272.

RUSCH, Gebhard (1990): Verstehen verstehen. in: Deutsches Institut für Fernstudien (Hg.): Funkkolleg Medien und Kommunikation. Weinheim/Basel: Beltz, SB 4, S. 11-44.

RUSCH, Gebhard (1991): Zur Systemtheorie und Phänomenologie von Literatur. Eine holistische Perspektive. in: Siegener Periodicum zur Internationalen Empirischen Literaturwissenschaft, Jg. 10, Heft 2, S. 305-339.

RUSCH, Gebhard (1991a): Zuschrift zu FK3: „Warum so radikal? Funkkolleg Medien und Kommunikation". in: Funk-Korrespondenz, Jg. 39, Heft 12, S. 8-9.

RUSCH, Gebhard (1992): Auffassen, Begreifen und Verstehen. Neue Überlegungen zu einer konstruktivistischen Theorie des Verstehens. in: Siegfried J. Schmidt (Hg.): Kognition und Gesellschaft. Der Diskurs des Radikalen Konstruktivismus 2. Frankfurt a.M.: Suhrkamp, S. 214-256.

RUSCH, Gebhard (1993): Fernsehgattungen in der Bundesrepublik Deutschland. Kognitive Strukturen im Handeln mit Medien. in: Knut Hickethier (Hg.): Institution, Technik und Programm. Rahmenaspekte der Programmgeschichte des Fernsehens, München: Wilhelm Fink, (Geschichte des Fernsehens in der Bundesrepublik Deutschland, Bd. 1), S. 289-321.

RUSCH, Gebhard (1993a): Literatur in der Gesellschaft. in: Siegfried J. Schmidt (Hg.): Literaturwissenschaft und Systemtheorie. Positionen, Kontroversen, Perspektiven. Opladen: Westdeutscher, S. 170-193.

RUSCH, Gebhard (1994): Kommunikation und Verstehen. in: Klaus Merten/Siegfried J. Schmidt/Siegfried Weischenberg (Hg.): Die Wirklichkeit der Medien. Eine Einführung in die Kommunikationswissenschaft. Opladen: Westdeutscher, S. 60-78.

RUSCH, Gebhard (1995): Zur Genese kognitiver Fernsehnutzungs-Schemata. Entwicklung und Struktur von Gattungsschemata im Vorschulalter. Siegen: LUMIS.

RUSCH, Gebhard (1996): Konstruktivismus. Ein epistemologisches Selbstbild. in: Deutsche Vierteljahres Schrift für Literaturwissenschaft und Geistesgeschichte, Jg. 70, Heft 2, S. 322-345.

RUSCH, Gebhard/GROßMANN, Brit (1998): Mediengattungstheorie Fernsehen. Fernsehgattungen in der Bundesrepublik Deutschland. Teil 1: Bericht über die Erhebung und Auswertung der empirischen Daten. Manuskript, voraussichtliche Veröffentlichung in den LUMIS-Schriften Sonderreihe, Siegen.

RUSCH, Gebhard/GROßMANN, Brit (1998a): Mediengattungstheorie Fernsehen. Fernsehgattungen in der Bundesrepublik Deutschland. Teil 2: Tabellenband zum Bericht über die Erhebung und Auswertung der empirischen Daten. Manuskript, voraussichtliche Veröffentlichung in den LUMIS-Schriften Sonderreihe, Siegen.

RUSCH, Gebhard/HAUPTMEIER, Helmut (1988): Projektbericht Mediengattungstheorie. Siegen: Universität, sfb 240.

RUSCH, Gebhard/SCHMIDT, Siegfried J. (1992): Konstruktivismus: Geschichte und Anwendung. DELFIN 1992. Frankfurt a.M.: Suhrkamp.

RUSCH, Gebhard/SCHMIDT, Siegfried J. (Hg.) (1994): Konstruktivismus und Sozialtheorie. DELFIN 1993. Frankfurt a.M.: Suhrkamp.

RUSCH, Gebhard/SCHMIDT, Siegfried J. (Hg.) (1994a): Piaget und der Radikale Konstruktivismus. DELFIN 1994. Frankfurt a.M.: Suhrkamp.

RYDIN, Ingegerd (1995): Children and Media Psychology in Sweden. Examples from Empirical Work. in: Peter Winterhoff-Spurk (Hg.): Psychology of Media in Europe. The State of the Art - Perspectives for the Future. Opladen: Westdeutscher, S. 151-161.

SALMON, Charles T. (1986): Message Discrimination and the Information Environment. in: Communication Research, Jg. 13, Heft 3, S. 363-372. (*)

SALOMON, Gavriel/LEIGH, Tamar (1984): Predispositions about Learning from Print and Television. in: Journal of Communication, Jg. 34, Heft 2, S. 119-135.

SANDKÜHLER, Hans Jörg (Hg.) (1990): Europäische Enzyklopädie zu Philosophie und Wissenschaften, Bd. 1. Hamburg: Felix Meiner.

SANDKÜHLER, Hans Jörg (1991): Die Wirklichkeit des Wissens. Geschichtliche Einführung in die Epistemologie und Theorie der Erkenntnis. Frankfurt a.M.: Suhrkamp.

SANDKÜHLER, Hans Jörg (Hg.) (1991a): Wirklichkeit und Wissen. Bremen Zentrum Philosophische Grundlagen der Wissenschaft.

SANDKÜHLER, Hans Jörg (Hg.) (1992): Wirklichkeit und Wissen. Realismus, Antirealismus und Wirklichkeits-Konzeptionen in Philosophie und Wissenschaften. Frankfurt a.M./Berlin/Bern/New York/Paris/Wien: Peter Lang.

SAXER, Ulrich (1987): Medienwirkungsforschung und Erfahrung. in: Manfred Rühl (Hg.): Kommunikation und Erfahrung. Wege anwendungsbezogener Kommunikationsforschung. Erlangen: Verlag der Kommunikationswissenschaftlichen Forschungsvereinigung, S. 67-114. (*)

SAXER, Ulrich (1988): Zur Sozialisationsperspektive in der Publizistik-/Kommunikationswissenschaft. in: Publizistik, Jg. 33, Heft 2-3, S. 197-222. (*)

SAXER, Ulrich (1991): Medien als problemlösende Systeme. Die Dynamik der Rezeptionsmotivation aus funktional-struktureller Sicht. in: Siegener Periodicum zur Internationalen Empirischen Literaturwissenschaft, Jg. 10, Heft 1, S. 45-79.

SAXER, Ulrich (1992): Systemtheorie und Kommunikationswissenschaft. in: Roland Burkart/Walter Hömberg (Hg.): Kommunikationstheorien. Ein Textbuxh zur Einführung. Wien: Braumüller, S. 91-110.

SAXER, Ulrich (1992a): Thesen zur Kritik des Konstruktivismus. in: Communicatio Socialis, Jg. 25, Heft 2, S. 178-183.

SAXER, Ulrich (1993): Basistheorien und Theorienbasis in der Kommunikationswissenschaft: Theorienchaos und Chaostheorie. in: Günter Bentele/Manfred Rühl (Hg.): Theorien öffentlicher Kommunikation. München: Ölschläger, S. 175-187.

SAXER, Ulrich (1993a): Fortschritt als Rückschritt? Konstruktivismus als Epistemologie einer Medientheorie. in: Günter Bentele/Manfred Rühl (Hg.): Theorien öffentlicher Kommunikation. München: Ölschläger, S. 65-73.

SAXER, Ulrich/LANGENBUCHER, Wolfgang/FRITZ, Angela (1989): Kommunikationsverhalten und Medien. Lesen in der modernen Gesellschaft. Eine Studie der Bertelsmann Stiftung. Gütersloh: Bertelsmann Stiftung.

SCHAFF, Adam (1973): Einführung in die Semantik. Reinbek: Rowohlt.

SCHANK, Roger C. (1982): Dynamic memory: A theory of reminding and learning in computers and people. Cambridge: Cambridge University Press.

SCHEELE, Brigitte (1990): Emotionen als bedürfnisrelevante Bewertungszustände. Grundriß einer epistemologischen Emotionstheorie. Tübingen: Francke.

SCHEFFER, Bernd (1990): Wie wir erkennen. Die soziale Konstruktion von Wirklichkeit im Individuum. in: Deutsches Institut für Fernstudien (Hg.): Funkkolleg Medien und Kommunikation. Weinheim/Basel: Beltz, SB 2, S. 46-81.

SCHEFFER, Bernd (1992): Interpretation und Lebensroman. Zu einer konstruktivistischen Literaturtheorie. Frankfurt a.M.: Suhrkamp.

SCHEITHAUER, Ingrid (1990): Theorie-Diskussion. in: Journalist, Heft 5, S. 46-47.

SCHENK, Michael (1984): Soziale Netzwerke und Kommunikation. Tübingen: Mohr.

SCHENK, Michael (1987): Medienwirkungsforschung. Tübingen: Mohr. (*)

SCHENK, Michael (1989): Perspektiven der Werbewirkungsforschung. in: Rundfunk und Fernsehen, Jg. 37, Heft 4, S. 447-457.

SCHENK, Michael (1994): Schutzschild. Öffentliche Meinung und soziale Netzwerke. in: Wolfgang Wunden (Hg.): Öffentlichkeit und Kommunikationskultur. Hamburg/Stuttgart: Steinkopf, S. 79-91.

SCHENK, Michael (1995): Soziale Netzwerke und Massenmedien. Untersuchungen zum Einfluß der persönlichen Kommunikation. Tübingen: Mohr. (*)

SCHENK, Michael (1997): Massenkommunikation und ihre Wirkungen. in: Hermann Fünfgeld/Claudia Mast (Hg.): Massenkommunikation. Ergebnisse und Perspektiven. Opladen: Westdeutscher, S. 155-168. (*)

SCHENK, Michael/DONNERSTAG, Joachim/HÖFLICH, Joachim (1990): Wirkungen der Werbekommunikation. Köln/Wien: Böhlau.

SCHERNER, Maximilian (1984): Sprache als Text. Tübingen: Niemeyer.

SCHMIDT, Siegfried J. (1980): Grundriß der Empirischen Literaturwissenschaft. Bd. 1. Braunschweig/Wiesbaden: Vieweg.

SCHMIDT, Siegfried J. (1982): Grundriß der Empirischen Literaturwissenschaft. Bd. 2. Braunschweig/Wiesbaden: Vieweg.

SCHMIDT, Siegfried J. (1986): Texte Verstehen - Texte Interpretieren. in: Achim Eschbach (Hg.): Perspektiven des Verstehens. Bochum: Brockmeyer, S. 75-103.

SCHMIDT, Siegfried J. (Hg.) (1987): Der Diskurs des Radikalen Konstruktivismus. Frankfurt a.M.: Suhrkamp.

SCHMIDT, Siegfried J. (1987a): Der Radikale Konstruktivismus: Ein neues Paradigma im interdisziplinären Diskurs. in: Siegfried J. Schmidt (Hg.): Der Diskurs des Radikalen Konstruktivismus. Frankfurt a.M.: Suhrkamp. S. 11-88.

SCHMIDT, Siegfried J. (1987b): Skizzen einer konstruktivistischen Mediengattungstheorie. in: Siegener Periodicum zur Internationalen Empirischen Literaturwissenschaft, Jg. 6, Heft 2, S. 163-205.

SCHMIDT, Siegfried J. (1987c): Towards a constructivist Theory of Media Genre. in: Poetics, Jg. 16, S. 371-395.

SCHMIDT, Siegfried J. (1989): Der beobachtete Beobachter. Zu Text, Kommunikation und Verstehen. Original in: Theologische Quartalsschrift, Jg. 169, Heft 3, S. 187-200, wieder abgedruckt in: Volker Riegas/ Christian Vetter (Hg.) (1990): Zur Biologie der Kognition. Ein Gespräch mit Humberto R. Maturana und Beiträge zur Diskussion seines Werkes. Frankfurt a.M.: Suhrkamp, S. 308-328.

SCHMIDT, Siegfried J. (1989a): Die Selbstorganisation des Literatursystems im 18. Jahrhundert. Frankfurt a.M.: Suhrkamp.

SCHMIDT, Siegfried J. (1990): Medien, Kommunikation und das 18. Kamel. in: Deutsches Institut für Fernstudien (Hg.): Funkkolleg Medien und Kommunikation. Weinheim/Basel: Beltz, Einführungsbrief, S. 33-38.

SCHMIDT, Siegfried J. (1991): Medien, Kultur: Medienkultur. in: Werner Faulstich (Hg.): Medien und Kultur. Göttingen: Vandenhoeck & Ruprecht, S. 30-50.

SCHMIDT, Siegfried J. (Hg.) (1992): Kognition und Gesellschaft. Der Diskurs des Radikalen Konstruktivismus 2. Frankfurt a.M.: Suhrkamp.

SCHMIDT, Siegfried J. (1992a): Media, culture: Media culture. A constuctivist offer of conversation. in: Poetics, Jg. 21, S. 191-210.

SCHMIDT, Siegfried J. (1992b): Medien, Kultur: Medienkultur. Ein konstruktivistisches Gesprächsangebot. in: Siegfried J. Schmidt (Hg.): Kognition und Gesellschaft. Der Diskurs des Radikalen Konstruktivismus 2. Frankfurt a.M.: Suhrkamp, S. 425-450.

SCHMIDT, Siegfried J. (1992c): Radikaler Konstruktivimus. Forschungsperspektiven für die 90er Jahre. in: Siegfried J. Schmidt (Hg.): Kognition und Gesellschaft. Der Diskurs des Radikalen Konstruktivismus 2. Frankfurt a.M.: Suhrkamp, S. 7-23.

SCHMIDT, Siegfried J. (1992d): Vom Text zum Literatursystem. Skizze einer konstruktivistischen (empirischen) Literaturwissenschaft. in: Heinz Gumin/Heinrich Meier (Hg.): Einführung in den Konstruktivismus. München: Piper, S. 147-166.

SCHMIDT, Siegfried J. (1993): Kognition Kommunikation Medien Kultur: Nichts weniger. Strukturelle Kopplung und andere Metaphern. in: Symptome, Heft 11, S. 47-51.

SCHMIDT, Siegfried J. (1993a): Kommunikation - Kognition - Wirklichkeit. in: Günter Bentele/Manfred Rühl (Hg.): Theorien öffentlicher Kommunikation. München: Ölschläger, S. 105-117.

SCHMIDT, Siegfried J. (1993b): Kommunikationskonzepte für eine systemorientierte Literaturwissenschaft. in: Siegfried J. Schmidt (Hg.): Literaturwissenschaft und Systemtheorie. Positionen, Kontroversen, Perspektiven. Opladen: Westdeutscher, S. 241-268.

SCHMIDT, Siegfried J. (Hg.) (1993c): Literaturwissenschaft und Systemtheorie. Positionen, Kontroversen, Perspektiven. Opladen: Westdeutscher.

SCHMIDT, Siegfried J. (1994): Die Wirklichkeit des Beobachters. in: Klaus Merten/Siegfried J. Schmidt/Siegfried Weischenberg (Hg.): Die Wirklichkeit der Medien. Eine Einführung in die Kommunikationswissenschaft. Opladen: Westdeutscher, S. 3-19.

SCHMIDT, Siegfried J. (1994a): Einleitung: Handlungsrollen im Fernsehsystem. in: Werner Faulstich (Hg.): Vom >Autor< zum Nutzer: Handlungsrollen im Fernsehen. München: Wilhelm Fink. (Geschichte des Fernsehens in der Bundesrepublik Deutschland, Bd. 5), S. 13-26.

SCHMIDT, Siegfried J. (1994b): Kognitive Autonomie und soziale Orientierung. Konstruktivistische Bemerkungen zum Zusammenhang von Kognition, Medien und Kultur. Frankfurt a.M., Suhrkamp.

SCHMIDT, Siegfried J. (1994c): Konstruktivismus in der Medienforschung: Konzepte, Kritiken, Konsequenzen. in: Klaus Merten/Siegfried J. Schmidt/Siegfried Weischenberg (Hg.): Die Wirklichkeit der Medien. Eine Einführung in die Kommunikationswissenschaft. Opladen: Westdeutscher, S. 592-623.

SCHMIDT, Siegfried J. (1995): Konstruktivismus, Systemtheorie und Empirische Literaturwissenschaft. Eine kritische Auseinandersetzung mit der radikal-konstruktivistischen Literaturhistoriographie. in: Henk de Berg/Matthias Prangl (Hg.): Differenzen. Systemtheorie zwischen Dekonstruktion und Konstruktivismus. Tübingen/Basel: Francke, S. 213-245.

SCHMIDT, Siegfried J. (1995a): Medien - Kultur - Gesellschaft. Medienforschung braucht Systemtheorie. in: Medien Journal, Jg. 19, Heft 4, S. 28-34.

SCHMIDT, Siegfried J. (1996): Die Welten der Medien. Grundlagen und Perspektiven der Medienbeobachtung. Braunschweig/Wiesbaden: Vieweg.

SCHMIDT, Siegfried J. (1996a): Was leistet ein Vertreter einer historisch-kritischen Hermeneutik für die Kritik am Radikalen Konstruktivismus und an der Empirischen Literaturwissenschaft? in: Deutsche Vierteljahres Schrift für Literaturwissenschaft und Geistesgeschichte, Jg. 70, Heft 2, S. 291-297.

SCHMIDT, Siegfried J. ([2]1976): Texttheorie. Probleme einer Linguistik der sprachlichen Kommunikation. München: Fink.

SCHMIDT, Siegfried J./WEISCHENBERG, Siegfried (1994): Mediengattungen, Berichterstattungsmuster, Darstellungsformen. in: Klaus Merten/Siegfried J. Schmidt/Siegfried Weischenberg (Hg.): Die Wirklichkeit der Medien. Eine Einführung in die Kommunikationswissenschaft. Opladen: Westdeutscher, S. 212-236.

SCHMITZ, Bernhard/ALSDORF, Claudia/SANG, Fritz/TASCHE, Karl (1993): Der Einfluß psychologischer und familialer Rezipientenmerkmale auf die Fernsehmotivation. in: Rundfunk und Fernsehen, Jg. 41, Heft 1, S. 5-19.

SCHMITZ, Bernhard/LEWANDROWSKI, Uwe (1993): Trägt das Fernsehen zur Regulierung von Stimmungen bei? Intraindividuelle Analysen zur „Moodmanagement"-Hypothese auf der Grundlage des dynamisch-transaktionalen Modells. in: Medienpsychologie, Jg. 5, Heft 1, S. 64-84.

SCHMITZ, Ulrich (1996): ZAP und Sinn. Fragmentarische Textkonstitution durch überfordernde Medienrezeption. in: Ernerst W.B. Hess-Lüttich/Werner Holly/Ulrich Püschel (Hg.): Textstrukturen im Medienwandel. Frankfurt a.M./Berlin/Bern/New York/Paris/Wien: Lang, S. 11-29.

SCHNEIDER, Silvia (1997): Gewaltrhetorik in der Selbstpräsentation jugendlicher HipHopper. in: Michael Charlton/Silvia Schneider (Hg.): Rezeptionsforschung: Theorien und Untersuchungen zum Umgang mit Massenmedien. Opladen: Westdeutscher, S. 268-286.

SCHNEIDER, Wolfgang Ludwig (1994): Die Beobachtung von Kommunikation. Opladen: Westdeutscher.

SCHNEIDER, Wolfgang Ludwig (1994a): Intersubjektivität als kommunikative Konstruktion. in: Peter Fuchs/ Andreas Göbel (Hg.): Der Mensch - das Medium der Gesellschaft? Frankfurt a.M.: Suhrkamp, S. 189-238.

SCHOLL, Armin/BOBBENKAMP, Christian (1993): Gibt es einen Dritten Weg? Alternative Medien und das Konzept der 'Gegenöffentlichkeit'. in: Martin Löffelholz (Hg.): Krieg als Medienereignis. Grundlagen und Perspektiven der Krisenkommunikation. Opladen: Westdeutscher, S. 229-244.

SCHÖNBACH, Klaus (1984): Der „Agenda-Setting-Approach": Theoretische Perspektiven und praktische Relevanz. in: Karsten Renckstorf/Will Teichert (Hg.): Empirische Publikumsforschung. Fragen der Medienpraxis - Antworten der Medienwissenschaft. Hamburg. Hans-Bredow-Institut, S. 88-97.

SCHÖNBACH, Klaus (1984a): Ein integratives Modell? Anmerkungen zu Palmgreen. in. Rundfunk und Fernsehen, Jg. 32, Heft 1, S. 63-65.

SCHÖNBACH, Klaus (1989): Die Bekanntheit des Dr. Eiteneyer. Eine exemplarische Analyse der Erklärungskraft von Medienwirkungsmodellen. in: Max Kaase/Winfried Schulz (Hg.): Massenkommunikation. Theorie, Methoden, Befunde. Opladen: Westdeutscher, S. 459-472.

SCHÖNBACH, Klaus (1992): Transaktionale Modelle der Medienwirkung: Stand der Forschung. in: Winfried Schulz (Hg.): Medienwirkungen. Einflüsse von Presse, Radio und Fernsehen auf Individuum und Gesellschaft. DFG Forschungsbericht. Weinheim: VCH Verlagsgesellschaft, S. 109-119. (*)

SCHÖNBACH, Klaus/FRÜH, Werner (1984): Der dynamisch-transaktionale Ansatz II: Konsequenzen. in: Rundfunk und Fernsehen, Jg. 32, Heft 3, S. 314-329.

SCHÖNBACH, Klaus/SEMETKO, Holli A. (1992): Agenda-Setting, Agenda Reinforcing or Agenda-Deflating? A study of the 1990 German national election. in: Journalism Quaterly, Jg. 69, Heft 4, S. 837-846.

SCHREIBER, Erhard ([3]1995): Repetitorium Kommunikationswissenschaft. München: Ölschläger. (*)

SCHRØDER, Kim Christian (1987): Convergence of Antagonistic Traditions? The Case of Audience Research. in: European Journal of Communication, Jg. 2, Heft 1, S. 7-31.

SCHRØDER, Kim Christian (1988): The Pleasure of Dynasty: The weekly Reconstruction of Self-Confidence. in: Philip Drummond/Richard Paterson (Hg.): Television and its Audiences. London: BFI, S. 61-82.

SCHRØDER, Kim Christian (1994): Audience semiotics, interpretive communities and the 'ethnographic turn' in media research. in: Media, Culture & Society, Jg. 16, Heft 2, S. 337-347.

SCHULZ, Winfried (1989): Massenmedien und Realität. Die „ptolemäische" und die „kopernikanische" Auffassung. in: Max Kaase/Winfried Schulz (Hg.): Massenkommunikation. Theorie, Methoden, Befunde. Opladen: Westdeutscher, S. 135-149. (*)

SCHULZ, Winfried (1992): Medienwirkungen lautet die Antwort - Was war die Frage? in: Winfried Schulz (Hg.): Medienwirkungen. Einflüsse von Presse, Radio und Fernsehen auf Individuum und Gesellschaft. DFG Forschungsbericht. Weinheim: VCH Verlagsgesellschaft, S. 1-7 (*)

SCHULZ, Winfried (Hg.) (1992a): Medienwirkungen. Einflüsse von Presse, Radio und Fernsehen auf Individuum und Gesellschaft. Weinheim: VHC Verlagsgesellschaft. (*)

SCHÜTZ, Alfred/LUCKMANN, Thomas (1979): Strukturen der Lebenswelt, Band 1. Frankfurt a.M.: Suhrkamp.

SCHÜTZ, Alfred/LUCKMANN, Thomas (1984): Strukturen der Lebenswelt, Band 2. Frankfurt a.M.: Suhrkamp.

SEEMANN, Hans-Jürgen (1990): Die Erschaffung des Programms. Zur Psychologie der Fernbedienung. in: Psychologie heute, Jg. 17, Heft 4, S. 48-53.

SEVERIN, Werner J./TANKARD, Joseph W. Jr. (^{3}1992): Communication Theories: Origins, Methods, And Uses In The Mass Media. New York: Longman. (*)

SHAH, Dhavan V./DOMKE, David/WACKMAN, Daniel B. (1996): „To Thine Own Self Be True": Values, Framing, and Voter Decision-Making Strategies. in. Communication Research, Jg. 23, Heft 5, S. 509-560.

SHANNON, Claude/WEAVER, W. (1949): The Mathematical Throry of Communication. Urbana: University of Illinois Press.

SHAPIRO, Michael A. (1991): Memory and Decision Processes in the Construction of Social Reality. in: Communication Research, Jg. 18, Heft 1, S. 3-24.

SHAPRIO, Michael A./LANG, Annie (1991): Making Television reality. Unconsious Processes in the Construction of Social Reality. in: Communication Research, Jg. 18, Heft 5, S. 685-705.

SHARP, Nancy Weatherly (1988): Challenges to Communication Research in the Age of Information. in: Nancy Weatherly Sharp (Hg.): Communication Research. The Challenge of the Information Age. Syracuse: University Press, S. 61-106. (*)

SHARP, Nancy Weatherly (1988a): Communications Research. The Challenge of the Information Age. Syracuse: University Press. (*)

SHRUM, L.J. (1995): Assessing the Social Influence of Television: A Social Cognition Perspective on Cultivation Effects. in: Communication Research, Jg. 22, Heft 4, S. 402-429. (*)

SHRUM, L.J./O'GUINN, Thomas C. (1993): Processes and Effects in the Construction of Social Reality. Construct Accessibility as an Explanatory Variable. in: Communication Research, Jg. 20, Heft 3, S. 436-471.

SHRUM, L.J./WYER, Robert S./O'GUINN, Thomas C. (1994): Cognitive processes underlying the effects of television consumption. Manuscript.

SIGNITZER, Benno (1992): Theorie der Public Relations. in: Roland Burkart/Walter Hömberg (Hg.): Kommunikationstheorien. Ein Textbuxh zur Einführung. Wien: Braumüller, S. 134-152.

SIGNORIELLI, Nancy (1986): Selective Television Viewing: A Limited Possibility. in: Journal of Communication, Jg. 36, Heft 3, S. 64-76.

SILBERMANN, Alphons (1982): Handwörterbuch der Massenkommunikation und Medienforschung. Teil 1. A-K. Berlin: Volker Spiess.

SILJ, Alessandro (1988): East of Dallas: The European challenge to American Television. London: British Film Institute.

SMITH, Robin (1986): Television Addiction. in: Jennings Bryant/Dolf Zillmann (Hg.): Perspectives on Media Effects. Hillsdale/London: Erlbaum, S. 109-128.

SORLIN, Pierre (1994): Mass media. London: Routledge. (*)

SPANGENBERG, Peter M. (1988): TV, Hören und Sehen. in: Hans-Ulrich Gumbrecht/Ludwig K. Pfeiffer (Hg.): Materialität der Kommunikation. Frankfurt a.M.: Suhrkamp, S. 776-798.

SPANGENBERG, Peter M. (1993): Stabilität und Entgrenzung von Wirklichkeit. Systemtheoretische Überlegungen zu Funktion und Leistung der Massenmedien. in: Siegfried J. Schmidt (Hg.): Literaturwissenschaft und Systemtheorie. Positionen, Kontroversen, Perspektiven. Opladen: Westdeutscher, S. 66-100.

SPANGENBERG, Peter M. (1995): Mediengeschichte - Medientheorien. in: Jürgen Fohrmann/Harro Müller (Hg.): Literaturwissenschaft. München: Fink, S. 31-76.

SPANGENBERG, Peter M. (1995a): Medium - Form - Audivision. in: Medien Journal, Jg. 19, Heft 4, S. 36-46.

SPENCER BROWN, George (1969): Laws of Form. London: Allen & Unwin.

SPLICHAL, Slavko (1989): Critical Theory and Empirical Critique in Mass Communication Research: Some Methodological Considerations. in: Communication Yearbook, Jg. 12, S. 618-635.

STAAB, Joachim Friedrich (1990): Nachrichtenwert-Theorie. Formale Struktur und empirischer Gehalt. Freiburg/München: Alber.

STAAB, Joachim Friedrich/HOCKER, Ursula (1994): Fernsehen im Blick der Zuschauer. Ergebnisse einer qualitativen Pilotstudie zur Analyse von Rezeptionsmustern. in: Publizistik, Jg. 39, Heft 2, S. 160-174.

STADLER, Michael/KRUSE, Peter (1990): Über Wirklichkeitskriterien. in: Volker Riegas/Christian Vetter (Hg.): Zur Biologie der Kognition. Ein Gespräch mit Humberto R. Maturana und Beiträge zur Diskussion seines Werkes. Frankfurt a.M.: Suhrkamp, S. 133-158.

STADLER, Michael/KRUSE, Peter (1991): Der radikale Konstruktivismus - ein Antirealismus? in: Hans Jörg Sandkühler (Hg.): Wirklichkeit und Wissen. Bremen: Zentrum Philosophische Grundlagen der Wissenschaften, S. 87-100.

STADLER, Michael/KRUSE, Peter (1992): Konstruktivismus und Selbstorganisation: Methodische Überlegungen zur Heuristik psychologischer Experimente. in: Siegfried J. Schmidt (Hg.): Kognition und Gesellschaft. Der Diskurs des Radikalen Konstruktivismus 2. Frankfurt a.M.: Suhrkamp, S. 146-166.

STEINMANN, Matthias (1995): New Trends in Media Research. in: Communications, Jg. 20, Heft 1, S. 61-68. (*)

STEINMETZ, Rüdiger (1995): Zwischen Realität und Fiktion. Mischformen zwischen Spielfilm und Dokumentarfilm. in: Gerhard Maletzke/Rüdiger Steinmetz (Hg.): Zeiten und Medien - Medienzeiten: Festschrift zum 60. Geburtstag von Karl Friedrich Reimers. Leipzig: Leipziger Universitätsverlag, S. 165-181.

STEVENSON, Nick (1995): Understanding Media Cultures: Social Theory and Mass Communication. London/Thousand Oaks/New Delhi: Sage. (*)

STEWART, David W./WARD, Scott (1994): Media Effects on Advertising. in: Jennings Bryant/Dolf Zillmann (Hg.): Media Effects. Advances in Theory and Research. Hillsdale/Hove: Erlbaum, S. 315-363. (*)

STUMM, Mascha-Maria (1996): Unterhaltungstheoreme bei Platon und Aristoteles: eine Rückkehr zu den Ursprüngen der Diskussion um Funktionen und Wirkungen von Unterhaltung und der Versuch einer Auswertung fachfremder Literatur als Beitrag zur Klärung des kommunikationswissenschaftlichen Begriffs. Berlin: Vistas.

SULEIMAN, Susan R./CROSMAN, Inge (Hg.) (1980): The Reader in the Text. Essays on audience and interpretation. Princeton: Prinveton University Press.

SUTTER, Tilmann (1992): Konstruktivismus und Interaktionismus. Zum Projekt der Subjekt-Objekt-Differenzierung im genetischen Strukturalismus. in: Kölner Zeitschrift für Soziologie und Sozialpsychologie, Jg. 44, Heft 3, S. 419-435.

SUTTER, Tilmann (1994): Entwicklung durch Handeln in Sinnstrukturen. Sie sozial-kognitive Entwicklung der Persepktive eines interaktionistischen Konstruktivismus. in: Tilmann Sutter/Michael Charlton (Hg.): Soziale Kognition und Sinnstruktur. Oldenburg: bis, S. 23-112.

SUTTER, Tilmann (Hg.) (1997): Beobachtung verstehen, Verstehen beobachten: Perspektiven einer konstruktivistischen Hermeneutik. Opladen: Westdeutscher.

SUTTER, Tilmann/CHARLTON, Michael (Hg.) (1994): Soziale Kognition und Sinnstruktur. Oldenburg: bis.

SWANSON, David L. (1988): Feeling the Elephant: Some Observations on Agenda-Setting Research. Commentary on Rogers and Dearing. in: Communication Yearbook. Jg. 11, S. 603-619.

SWANSON, David L. (1992): Understanding audiences: Continuing contributions of gratifications research. in: Poetics, Jg. 21, S. 305-328.

SWANSON, David L./BABROW, Austin S. (1989): Uses and Gratifications: The Influence of Gratification-Seeking and Expectancy-Value Judgments on the Viewing of Television News. in: Brenda Dervin/Lawrence Grossberg/Barbara O'Keefe/Ellen Wartella (Hg.): Rethinking Communication, Volume 2 Paradigm Exemplars. Newbury Park/London/New Delhi: Sage, S. 361-375.

SWEERTS-SPORCK, Peter (1990): Funkkolleg „Medien und Kommunikation". Abschied von Realität und Objektivität? Das Lernziel der Reihe ist der „Radikale Konstruktivismus". in: Medien Kritik, Jg. 33, S. 4-6.

SYPHER, Howard E./HIGGINS, E. Tory (1989): Social Cognition and Communication: An Overview. in: Communication Research, Jg. 16, Heft 3, S. 309-313. (*)

SZYSZKA, Peter (1993): Öffentlichkeit als konstituierendes Prinzip der Public Relations. in. Werner Faulstich (Hg.): Konzepte von Öffentlichkeit. 3. Lüneburger Kolloquium zur Medienwissenschaft. Bardowick: Wissenschaftler-Verlag, S. 195-214.

TAYLOR, Shelley E./THOMPSON, Suzanne C. (1982): Stalking the Elusive „Vividness" Effect. in: Psychological Review, Jg. 89, Heft 2, S. 155-181.

TAYLOR, Shelly E./FISKE, Susan E. (1975): Point of View an Perception of Causality. in: Journal of Personality ans Social Psychology, Jg. 32, S. 357-368.

TEICHERT, Will (1972): „Fernsehen" als soziales Handeln. Zur Situation der Rezipientenforschung: Ansätze und Kritik. in: Rundfunk und Fernsehen, Jg. 20, Heft 4, S. 421-439.

TEICHERT, Will (1973): „Fernsehen" als soziales Handeln (II). Entwürfe und Modelle zur dialogischen Kommunikation zwischen Publikum und Massenmedien. in: Rundfunk und Fernsehen, Jg. 21, Heft 4, S. 356-382.

TEICHERT, Will (1986): Rezipientenforschung zwischen theoretischem Anspruch und praktischer Realisierbarkeit. in: Mediaperspektiven, Heft 7, S. 421-427. (*)

TETENS, Holm (1992): Votum zu Gerhard Roth/Helmut Schwegler. in: Hans Jörg Sandkühler (Hg.): Wirklichkeit und Wissen. Realismus, Antirealismus und Wirklichkeits-Konzeptionen in Philosophie und Wissenschaften. Frankfurt a.M./Berlin/Bern/New York/Paris/Wien: Peter Lang, S. 119-123.

THOMAE, Hans (1968): Das Individuum und seine Welt: eine Persönlichkeitstheorie. Göttingen: Hogrefe.

THORSON, Esther (1989): Processing Television Commercials. in: Brenda Dervin/Lawrence Grossberg/Barbara O'Keefe/Ellen Wartella (Hg.): Rethinking Communication, Volume 2 Paradigm Exemplars. Newbury Park/London/New Delhi: Sage, S. 397-409. (*)

TVERSKY, Amos/KAHNEMAN, Daniel (1973): Availability: A Heuristic for Judging Frequency and Probability. in: Cognitive Psychology, Jg. 5, S. 207-232.

TVERSKY, Amos/KAHNEMAN, Daniel (1974): Judgment under Uncertainty: heuristics and Biases. in: Science, Jg. 185, S. 1124-1131.

VAN DEN BULCK, Jan (1995): The Selective Viewer. Defining (Flemish) Viewer Types. in: European Journal of Communication, Jg. 10, Heft 2, S. 147-177. (*)

VAN DIJK, Teun A. (1980): Macrostructures. Hillsdale: Erlbaum.

VAN DIJK, Teun A. (1980a): Textwissenschaft. Eine interdisziplinäre Einführung. Tübingen: Niemeyer.

VAN DIJK, Teun A. (1983): Discourse Analysis: Its Development and Application to the Structure of News. in: Journal of Communication, Jg. 33, Heft 2, S. 20-43.

VAN DIJK, Teun A. (Hg.) (1985): Discourse and Communication: New Approaches to the Analysis of Mass Media Discourse and Communication. New York: de Gruyter.

VAN DIJK, Teun A. (Hg.) (1985a): Handbook of Discourse Analysis, Bd. 1. Disciplines of Discourse. New York: Academic Press.

VAN DIJK, Teun A. (Hg.) (1985b): Handbook of Discourse Analysis, Bd. 2. Dimensions of Discourse. New York: Academic Press.

VAN DIJK, Teun A. (Hg.) (1985c): Handbook of Discourse Analysis, Bd. 3. Discourse and Dialogue. New York: Academic Press.

VAN DIJK, Teun A. (Hg.) (1985d): Handbook of Discourse Analysis, Bd. 4. Discourse Analysis in Society. New York: Academic Press.

VAN DIJK, Teun A. (1985e): Introduction. Discourse Analysis in (Mass) Communication Research. in: Teun A. van Dijk (Hg.): Discourse and Communication. New Approaches to the Analysis of Mass Media Discourse and Communication. New York: de Gruyter, S. 1-9.

VAN DIJK, Teun A. (1988): News as Discourse. Hillsdale/Hove/London: Erlbaum.

VAN DIJK, Teun A. (1988a): Semantics of a Press Panic: The Tamil „Invasion". in: European Journal of Communication, Jg. 3, Heft 2, S. 167-188.

VAN DIJK, Teun A. (1990): The future of the field: Discourse analysis in the 1990s. in: Text, Jg. 10, Heft 1-2, S. 133-156.

VAN DIJK, Teun A. (1995): Discourse Semantics and Ideology. in: Discourse & Society, Jg. 6, S. 243-289.

VAN DIJK, Teun A. (Hg.) (1996): Discourse Studies: a multidisciplinary introduction. Bd. 1. London: Sage.

VAN DIJK, Teun A. (Hg.) (1996a): Discourse Studies: a multidisciplinary introduction. Bd. 2. London: Sage.

VAN DIJK, Teun A. (Hg.) (1997): Discourse As Structure And Process. Discoursestudies. A Multidisciplinary Introduction. London/Thousand Oaks/New Delhi: Sage. 2 Bde.

VAN DIJK, Teun A. (^{2}1991): Rassismus heute: der Diskurs der Elite und seine Funktion für die Reproduktion des Rassismus. Duisburg: DISS.

VAN DIJK, Teun A./KINTSCH, Walter (1983): Strategies of Discourse Comprehension. New York/London/ Paris/San Diego/San Francisco/Sao Paulo/Sydney/Tokyo/Toronto: Academic Press.

VARELA, Francisco J. (1979): Principles of Biological Autonomy. New York/Oxford: North Holland.

VARELA, Francisco J. (1981): Autonomie und Autopoiese. in: Gerhard Roth/Helmut Schwegler (Hg.): Self-Organizing Systems: An Interdisciplinary Approach. Frankfurt a.M./New York: Campus, S. 14-23, wieder abgedruckt in Siegfried J. Schmidt (Hg.) (1987): Der Diskurs des Radikalen Konstruktivismus. Frankfurt a.M.: Suhrkamp, S. 119-132.

VARELA, Francisco J. (1981a): Der kreative Zirkel. in: Paul Watzlawick (Hg.): Die erfundene Wirklichkeit. Wie wissen wir, was wir zu wissen glauben? Beiträge zum Konstruktivismus. München: Piper, S. 294-309.

VARELA, Francisco J. (1984): Two Principles for Self-Organization. in: Hans Ulrich/G.J.B. Probst (Hg.): Self-Organization and Management of Social Systems, Insights, Promises, Doubts, and Questions. Berlin u.a.: Springer, S. 25-32.

VARELA, Francisco J. (1990): Kognitionswissenschaft - Kognitionstechnik. Eine Skizze aktueller Perspektiven. Frankfurt a.M.: Suhrkamp.

VIEHOFF, Reinhold (1988): Literarisches Verstehen. Neuere Ansätze und Ergebnisse der empirischen Forschung. in: Internationales Archiv für Sozialgeschichte der deutschen Literatur Jg. 13, S. 1-39.

VIEHOFF, Reinhold (Hg.) (1991): Alternative Traditionen: Dokumente zur Entwicklung einer empirischen Literaturwissenschaft. Braunschweig/Wiesbaden: Vieweg.

VITOUCH, Peter (1987): Realitätsdarstellung im Fernsehen - Abbildung oder Konstruktion. in: Marianne Grewe-Partsch/Jo Groebel (Hg.): Menschen und Medien. Zum Stand von Wissenschaft und Praxis in nationaler und internationaler Perspektive. München/London/New York/Oxford/Paris: Saur, S. 95-109.

VITOUCH, Peter (1993): Fernsehen und Angstbewältigung. Zur Typologie des Zuschauerverhaltens. Opladen: Westdeutscher.

VITOUCH, Peter (1995): Die „Emotionale Kluft" - Schlüsselvariable für die Programmselektion. in: Bodo Franzmann/Werner D. Fröhlich/Hilmar Hoffmann/Bolz Spörri/Rolf Zitzelsberger (Hg.): Auf den Schultern von Gutenberg. Medienökologische Perspektiven in der Fernsehgesellschaft. Berlin/München: Quintessenz, S. 138-149.

VITOUCH, Peter (1995a): Grenzüberschreitende Medienpsychologie. in: Medienpsychologie, Jg. 7, Heft 1, S. 11-26.

VITOUCH, Peter (1995b): Media Psychology in Austria: The Ludwig-Boltemann-Institute of Empirical Media Research. in: Peter Winterhoff-Spurk (Hg.): Psychology of Media in Europe. The State of the Art - Perspectives for the Future. Opladen: Westdeutscher, S. 43-50. (*)

VITOUCH, Peter/TINCHON, Hans-Jörg (Hg.) (1996): Cognitive Maps und Medien: Formen mentaler Repräsentation bei der Medienwahrnehmung. Frankfurt a.M./Bern/New York/Paris: Lang. (*)

VOLLMER, Gabriele Chatlotte Hedwig (1994): Polarisierung in der Kriegsberichterstattung. Inhaltsanalytische Untersuchung bundesdeutscher Tageszeitungen am Beispiel des Jugoslawienkrieges. Münster, phil. Diss.

VOORT, Tom H.A. van der (1995): Media Psychology Behind the Dikes: Research at Leiden University. in: Medienpsychologie, Jg. 7, Heft 1, S. 53-61.

VOORT, Tom H.A. van der/BEENTJES, Johannes W.J. (1991): Media Psychology behind the Dikes: State of the Art in the Netherlands. in: Medienpsychologie, Jg. 3, Heft 4, S. 265-277. (*)

VORDERER, Peter (1991): Fern-Sehen oder Mit-Leben? Spielfilmrezeption zwischen Interesse und Involvement. in: Siegener Periodicum zur Internationalen Empirischen Literaturwissenschaft, Jg. 10, Heft 1, S. 161-189.

VORDERER, Peter (1991a): Fernsehforschung und Programmgestaltung. Möglichkeiten der Prognose von Zuschauerreichweiten. in: Knut Hickethier/Siegfried Zielinski (Hg.): Medien/Kultur. Schnittstelle zwischen Medienwissenschaft, Medienpraxis und gesellschaftlicher Kommunikation. Berlin: Volker Spiess, S. 411-420.

VORDERER, Peter (1992): Fernsehen als Handlung. Fernsehfilmrezeption aus motivationspsychologischer Perspektive. Berlin: Ed. Sigma. (*)

VORDERER, Peter (1994): „Spannung ist, wenn's spannend ist". Zum Stand der (psychologischen) Spannungsforschung. in: Rundfunk und Fernsehen, Jg. 42, Heft 3, S. 323-339.

VORDERER, Peter (1995): Will das Publikum neue Medien(angebote)? Medienpsychologische Thesen über die Motivation zur Nutzung neuer Medien. in: Rundfunk und Fernsehen, Jg. 43, Heft 4, S. 494-505.

VORDERER, Peter (Hg.) (1996): Fernsehen als „Beziehungskiste". Parasoziale Beziehungen und Interaktionen mit TV-Personen. Opladen: Westdeutscher.

VORDERER, Peter (1997): Action, Spannung, Rezeptionsgenuß. in: Michael Charlton/Silvia Schneider (Hg.): Rezeptionsforschung: Theorien und Untersuchungen zum Umgang mit Massenmedien. Opladen: Westdeutscher, S. 241-253.

VORDERER, Peter/KNOBLOCH, Silvia (1996): Parasoziale Beziehungen zu Serienfiguren: Ergänzung oder Ersatz? in: Medienpsychologie, Jg. 8, Heft 3, S. 201-216.

WAGNER, Hans (1993): Kommunikationswissenschaft - ein Fach auf dem Weg. in: Publizistik, Jg. 38, Heft 4, S. 491-526. (*)

WARTELLA, Ellen/MIDDELSTADT, Susan (1991): The Evolution of Models of Mass Communication and Persuasion. in: Health Communication, Jg. 3, Heft 4, S. 205-215.

WATZLAWICK, Paul (1981): Bausteine ideologischer „Wirklichkeiten". in: Paul Watzlawick (Hg.): Die erfundene Wirklichkeit. Wie wissen wir, was wir zu wissen glauben? Beiträge zum Konstruktivismus. München: Piper, S. 192-228.

WATZLAWICK, Paul (Hg.) (1981a): Die erfundene Wirklichkeit. Wie wissen wir, was wir zu wissen glauben? Beiträge zum Konstruktivismus. München: Piper.

WATZLAWICK, Paul (1981b): Selbsterfüllende Prophezeihungen. in: Paul Watzlawick (Hg.): Die erfundene Wirklichkeit. Wie wissen wir, was wir zu wissen glauben? Beiträge zum Konstruktivismus. München: Piper, S. 91-110.

WATZLAWICK, Paul (1990): Schopenhauer und die Thesen des modernen Konstruktivismus. in: Volker Riegas/Christian Vetter (Hg.): Zur Biologie der Kognition. Ein Gespräch mit Humberto R. Maturana und Beiträge zur Diskussion seines Werkes. Frankfurt a.M.: Suhrkamp, S. 296-307.

WATZLAWICK, Paul (1992): Wirklichkeitsanpassung oder angepaßte „Wirklichkeit"? Konstruktivismus und Psychotherapie. in: Heinz Gumin/Heinrich Meier (Hg.): Einführung in den Konstruktivismus. München: Piper, S. 89-108.

WATZLAWICK, Paul/BEAVIN, Janet H./JACKSON, Don D. (1969): Menschliche Kommunikation. Formen, Störungen, Paradoxien. Bern/Stuttgart: Huber.

WEAVER, David H. (1988): Mass Communication Research Problems an Promises. in: Nancy Weatherly Sharp (Hg.): Communication Research. The Challenge of the Information Age. Syracuse: University Press, S. 21-38. (*)

WEBSTER, James G./WAKSHLAG, Jacob J. (1982): The Impact of Group Viewing on Patterns of Television Programme Choice. in: Journal of Broadcasting, Jg. 26, Heft 1, S. 445-455.

WEBSTER, James G./WAKSHLAG, Jacob J. (1983): A Theory of Television Programme Choice. in: Communication Research, Jg. 10, Heft 4, S. 430-446.

WEHRSPAUN, Michael (1994): Kommunikation und (soziale) Wirklichkeit. Weber, Elias, Goffman. in: Gebhard Rusch/Siegfried J. Schmidt (Hg.): Konstruktivismus und Sozialtheorie. DELFIN 1993. Frankfurt a.M.: Suhrkamp, S. 11-46.

WEIDENMANN, Bernd (1988): Psychische Prozesse beim Verstehen von Bildern. Bern: Hans Huber.

WEIMANN, Gabriel/BROSIUS, Hans-Bernd/WOBER, Mallory (1992): TV Diets: Towards a Typology of TV Viewership. in: European Journal of Communication, Jg. 7, Heft 4, S. 491-515.

WEISCHENBERG, Siegfried (1990): Der Kampf um die Köpfe. Affären und die Spielregeln der „Mediengesellschaft". in: Deutsches Institut für Fernstudien (Hg.): Funkkolleg Medien und Kommunikation. Weinheim/Basel: Beltz, SB 1, S. 11-49.

WEISCHENBERG, Siegfried (1992): Der blinde Fleck des Kritikers. Zu den 'Wahrheiten' einer Konstruktivismus-Rezeption. in: Communicatio Socialis, Jg. 25, Heft 2, S. 168-177.

WEISCHENBERG, Siegfried (1992a): Journalistik. Theorie und Praxis aktueller Medienkommunikation, Band 1: Mediensysteme, Medienethik, Medieninstitutionen. Opladen: Westdeutscher.

WEISCHENBERG, Siegfried (1993): Die Wirklichkeit der Medien(wissenschaft). in: Medien praktisch, Jg. 16, Heft 3, S. 18-22.

WEISCHENBERG, Siegfried (1994): Journalismus als soziales System. in: Klaus Merten/Siegfried J. Schmidt/ Siegfried Weischenberg (Hg.): Die Wirklichkeit der Medien. Eine Einführung in die Kommunikationswissenschaft. Opladen: Westdeutscher, S. 427-454.

WEISCHENBERG, Siegfried (1994a): Konzepte und Ergebnisse der Kommunikatorforschung. in: Ottfried Jarren (Hg.): Medien und Journalismus 1, Opladen: Westdeutscher, S. 227-266.

WEISCHENBERG, Siegfried (1995): Funktionalismus, Konstruktivismus - Journalismus. Über die 'autopoietische Wende' in der Kommunikationswissenschaft. in: Siegfried J. Schmidt (Hg.): Empirische Literatur- und Medienforschung. Beobachtet aus Anlaß des 10jährigen Bestehens des LUMIS-Instituts 1994. Siegen: LUMIS, S. 87-97.

WEISCHENBERG, Siegfried (1995a): Journalistik. Theorie und Praxis aktueller Medienkommunikation, Band 2: Medientechnik, Medienfunktionen, Medienakteure. Opladen: Westdeutscher.

WEISCHENBERG, Siegfried (1995b): Konstruktivismus und Journalismusforschung. in: Medien Journal, Jg. 19, Heft 4, S. 47-56.

WEISCHENBERG, Siegfried (^{2}1988): Nachrichtenschreiben. Journalistische Praxis zum Studium und Selbststudium. Opladen: Westdeutscher.

WEISCHENBERG, Siegfried/HIENZSCH, Ulrich (1994): Die Entwicklung der Medientechnik. in: Klaus Merten/Siegfried J. Schmidt/Siegfried Weischenberg (Hg.): Die Wirklichkeit der Medien. Eine Einführung in die Kommunikationswissenschaft. Opladen: Westdeutscher, S. 455-480.

WEISCHENBERG, Siegfried/LÖFFELHOLZ, Martin/SCHOLL, Armin (1998): Journalismus in Deutschland. Opladen: Westdeutscher.

WEISCHENBERG, Siegfried/SCHOLL, Armin (1989): Kommunikationserwartungen und Medieneffekte. Wie Publikumsvariablen Wirkungsabläufe beeinflussen können. in: Rundfunk und Fernsehen, Jg. 37, Heft 4, S. 421-434. (*)

WEISCHENBERG, Siegfried/SCHOLL, Armin (1992): Dispositionen und Relationen im Medienwirkungsprozeß. Theoretische Exploration und empirische Evidenz für ein Interdependenzmodell zu den Folgen vermittelter Kommunikation. in: Winfried Schulz (Hg.): Medienwirkungen. Einflüsse von Presse, Radio und Fernsehen auf Individuum und Gesellschaft. DFG Forschungsbericht. Weinheim: VCH Verlagsgesellschaft, S. 91-107.

WENDEL, Hans Jürgen (1989): Wie erfunden ist die Wirklichkeit. in: DELFIN, Heft XII, S. 79-89.

WENDEL, Hans Jürgen (1994): Radikaler Konstruktivismus oder Erkenntnistheorie. in: Information Philosophie, Jg. 22, Heft 5, S. 336-47.

WESTERBARKEY, Joachim (1991): Vom Gebrauchswert der Massenmedien: Prämissen, Präferenzen und Konsequenzen. in: Medienpsychologie, Jg. 3, Heft 1, S. 27-51. (*)

WESTERBARKEY, Joachim (1993): Virtuelle Publizität. Öffentlichkeit als imaginäres Kommunikationssystem. in: Werner Faulstich (Hg.): Konzepte von Öffentlichkeit. 3. Lüneburger Kolloquium zur Medienwissenschaft. Bardowick: Wissenschaftler-Verlag, S. 83-100.

WESTLEY, Bruce H./MACLEAN, Malcolm S. Jr. (1957): A Conceptual Model for Communication Research. in: Journalism Quaterly, Jg. 34, S. 31-38.

WICKS, Robert H. (1992): Schema Theory and Measurement in Mass Communication Research: Theoretical and Methodological Issues in News Information Processing. in: Communication Yearbook, jg. 15, S. 115-145.

WIEDMANN, Dieter (1990): Von den Schwierigkeiten der Medienforschung mit der Realität. in: Rundfunk und Fernsehen, Jg. 38, Heft 3, S. 343-356. (*)

WILKE, Jürgen (Hg.) (²1993): Fortschritte der Publizistikwissenschaft. München: Alber. (*)

WILLIAMS, Frederick/STOVER, Sharon/GRANT, August E. (1994): Social Aspects of New Media Technologies. in: Jennings Bryant/Dolf Zillmann (Hg.): Media Effects. Advances in Theory and Research. Hillsdale/Hove: Erlbaum, S. 463-482.

WINDAHL, Sven (1981): Uses and Gratifications at the Crossroads. in: Mass Communication Review Yearbook, Jg. 2, S. 174-185.

WINDAHL, Sven/SIGNITZER, Benno (1992): Using Communication Theory. An Introduction to Planned Communication. London/Newbury Park/New Delhi: Sage. (*)

WINKLER, Hartmut (1990): Eins, zwei, eins, vier, x. Switching: Die Installation der Tagtraummaschine. in: Kirche und Rundfunk, Heft 85, S. 5-8.

WINKLER, Hartmut (1990a): Switching. Ein Verfahren gegen den Kontext. in: Knut Hickethier/Hartmut Winkler (Hg.): Filmwahrnehmung, Berlin: Edition Sigma Bohn, S. 137-142.

WINKLER, Hartmut (1991): Switching - Zapping. Ein Text zum Thema und ein parallellaufendes Unterhaltungsprogramm. Darmstadt: Häusser.

WINTER, Rainer (1995): Der produktive Zuschauer. Medienaneignung als kultureller und ästhetischer Prozeß. München: Quintessenz.

WINTER, Rainer (1997): Vom Widerstand zur kulturellen Reflexivität. Die Jugendstudien der British Cultural Studies. in: Michael Charlton/Silvia Schneider (Hg.): Rezeptionsforschung: Theorien und Untersuchungen zum Umgang mit Massenmedien. Opladen: Westdeutscher, S. 59-72.

WINTER, Rainer/ECKERT, Roland (1990): Mediengeschichte und kulturelle Differenzierung. Opladen: Leske & Budrich.

WINTERHOFF-SPURK, Peter (1983): Fiktionen in der Fernsehnachrichtenforschung. Von der Text-Bild-Schere, der Überlegenheit des Fernsehens und vom ungestörten Zuschauer. in: Mediaperspektiven, Heft 10, S. 722-727,

WINTERHOFF-SPURK, Peter (1992): Fernsehen und kognitive Landkarte: Globales Dorf oder ferne Welt? in: Walter Hömberg/Michael Schmolke (Hg.): Zeit, Raum, Kommunikation. München: Ölschläger, S. 286-298.

WINTERHOFF-SPURK, Peter (1995): Introduction. in: Peter Winterhoff-Spurk (Hg.): Psychology of Media in Europe. The State of the Art - Perspectives for the Future. Opladen: Westdeutscher, S. 1-4.

WINTERHOFF-SPURK, Peter (1995a): Medienpsychologie an der Grenze. in: Medienpsychologie, Jg. 7, Heft 1, S. 27-40.

WINTERHOFF-SPURK, Peter (1995b): Psychology of Media in Europe. Opladen: Westdeutscher.

WINTERHOFF-SPURK, Peter (Hg.) (1995c): Psychology of Media in Europe. The State of the Art - Perspectives for the Future. Opladen: Westdeutscher. (*)

WINTERHOFF-SPURK, Peter (1997): Massenkommunikation und Psychologie. in: Hermann Fünfgeld/Claudia Mast (Hg.): Massenkommunikation. Ergebnisse und Perspektiven. Opladen: Westdeutscher, S. 307-317. (*)

WITTE, Kim (1992): Preventing AIDS Through Persuasive Communication. A Framework for Constructing Effective Culturally-Specific Health Messages. in: Felipe Korzenny/Stella Ting-Toomey (Hg.): Mass Media Effects Across Cultures. Newbury Park/London/New Delhi: Sage, S. 67-86.

WOBER, Mallory J. (1986): The Lens of Television and the Prism of Personality. in: Jennings Bryant/Dolf Zillmann (Hg.): Perspectives on Media Effects. Hillsdale/London: Erlbaum, S. 205-231. (*)

WOBER, Mallory/GUNTER, Barrie (1988): Television and Social Control. Aldershot/Brookfield/Hong Kong/Singapore/Sydney: Avebury.

WOLF, Mauro (1988): Communication Research and Textual Analysis: Prospects and Problems of Theoretical Convergence. in: European Journal of Communication, Jg. 3, Heft 2, S. 135-149. (*)

WULFF, Hans J. (1988): Saal- und Studiopublikum. Überlegungen zu einer fernsehspezifischen Funktionsrolle. in: Theaterzeitschrift, Heft 26, S. 31-36.

WULFF, Hans J. (1996): Parasozialität und Fernsehkommunikation. in: Medienpsychologie, Jg. 8, Heft 3, S. 163-181.

WYER, Robert S./SRULL, Thomas K. (1986): Human cognition in its social context. in: Psychological Review, Jg. 43, Heft 3, S. 322-359.

YORKE, David A./KITCHEN, Philip J. (1985): Channel Flickers and Video Speeders. in: Journal of Advertising Research, Jg. 25, Heft 2, S. 21-25.

ZERFAß, Ansgar (1996): Dialogkommunikation und strategische Unternehmensführung. in: Günter Bentele/ Horst Steinmann/Ansgar Zerfaß (Hg.): Dialogorientierte Unternehmenskommunikation. Grundlagen - Praxiserfahrungen - Perspektiven. Berlin: Vistas, S. 23-58.

ZERFAß, Ansgar (1996a): Unternehmensführung und Öffentlichkeitsarbeit. Grundlegung einer Theorie der Unternehmenskommunikation und Public Relations. Opladen: Westdeutscher.

ZHU, Jian-Hua/WATT, James H./SNYDER, Leslie B./YAN, Jingtao/JIANG, Yansong (1993): Public Issue Priority Formation: Media Agenda-Setting and Social Interaction. in: Journal of Communication, Jg. 43, Heft 1, S. 8-29.

ZIELINSKI, Siegfried (1992): The electronic text. Some challenges in confronting audiovisual textures. in: Poetics, Jg. 21, S. 129-139.

ZILLMANN, Dolf (1983): Transfer of Excitation in Emotional Behavior. in: John T. Cacioppo/Richard E. Petty (Hg.): Social Psychophysiology: A Sourcebook. New York: Guilford Press, S. 215-240.

ZILLMANN, Dolf (1995): A Brief Reseach Autobiography. in: Medienpsychologie, Jg. 7, Heft 1, S. 62-65.

ZILLMANN, Dolf/BRYANT, Jennings (1985): Affect, mood, and emotions as determinants of selective media exposure. in: Dolf Zillmann/Jennings Bryant (Hg.): Selective exposure to communication. Hillsdale/ Hove: Erlbaum, S. 157-190.

ZILLMANN, Dolf/BRYANT, Jennings (1986): Exploring the Entertainment Experience. in: Jennings Bryant/ Dolf Zillmann (Hg.): Perspectives on Media Effects. Hillsdale/London: Erlbaum, S. 303-324.

ZILLMANN, Dolf/BRYANT, Jennings (1994): Entertainment as Media Effect. in: Jennings Bryant/Dolf Zillmann (Hg.): Media Effects. Advances in Theory and Research. Hillsdale/Hove: Erlbaum, S. 437-461.

ZIMMER, Hubert D. (1983): Sprache und Bildwahrnehmung. Die Repräsentation sprachlicher und visueller Informationen und deren Interaktion in der Wahrnehmung. Frankfurt a.M.: Haag & Herchen.

ZITTERBARTH, Walter (1990): Der Erlanger Konstruktivismus in seiner Beziehung zum Konstruktiven Realismus. in: Markus F. Peschl (Hg.): Formen des Konstruktivismus in der Diskussion. Materialien zu den 'Acht Vorlesungen über den Konstruktiven Realismus' Wien: WUV-Universitäts-Verlag, S. 73-87.

ZITTERBARTH, Walter (1994): Unfrisierte Gedanken zu Grafs Konstruktivismuskritik. in: Zeitschrift für systemische Therapie, Jg. 12, Heft 1, S. 57-60.

Index

Affektoganisation, 51
Agenda-Setting, 204
Aktionsrollen, 39
Aktivation, 28, 30, 33, 186
Aktualität, 170, 201
Angstbewältigung, 203
Ansätze
  kommunikationswissenschaftlich
  diskutierte, 102–103
Auswahl
  Ausschlußgründe, 17–19
  bestehender Ansätze, 15–19
  Grundgesamtheit, 15–16
  Selektionskriterien, 16
  Stichprobe, 15–16
Autonomie
  kognitive, 124
Autopoiese, 116, 132
Availability, 200

Basisdichotomie, 170, 211
Bedeutung
  subjektabhängige, 82ff., 87, 89, 98, 130,
  132, 156, 161, 164
Bedeutungskonzept
  Dynamisch-transaktionales Modell, 29,
  33–34, 139
  konstruktivistische Alternative, 129–131,
  139
  Making Sense of Television, 85, 87, 139
  Media System Dependency Theory, 79, 139
  Referenzmodell der Mediennutzung, 46, 139
  Sozio-kognitiver Ansatz, 92, 98, 139
  Struktur- und Prozeßmodell, 58–59, 139
  Verstehen von Mediendiskursen, 69, 139
Bedürfnishorizont, 52
Bedürfnisstrukturen, 51, 53
Bekanntheit
  Unterstellung von, 152, 181
Beobachten, 118
Beobachter, 118
Beobachterstandpunkt, 37
Beobachtungsraster, 12, 14, 19–25, 24, 141,
  156, 168
Bereiche
  konsensuelle, 118
Berichterstattung
  Objektive, 147

Bewußtsein, 42, 91, 120f., 132
Bezeichnen, 119
Bildverstehen, 134

Channel Loyalty, 198
Chaostheorie, 32, 104
Common Sense, 122–123
Cultural Studies, 49, 92, 137–138, 184, 205

Demokratie, 181
Dependenzen, 72–74, 81, 193
Determinismus, 46
Deutungsmuster
  soziale, 55, 58, 60, 189
Diskurs, 62, 70, 137
  Interpretation, 64, 66, 69, 70, 71
  kognitive Prozesse, 63–66, 65
  Makro- und Superstrukturen, 64, 67, 192
  Nichtreduzierbarkeit, 63
  öffentliche Formen, 66
  Regeln und Strategien, 63
  Strukturen, 65ff., 70, 192
Diskursanalyse, 62–67, 137, 184, 196
Diskurssphäre, 92, 94, 98, 100, 196
Distanz, 22, 40, 44, 48, 52f., 56, 188

Elaboration Likelihood Model (ELM), 201–202
Emergenz, 117, 132, 133
Emotional, 203
Emotionen, 21, 33, 52, 75, 93, 96, 109, 119,
  132, 158, 160, 176, 203
Erfahrungsbereiche, 94, 99, 196
Erfahrungsebenen, 91
Erlebniswelten, 172
Erregung, 75f., 79, 80
Erwartungserwartungen, 120

Faktizität, 145, 147, 150, 152, 170
Familienthemen, 51
Faustregeln, 200
Feedback-Prozesse, 27
Fernsehen, 38f., 50, 82, 85
  Massenmedium par exellence, 18
Forschung
  kommunikationswissenschaftliche, 11, 20
Frage
  ontologische, 153
Framing, 17, 201

Gattungen, 22, 83, 123, 157–158, 161, 162–
   163, 164, 176–177, 195, 206, 209
   systemspezifische, 165
   Wirklichkeitsbezüge, 169–173
Gedächtnis
   episodisches, 64f.
Gemeinschaften
   interpretative, 205
Genre, 36, 95f., 98f., 110, 196
Gesellschaft, 45, 69, 72, 76, 79, 81, 86, 124,
   127–128, 150–154, 170, 174, 179, 181,
   189, 193, 212
Gestalten, 119

Habitualisierung, 32, 44, 48, 108, 185, 199
Handlungsentwurf, 42, 52
Handlungsroutinen, 42, 44, 46, 85, 120, 159,
   187, 208
Handlungssubjekt, 49f., 83
Handlungswissen
   kollektives, 84, 86f., 122–123
Handschriften
   produzentenspezifische, 163, 175
Hermeneutik
   objektive, 49, 59
Hintergrundrealität, 145, 151

Ich-Prozesse, 51f., 56f.
Identitätsbehauptung, 51
Identitätsentwicklung, 56, 57–58, 109, 110, 132
Illusion, 50, 95, 147
Image, 179–180
   medienspezifisches, 180f.
Individualisierungstendenzen, 97, 128
Individuenkonzept
   Dynamisch-transaktionales Modell, 33, 139
   konstruktivistische Alternative, 126, 128,
   138
   Making Sense of Television, 86–87, 138
   Media System Dependency Theory, 73–74,
   79, 139
   Referenzmodell der Mediennutzung, 45–46,
   139
   Sozio-kognitiver Ansatz, 97, 138
   Struktur- und Prozeßmodell, 57–58, 61, 139
   Verstehen von Mediendiskursen, 68–69, 138
Individuum
   Verantwortung für Wirklichkeitskon-
   struktion, 128, 139, 183, 211
Information, 28, 34f., 43, 48, 72, 77, 80, 121,
   155
Informationsanteile
   eines Mediums, 31, 185
initial cues, 29
Inlusion, 50
Interaktion
   para-soziale, 40, 50, 187

Involvement, 50, 76, 79, 80, 194
Journalismus, 36, 144–148, 150, 155, 170

Knowledge, 203
Koevolution, 183, 208, 209, 211
Kognition, 33, 66, 116
Kommunikatbildungsprozesse, 131–132, 134,
   156f., 159–161, 162f., 166, 172, 176, 189,
   191, 196, 200, 211
Kommunikate, 131f., 161, 176, 209
Kommunikation, 20
   Anschlußfähigkeit, 133, 173, 175, 209
   Anschlußhandlungen, 157, 160f., 164f.,
   171f., 175f., 178, 190, 210
   Dynamik, 28
   Entscheidungsprozesse, 158, 164, 208
   Erwartungen, 76, 159, 178, 208f.
   massenmediale, 198–200, 209
   sozialer Prozeß, 122, 205–206, 210
Kommunikationskonzept
   Dynamisch-transaktionales Modell, 31–32,
   185–186
   konstruktivistische Alternative, 120–122,
   154–183
   Making Sense of Television, 85, 194–195
   Media System Dependency Theory, 77,
   193–194
   Referenzmodell der Mediennutzung, 44–45,
   187–188
   Sozio-kognitiver Ansatz, 96–97, 100,
   195–197
   Struktur- und Prozeßmodell, 55–57,
   189–190
   Verstehen von Mediendiskursen, 67–68,
   191–92
Kommunikationsmittel
   konventionalisierte, 142
Kommunikationsprozeß
   Phasen, 29–30
Kommunikationsqualitäten
   massenmedial generalisierte, 153, 166–167
Kommunikationswissenschaft
   Paradigmen, 77
Kompetenz
   sprachliche, 123
Konflikttheorie, 78
Konsistenztheorie, 17
Konstruktivismus, 112–113
Kontingenzerfahrungen, 124, 153, 154, 183,
   211
Kontrolle
   soziale, 123f., 130, 133, 147, 156f., 161f.,
   164, 168, 175, 179, 182, 195, 210f.
Konventionen
   gesellschaftliche, 33
   kommunikative, 159f., 163f., 188, 208
Ko-Ontogenese, 118, 129f.

Kopplung
    strukturelle, 118
Kosten/Nutzen-Erwägungen, 30, 76, 160, 199
Kultivierungsanalysen, 17, 204
Kultur
    als Programm, 130, 132, 137, 154, 157,
    159, 164, 165–168, 211
    als Programm, 123–124
    symbolische, 56, 82

Lebensbewältigung, 49ff., 55, 56, 189
Lebenssituation, 53, 190, 192, 196, 199, 204,
    206
    biographische, 91, 132, 158, 160, 178, 208
Lesen
    kreatives, 83

Massenmedien
    Agenturen der Sinnproduktion, 55, 58, 189
    allgemeine Definition, 21, 107–108
    Fenster zu Kulturen, 151, 165, 189
    Institutionen, 21f., 39, 180
    konstruktivistische Alternative, 143
    soziale Gestaltungsmittel, 55, 189
Massenmediensystem, 144–154, 162, 164,
    193f., 212
Medien
    Geräte und Techniken, 142
    Materialien der Kommunikation, 142
    Organisationen, 142
    primäre, sekundäre, tertiäre, 20
Medienangebote, 20, 121, 142, 151, 158
    Gestaltung, 22, 83, 85f., 88, 94, 96, 98,
    108ff., 148, 153, 157, 159, 160, 162, 174
    Produktion, 21–22, 67, 74, 77, 83, 85, 107,
    110, 143–150, 155, 162, 167, 185
    Referenz, 157–158
    Selbstreferentialität, 171
Mediengattungstheorie, 157–158
Medienhandeln
    Ziele, 74, 160
Medieninhaltsforschung, 18
Medienkonzept
    Dynamisch-transaktionales Modell, 30–31,
    33, 36, 185
    konstruktivistische Alternative, 142
    Making Sense of Television, 85
    Media System Dependency Theory, 77, 193
    Struktur- und Prozeßmodell, 54–55, 189
    Verstehen von Mediendiskursen, 67, 191
Medienkulturen, 124, 137, 152, 165, 167, 174,
    179, 180, 182f., 189, 193, 205f., 212
Medienökologie, 206
Medienschemata, 157–158, 159, 160, 161ff.,
    166, 176, 177, 209
    journalistische, 147–148
Mediensysteme, 72–74, 78, 107, 124, 193f.

Medientheorie
    Kritische, 18
Medienverbundsysteme, 54
Meinung
    öffentliche, 181
Metakommunikation, 159, 164, 167
Minimalkonsens
    kommunikationswissenschaftliche
    Forschung, 159, 200
Mitteilung, 121, 155
Mythen, 87, 96

Netzwerke
    kommunikative, 205
Neuigkeit, 145
Neuigkeit, 147, 150, 152, 170
Nutzenansatz, 38–41, 39, 45, 48, 50

Öffentlichkeit, 22, 35, 77, 81, 151
    konstruktivistische Alternative, 181–182
    medienspezifische, 181
Ordnungen
    symbolische, 123
Orientierungserwartung, 122, 133

Para-Feedback-Prozesse, 27, 110, 186
Persuasionsforschung, 17
Priming, 201
Publikum
    disperses, 29, 31f., 36, 110, 186
    konstruktivistische Alternative, 163–164,
    178, 210
    soziale Ebene, 163–164
    soziale Komplexität, 163
Quantenphysik, 32

Räume
    thematische, 123, 137, 157, 160ff., 173–76,
    210
Realitätsmodell
    subjektives, 31, 33, 35, 109, 185
Reception Analysis, 92
Redaktionen, 146
Rezeption
    Element des Alltags, 49f., 55, 56, 142
    individuelle Strategien, 132, 160, 166, 171,
    174
    Interaktionssystem, 51, 82, 85, 89
    konstruktivistische Alternative, 158
    persönlichkeitsbildender
    Interaktionsvorgang, 39, 187
    Steuerungsprozesse, 53
    Strategien, 39
    Vermittlung, 50, 59f.
Rezeptionsforschung, 17–19, 200–204
    strukturanalytische, 49f., 56ff., 61, 139, 189

Rezeptionssituation, 41, 57, 88f., 108, 132, 160,
    163, 178, 187, 190, 199, 208
    Familie, 50f., 108
Rezipienten
    virtuelle, 149f., 155
Rezipientenrolle, 22, 44, 48, 51, 56, 77, 89, 97,
    108, 110, 148–149, 164, 177–179, 211
role-taking, 40
Rolle
    präsentierte, 40
    soziale, 32f., 40f., 44, 81, 108, 136, 146,
    185, 187

Salience, 201
Schemata
    kognitive, 63, 71, 84, 86, 88, 91, 93–94, 96,
    99, 109, 119–120, 132, 160, 192, 195
    Frames, 84
    Personenschemata, 65, 93
    Skripts, 55, 59, 60, 84, 189
    sozial geprägte, 84ff., 91, 95, 108, 123,
    129, 137
Schematheorie, 68, 84
Selbstbeobachtung
    der Gesellschaft, 124, 151f.
Selbstbewußtsein, 134
Sense Making, 202–203
Sichtweise
    molare/ökologische, 32
Siegener Überlegungen, 12, 112–113, 125
    Kritik, 114–115
Sinnangebote, 56, 58f.
Sinnstruktur
    objektive, 58ff., 190
Situation
    soziale, 42–43, 46, 48
Situationsmodell, 65, 67ff., 192
Social Cognition, 68, 86, 91, 108
Social Representations, 84ff., 109, 194
Sozialisierung, 66, 68, 76, 86, 89, 108, 124,
    129, 130, 134, 152, 155ff., 171, 189, 191,
    196, 203, 210
Spannungsverhältnis
    oszillierendes, 29, 40, 48, 188
Spiegelung, 53, 57, 190
Spiel, 74, 167, 193
Sprachkonzept
    konstruktivistische Alternative, 122–123
Stile
    kognitive, 35
Strukturalismus
    genetischer, 50, 139
Strukturen
    narrative, 64, 87, 96, 98, 109
    soziale, 80, 164, 178
    virtuelle, 57, 77, 110, 153, 167f., 179–183,
    211

Images, 179–180
Produzenten, 22, 149, 150, 155, 175,
    180
Publikum, 164, 180f.
    Rezipienten, 23
Subkulturen
    medienspezifische, 165
Subsysteme
    gesellschaftliche, 29ff.
Switchen, 166
Symbolischer Interaktionismus, 38, 43, 46, 69,
    78, 136, 184, 187
    allgemeine Annahmen, 39–40
    sozialer Wissensvorrat, 44, 46f., 78f., 136,
    194
System, 35, 80, 116–117
    geschlossenes, 113, 116
    selbstreferentielles, 116
    soziales, 73, 126, 127, 170
    synreferentielles, 127, 147
System/Umwelt, 116, 119
Systemtheorie
    soziologische, 18, 35, 78
Szene, 52, 93

Teilhabe, 40, 45, 48, 52f., 56, 172, 188
Text, 62, 83ff., 87f., 92
Textauffassung
    subjektive, 59, 61, 94
Text-Leser-Metapher, 82
Thema
    handlungsleitendes, 51ff., 56, 60f., 190
Themen, 51–52, 60, 64, 123
Theorielosigkeit, 11f., 106
Transaktionen, 27, 37, 186
    vertikale, 29, 186

Umgebung
    ambige, 75, 78, 80
Umwelt
    symbolische, 39, 44, 136, 187
unmarked space, 122
Unschärfe
    pragmatische, 37
Unterhaltung, 34, 48
Unterscheiden, 118–119
Uses and Gratifications Approach, 17, 38, 41

Verbindlichkeit
    Wirklichkeitsbezüge, 169, 173, 175, 178,
    181, 194, 197, 210
Vererbungseffekte, 198
Veröffentlichung, 151
Verstehen
    fremd-zugeschriebenes, 134, 155, 161,
    164f., 175, 209

[Verstehen]
  selbst-zugeschriebenes, 134, 155, 161,
  164f., 171, 179, 193, 209f.
  Simulation von, 134, 156, 161, 209
  Unsicherheitsfaktor, 134, 161, 165
Verstehenskonzept, 122
  Dynamisch-transaktionales Modell, 35
  konstruktivistische Alternative, 133–134,
  140
  Making Sense of Television, 87, 194
  Media System Dependency Theory, 79–80
  Sozio-kognitiver Ansatz, 98–99
  Struktur- und Prozeßmodell, 59
  Verstehen von Mediendiskursen, 69–70, 140
Viabilität, 117–118, 187
Vielseher, 18
Vividness, 200
Voreingenommenheit
  thematische, 52f., 59, 60, 190

Wahrscheinlichkeit
  generische, 95f.
  medial vermittelte soziokulturelle, 95, 97
  narrative, 96–97, 99, 196
  soziokulturelle, 95f.

Weltwissen, 79, 84, 86, 123
Wirklichkeit
  soziale, 41, 93, 127, 136, 204–205
  subjektive, 38, 43f.
Wirklichkeitsbezug, 157, 161f., 174–176
Wirklichkeitskonstruktion, 117, 119, 121, 157,
  182, 184, 187, 200, 211
Wirklichkeitsmodelle
  gattungsspezifische, 171–172, 173, 193
  gesellschaftlich akzeptierte, 86, 108, 122,
  124, 151, 153, 161, 165, 166f., 173, 176,
  180, 192, 208, 211
Wirkung, 28, 30f., 36ff., 47, 72, 76
Wissenskluft, 203

Zappen, 18, 166, 199–200
Zeichen, 20, 120
Zeichensysteme, 20, 33, 55, 98, 129
  gattungsspezifische, 171, 174, 210
  genrespezifische, 36
  medienspezifische, 36, 170, 174–176
  nicht-sprachliche, 70
  sozial akzeptierte, 57, 81, 89, 108, 121f.,
  154, 166
  sprachliche, 134, 192

Medien
und Gesellschaft

Politische Kommunikation

Otfried Jarren / Ulrich Sarcinelli /
Ulrich Saxer (Hrsg.)
**Politische Kommunikation
in der demokratischen
Gesellschaft**
Ein Handbuch mit Lexikonteil
1998. 764 S. mit 9 Abb. und 4 Tab.
Geb. DM 98,00
ISBN 3-531-12678-4
Der Band erschließt erstmalig für den deutschsprachigen Raum das in der interdisziplinären Forschung wie auch in der politischen Praxis sehr
heterogene Feld der politischen Kommunikation. Er
präsentiert disziplinäres Basiswissen, Problemana-
lysen zur politischen Kommunikation und enthält
einen lexikalischen Teil zur zuverlässigen und schnel-
len Orientierung.

Christoph Kuhlmann
**Die öffentliche Begründung
politischen Handelns**
Zur Argumentationsrationalität in der
politischen Massenkommunikation
1999. 367 S. Br. DM 72,00
ISBN 3-531-13254-7
Wie begründet Politik ihr Handeln vor der Öffentlichkeit, und wie gehen die Massenmedien mit diesen Begründungen um? Ausgehend von Überlegungen zur Rationalität öffentlicher politischer Argumentation entwickelt der Autor ein inhaltsanalyti-
sches Instrument zur empirischen Klärung dieser
Forschungsfrage. Anhand von über 10.000 co-
dierten Aussagen aus den Pressemitteilungen der
Bonner Ministerien und Fraktionen sowie einer parallel erhobenen Stichprobe aus Fernsehen, Hörfunk und Tageszeitungen wird der Frage nachgegangen, welche Chancen politische Argumentati-
onsbemühungen im massenmedialen Filter haben.

Ulrich Sarcinelli (Hrsg.)
**Politikvermittlung
und Demokratie in der
Mediengesellschaft**
Beiträge zur politischen Kommunikationskultur
1998. 479 S. Br. DM 52,00
ISBN 3-531-13335-7
Der Band gibt einen repräsentativen Überblick über
den Forschungsstand zur 'Politikvermittlung' in der
Mediengesellschaft.

Änderungen vorbehalten. Stand: Februar 1999.

WESTDEUTSCHER VERLAG
Abraham-Lincoln-Str. 46 · D - 65189 Wiesbaden
Fax (06 11) 78 78 - 400 · www.westdeutschervlg.de